“十三五”国家重点出版物出版规划项目

法律科学文库

LAW SCIENCE LIBRARY

总主编　曾宪义

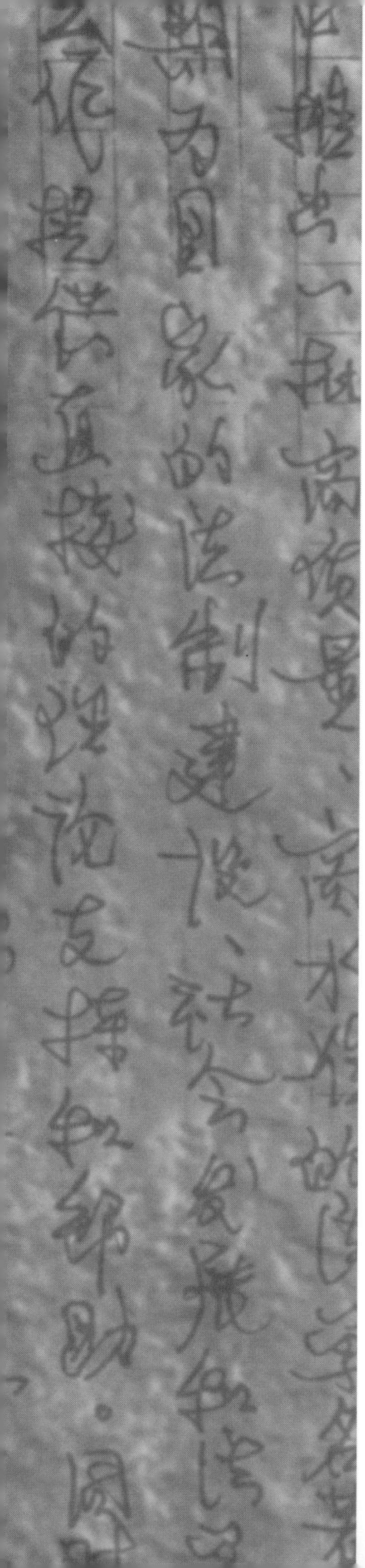

侵权公平责任论（第二版）

我国侵权法上公平责任的立法与司法研究

王竹 著

Research on Tort Liability Based on Fairness: A Study of Legislation and Judicial Practice of Liability Based on Fairness in Tort Law of China

中国人民大学出版社
·北京·

法律科学文库
编 委 会

总　　序

曾宪义

“健全的法律制度是现代社会文明的基石”，这一论断不仅已为人类社会的历史发展所证明，而且也越来越成为人们的共识。在人类历史上，建立一套完善的法律体制，依靠法治而促进社会发展、推动文明进步的例证，可以说俯拾即是。而翻开古今中外东西各民族的历史，完全摒弃法律制度而能够保持国家昌隆、社会繁荣进步的例子，却是绝难寻觅。盖因在摆脱了原始和蒙昧以后，人类社会开始以一种“重力加速度”飞速发展，人的心智日渐开放，人们的利益和追求也日益多元化。面对日益纷纭复杂的社会，“秩序”的建立和维持就成为一种必然的结果。而在建立和维持一定秩序的各种可选择方案（暴力的、伦理的、宗教的和制度的）中，制定一套法律制度，并以国家的名义予以实施、推行，无疑是一种最为简洁明快，也是最为有效的方式。随着历史的演进、社会的发展和文明的进步，作为人类重要精神成果的法律制度，也在不断嬗变演进，不断提升自身的境界，逐渐成为维持一定社会秩序、支撑社会架构的重要支柱。17 世纪以后，数次发生的工业革命和技术革命，特别是 20 世纪中叶发生的电子信息革命，给人类社会带来了天翻地覆的变化，不仅直接改变了信息交换的规模和速度，而且彻底改变了人们的生活方式和思维方式，使人类生活进入了更为复杂和多元的全新境界。在这种背景下，宗教、道德等维系社会人心的传统方式，在新的形势面前越来越显得力不从心。而理想和实际的选择，似乎是透过建立一套理性和完善的法律体制，给多元化社会中的人们提供一套合理而可行的共同的行为规则，在保障社会共同利益的前提下，给社会成员提供一定的发挥个性的自由空间。这样，既能维持社会整体的大原则、维持社会秩序的基本和谐和稳定，又能在此基础上充分保障个人的自由和个性，发挥每一个社会成员的创造力，促进社会文明的进步。唯有如此，方能达到稳定与发展、整体与个人、精神文明与物质进步皆能并行不悖的目的。正因为如此，近代以来的数百年间，在东西方各主要国家里，伴随着社会变革的大潮，法律改革的运动也一直呈方兴未艾之势。

中国是一个具有悠久历史和灿烂文化的国度。在数千年传承不辍的中国传统文化中，尚法、重法的精神也一直占有重要的位置。但由于古代社会法律文化的精神旨趣与现代社会有很大的不同，内容博大、义理精微的中国传统法律体系无法与近现代社会观念相融，故而在 19 世纪中叶，随着西方列强对中国的侵略，绵延了数千年的中国古代法律制度最终解体，中国的法制也由此开始了极其艰难的近现代化的过程。如果以 20 世纪初叶清代的变法修律为起点的话，中国近代以来的法制变革活动已经进行了近一个世纪。在这将近百年的时间里，中国社会一直充斥着各种矛盾和斗争，道路选择、主义争执、民族救亡以及路线斗争等等，使整个中国一直处于一种骚动和不安之中。从某种意义上说，社会变革在理论上会给法制的变革提供一定的机遇，但长期的社会骚动和过于频繁的政治剧变，在客观上确实曾给法制变革工作带来过很大的影响。所以，尽管曾经有过许多的机遇，无数的仁人志士也为此付出了无穷的心力，中国近百年的法制重建的历程仍是步履维艰。直至 20 世纪 70 年代末期，“文化大革命”的宣告结束，中国人开始用理性的目光重新审视自身和周围的世界，用更加冷静和理智的头脑去思考和选择自己的发展道路，中国由此进入了具有非凡历史意义的改革开放时期。这种由经济改革带动的全方位民族复兴运动，也给蹉跎了近一个世纪的中国法制变革带来了前所未有的机遇和无限的发展空间。

应该说，自1978年中国共产党第十一届三中全会以后的20年，是中国历史上社会变化最大、也最为深刻的20年。在过去20年中，中国人民高举邓小平理论伟大旗帜，摆脱了“左”的思想的束缚，在政治、经济、文化各个领域进行全方位的改革，并取得了令世人瞩目的成就，使中国成为世界上最有希望、最为生机勃勃的地区。中国新时期的民主法制建设，也在这一时期内取得了令人惊喜的成就。在改革开放的初期，长期以来给法制建设带来巨大危害的法律虚无主义即得到根除，“加强社会主义民主，健全社会主义法制”成为一个时期内国家政治生活的重要内容。经过近二十年的努力，到90年代中期，中国法制建设的总体面貌发生了根本性的变化。从立法上看，我们的立法意识、立法技术、立法水平和立法的规模都有了大幅度的提高。从司法上看，一套以保障公民基本权利、实现司法公正为中心的现代司法诉讼体制已经初步建立，并在不断完善之中。更为可喜的是，经过近二十年的潜移默化，中国民众的法律意识、法制观念已有了普遍的增强，党的十五大确定的“依法治国”“建设社会主义法治国家”的治国方略，已经成为全民的普遍共识和共同要求。这种观念的转变，为中国当前法制建设进一步完善和依法治国目标的实现提供了最为有力的思想保证。

众所周知，法律的进步和法制的完善，一方面取决于社会的客观条件和客观需要，另一方面则取决于法学研究和法学教育的发展状况。法律是一门专业性、技术性很强，同时也极具复杂性的社会科学。法律整体水平的提升，有赖于法学研究水平的提高，有赖于一批法律专家，包括法学家、法律工作者的不断努力。而国家法制总体水平的提升，也有赖于法学教育和法学人才培养的规模和质量。总而言之，社会发展的客观需要、法学研究、法学教育等几个环节是相互关联、相互促进和相互影响的。在改革开放的20年中，随着国家和社会的进步，中国的法学研究和法学教育也有了巨大的发展。经过20年的努力，中国法学界基本上清除了“左”的思想的影响，迅速完成了法学学科的总体布局和各分支学科的学科基本建设，并适应国家建设和社会发展的需要，针对法制建设的具体问题进行深入的学术研究，为国家的立法和司法工作提供了许多理论支持和制度上的建议。同时，新时期的法学教育工作也成就斐然。通过不断深入的法学教育体制改革，当前我国法学人才培养的规模和质量都有了快速的提升。一大批用新思想、新体制培养出来的新型法学人才已经成为中国法制建设的中坚，这也为中国法制建设的进一步发展提供了充足和雄厚的人才准备。从某种意义上说，在过去20年中，法学界的努力，对于中国新时期法制建设的进步，贡献甚巨。其中，法学研究工作在全民法律观念的转变、立法水平和立法效率的提升、司法制度的进一步完善等方面所发挥的积极作用，也是非常明显的。

法律是建立在经济基础之上的上层建筑，以法律制度为研究对象的法学也就成为一个实践性和针对性极强的学科。社会的发展变化，势必要对法律提出新的要求，同时也将这种新的要求反映到法学研究中来。就中国而言，经过近二十年的奋斗，改革开放的第一阶段目标已顺利实现。但随着改革的逐步深入，国家和社会的一些深层次的问题也开始显现出来，如全民道德价值的更新和重建，市场经济秩序的真正建立，国有企业制度的改革，政治体制的完善等等。同以往改革中所遇到的问题相比，这些问题往往更为复杂，牵涉面更广，解决问题的难度也更大。而且，除了观念的更新和政策的确定外，这些复杂问题的解决，最终都归结到法律制度上来。因此，一些有识之士提出，当前中国面临的难题或是急务在于两个方面：其一，凝聚民族精神，建立符合新时代要求的民族道德价值，以为全社会提供一个基本价值标准和生活方向；其二，设计出一套符合中国国情和现代社会精神的“良法美制”，以为全社会提供一系列全面、具体、明确而且合理的行为规则，将各种社会行为纳入一个有序而且高效率的轨道。实际上，如果考虑到特殊的历史文化和现实情况，我们会认识到，在当前的中国，制度的建立，亦即一套“良法美制”的建立，更应该是当务之急。建立一套完善、合理的法律体制，当然是一项极为庞大的社会工程。而其中的基础性工作，即理论的论证、框架的设计和实施中的纠偏等，都有赖于法学研究的进一步深入。这就对我国法学研究、法学教育机构和广大法律理论工作者提出了更高的要求。

中国人民大学法学院建立于1950年，是新中国诞生以后创办的第一所正规高等法学教育机构。在其成立的近半个世纪的岁月里，中国人民大学法学院以其雄厚的学术力量、严谨求实的学风、高水平的教学质量以及极为丰硕的学术研究成果，在全国法学研究和法学教育领域中处于领先行列，并已跻身于世界著名法学院之林。长期以来，中国人民大学法学院的法学家们一直以国家法学的昌隆为己任，在自己的研究领域中辛勤耕耘，撰写出版了大量的法学论著，为各个时期的法学研究和法制建设作出了突出的贡献。

鉴于当前我国法学研究所面临的新的形势，为适应国家和社会发展对法学工作提出的新要求，中国人民大学法学院和中国人民大学出版社经过研究协商，决定由中国人民大学出版社出版这套“法律科学文库”，陆续出版一大批能全面反映和代表中国人民大学法学院乃至全国法学领域高品位、高水平的学术著作。此套“法律科学文库”是一个开放型的、长期的学术出版计划，以中国人民大学法学院一批声望卓著的资深教授和著名中青年法学家为主体，并聘请其他法学研究、教学机构的著名法学家参加，组成一个严格的评审机构，每年挑选若干部具有国内高水平和有较高出版价值的法学专著，由中国人民大学出版社精心组织出版，以达到集中地出版法学精品著作、产生规模效益和名著效果的目的。

“法律科学文库”的编辑出版，是一件长期的工作。我们设想，借出版“文库”这一机会，集中推出一批高质量、高水准的法学名著，以期为国家的法制建设、社会发展和法学研究工作提供直接的理论支持和帮助。同时，我们也希望通过这种形式，给有志于法学研究的专家学者特别是中青年学者提供一个发表优秀作品的园地，从而培养出中国新时期一流的法学家。我们期望并相信，通过各方面的共同努力，力争经过若干年，“法律科学文库”能不间断地推出一流法学著作，成为中国法学研究领域中的权威性论坛和法学著作精品库。

1999 年 9 月

第二版修订说明

在本书第一版于 2021 年 3 月出版之时，笔者便已经开始修订书稿了。本书第一版虽有幸入选“国家哲学社会科学成果文库”，但其主体创作于《民法典》颁布之前，根据文库出版时间要求成稿于《民法典》生效之前，尽管笔者根据《民法典》条文和 2020 年年底最高人民法院相关司法解释清理工作进行了完善，但第一版不免有所疏漏，也缺乏对《民法典》时代司法实践和学术进展的回应。感谢各位师友读者的大力支持，加上本书在海外学术界也引起了一定的关注，第一版出版后不到一年出版社就已无库存。作为当下的学术著作，这实为不易，也正好给了笔者一个完善和更新的良机。本书第二版进行了全面的完善修订，需要说明的要点如下：

第一，最高人民法院在 2022 年第二次修改了《人身损害赔偿司法解释》，鉴于该司法解释与本书的紧密关系，对该司法解释在全书中不再使用“原《人身损害赔偿司法解释》”来表述，而是在《人身损害赔偿司法解释》之后分别添加（法释〔2003〕20 号）和（法释〔2022〕14 号）来精确指称。原《民法通则》、原《民通意见》和原《侵权责任法》因为已经废止，不会出现混淆，仍然在法律名称之前加“原”字样。《民法典总则编司法解释》（法释〔2022〕6 号）第七部分“民事责任”中采纳了笔者在本书第一版中的建议，尚有改进余地，也在第二版中一并指出。

第二，根据对《民法典》生效前后 100 余个致害人不明、建筑物公共下水管道堵塞财产损害案例的深入研究，笔者逐渐认识到不宜将《民法典》第 1254 条第 1 款规定的来源不明抛掷、坠落物品致害建筑物区分使用人道义补偿责任直接扩展到这一领域，并在第二版中修正了第一版的观点，特别提请读者注意，也欢迎关注笔者后续就该主题撰写的论文。

第三，鉴于《民法典总则编司法解释》和最高人民法院已经或即将制定的《民法典》其他各编司法解释将实质性地替代原《民通意见》，第二版删除了第一版第五章“被监护人致害公平责任论”中“不同体系定位下原《民通意见》相关条文适用的差别”的相关内容。对原《民通意见》第 158 条、第 159 条和第 161 条在原《民法通则》第 133 条和原《侵权责任法》第 32 条背景下的司法适用效果差别有理论研究兴趣的读者，敬请参阅第一版相关部分。

第四，因出版周期原因，本书第二版中引用和回应的海内外有关侵权公平责任的最新学术文献截止时间为 2022 年 6 月底，如有遗漏，待未来以合适方式予以补充回应。原本希望进一步阐释“侵权公平责任论”与“侵权责任构成论”的理论关联，考虑到这一问题还涉及“侵权责任构成论”的体系构建，计划纳入后者一并展开。

为更简洁地向读者介绍“侵权公平责任论”的内容，并将其置于笔者构建的“侵权责任三论”的体系中，笔者在修改本书书稿的同时，更新了笔者之前制作的“侵权责任法专题讲座系列”慕课。在完善原第一辑“侵权责任法总论”的基础上，新制作了第二辑“侵权公平责任论”、第三辑“侵权责任分担论”，并将根据新的研究进展择机制作第四辑“侵权责任构成论”。读者可以在“学习强国”App、中国大学 MOOC、“学堂在线”、“智慧树”和超星“学银在线”等平台选修上述课程，也欢迎学界师友批评指正。

感谢刘志阳教授、廖运刚教授和胡乃馨教授协助我查证德语、法语和俄语文献，我的学生王彦朝、帅仁策和王安娜在本书修订过程中付出了辛勤的工作。感谢中国人民大学出版社的长期认可和大力支持！尤其是本书第二版能够入选“法律科学文库”，与姐弟篇《侵权责任分担论》成功会师，对另一兄妹篇《侵权责任构成论》尽早成书也是一种督促。

王　竹　法学博士

四川大学市场经济法治研究所所长、法学院教授

中国人民大学民商事法律科学研究中心侵权法研究所副所长

wangzhu@scu. edu. cn

初稿：壬寅年·大暑，岳麓山下

定稿：癸卯年·初六，抚仙湖畔

心怀学志者，十年事竟成

——代前言

得知本书入选“国家哲学社会科学成果文库”的消息，一位学术挚友在表示祝贺之余，惊讶地说，这本书和你的博士论文《侵权责任分担论》在标题上风格很类似啊！是的，他们的确是姐弟篇，只是年龄差得稍微有点大了；而且，未来还会有兄妹篇《侵权责任构成论》，希望年龄差相对小一点。

一、心路分享：历经十年，六易其稿

2009年秋季学期我到四川大学法学院任教，已经错过了当年的社科基金申报。2010年3月，我开始自己的第一次社科基金申报，当时《侵权责任法》刚通过，尚未生效，选题是“我国侵权法上的公平责任研究”，未能获得资助。但我坚信自己的选题是有意义的，也有一定的研究基础。2011年再次申报时，鉴于《侵权责任法》已经于2010年7月1日生效，题目改为“我国侵权法上公平责任适用研究”，突出“适用”的研究重点，申请书也做了相应的调整。承蒙评审专家的认可，本项研究随后得到了社科基金的资助。随着研究的展开，申请书承诺的完成时间2013年年底很快就到了。尽管立项之后我发表了10余篇与课题相关的论文，但仍然没有形成一个体系化的思路，尤其是欠缺对衡平法一手资料的研究，于是第一次申请延期两年到2015年年底，并开始申请到牛津大学交流。我于2015年暑假开始第一次统稿，以确保在出国前完成当时国内资料的全面整理。

2015年9月底到牛津大学安顿好之后，由于牛津大学法学部图书馆不允许外借图书，我就泡在图书馆查阅相关资料，但仍然感到力不从心。尤其是当时国内学术界大多认为我国侵权法上的公平责任与衡平法有一些内在联系，但我在牛津大学查阅资料和与英国学者讨论的结论都是几乎没有联系，这让我不得不下决心于2015年年底再次申请延期两年到2017年年底结项，以确保有足够的时间找到新的理论突破口。

经过半年左右的仔细推敲和与英国学者的多次讨论，我意识到“侵权责任公平论”这一标题可能误导了我的思路，2016年暑期决定将其改为“侵权公平责任论”，又在牛津大学抓紧最后的时间完成了相关资料的收集和整理。

2016年9月回国后，我被选派到四川省高级人民法院研究室挂职任副主任，有了更多和各级法院法官交流的机会，对侵权法上公平责任在司法实务中的考量也有了更加直观的感受。同时，“中国裁判文书网”的文书公开也逐渐常态化，我也开始着手谋划“类案检索系统”的雏形，也就是后来的国家重点研发计划项目的前期成果，这在客观上耽误了研究的持续推进。到2017年年底，我仍然感觉意犹未尽，但四川大学社科处通知我说，鉴于我已经两次延期，如果再不申请结项就会被撤项了。我只能带着遗憾开始申请结项，也埋怨自己，一个社科基金竟然拖了7年，略显无奈。

2018年7月，我收到了“优秀”的结项结论，确属意外。随后就有出版社编辑主动联系我，看了我的书稿后认为质量不错，说有希望申请“国家哲学社会科学成果文库”。这是每一位认真做学问的学人梦寐以求的荣誉，但之前离我似乎挺远。随后，我又主动找到母校的中国人民大学出版社之前出版过我的《侵权责任分担论》的编辑把脉，也认为有一定希望，但2018年文库并未组织申报。当时《民法典》编纂渐入高潮，我又根据自己的新思考和立法草案的新进展修改了一稿，直到 2019 年 10 月我才正式申报文库。

受疫情影响，直到 2020 年 9 月，2019 年度的《国家哲学社会科学成果文库入选名单》才正式发布。尽管充满了期待，但我从 2018 年开始承担国家重点研发计划项目，书稿持续修改的事情又不得不暂时放一下。收到入选文库的消息后，我喜出望外，立刻协调好文库书稿写作和国家重点研发计划研究工作的时间安排，集中精力修改本书稿，在等到了 2020 年年底最高人民法院的《民法典》相关司法解释“大礼包”之后，于 2021 年 1 月 3 日最终定稿。

从 2010 年开始酝酿，到 2021 年最终出版，历经十年有余。两次延期，两次申报，六易其稿，小修小改更是历经 127 稿，终于定稿杀青，也算是我的大学教师工作写照吧。

二、题目推敲：从“侵权责任公平论”到“侵权公平责任论”

早在 2003 年我复习报考硕士的时候，就对侵权法上的几组问题产生了困惑进而激发了研究兴趣。第一组问题是数人侵权责任形态与被侵权人过错。首先是共同危险行为为什么要承担连带责任？读硕士进一步学习之后产生的是更多的困惑，包括连带责任的扩张、被侵权人过错与数人侵权责任的关系、补充责任人是否可以全额追偿、不真正连带责任为什么叫作“不真正”等。这一组问题直接催生了我的博士论文《侵权责任分担论》以及后续的一系列论文。

第二组问题就是所谓的公平责任。几乎每本侵权法的教材或者专著都对该问题进行了模模糊糊的介绍，但没有一本书或者一篇文章让我完全信服。我从 2007 年开始考虑这个问题，后来因为 2008 年赴美完成我的博士论文《侵权责任分担论》的撰写中断了一年多。回国工作后，我就开始着手研究这组问题。

让我万万没想到的是，公平责任这一问题，远比想象的复杂。《民法通则》第 132 条公平责任一般条款在略作文字修改后作为《侵权责任法》第 24 条予以规定，在体系定位上有什么差别?《民法通则》第 133 条被监护人致害责任的两款规定之间的关系，被《侵权责任法》第 32 条继受后仍然扑朔迷离，再加上该法新增的第 33 条，二者的关系亟待澄清。《民法通则》第 109 条规定的见义勇为规则被纳入《侵权责任法》第 23 条规定，再被总则化到了《民法总则》第 183 条，其补偿责任的性质与确定方式，依然悬而未决。《侵权责任法》第 35 条对个人劳务的规定与《人身损害赔偿司法解释》对雇佣责任和无偿帮工责任规定的关系不甚清晰。而《民通意见》第 157 条的效力，直接影响到了无偿帮工关系中补偿责任的适用。《侵权责任法》起草过程中关于“重庆烟灰缸”案的争议最终成文化为高空抛物责任条款，这条特殊的规定可能有正当性吗？《道路交通安全法》第 76 条的规则得到了《侵权责任法》第 48 条的引致，但该条第 1 款第 2 项那谜一样的结构和“不超过百分之十”的责任性质，仍然等待着理论上的明确。上述散见的公平责任，有统一的“公平”基础吗？我曾经深感迷惑。如果有统一的“公平”基础，还会有合并同类项的二级公平责任类别结构吗？以《侵权责任法》为核心的公平责任体系，与以《民法通则》为核心的公平责任体系相比，是存在体系变迁效应，还是一脉相承？更为重要的是，还有没有可能和必要创设新的公平责任？如何设计？如何规制？

为了寻求可能的统一的“公平”基础，我决定赴英国、去牛津、找本源，对与“公平”最为接近的“衡平”理念进行探索。结果，我失望地发现，国内学术界想当然地认为公平责任可能是一种衡平责任，但实际上与英国法上的衡平责任毫无直接联系。但是，我很幸运地在与 Donal Nolan 教授的一次讨论中获得了灵感。当时，Nolan 教授听完我对中国法上各种公平责任的介绍后说，其实这些所谓的公平责任之间的联系很松散（too loose）。我回应道，我学习了一下英国法上的衡平法，除了信托法，其他部分也缺乏体系化，也显得 loose。Nolan 教授表示认可，说因为衡平法都是对普通法的补充，也就是“衡平法追随普通法”，所以显得比较 loose。我突然就反应过来了，对啊，我们苦苦追求的统一的“公平”基础，可能并不是传统意义上支撑体系化的统一理念，而可能本来就是一种松散的结构。这种松散的结构本身，并非不同于侵权责任的另一套体系化的公平责任体系，而是在完全免除侵权责任“不尽公平”之处的一种例外的基于公平的不完全免除责任，是体现为补偿责任的一系列侵权责任的统称。

在这样的思路变化指导下，我最终找到了理论突破口，提出了侵权责任与公平责任关系的“追随原则”，构建起公平责任的四个子类型。本书的书名，也从《侵权责任公平论》，改为《侵权公平责任论》。这一术语顺序上的调整力图区分出，“侵权‘责任公平’论”是侵权责任构成后对侵权责任的赔偿金额进行的公平调整，包括防卫过当、避险过当、自助过当[①]、好意同乘等情形；而“侵权‘公平责任’论”是侵权责任本应被免除，但在完全由受害人承担损害后果“不尽公平”的情形下，例外承担的补偿责任。质言之，“侵权责任公平论”研究的是侵权责任构成后的责任“公平调整”问题，是未来我将撰写的“侵权责任构成论”的一部分，而“侵权公平责任论”研究的是侵权责任不构成后的损害“公平承担”问题。

三、研究展望：不无遗憾，继续跟进

如前所述，可能是我在项目执行和结项标准上太理想化了，要不是面临撤项的风险，我可能还要就此课题继续探索 3 至 5 年。所以，本书其实仍不无遗憾，未来至少还应该在如下方面继续跟进。

第一，就分编的一般性理论和具体类型继续展开研究。本书是“总—分”结构，第一编“侵权公平责任总论”是全书的总论，后四编是分论展开。按照我最初的设想，各编分论应该有一个“小总论”作为一般性理论，然后再至少展开两章具体类型，但最终未能如愿全部完成。未来将以论文方式探讨“行为能力欠缺公平责任”、“优者负担补偿公平责任”和“受益人身保护公平责任”三种侵权公平责任的一般性理论。而第三编“共同意外分担公平责任论”，实际上只完成了法制史研究和一般性理论构建。这种内容安排的原因是，《民法典》第 1186 条规定：“受害人和行为人对损害的发生都没有过错的，依照法律的规定由双方分担损失。”而“法律”尚未作出“规定”，所以这部分也只能就立法空间作出分析，待未来立法规定后再行观察评析。

第二，持续关注《民法典》时代的侵权公平责任。《民法典》的颁布对本书定稿形成了一定的挑战。一方面是第 1254 条关于高空抛物、坠物责任的规定，在全面吸收原《侵权责任法》第 87 条内容的前提下，新增了多项规则。另一方面是第 1186 条对公平责任的一般条款进行了“法定化”，第 1176 条又在“自愿参加具有一定风险的文体活动”领域排除了公平责任的适用，这对共同意外分担公平责任类型的立法空间产生了较大影响。这两部分我在书稿修改过程中尽力予以初步研究，未来还需要继续跟

① 《民法典》第 1177 条第 2 款规定的“自助过当”是侵权责任（“受害人采取的措施不当造成他人损害的，应当承担侵权责任”），实为不妥。

进司法实务和立法进展。

第三，期待与学界同仁进一步交流本课题相关话题。《民法典》颁布之后，已经有论文开始评述《民法典》上公平责任的相关条文，但几本最为重要、持续出版的侵权法专著尚未就此问题作出深入论述，这也使本书对于学术文献的梳理更多的是从学术史的角度展开，也保留了不同专著的早期版本注释。本书引用的文献和分析的案例截止到 2020 年年底，期待未来能够更新引用重要参考文献根据《民法典》修订后的最新版，以期共同推动侵权公平责任领域的研究。

四、致谢

首先，谨向已故的魏振瀛教授致敬！在丁海俊兄的陪同下，我曾有幸到魏老师苏州街旧居拜访。一代大家，生活俭朴，为《民法典》奔走疾呼，见晚辈有问必答，回忆起《民法通则》起草过程中第 132 条和第 133 条的体系安排，娓娓道来。也特别感谢侯国跃兄代我约请金平教授，他在西南政法大学老校区家中接见我，为我解答《民法通则》第 132 条措辞的考量，还赠送了我一本珍贵的《第三次民法典起草第四次草案》复印本，特此致谢！自梁慧星教授 2012 年受聘为四川大学特聘杰出教授以来，我有幸担任其学术助理，并能够细致请教本书写作过程中的立法过程性问题，实为学术后辈之大幸！

感谢冯乐坤编辑，对我博士期间撰写的《我国侵权法上"公平责任"源流考》进行了多轮修改，该文最终发表在《甘肃政法学院学报》2008 年第 2 期，开启了本书主题最初的发表之路。很怀念读书时与最高人民法院姚宝华法官讨论 2007 年修改的《道路交通安全法》第 76 条第 1 款第 2 项的结构，并最终合作论文发表。[①] 该文的核心观点也是我在四川大学法学院求职时的试讲内容。谢谢小敏师兄和阿卢姐在我读书期间对我的照顾与关心，我们也共同讨论完成了对《民法通则》时代公平责任的类型化研究。[②] 钟洁老师协助我复印了母校校图书馆、法学院图书馆和民商法基地

---

① 姚宝华、王竹：《道路交通安全法第七十六条第一款第（二）项的解读与适用》，《人民司法》2008 年第 15 期。

② 王竹、郑小敏：《我国侵权法上公平责任的类型化研究》，载《民事审判指导与参考》（2007 年第 4 集），法律出版社 2008 年版。

图书馆珍藏的大量早期苏联和东欧学术文献中译本出版物和内部资料，为本书的社会主义法系源流部分奠定了坚实的资料基础。

2008年我赴美国求学之前，由恩师杨立新教授和张新宝教授、姚辉教授共同组成了专家组，为我的博士论文《侵权责任分担论》开题把脉。我当时提出，《民法通则》第132条也使用了“分担民事责任”的表述，但公平责任的此“分担”与我提出的“侵权责任分担论”中的彼“分担”含义不同，计划在博士论文中用专章进行辨析。张新宝教授坚决地打消了我的这一念头，建议我单独研究。而当时已经写成的数万字内容也就从博士论文的初稿中删除，成为本书部分内容的雏形。姚辉教授则在博士生课堂上对我分别研究侵权责任分担和公平责任两个问题的思路予以认可并进行剖析，令我茅塞顿开。

毕业后，即将入职的我，作为四川大学法学院的“准”承办人之一，参加了2009年6月举办的“第七届海峡两岸民法典学术研讨会”。会议之余，我与周友军师兄初次聊起了我关于“侵权正义论”和“侵权公平论”的区分。随后8月到福建参加“第七届海峡法学论坛”，餐后与杨彪师兄散步，进一步将我的侵权法研究规划展开为“侵权责任构成论”、“侵权责任分担论”和“侵权责任公平论”的三论结构。杨彪师兄特别提醒我说，“公平论”的结构与前两论可能有所不同，这也是后来推敲本书标题的缘起。

要特别感谢顾培东教授对我第二次社科基金申报题目的“点睛之改”。申请到社科基金之后，我特别邀请杨遂全教授以及当时还没有加盟四川大学法学院的张家勇教授和张金海教授担任专家。记得杨遂全教授对比较法上的公平责任提出了独特的见解，张家勇教授对公平责任与衡平责任的可能联系表示了质疑，张金海教授除了现场提出建议之外，还特地撰文为我解德国法之惑。①

在牛津大学法学部访学期间，受债法讨论小组（ODG）和比较法讨论小组（CLDG）的联合邀请，我有幸开设了一次题为“Recent Developments in Chinese Tort Law”的学术讲座，核心内容之一就是介绍中国法上的公平责任，也得到了现场多位牛津大学法学部教授的点评。而对本书

① 张金海：《公平责任考辨》，《中外法学》2011年第4期。

影响最大的旁听课程是 John Gardner 教授①的 From Personal Life to Private Law，虽难以具象受益之点，却颇有醍醐灌顶之感，甚是精妙。特别感谢当时在牛津大学一起求学的吴至诚、Winky、郭一聪、刘昂等同仁与我的深入讨论。牛津大学法学部图书馆在衡平法领域的丰富资料支撑了本书第三章“英美法系衡平法救济研究”的撰写，我也特别在该章采用 OSCOLA 注释格式来记录这一学术经历。②

在四川省高级人民法院挂职的经历，让我对法官把握公平责任的尺度有了更加直观的认识，特别感谢赖波军院长和何良彬院长为我提供的典型案例。感谢叶金强教授、胡雪梅教授对本项研究的长期关注和大力支持，在此一并致谢！

感谢四川大学社会科学研究处在项目延期和结项阶段提供的大力支持。特别感谢全国哲学社会科学工作办公室、国家留学基金委和中国人民大学出版社对本书的认可与支持。“国家哲学社会科学成果文库”的 6 位匿名评审专家提出的评语鞭策着我继续努力，提出的建议也在写作过程中予以吸收。这份素未谋面之认可，只能以本书的尽力完善来回报！

儿子出生于我去牛津访学的那年，至今尚不能理解我在一墙的参考文献和十余箱复印资料的故纸堆中逐个查证的艰辛；女儿与书稿同岁，多次尝试理解本书的标题，仍体会着每个字都认识但无法理解的困惑。双方父母分担了几乎全部的家务并协助我们接送儿女，爱妻放任我沉浸在学术共产主义的工作状态中，相信这种默契还会持续很多年。

我的学生罗雅文、周利平、杨波、卿紫菱、杨袆祺、万婷在结项、申报和出版阶段付出了辛勤劳动。一路走来，得到了太多师友的帮助，在此难以全部列出，如有遗漏，敬请海涵。在《侵权责任分担论》出版后 12

---

① Gardner 教授系受聘于牛津大学法学部三大教席之一的法理学教授。牛津大学法学部的三大教授就是入选 All Souls College（万灵学院）的三个教席，分别是：Regius Professor of Civil Law（皇家罗马法教授）、Vinerian Professor of English Law（英国法 Vinerian 讲席教授）和 Professor of Jurisprudence（法理学教授）。

② 与美国法律文献遵守 Bluebook（The Bluebook：A Uniform System of Citation）注释格式不同，英联邦法律文献一般遵守 OSCOLA（The Oxford University Standard for Citation of Legal Authorities）注释格式。二者较为明显的区别有两点：第一，在案例引注格式上，美国案例使用“v.”，英国案例使用“v”（没有小圆点）；第二，Bluebook 脚注格式最后要加句号，而 OSCOLA 脚注格式不加句号（英文为小圆点）。

年，《侵权公平责任论》终于出版，本文算是对关心和支持我的各位师友一份迟到的致歉。下一步就是开展对早年基于困惑激发研究兴趣的第三组问题——“侵权责任构成论”的研究，最终完成我的“侵权责任三论”体系构建，希望不要再等12年！

回想人大十年苦读，感谢杨立新教授的悉心教诲。自己逐渐迈入不惑之年，老师仍然神采奕奕不减当年，甚是欣慰。谨以此书，恭祝恩师七十大寿！

王　竹　法学博士
四川大学市场经济法治研究所所长、法学院教授
中国人民大学民商事法律科学研究中心侵权法研究所副所长
庚子年·除夕，西昌庐山脚下

目　录

第一编　侵权公平责任总论

第二编　行为能力欠缺公平责任论

第三编　共同意外分担公平责任论

第四编　优者负担补偿公平责任论

第五编　受益人身保护公平责任论

第一编

侵权公平责任总论

第一章 侵权公平责任导论

第一节 从《最高人民法院公报》刊载的两件侵权公平责任案例说起

要厘清21世纪中国侵权法上公平责任的发展历程，就必须从《最高人民法院公报》刊载的两件公平责任案例说起。为了比较这两件公报案例裁判思路的差异，有必要详细引述这两件公报案例的内容。

一、2001年《最高人民法院公报》刊载案例“平台坠楼案”[①]

（一）案件事实

1999年1月，中共宜昌县委决定召开“四级”干部会议，要求各单位在会议期间悬挂标

① 《周开凤等诉宜昌县建设局人身损害赔偿案》，《最高人民法院公报》2001年第4期。

语。被告何丽萍的丈夫冯发强得知后找到县委宣传部，要求将制作、悬挂标语的工作交给何丽萍及其弟何涛去完成。县委宣传部同意由他们自己去与各单位联系，费用也由他们自己去结算。何涛便以“大民工艺装饰公司”（该公司未履行工商登记，也没有固定人员）总经理的名义，手持县委宣传部发布的《关于认真做好全县四级干部会议宣传标语悬挂工作的通知》，到各单位商谈印制悬挂标语事宜。经与被告建设局商谈，建设局同意由何涛按文件要求印制一幅新标语，并负责将包括另一幅旧标语在内的两幅标语悬挂起来，价格 800 元。

1999 年 2 月 19 日上午，何涛及其聘请的程志新、程志明拿着制作的一幅新标语前往被告建设局处，经该局值班人员李志敏、张建军许可进入办公楼。李志敏陪同何涛等三人到十二楼，找到放在此处的旧标语。何涛等三人将两幅标语的上端固定在楼顶后，将标语往下扔，左边一幅标语下端的木杆落在三楼平台上被卡住，何涛和程志新便下到三楼。三楼平台由采光玻璃铺成，其上积存了过多的灰尘。何涛在三楼过道观察了平台情况，以为平台是水泥板制作的，便从女厕所窗户向平台跳出。由于踩破平台采光玻璃，何涛坠到一楼摔成重伤，经送医院抢救无效身亡。何涛死亡后，被告何丽萍用其个体经营的丽萍商店发票在被告建设局处结账 800 元，交给三原告。

1999 年 7 月 14 日，何涛之妻周开凤、之子何浩、之母孔凡英起诉，要求被告建设局赔偿死亡补偿金 32 850 元、丧葬费 5 280 元、被抚养人何浩的生活费 32 850 元、救护费 673.50 元、专家会诊费 200 元、交通费 1 100 元，合计 72 953.50 元。

（二）法院说理

何涛自称经营者与被告建设局就印制悬挂标语一事达成口头协议，双方之间形成了加工承揽的法律关系。建设局是定作人，何涛是承揽人。承揽人虽为定作人完成预先约定的工作，但不是受雇于定作人，因此不能形成雇佣的法律关系。何涛印制及悬挂标语，是其作为承揽人应尽的义务。在悬挂过程中，何涛将积满灰尘的采光玻璃按照一般常识判断为水泥平台，以致发生了坠落身亡的事故。对死亡结果的发生，何涛和建设局都没有过错。《中华人民共和国民法通则》第 132 条规定：“当事人对造成损害都没有过错的，可以根据实际情况，由当事人分担民事责任。”何涛是在为建设局提供服务过程中遭受损害，建设局可依公平原则给予一定补偿。

三原告认为何涛与建设局之间形成雇佣关系，何涛在劳动中遭受的损害应当由雇主建设局承担赔偿责任的理由，依法不能成立。

被告何丽萍并未参加何涛自称的“大民工艺装饰公司”的经营，也未雇佣何涛进行经营，只是在何涛死亡后开具了丽萍商店的发票为原告结账，故何丽萍在本案不应承担民事责任。被告建设局认为是被告何丽萍从县委宣传部承揽了印制悬挂标语的工作，何丽萍又雇请了何涛具体实施，因此何涛的死亡，应当由雇主何丽萍承担赔偿责任的理由，与事实不符，其诉辩主张不予支持。

(三) 裁判结果

由被告建设局给付原告周开凤、何浩、孔凡英经济损失 29 182.80 元。

诉讼费 3 844 元，由被告建设局负担 1 922 元，原告周开凤、何浩、孔凡英负担 1 922 元。

(四) 裁判依据

原《民法通则》第 132 条：“当事人对造成损害都没有过错的，可以根据实际情况，由当事人分担民事责任。”

二、2016 年《最高人民法院公报》刊载案例“大蕉窒息案”[①]

(一) 案件事实

被告覃维邱和死者曾婷婷的爷爷曾开合均在佛山市南海区丹灶镇塱心石龙村租地种菜并居住在菜地工棚。2015 年 1 月 15 日上午，被告苏燕弟到菜地捡菜时，将几个当地人俗称大蕉的水果给了覃维邱的孙子覃光典。覃维邱夫妇看到覃光典在吃大蕉，询问苏燕弟并确认大蕉是苏燕弟给的，覃维邱夫妇并没有提出异议，其后苏燕弟离开。上午 11 时许，曾婷婷来到覃维邱的菜地找覃光典一起玩耍，两人每人吃了一根大蕉。大约 14 时，覃光典和曾婷婷在菜地边的小路上玩耍，在菜地里装菜的覃维邱突然听到覃光典大叫，覃维邱夫妇跑到覃光典和曾婷婷身边，发现曾婷婷倒地压住覃光典的脚，不省人事，两手发抖，面色发青，口吐白沫，地上掉落一根没有吃完的大蕉。覃维邱呼叫在附近菜地干活的曾开合。曾开合夫妇跑到曾婷婷身边，发现其倒地不醒，在知道是吃了大蕉后，以为是中毒，遂拨

① 《蒋海燕、曾英诉覃维邱、苏燕弟生命权纠纷案》，《最高人民法院公报》2016 年第 11 期。

打了110及120报警。后曾开合和覃维邱以及另一名老乡送曾婷婷到塱心卫生站进行救治。卫生站接诊医生及随后赶到的佛山市南海区第八人民医院医护人员对曾婷婷进行抢救，其间从曾婷婷喉咙挖出一块直径约5厘米表面带血的大蕉，后于15时20分宣布曾婷婷死亡，死亡原因是异物吸入窒息。

两原告是曾婷婷的父母，曾婷婷于2009年11月8日在佛山市南海区西樵镇出生，跟随父母和爷爷奶奶居住在塱心石龙村菜棚，并就读于佛山市南海区丹灶塱心幼儿园。两原告均在丹灶镇附近的工厂工作，事发当天两原告去上班，曾婷婷交由爷爷奶奶照看。

（二）广东省佛山市南海区人民法院一审判决概要

1. 裁判说理

第一，被告苏燕弟的大蕉没有毒，符合食用的安全要求。苏燕弟只是将大蕉分给了被告覃维邱的孙子覃光典并且得到了覃维邱夫妇的同意，苏燕弟没有将大蕉交给曾婷婷，事发时苏燕弟亦不在现场。苏燕弟不可能预见大蕉最终会交到曾婷婷手上，更不可能预见曾婷婷在进食大蕉时因噎窒息。苏燕弟在事件当中并无过错，其将大蕉交给覃光典的行为与曾婷婷窒息死亡的事实之间亦不存在因果关系。

第二，大蕉是苏燕弟征得覃维邱夫妇的同意而交给覃光典的，其后大蕉由覃维邱管有。曾婷婷前来与覃光典玩耍时进食大蕉，没有证据显示大蕉是覃维邱、覃光典交给曾婷婷或是其自行取食。但无论何种情况，覃光典或覃维邱均并非故意侵害曾婷婷。而且，曾婷婷已经五岁并就读幼儿园，根据普通人的认知，曾婷婷的年龄及就学经历足以让其习得对常见食物独自进食的能力。虽然覃维邱当时在场，但其对曾婷婷不负有法定的监护职责，而其对曾婷婷独自进食大蕉的行为未加看管，也是基于普通人对事实的合理判断及善意信赖。另外，在发现曾婷婷倒地不醒后，覃维邱及时通知曾婷婷的家人并协助送曾婷婷前往就医，覃维邱已实施了合理的救助行为。因此，覃维邱没有主观故意或过失做出侵害曾婷婷的行为，覃维邱在事件中没有过错。

第三，无论苏燕弟将大蕉分给覃光典，还是覃维邱、覃光典将大蕉分给曾婷婷，这都是邻里朋友之间善意的分享行为。这种分享食物的行为本身并不会造成死亡的结果。曾婷婷是由于在进食过程中一时咬食过多、吞咽过急的偶发因素而窒息死亡，是无法预见而令人惋惜的意外事件。覃维邱、苏燕弟的行为与曾婷婷死亡这个严重的损害后果之间只存在事实的联结，并不存在法律上的因果关系。两被告没有追求或放任损害结果的发生，均没有法律上的过错或道德上的不当。两原告痛失爱女确属不幸，但仅因为事实上的关联，而将不幸归咎于法律上没有过错、道德上亦无不当的两被告，这不是法律追求的公平正义。

综上，原告主张两被告对曾婷婷的死亡负有责任而要求赔偿，缺乏法律依据，法院不予支持。

2. 裁判结果

驳回原告蒋海燕、曾英的诉讼请求。

3. 裁判依据

《民事诉讼法》（2012 年修正）第 64 条："当事人对自己提出的主张，有责任提供证据。""当事人及其诉讼代理人因客观原因不能自行收集的证据，或者人民法院认为审理案件需要的证据，人民法院应当调查收集。""人民法院应当按照法定程序，全面地、客观地审查核实证据。"

（三）广东省佛山市中级人民法院二审判决概要

1. 裁判说理

本案为人身损害侵权赔偿纠纷，应适用《中华人民共和国侵权责任法》的相关规定。《中华人民共和国侵权责任法》第 6 条第 1 款规定："行为人因过错侵害他人民事权益，应当承担侵权责任。"本条是过错责任原则的规定。过错责任是指造成损害并不必然承担赔偿责任，必须看行为人是否有过错，有过错有责任，无过错无责任。据此，确定被上诉人覃维邱在本案中的行为是否存在过错是本案的争议焦点。一般而言，过错包括故意和过失，故意是指行为人以损害他人为目的而实施加害行为，或者明知自己的行为会造成损害仍实施加害行为；行为人因疏忽或者懈怠未尽合理注意义务的，为过失。根据本案查明的事实，覃维邱无故意加害曾婷婷的目的和行为，且本案也无证据证明覃维邱在明知曾婷婷有不能独立进食芭蕉的特殊体质的情况下，仍放任曾婷婷独立进食芭蕉，故覃维邱不存在故意侵权行为。因此，判断覃维邱的行为是否因疏忽或者懈怠未尽合理注意义务是其承担责任与否的关键。对此，法院认为，覃维邱对于曾婷婷进食芭蕉窒息死亡不存在过失，理由如下：首先，事发时，曾婷婷是已满五周岁的学龄前儿童，从一般生活经验来看，其已具备独立进食包括本案芭蕉在内的常见食物的能力，比曾婷婷年幼的覃维邱的孙子覃光典事发当天也独立进食芭蕉，由此可见，覃维邱对于曾婷婷独立进食芭蕉的注意标准与其处理自己同样事务的标准一致。其次，对于并非曾婷婷临时监护人的覃维邱，不能苛求其一直照看曾婷婷，并且事发当日早上，曾婷婷已经与覃光典一起进食过芭蕉，当时并没有异常，而事发时为当日下午，此时覃维邱才发现曾婷婷进食芭蕉窒息，对此后果无法预见，事后其也尽力协助救治曾婷婷，不能据此认为覃维邱存在疏忽或者懈怠。最后，从民法的基本价值立场出发，民法应是鼓励民事主体积极地展开社会交往，如果将小孩之间分享无明显安全隐患食物的行为定性为过失，无疑限制人之行为自由，与过错责任原则的立法宗旨不符。综上，正如一审法院所认定，曾婷婷是因在进食过程中一时咬食芭蕉过多、吞咽过急等偶发因素而窒息死亡，应属于意外事件，覃维邱不存在故意或过失侵害曾婷婷的行为，对曾婷婷的死亡没有过错，在本案中无须承担侵权损害赔偿责任。上诉人蒋海燕、曾英上诉认为覃维邱应对曾婷婷的死亡承担赔偿责任，缺乏法律依据，法院不予采纳。一审判决认定事实清楚，适用法律正确，予以维持。

2. 裁判结果

驳回上诉，维持原判。

3. 裁判依据

原《侵权责任法》第6条第1款："行为人因过错侵害他人民事权益，应当承担侵权责任。"

《民事诉讼法》(2012年修正) 第170条第1款第1项："第二审人民法院对上诉案件，经过审理，按照下列情形，分别处理：（一）原判决、裁定认定事实清楚，适用法律正确的，以判决、裁定方式驳回上诉，维持原判决、裁定"。

三、两件公报案例裁判思路差异分析与路径选择

（一）"平台坠楼案"裁判思路分析

"平台坠楼案"发生在世纪之交，从《最高人民法院公报》刊载该案的内容看，大体可以总结出如下的裁判思路：承揽关系中定作人和承揽人都没有过错的，不承担侵权责任，但承揽人是在为定作人利益而为行为，可以根据公平原则予以一定的补偿。"何涛是在为建设局提供服务过程中遭受损害，建设局可依公平原则给予一定补偿"的表达实际上暗含了原《民通意见》第157条的精神："当事人对造成损害均无过错，但一方是在

为对方的利益（着重号为引者所加，下同。——引者注）或者共同的利益进行活动的过程中受到损害的，可以责令对方或者受益人给予一定的经济补偿。”按照这一思路，法院实际上也认为“何涛在三楼过道观察了平台情况，以为平台是水泥板制作的，便从女厕所窗户向平台跳出”这一行为并无过错，否则就失去了这一裁判思路适用的前提。

（二）“大蕉窒息案”裁判思路分析

“大蕉窒息案”的裁判摘要包括两句。[①] 第一句指出：“民法鼓励民事主体积极开展合法、正当的社会交往。”这一要点在二审裁判说理部分体现为“过错责任是指造成损害并不必然承担赔偿责任，必须看行为人是否有过错，有过错有责任，无过错无责任”。该裁判摘要第二句指出：“行为人在正常社会交往活动中实施的行为本身不具有危害性，因意外因素造成他人的权益受到损害的，如果行为人无过错，且其行为与损害结果之间无任何因果关系，行为人依法不承担赔偿责任。”这一要点可以理解为，既不是基于危险，也不是基于过错，且没有因果关系，不承担侵权责任。

（三）裁判倾向展现时代变迁带来的路径选择难题

对比两个前后相隔十五年的涉及侵权公平责任的《最高人民法院公报》刊载案例的裁判思路可以看出，“平台坠楼案”的裁判思路是：双方均无过错的意外损害→适用侵权公平责任→双方均无过错→适当补偿，体现出的是一种尽量填补受损人的裁判倾向。而“大蕉窒息案”的裁判思路是：双方均无过错的意外损害→适用过错侵权责任→行为人无过错→无赔偿责任，体现出的是一种尽量保护行为人自由的裁判倾向。

这两种裁判倾向体现在裁判思路上的实质差别是，出发点同样是“双方均无过错的意外损害”，如果是倾向于尽量填补受损人而适用所谓的侵权公平责任，自然就会得出适当补偿的结论；如果是倾向于尽量保护行为人自由而严格适用过错侵权责任，自然就会得出无赔偿责任的结论。这样就提出了过错侵权责任与侵权公平责任路径选择的难题。

① 《蒋海燕、曾英诉覃维邱、苏燕弟生命权纠纷案》，《最高人民法院公报》2016年第11期。

第二节　我国侵权公平责任立法的偶然性与必然性

在侵权法上规定公平责任制度，并非比较法上的通例。可见这一制度在中国法上的确立，如果从比较法继受的角度考察，可能具有一定的偶然性。但若立足于社会主义法系的传统，以及中国社会的现状，这种公平责任的确立又具有一定的内生性，也就有了一定程度的必然性。

一、我国侵权公平责任立法的偶然性

我国侵权公平责任立法的偶然性体现为法律规范中的非体系性和比较法源流上的非普遍性。

（一）法律规范中的非体系性

《民法典》在第 183 条规定了见义勇为人身保护公平责任，第 1186 条更新了公平补偿责任的一般规则，第 1188 条规定了被监护人致害公平责任，第 1190 条规定了暂时没有意识或者失去控制致害公平分担责任，第 1254 条规定了高空抛物坠物责任。这些侵权公平责任条款，在内部关系上并无明确的体系安排，也有明显不同的立法源流，并随着实务需求的发展类型还在不断增加。例如，相对于原《民法通则》第 132 条对应的原《侵权责任法》第 24 条，该法第 33 条和第 87 条就是新增的侵权公平责任类型。在同为补偿责任的外部体系上，侵权公平责任也无法与《民法典》第 181 条规定的防卫过当[①]和第 182 条规定的避险过当的补偿责任进行明确区分。为了解决这种非体系化的现象，《民法典》通过之前，学说上一般以原《侵权责任法》第 24 条作为所谓的公平责任一般条款，以其他侵权公平责任条款为特别规定，尝试进行体系化，但最后却发现侵权公平责

---

① 原《侵权责任法》第 30 条第 2 句规定："正当防卫超过必要的限度，造成不应有的损害的，正当防卫人应当承担适当的责任。"《民法典》第 181 条第 2 款规定："正当防卫超过必要的限度，造成不应有的损害的，正当防卫人应当承担适当的民事责任。"从文字表述上，尽管只是规定了"适当的（民事）责任"，但应该理解为补偿责任。

任在法律规范中呈现出一种非体系性的特点。①

（二）比较法源流上的非普遍性

英美法系与我国侵权法上的侵权公平责任最为接近的制度是衡平法，但衡平法恰恰没有扩展到侵权损害赔偿领域，这种现象具有历史的偶然性。大陆法系从《普鲁士普通邦法》开始，以监护人责任为起点建立起例外的公平责任规则，但即使是继受了德国法的大陆法系国家，也并非所有的立法例都明文规定了责任能力缺失类公平责任。如果缺少侵权公平责任的规定，则相关案例应该按照过错责任适用“无过错则无责任”的简单逻辑，损害由被侵权人自担。

二、我国侵权公平责任立法的必然性

（一）我国社会高风险运行状态与个体低风险应对能力之间的张力

改革开放以来，我国社会经济快速发展，社会高风险运行状态与个体低风险应对能力之间的张力逐渐积累。我国社会高风险运行状态的典型表现形式是社会经济高速运转，交通事故频发；风险预防机制缺失，意外损害高发。与之不相称的是个体低风险应对能力，主要体现为个体财富积累尚不足以应对致害或者受损风险；同时，社会保障覆盖的范围仍然较窄、承保的力度不够，民众也缺乏主动购买商业保险予以补充的意识。这种张力造成全社会损害风险分担机制缺乏，一旦发生意外损害，往往面临侵权人和被侵权人均无足够损害承担能力的情形。

（二）侵权公平责任的社会救济功能

按照传统侵权法的“all or nothing”的思路，加害人因免责事由而免除责任，而免责事由的设定本身就是对损害承担者的立法选择问题。这种“all or nothing”的免责标准在立法效果上一方面保证了侵权责任法的确定性，但另一方面也排除了由双方分担损害的可能。当由受害人一方承担全部的损失不符合大众普遍的公平理念时，司法就应该尝试给予受害人一定的救济，但这又会导致侵权责任的不确定性。

较为理想的解决方案是社会保障制度，但我国的现实是社会保障尚无法提供充足的救济，而商业保险覆盖率也较低，问题最终就转化为通过侵

① 王竹、郑小敏：《我国侵权法上公平责任的类型化研究》，载《民事审判指导与参考》（2007年第4集），法律出版社2008年版。

权责任法在特定案件类型中承担适当的社会救济功能来解决，这就是侵权公平责任的法律功能。

侵权公平责任被预设的这种社会救济功能，可以从原《侵权责任法》第1条立法目的条款中得到确认："为保护民事主体的合法权益，明确侵权责任，预防并制裁侵权行为，促进社会和谐稳定，制定本法。"侵权公平责任社会救济功能的宏观目的是通过让受损者获得一定的救济来化解社会风险，以"促进社会和谐稳定"；微观目的是通过避免社会个体陷入绝境，以"保护民事主体的合法权益"。在我国的商业保险制度尚不够发达，社会保障制度还远未健全的背景下，如果法定补偿义务制度运用得当，无疑可在一定程度上济侵权损害赔偿责任制度之穷，唯此方可实现将"救济功能"确认为侵权责任法首要功能的立法意图。①

（三）侵权公平责任社会救济功能的取代方式

侵权公平责任的确立也带来了明显的司法困境。侵权公平责任打乱了"无过错则无责任"这一简单的逻辑推演，进而打破了侵权法保护个人自由的平衡，对行为人的自由产生了不当的限制，模糊了行为自由的界限，使得一些原本没有必要进入法院，或者即使提起诉讼也本无法获得支持的主张变得"可能获得一定的支持"，实际上不必要地增加了司法成本，进一步地也增加了社会的总体救济成本。

由侵权公平责任来承担社会救济功能显然不是最佳方案，实际上是在呼唤建立更加完善的社会保障制度，并且通过民众购买商业保险来进行损害的社会分担。一旦这种社会分担路径能够实现，社会风险分配机制逐步建立，那么侵权公平责任也就可以逐步退出历史舞台了。

第三节　侵权公平责任中"公平"的含义

一、是否存在公平责任的统一基础及其论证义务

在我国侵权法学界，就公平责任是否存在统一的基础，有不同的看法。持肯定说的学者认为，作为一种责任分配原则，公平原则的责任分配

---

① 王轶：《作为债之独立类型的法定补偿义务》，《法学研究》2014年第2期。

依据既不是行为，也不是特定事故原因，而是一种抽象的价值理念——公平。[①] 也有学者认为可以总结为基于特殊扶助义务的公平责任原则。[②] 持否定说的学者认为，公平责任的归责基础是法律的特别规定，很难抽象出其共性。[③]

笔者认为，肯定说的论证义务在于抽象出统一的公平含义，这恰恰是公平责任研究的理论瓶颈。否定说则需要对每项被认为是公平责任的规定的正当性进行判断；如果认为其没有正当性，那么从立法论上就应该建议删除或者修改该项规定；如果认为其具有正当性，那么应该就该项规则的正当性进行论证。

二、侵权法上的"公平"与相关术语的区分

（一）合同法上的"公平"与侵权法上的"公平"的区分

1. 共同点：利益失衡的公平调整机制

一般认为，民法上的公平原则包括两层含义：一是立法者和裁判者在民事立法和司法的过程中应维持民事主体之间的利益均衡；二是民事主体应依据社会公认的公平观念从事民事活动，以维持当事人之间的利益均衡。[④] 应该指出，这种对公平原则的界定，主要是以合同法为预设的。但这并不排斥侵权法领域对公平原则的适用，只是需要明确侵权法上公平原则的体现方式与合同法有所不同。笔者认为，公平原则有一个简单的检验标准，那就是双方当事人如果交换法律地位仍然能够认可的利益和风险分配状态，这对于合同法和侵权法均是适用的。

2. 合同法上的"常态公平"：基于交换正义的利益和风险分配

作为合同法的正当性基础的交换正义，本身就包含了"公平地确定风险负担"和"公平地确定利益承受"两方面内容。[⑤] 所以，合同法上不管

---

① 王卫国：《过错责任原则：第三次勃兴》，中国法制出版社2000年版，第293页。

② 毛东恒：《"公平责任原则"构造问题的比较法研究》，《湖南社会科学》2016年第4期。

③ 周友军：《侵权法学》，中国人民大学出版社2011年版，第36页。

④ 王轶：《论民法诸项基本原则及其关系》，《杭州师范大学学报（社会科学版）》2013年第3期。

⑤ 易军：《民法公平原则新诠》，《法学家》2012年第4期。

是基于公平原则对利益和风险进行分配，还是基于“显失公平”进行的调整，实质上都是一种对基于交换正义的利益和风险的分配。我们可以回顾一下我国民法上基于公平原则确立的显失公平规则的发展过程。

原《民法通则》中公平原则规定在第 4 条：“民事活动应当遵循自愿、公平、等价有偿、诚实信用的原则。”该法第 59 条第 1 款第 2 项对“显失公平”作出了规定：“下列民事行为，一方有权请求人民法院或者仲裁机关予以变更或者撤销：……（二）显失公平的。”原《民通意见》第 72 条对“显失公平”进行了界定：“一方当事人利用优势或者利用对方没有经验，致使双方的权利义务明显违反公平、等价有偿原则的，可以认定为显失公平。”

原《合同法》第 5 条对“公平原则”予以单独的规定：“当事人应当遵循公平原则确定各方的权利和义务。”该法第 54 条第 1 款第 2 项延续了对“显失公平”法律效果的规定：“下列合同，当事人一方有权请求人民法院或者仲裁机构变更或者撤销：……（二）在订立合同时显失公平的。”《合同法司法解释（二）》（法释〔2009〕5 号）第 26 条对“情事变更”的规定也是公平原则的体现：“合同成立以后客观情况发生了当事人在订立合同时无法预见的、非不可抗力造成的不属于商业风险的重大变化，继续履行合同对于一方当事人明显不公平或者不能实现合同目的，当事人请求人民法院变更或者解除合同的，人民法院应当根据公平原则，并结合案件的实际情况确定是否变更或者解除。”另外，该解释第 29 条第 1 款对“减少过高违约金”的规定也体现了公平原则：“当事人主张约定的违约金过高请求予以适当减少的，人民法院应当以实际损失为基础，兼顾合同的履行情况、当事人的过错程度以及预期利益等综合因素，根据公平原则和诚实信用原则予以衡量，并作出裁决。”

《民法典》以原《合同法》第 5 条为原型设计了第 6 条“公平原则”条款：“民事主体从事民事活动，应当遵循公平原则，合理确定各方的权利和义务。”第 151 条将“乘人之危”与“显失公平”合并规定为：“一方利用对方处于危困状态、缺乏判断能力等情形，致使民事法律行为成立时显失公平的，受损害方有权请求人民法院或者仲裁机构予以撤销。”

《民法典》的这一合并，实际上是对原《民法通则》以来“乘人之危”与“显失公平”分立立法模式司法适用效果的反思。即认为单独的“显失公平”，还不足以引发撤销权的行使，还必须有“乘人之危”的前置性条件，才能够达到均衡基于交换正义的利益和风险分配的目的。

应该指出，合同法上对公平的追求，是一种“常态公平”。因此从民事基本原则到明文规定，再到司法实务，公平始终是法院利益衡量的核心所在。

3. 侵权法上的“例外公平”：基于矫正正义的微调

但是，侵权法并不存在这种交换正义的前提性预设，而是基于矫正正义来填补被侵权人的损害。在这种背景下，公平就不是对交换正义的实现，而是对矫正正义的实现。矫正正义的实现，体现为填平原则，要么全部赔偿，要么不赔偿，即所谓的“all or nothing”。这样公平调整的适用情形就必须例外创设，因此侵权法上的公平，是一种“例外公平”。

(二) 公平（狭义的公道）与体谅（广义的公道）的区分

在廖申白教授译注的《尼各马可伦理学》版本中，使用“公正”来指称“正义”（justice），使用“公道”来指称“公平”。但实际上这是狭义的公道，还要区别于广义的公道（体谅）。格兰特（A. Grant）认为，“公道”与“体谅”（considerate）有密切联系。① 亚里士多德在谈到对自己不公正的可能性的时候，提到了“公道的人”② 可能基于主观意愿对自己不公正：“如果不公正是在于给予得过多，在于知情地、出于意愿地多给别人少给自己——谦让的人据说就是这么做的，例如公道的人就倾向于少要求一点——的给予者不公正，而不是在于接受者不公正，一个人就可能对他自己不公正。”③ 廖申白教授特别指出：“人们都称赞公道的人，公道有广义与狭义的区分。广义上，公道指一个人做事有恰当的分寸。在这个意义上说一个人为人公道、做事公道，就是说他有德性，或者品质上诚实正直。所以，公道的人也就是有德性的人、好人。具体意义上，公道是一种与具体的正义同类的品质，一个人的利益在不自愿的交往中受到损害后，

---

① 格兰特：《亚里士多德伦理学》（卷Ⅱ），朗曼斯与格林出版社公司 1885 年版，第 139 页。转引自［古希腊］亚里士多德：《尼各马可伦理学》，廖申白译注，商务印书馆 2005 年版，第 160 页，脚注 2。

② 根据廖申白教授的译注，“公道的人”是指“通情达理的人，在权利方面肯通融一点的人”。参见［古希腊］亚里士多德：《尼各马可伦理学》，廖申白译注，商务印书馆 2005 年版，第 157 页，脚注 2。

③ ［古希腊］亚里士多德：《尼各马可伦理学》，廖申白译注，商务印书馆 2005 年版，第 157 页。

要求以私人的或法律的方式恢复自己的应得，即受损失前的利益状态，这是正义的。"①

（三）公平与正义的区分

在中文文献，尤其是翻译文献中，没有遵循对"公平"（fairness）和"正义"（justice）的严格区分，导致了术语体系的混淆。例如，在引用率颇高的《西方社会的法律价值》一书中，justice 被翻译为"公平"，而谈论的其实是"正义"。② 甚至有学者干脆认为，在民法基本原则层面，学界习惯用"公平"的概念，但在合同法基本原则领域，则习惯用合同"正义"的概念，并尝试对"公平"和"正义"不加区分地使用。该学者指出，公平原则意指在民事生活领域，应使"各人得其应得"的观念求取最大限度的实现。公平原则表现为交换正义、归属正义、矫正正义与分配正义等具体类型。③ 这实际上是对正义的类型化。罗尔斯的名著《作为公平的正义——正义新论》（*Justice as Fairness—A Restatement*）一书的书名区分了公平和正义，尽管该书开宗明义地表示这种正义理应属于政治哲学，而非伦理学或者道德哲学④，但这种术语区分可以作为"公平"和"正义"术语的坐标系。

三、侵权公平责任中"公平"的伦理学体系定位

（一）亚里士多德对公平和正义的区分路径

1. 分配正义与矫正正义的关系

"公正是一切德性的总括。"⑤ 亚里士多德在《尼各马可伦理学》第五卷［公正］将公正分为"3.［分配的公正］"和"4.［矫正的公正］"，并在第十章［公道］分析了"公道和公道的事，以及它们同公正和公正的事

---

① 廖申白：《伦理学概论》，北京师范大学出版社 2009 年版，第 375 页。

② ［英］彼得·斯坦、约翰·香德：《西方社会的法律价值》，王献平译，郑成思校，中国法制出版社 2004 年版，前言，第 1 页，脚注 2。

③ 易军：《民法公平原则新诠》，《法学家》2012 年第 4 期。

④ 姚大志：《导读：从"正义论"到"正义新论"》，载罗尔斯：《作为公平的正义——正义新论》，姚大志译，上海三联书店 2002 年版，第 450 页。

⑤ ［古希腊］亚里士多德：《尼各马可伦理学》，廖申白译注，商务印书馆 2005 年版，第 130 页。

的关系"①。随后展开了对矫正正义的阐述："如果一方侵害了他人，另一方则遭受侵害，如果一方致人损害，另一方则遭受损害，法律只关注伤害这一显著特征，对当事人平等对待。法官试图从加害人处剥夺其所得，恢复当事人之间的平等。在各种情况下，人们评估所遭受的损害时，一方被称为'所失'，另一方被称为'所得'。因此，正义就存在于前后的数量平等上。"②

2. 公平最终是为了实现更高层次的正义

亚里士多德认为，公平和正义"既不完全是一回事，又不是根本不同。我们有时称赞公道和公道的人。在这样称赞时我们甚至把这个词用到其他德性上面，把它就看作善，意思是越公道就越是善。有时候，当我们仔细思考时，我们又感到奇怪，既然公道和公正不同，它又为什么被我们称赞。因为，如果它们不同，那么就要么公正不好，要么公道不好；如果它们都好，它们就是一回事。在公道概念上的困难就产生于这些考虑。这些考虑在某种意义上都对，但是又相互有矛盾。因为一方面，公道优越于一种公正，本身就公正；另一方面，公道又不是与公正根源上不同而比它优越的另一类事物。所以，公正和公道是一回事，两者都是善，公道更好些"③。

3. 一般性的法律正义可能出错

随后，亚里士多德谈道："困难的根源在于，公道虽然公正，却不属于法律的公正，而是对法律公正的一种纠正。这里的原因在于，法律是一般的陈述，但有些事情不可能只靠一般陈述解决问题。所以，在需要用普遍性的语言说话但是又不可能解决问题的地方，法律就要考虑通常的情况，尽管它不是意识不到可能发生错误。"④

---

① ［古希腊］亚里士多德：《尼各马可伦理学》，廖申白译注，商务印书馆2005年版，第160页。

② ［古希腊］亚里士多德：《尼各马可伦理学》，廖申白译注，商务印书馆2005年版，第136-138页。

③ ［古希腊］亚里士多德：《尼各马可伦理学》，廖申白译注，商务印书馆2005年版，第160页。

④ ［古希腊］亚里士多德：《尼各马可伦理学》，廖申白译注，商务印书馆2005年版，第160-161页。

4. 人的行为特性导致法律可能存在例外为公平预留了纠正正义缺陷的空间

亚里士多德接着谈道："法律这样做并没有什么不对。因为，错误不在于法律，不在于立法者，而在于人的行为的性质。人的行为的内容是无法精确地说明的。所以，法律制订一条规则，就会有一种例外。当法律的规定过于简单而有缺陷和错误时，由例外来纠正这种缺陷和错误，来说出立法者自己如果身处其境会说出的东西，就是正确的。"①

5. 公平仅仅用于纠正法律的一般性所带来的缺陷

亚里士多德接着说："所以说，尽管公道是公正且优越于公正，它并不优越于总体的公正，它仅仅优越于公正由于其陈述的一般性而带来的错误。公道的性质就是这样，它是对法律由于其一般性而带来的缺陷的纠正。"②

6. 公平责任在立法授权下的司法空间

亚里士多德接着指出："实际上，法律之所以没有对所有的事情都作出规定，就是因为有些事情不可能由法律来规定，还要靠判决来决定。因为，如果要测度的事物是不确定的，测度的尺度也就是不确定的。就像勒斯比亚的建筑师用的铅尺，是要依其形状来测度一块石头一样，一个具体的案例也是要依照具体的情状来判决。这样，我们就说清楚了什么是公道，说明了它是公正，并且优越于一种公正。"③

7. 公平与正义具有同质性

亚里士多德最后指出："从这一点就可以明白什么样的人是公道的人。公道的人是出于选择和品质而做公道的事，虽有法律支持也不会不通情理地坚持权利，而愿意少取一点的人。这样的一种品质也就是公道。它是一种公正，而不是另一种品质。"④

---

① [古希腊]亚里士多德：《尼各马可伦理学》，廖申白译注，商务印书馆2005年版，第161页。

② [古希腊]亚里士多德：《尼各马可伦理学》，廖申白译注，商务印书馆2005年版，第161页。

③ [古希腊]亚里士多德：《尼各马可伦理学》，廖申白译注，商务印书馆2005年版，第161页。

④ [古希腊]亚里士多德：《尼各马可伦理学》，廖申白译注，商务印书馆2005年版，第161页。

(二) 廖申白教授对亚里士多德"公平"理论的伦理解读

对亚里士多德的上述论断，《尼各马可伦理学》的译注者廖申白教授解读道，虽然严格地说公道不是正义，但正如亚里士多德指出的，它同正义有密切关系。正义都要求法律明文申述，都同法律已构成的依据相关。矫正的正义尤其如此。法律总要以一般的语言陈述，总要考虑一般的情形。但是，有些事情不可能只靠一般陈述就能解决。因为，人的实践事务是非常具体的，法律不可能面面俱到，所以法律的陈述可能比较僵硬，在解决具体案例时，可能偏离人们对于那个事例的具体的正义感。错误不在于法律，不在于立法者，而在于人的行为的性质。人的行为的内容是无法精确说明的。① 所以，正如亚里士多德所说，公道的品质是对法律正义的某种矫正。公道不是法律的正义。法律的正义由于其一般性而难免有缺陷，公道的品质有助于弥补这种缺陷。成文法的许多条款的陈述都包含对某种例外的说明，这种说明有许多是出于公道的考量。但是成文法必须坚持条款文本的基本适用性。所以，它不可能完全免除僵化的缺点。② 最终的结论是，公道优越于法律的正义。它优越于具体的法律正义，尤其是矫正的正义，而不是总体的或守法的正义。③

四、侵权公平责任中的"公平"是"免责不尽公平"双重否定

(一)"法之极、恶之极"——侵权法上公平论与正义论的区分

在研习侵权法的过程中，笔者逐渐形成了撰写"侵权责任构成论"、"侵权责任分担论"和"侵权公平责任论"这一"侵权责任三论"系列的理论构想。其中，"侵权责任构成论"试图对侵权责任构成这一侵权责任法的核心理论问题进行探讨，其基本理论框架是侵权责任构成要件学说，内在伦理基础是"矫正正义"；"侵权责任分担论"是处理多主体（包括数人侵权和被侵权人过错）、多责任基础复杂侵权案件的专门理论，其基本理论框架是比较原因力和可责难性，内在伦理基础是"分配正义"。在亚里士多德伦理学的框架中，矫正正义与分配正义分别是和算术比例与几何比例相对应的。正所谓"法之极，恶之极"（*Summum ius*，*summa iniuria*），

---

① 廖申白：《伦理学概论》，北京师范大学出版社 2009 年版，第 375 - 376 页。

② 廖申白：《伦理学概论》，北京师范大学出版社 2009 年版，第 376 页。

③ 廖申白：《伦理学概论》，北京师范大学出版社 2009 年版，第 376 页。

按照这两种数学模型对应正义的实现方式，必然与现实生活不完全相符，因此在两种正义与现实生活的缝隙中，侵权法上才有公平的适用余地，这也是侵权责任伦理框架中“正义”与“公平”的分野所在。

（二）公平责任必须具体化而不能是一般条款

日本学者小口彦太认为，之所以将公平原则限定在无民事行为能力人的不法行为这样的特殊事例中，而没有作为一般规定采纳的一个重要原因是：以抽象性的市民形式平等为基本原理的民法，是无法与着眼于富人、穷人这样具体关系的社会法原理构成的公平责任原则，毫无矛盾地结合在一起的。公平原则没有一般化的另一个重要理由是：“公平”的内容是模糊的，有可能因为法官的恣意而损害法律的稳定性。正是基于以上理由，许多国家对这一原则的一般化努力都遇到了阻力。①

如果法律被设想为一套制度，那么亚里士多德式的公平与法治就必然不相容。② 公平是法律的最高原则，诚无疑问，但必须加以具体化，始能作为可适用的法律规范。③ 这是因为，公平责任应该被理解为法律明文规定的例外性、具体性处理方式，以回应具体的例外性前提造成的对正义结果的偏离，使得处理的结果回到与没有例外性前提情形下最接近正义的状态。所以，公平责任的规定必须具体化，不能是开放性的一般条款模式，这就是原《民法通则》第 132 条和原《侵权责任法》第 24 条备受诟病的无法律适用限制问题。

（三）例外性双重否定：免责不尽公平则不予完全免除责任

王卫国教授指出，公平责任的本意，就是赋予法官公平分配损失的自由裁量权。公平责任针对的是这样一种情况：一般责任规则的严格适用可能导致按一般社会道德观念看来是极不公平的结果。也就是说，它是对“严格法”“刚性法”（或者说，法律适用中的僵化现象）的一种矫正措施。④ 郭明瑞教授认为，公平责任的实质是在任何一方当事人都不应当承

---

① ［日］小口彦太：《不法行为法二题》，丁相顺译，载张新宝主编：《侵权法评论》（2004 年第 1 辑），人民法院出版社 2004 年版。

② Joshua Getzler, “Patterns of Fusion” in Peter Birks (ed), *The Classification of Obligations* (Clarendon Press 1997) 181 para 1.

③ 王泽鉴：《民法学说与判例研究》（修订版）（第六册），中国政法大学出版社 2005 年版，第 281 页。

④ 王卫国：《过错责任原则：第三次勃兴》，中国法制出版社 2000 年版，第 295 页。

担民事责任的情况下的一种责任，正是因为损害无人应当承担，法律才设计此项制度，以求社会公平。①

如果从例外性规定的角度看，侵权公平责任实际上是一种与整个侵权责任体系平行的例外性规定。有学者认为，在适用过错责任原则的案件中，加害人没有过错，但不让加害人承担又无法达至理想的公平时，可能我们就要以追求公平的名义对加害人是否要承担责任进行自由裁量，这就是衡平。② 为了保护民事主体的自由，侵权责任的构成规则通过构成要件发挥了限定性的作用。作为这种限定性责任的例外规定，侵权公平责任是在侵权责任不构成之外，例外承担补偿责任。笔者认为，公平责任对侵权责任的公平性矫正，仅限于"免责不尽公平"的情形下，"不予完全免除责任"③。例外性地承担一定的补偿责任，其本质仍然是"侵权责任"，是对正义的公平实现。应当指出，每种侵权公平责任均有其责任基础，只是这种责任基础依托于侵权责任之外的其他的"被技术性忽略的"责任基础要素而已。这是因为，价值无涉的引发并不足以成立责任，尚需由相应行为或其他构成要件形成的特殊法律基础的加入，仅凭因果关系，不能导向责任。④

（四）侵权公平责任不违背矫正正义

由于侵权公平责任所体现的是"免责不尽公平"的补偿责任，因此在责任构成上，首先仍然要满足损害赔偿之债的事实构成，即有致害行为、损害事实以及二者之间的因果关系。⑤ 在过错责任领域，如果原告请求被告承担责任，还需要证明行为人主观上存在过错。在比较法上典型的被监护人致害公平责任中，如果不考虑责任能力制度，按照过错的客观标准可能证明行为人存在过错，只是因为被告主张其无责任能力而得以免责。正是这种"免责不尽公平"，才存在公平责任设定的空间。所以，公平责任

---

① 郭明瑞、房绍坤、於向平：《民事责任论》，中国社会科学出版社 1991 年版，第 122 页。

② 张保红：《公平责任新论》，《现代法学》2009 年第 4 期。

③ 这也符合我国侵权公平责任的社会主义法系源流，即 1922 年《苏俄民法典》第 406 条的精神："依照本法典第 403 条至 405 条的规定，加害人本来可以不负赔偿责任的时候，法院也可以根据加害人和受害人的财产状况，命令他酌量赔偿。"

④ 叶金强：《〈侵权责任法〉第 24 条的解释论》，《清华法学》2011 年第 5 期。

⑤ 石冠彬、谢春玲：《前民法典时代公平责任的适用：裁判误区与应然路径》，《河南社会科学》2019 年第 9 期。

所补偿的范围，是在如果不免责就要承担的侵权责任赔偿范围之内，并未违反矫正正义。

（五）侵权公平责任所追求的“公平”

如前所述，易军教授主张不区分公平和正义。在此用语背景下，他指出，公平原则具有程序性与形式性，即以程序正义（公平）为原则，以结果正义（公平）为例外；以形式正义（公平）为原则，以实质正义（公平）为例外。程序公平追求行为本身而非行为的特定结果的正当性，结果公平则重视活动结果而非活动过程的正当性。形式公平是一种无视境况的差异同等对待一切人的观念。实质公平则立足于具体的现象，它采用的是特殊情况特殊处理、个别情况个别对待的方法，总是一时一事因人而异的。① 王泽鉴教授认为，衡平作为一个法律原则，具有二层意义：一为衡平的机能在于缓和严格的法律；二为衡平系就个案通观相关情势，个别化地实现个案正义。② 前者应该理解为抽象的规则公平，即立法者在创设法律规则时体现公平原则；后者应该理解为具体的个案公平，即法官在立法授权下的个案衡量，这体现出公平原则允许法院就裁决特定事项基于个案拥有一定的自由裁量权。③

侵权公平责任追求结果公平、实质公平和个案公平，具体来说：第一，侵权公平责任追求结果公平。④ 侵权公平责任实现结果公平并非最终目的，而是以结果公平补充矫正正义。因此，作为一种补充性的规则，公平是对侵权责任体系运行结果的衡量，而不具有达到结果公平的工具性。第二，侵权公平责任追求实质公平。民法原则上不追求实质公平，但作为例外制度，公平分担损失等制度追求实质公平。⑤ 第三，侵权公平责任追求个案公平。侵权公平责任，本质在于授权法官在个案中通过衡平手段合理分配损害⑥，在立法允许范围内追求个案公平。作为一种追求个案正义

---

① 易军：《民法公平原则新诠》，《法学家》2012 年第 4 期。

② 参见王泽鉴《民法学说与判例研究》（修订版）（第八册），中国政法大学出版社 2005 年版，第 23 页。

③ 张默：《中国侵权法导论（Introduction to Chinese Torts Law）》，清华大学出版社 2014 年版，第 58 页。

④ 季卫东：《彭宇案的公平悖论》，《经济管理文摘》2007 年第 19 期。

⑤ 易军：《民法公平原则新诠》，《法学家》2012 年第 4 期。

⑥ 陈本寒、陈英：《公平责任归责原则的再探讨》，《法学评论》2012 年第 2 期。

的法律技术，衡平终究只能局限于个别情况，不能被概括提炼为法律适用的一般原则，否则将会极大损害法律的安定性。①

第四节　侵权公平责任的双重属性：侵权责任与公平责任

一、侵权公平责任的体系定位

(一) 侵权公平责任的“如果受害人无法得到充分救济”适用前提

原《民法通则》上的侵权公平责任的立法背景是尚未大范围推行社会保险和商业保险的计划经济向市场经济的转轨时期，在原《侵权责任法》起草时并未更多注意到社会保险制度的建立与商业保险制度的发展，也忽视了政府救助受损社会弱势群体的政策变迁，甚至未考虑到可能的社会捐助。尤其是由于社会保障法学者与侵权法学者交流甚少，而《社会保险法》是在原《侵权责任法》施行之后通过的，所以侵权法理论构建几乎忽略了《社会保险法》对受损害者的救济体系。

作为一种例外性的救济制度，笔者建议对于所有的侵权公平责任制度，都增加“如果受害人无法得到充分救济”这一适用前提，使得侵权公平责任不再作为具有优先顺位的损害救济措施，而是作为在社会保险、商业保险、政府救助、社会捐助等之后的最后顺位的损害救济措施。

(二) 侵权公平责任的双重属性

侵权公平责任，具有“侵权责任”和“公平责任”的双重属性，即侵权责任“为体”，公平责任“为用”。所谓侵权责任“为体”，是说侵权责任仍然是侵权公平责任的基本性质。侵权公平责任的适用情形是侵权责任本应该予以免除，但基于公平不完全免除，在性质上仍然是侵权责任。所谓公平责任“为用”，即公平责任的适用是基于公平考虑，是在如果完全免责不尽公平的前提下，例外适用的补偿责任。质言之，如果是纯粹的公平责任，就是完全基于公平而不考虑侵权责任，也就不受到侵权损害赔偿之债因果关系要件的限制了。

---

① 易军：《个人主义方法论与私法》，《法学研究》2006 年第 1 期。

二、侵权公平责任的“侵权责任”属性

（一）侵权公平责任在属性上仍然是侵权责任

我国台湾地区的黄阳寿教授曾经以“台湾地区与大陆地区人民关系条例”第50条规定的“侵权行为依损害发生地之规定。但台湾地区之‘法律’不认其为侵权行为者，不适用之”为依据，认为如果中国大陆法院依据公平责任条款作出判决，那么因为中国台湾地区“法律”不认可这种责任类型，因此不能作为侵权责任判决来执行。[①] 如果按照上文的分析，侵权公平责任仍然具有侵权责任的属性，那么这一疑问便可以得到化解。

（二）侵权公平责任的诉讼时效适用侵权责任的规定

既然侵权公平责任的属性仍然是侵权责任，那么其诉讼时效规则也适用侵权责任的诉讼时效。《民法典》第188条第1款规定：“向人民法院请求保护民事权利的诉讼时效期间为三年。法律另有规定的，依照其规定。”第2款规定：“诉讼时效期间自权利人知道或者应当知道权利受到损害以及义务人之日起计算。法律另有规定的，依照其规定。但是，自权利受到损害之日起超过二十年的，人民法院不予保护，有特殊情况的，人民法院可以根据权利人的申请决定延长。”可见，该条规定实际上也为侵权公平责任的特殊诉讼时效预留了立法空间。

（三）侵权公平责任的抗辩事由

尽管侵权公平责任是本应免除侵权责任之后的例外性补偿责任规定，但其也应该有自己的抗辩事由体系，主要是依托于侵权责任构成中涉及事实构成部分的抗辩事由，即没有损害、没有侵权行为或者没有因果关系。如果是因为考虑双方经济状况，不宜由行为人承担公平责任的情形，不属于抗辩事由，而是法院具体裁量的结果。

至于侵权公平责任为什么是由行为人和受害人分担损失，也可以通过将其定性为例外承担的侵权责任来解释。因为如果纯粹以财产作为分配的基础，则根本不需要因果关系要件，正是因果关系要件连接了行为人和受害人。否则就可能进一步推导出，不但行为人，而且其他任何比受害人经

---

① 参见黄阳寿：《大陆民法通则第一三二条关于“公平责任原则”规定之研究》，《东吴法律学报》第十卷第二期（1997年2月）。

济条件为优的富人都有补偿的义务的谬论。[①] 反之，如果依托侵权责任的因果关系，可以比较原因力，确定侵权损害赔偿之债的范围，作为承担补偿责任的最大范围。比较原因力的价值还在于，如果有多个侵权公平责任人，可以参考确定各自的责任范围。

至于被侵权人过错，则涉及具体的侵权公平责任类型。在以原《民法通则》第 132 条和原《侵权责任法》第 24 条为代表的所谓公平责任一般条款语境中，双方对损害的发生均没有过错是适用的前提，否则损害将归责于有过错的一方：如果是行为人一方有过错则适用侵权责任，如果是受损人一方有过错则损害自担。在责任能力欠缺公平责任、优者危险负担公平责任和受益人身保护公平责任等侵权公平责任类型中，由于双方没有过错不是适用前提，因此被侵权人过错可以纳入考虑。但从实务中的案例来看，极少提及这一细节，这可能与在被侵权人有过错的情形下，再提起基于侵权公平责任的诉讼，较难得到法院支持有关，或者也可能是因为赔偿金额较少使得被侵权人提起诉讼的积极性下降。

三、侵权公平责任的"公平责任"属性

鉴于"免责不尽公平"的定位，侵权公平责任具有以下"公平责任"属性。

（一）公平责任的法定性

公平责任是对侵权责任的例外性"不完全免责"，只能由法律作出明文规定，没有法律规定，不能以双方都没有过错为由而适用公平责任。[②] 公平责任也不宜由司法解释直接创设，司法解释只能对法律规定的公平责任的具体适用作出明确化。《民法典》第 1186 条规定："受害人和行为人对损害的发生都没有过错的，依照法律的规定由双方分担损失。"体现了侵权公平责任的这一法定性倾向。"依照法律的规定"，仅指《民法典》或其他法律中有关公平分担损失的具体规定或特别规定，而不包括其中的原则性规定。[③]

---

① 高留志：《〈侵权责任法〉第 24 条的理论操纵及其还原》，《河南财经政法大学学报》2013 年第 5 期。

② 郭明瑞：《关于公平责任的性质及适用》，《甘肃社会科学》2012 年第 5 期。

③ 郑晓剑：《公平责任、损失分担与民法典的科学性——〈民法典〉第 1186 条之"来龙"与"去脉"》，《法学评论》2022 年第 1 期。

（二）补偿责任具有非责难性

侵权责任，不管是过错责任，还是危险责任，以及产品责任，均有其可责难性，否则侵权责任的苛加就不符合矫正正义的要求。但侵权公平责任是侵权责任“免责不尽公平”情形下的例外责任，因为“本应免责”，所以已经去除了可责难性。因为“免责不尽公平”，所以承担补偿责任，这种补偿责任也就是非责难性的了。

（三）超额受领补偿但不超过损害赔偿之债不构成不当得利

公平责任对应的损害赔偿之债的事实构成与侵权责任相同，只是不满足承担责任的可责难性基础要件而不承担侵权责任，但又符合了“免责不尽公平”的例外规定而承担一定的补偿责任。因此，受害人在如果构成侵权责任就要承担的赔偿责任（在不超过损害赔偿之债）的范围内受领了行为人的补偿，哪怕受领的补偿金额超过了最后法院判决的补偿金额，也不构成不当得利。这与《德国民法典》第 814 条“明知无债务；礼仪上和道德上的义务”的规定具有精神上的相通性：“以清偿债务为目的而履行的给付，如果给付人明知其无给付义务，或者给付系履行道德上的义务，或者基于礼仪上的原因的，不得要求返还。”

（四）当事人主义与职权主义的结合

在侵权公平责任的“免责不尽公平”定位下，实际上存在两种法律适用的方式。第一种方式是，原告根据自己掌握的证据，认为符合法律关于侵权公平责任的规定，可以直接起诉要求被告承担侵权公平责任。第二种方式是，原告认为被告应该承担侵权责任，但被告举证证明其符合侵权责任的抗辩事由，应该免于承担侵权责任。如果法律明文对该类侵权责任规定了对应的侵权公平责任，而且法院根据案件的具体情况认为“免责不尽公平”，可以依职权主动适用公平责任。

第二章　大陆法系侵权公平责任研究

第一节　大陆法系公平责任的源流

一般认为，基于“自然公平”认定未成年人承担责任的观念起源于 1794 年《普鲁士普通邦法》第 41～44 条。该法典第 41 条规定：“于精神病人、痴愚之人或者不满 7 周岁的儿童侵害他人之情形，他们只能被请求以其所有的财产对直接损失予以赔偿。”第 42 条规定：“但是于其监护人或者其父母没有能力或者不能赔偿损失之情形，儿童的财产可以用于赔偿损失。”第 43 条规定：“另外，儿童对受害人的赔偿以不剥夺其日常生活条件或有益于其社会地位之教育为限。”第 44 条则排除了被侵权人过错的情形：“于受害人对损害存在共同过失之情形，即使是轻微过失，其也无权从加害人处得到赔偿。”①

① ［德］克雷斯蒂安·冯·巴尔：《欧洲比较侵权行为法》（上卷），张新宝译，法律出版社 2001 年版，第 110－111 页。

1811 年《奥地利民法典》第 1308～1310 条继受并发展了《普鲁士普通邦法》第 41～44 条规定的公平责任。第 1308 条在一定程度上修正了《普鲁士普通邦法》第 44 条的理念："如果不能运用其理智的人或者不满十四周岁的未成年人造成他人损害，而受害人也因自己的某种过错而引起损害，则受害人不能请求损害赔偿。"第 1309 条规定的是"监护人责任"："除前条所规定的情形以外，对于不能运用其理智的人或者不满十四周岁的未成年人负有监督义务的人，没有尽到其监督义务，则应对因此造成的损害承担赔偿责任。"第 1310 条是对公平责任的规定："如果受害人不能依据前条规定获得赔偿，则法官应当考虑如下情况以确定给予受害人完全的赔偿或公平的部分赔偿：不考虑加害人通常无法控制其理智，在特定情形下其是否具有过错；受害人因爱护加害人而没有实施防卫行为；加害人和受害人的财产状况。"①

可见，大陆法系公平责任起源于被监护人致害情形下，由于法律规定监护人的替代责任以未尽到监督义务为限，而被监护人因为缺乏责任能力也不承担责任，那么就会出现受害人无法获得救济的情形。而受自然法观念所影响的理论认为，某个穷人不能承受由某个万贯家财的精神病人对其造成的严重的人身伤害的损失。②这种被监护人致害公平责任类型，是后世侵权公平责任的源头。

第二节　德国法对公平责任的完善

一、《德国民法典》未确立普遍适用的公平责任

《德国民法典》"第一草案"不设普遍适用的衡平责任，认为其背离一般法律原则，使法官得依衡平而为裁判，欠缺可资准据的规范。《德国民法典》"第二草案"起草委员会强调，此种责任符合法律感情，不能因立

① ［德］克雷斯蒂安·冯·巴尔：《欧洲比较侵权行为法》（上卷），张新宝译，法律出版社 2001 年版，第 111 页。

② See H. Stoll, "Mitigation of Damages and Equitable Liability.", *Consequences of Liability: Remedies. Weir*, Complex Liabilities: Int. Enc. Comp. L. XI Torts (1983) ch. 8 s. 146. 另参见王泽鉴：《侵权行为》，北京大学出版社 2009 年版，第 400 页。

法者不能形成其内容而拒不采之。[①] 因此“第二草案”第 752 条曾规定，对侵权行为造成损害，不是故意或者过失的，法官可以考虑到具体情况，责令赔偿一定的数额。该条文受到了广泛的批评，主要是因为该条文在法律上的含糊性达到了使人不能忍受的程度。1900 年《德国民法典》的起草人认为，如果仅仅基于公平考虑而要求行为无过失的侵权行为人作出赔偿是极不明确的，最终没有采纳该一般性规定。[②]

二、《德国民法典》上的两种公平责任类型

《德国民法典》第 827 条“责任的免除和减轻”规定：“在丧失知觉的状况下或者在不能自由决定意思的精神错乱的状况下加损害于他人的人，不对该损害负责任。其以酒精饮料或者类似手段使自己陷于此种暂时状况的，对其在此状况下非法引起的损害，以如同其有过失一样的方式负责任；其没有过错而陷于此状况的，该责任即不发生。”第 828 条“未成年人”规定：“(1) 未满七岁的人不对其所加给他人的损害负责任。(2) 已满七岁但未满十岁的人，对其在汽车、有轨交通工具或者悬空缆车的事故中加给他人的损害不负责任。已满七岁但未满十岁的人故意地引起侵害的，不适用前句的规定。(3) 以未满十八岁的人的责任未被依照第 1 款或者第 2 款加以排除为限，其在实施加害行为时缺乏辨别责任的必要判断力的，即不对其加给他人的损害负责任。”第 829 条是对“由于公平原因的赔偿义务”的规定：“以不能从负有监督义务的第三人那里获得损害赔偿为限，在第 823 条至第 826 条所称情形之一里依照第 827 条、第 828 条对其引起的损害不负责的人，再根据情况，特别是根据利害关系人的状况，赔偿损害为公平所要求的限度内，和不剥夺其为维持适当的生计以及为履行法定扶养义务所需要的金钱的限度内，仍然必须赔偿损害。”该条所称的“监督义务人的责任”规定在第 832 条：“(1) 依照法律规定对因未成年或者因精神上或者肉体上的状况而需要监督的人负有实施监督的义务的人，对需要监督的人不法地加给第三人的损害负有赔偿义务。监督义务人已经履行其监督义务，或者在适当地实施监督的情况下损害也会发生的，

① 王泽鉴：《侵权行为》，北京大学出版社 2009 年版，第 400 页。

② 参见［日］小口彦太：《不法行为法二题》，丁相顺译，载张新宝主编：《侵权法评论》(2004 年第 1 辑)，人民法院出版社 2004 年版。

赔偿义务即不发生。（2）以合同承担监督的实施的人，负同样的责任。”

可见，《德国民法典》第 829 条规定的公平责任并非普遍适用的类型，而只适用于第 827 条规定的“丧失知觉的状况下或者在不能自由决定意思的精神错乱”情形和第 828 条规定的“未成年人”情形，且“以不能从负有监督义务的第三人那里获得损害赔偿为限”，具有明显的补充性。相比于《普鲁士普通邦法》，《德国民法典》的上述规定有如下变化：第一，“直接损失”的限制被取消；第二，即使是受害人有轻微过失也剥夺其请求权的原则也被取消；第三，将痛苦和疼痛的赔偿请求纳入民法典第 829 条的范围，也已经成为法院的标准实践。①

三、德国民法学说上的公平责任

德国民法上公平责任的适用条件包括：

第一，满足一个侵权行为的客观要件。尽管条文中仅仅提到了《德国民法典》第 823～826 条，但通过其他条款对这些条款的援引适用，实际上也包含了这些基本情况的其他表现形式（第 831 条、第 833 条第 2 句、第 830 条第 1 款第 2 句、第 834 条、第 836～838 条）。② 可见，德国民法上的公平责任适用具有一定的扩张性。

第二，行为人不具备侵权行为能力。当具备第 827 条、第 828 条的前提条件时，则应当考虑适用第 829 条的公平责任。③

第三，无法从有监护责任的第三人处得到赔偿。对于第 832 条中的请求权来说，第 829 条中的责任是后援性的。④ 在此出现的情况，可能是不存在具有监护责任的第三人，或者是有监护责任的第三人可依据第 832 条第 1 款第 2 句被免除责任，或者是针对他的请求权无法实现。⑤

---

① ［德］克雷斯蒂安·冯·巴尔：《欧洲比较侵权行为法》（上卷），张新宝译，法律出版社 2001 年版，第 111 页。

② Maximilian Fuchs, *Deliktsrecht*, 7. Aufl., S. 175.

③ Maximilian Fuchs, *Deliktsrecht*, 7. Aufl., S. 175.

④ 即笔者所谓的“补充性”。

⑤ Erman-Schiemann, Handkommentar mit AGG, EGBGB, ErbbauRG, HausratsVO, LPartG, ProdHaftG, UKlaG, VAHRG und WEG, 10. Auf., 2000, Rn. 2. zitiert nach Maximilian Fuchs, *Deliktsrecht*, 7. Aufl., S. 176.

第四，存在公平性的各种要素。只有当损害赔偿为公平性所要求时，才适用公平责任。[①] 当事人之间的对比关系，必须考虑未成年人原因责任的程度[②]，特别是指当事人的经济状况和必要的需求。除此之外，还应当考虑到整个的案情，特别是导致损害赔偿的行为的特殊性。[③] 对加害人提出源于危险责任的请求权，例如依据《德国道路交通法》第 7 条[④]，并不影响第 829 条中的公平责任。

法院通常还要考虑双方的保险情况、受害人是否有社会保险或者是否有包括未成年人的第三者责任险。[⑤] 尽管学说上有不同看法，德国联邦最高普通法院区别了自愿的和强制的赔偿义务保险，对于自愿保险一般不予考虑，对于强制责任保险则可以根据案情考虑。[⑥] 衡平原则必须要求保持无损害状态。作为衡平评价的要素，《德国民法典》第 829 条提及了“当事人的情况”。特别是，致害人为保证自己适当的扶养以及为保证履行自己的法定扶养义务所需要的资金，不允许予以剥夺。[⑦]

---

① ［德］克雷斯蒂安·冯·巴尔：《欧洲比较侵权行为法》（上卷），张新宝译，法律出版社 2001 年版，第 112 页。

② ［德］克雷斯蒂安·冯·巴尔：《欧洲比较侵权行为法》（上卷），张新宝译，法律出版社 2001 年版，第 112 页。

③ Vgl. BGHZ 23，90，99. Maximilian Fuchs，*Deliktsrecht*，7. Aufl.，S. 176.

④ 《德国道路交通法》第 7 条“机动车辆所有人的责任”规定：“如果机动车辆或者由其牵引的拖车在其运行时，致他人死亡或者侵害他人身体、健康或者损害某物时，那么该机动车辆的所有人对因此而发生的损害对受害人承担赔偿责任。”“如果该事故是因不可抗力所导致的，那么可排除其赔偿责任。”“如果机动车辆使用人在未征得所有人同意时而使用该机动车辆，该使用人代替车辆所有人对上述损失承担赔偿责任。此外，如果对于该机动车辆的使用，所有人有过错的，该所有人要对上述损失承担赔偿责任。如果车辆使用人受雇佣而驾驶该车辆或者受该车的所有人委托驾驶该车辆，则由所有人承担责任。”

⑤ ［德］克雷斯蒂安·冯·巴尔：《欧洲比较侵权行为法》（上卷），张新宝译，法律出版社 2001 年版，第 112 页。

⑥ Vgl. Maximilian Fuchs，*Deliktsrecht*，7. Aufl.，S. 177 f.

⑦ Dieter Medicus，*Schuldrecht* Ⅱ（*Besonderer Teil*），2000 Verlag C. H. Beck OHG，Rn. 774.

四、德国法上公平责任的扩展适用与类推适用

学说上认为，在另外两种情况下，可以类推适用《德国民法典》第 829 条：第一，加害人在无意识状态下的动作因不属于（法律意义上的）行为，所以在客观要件上就不构成侵权行为，这时则应当考虑适用第 829 条。因为，根据第 829 条的含义和目的，它包含暂时丧失意识的情况，而不论这种情况只是排除加害人的责任能力，还是也排除其行为的故意或过失，或者排除任何意志力对身体动作的控制。第二，未成年人具备第 828 条第 2 款意义上的判断能力，但根据第 276 条应当否定其具有与其年龄相适应的过错。①

联邦最高普通法院民事判例集刊载了如下案例：在游戏时，12 岁的被告将一把木头刀扔向 8 岁的原告，并击中其左眼，导致该眼失明（BGHZ 39，281）。对于一名少年来说，他的侵权行为法律责任被排除，是因为他尽管具有这种判断能力，但根据他这一年龄段的未成年人的一般发育状况，他还不具备使人足以认定其过错的成熟程度（BGHZ 39，286）。②

另外，公平责任还可以类推适用于与有过失。当一名在侵权行为法上无须承担责任的人向加害人行使损害赔偿请求权时，如果前者对损失的产生起到了共同作用，则应当在第 254 条的范围内，适用第 829 条。③

梅迪库斯教授还提到了另一种准用第 829 条的情形，即责任非是因为第 827 条、第 828 条而告以失败，而是因为行为人年龄较小而仅应当对其提出减低的注意要求。例如，儿童玩“骑士游戏”，一方应当摧毁另外一方防守的城堡。属于防守方的原告在另一方实施的一次突袭之后，调转脸跑开。被告（攻击者）向原告投掷树枝。在树枝于空中飞行期间，原告因突然转身而被树枝击中眼睛。在这里，根据法院的认定，12 岁的原告虽然依第 828 条第 2 款一般性地负责任，因为约定的游戏规则表明，投掷的危险性是被认识到的。但被告系属于没有过失的行为，理由是因其具有较低的年龄而可以认为遵守规则即可以避免危险（没有人会朝着脸

① Maximilian Fuchs, *Deliktsrecht*, 7. Aufl., S. 175 f.

② Maximilian Fuchs, *Deliktsrecht*, 7. Aufl., S. 176.

③ Maximilian Fuchs, *Deliktsrecht*, 7. Aufl., S. 177 f.

部投掷)。[①]

第三节 大陆法系民法典对公平责任的继受

一、大陆法系民法典规定公平责任的典型立法例

冯·巴尔教授指出，公平原则适用于绝大多数欧洲国家的法律。这种公平责任尽管存在矛盾，但还是找到了其进入欧洲民法典的路径。虽然在实践中意义甚小，但是它却成了比较法上的热门话题。[②] 后世规定了公平责任的民法典，大多继受了《德国民法典》的体例，同时确立了被监护人致害和暂时没有意识致害两种公平责任类型，但部分民法典只确立了被监护人致害的公平责任类型，没有规定暂时没有意识致害的公平责任类型。

(一) 同时规定两种传统公平责任类型的立法例

1966 年《葡萄牙民法典》第 488 条“可归责性”规定：“一、在损害事实发生时基于任何原因而无理解能力或无意欲能力之人，无须对该损害事实之后果负责；但行为人因过错而使自己暂时处于该状态者除外。二、未满 7 岁之人及因精神失常而成为禁治产之人，推定为不可归责者。”第 489 条“由不可归责者作出之损害赔偿”第 1 款规定：“如侵害行为由不可归责者作出，且损害不可能从负责管束不可归责者之人获得适当弥补者，即可按衡平原则判不可归责者弥补全部或部分之损害。”第 2 款规定：“然而，计算损害赔偿时，不得剥夺不可归责者按其状况及条件而被界定之生活所需，亦不得剥夺其履行法定扶养义务之必要资源。”[③] 不过，实务中几乎没有适用第 489 条公平责任的判决，可见其实践意义甚微。这是因为，相对于自我生计来说，对他人之赔偿是次要的。如果加害人的经济状况和公平原则允许（不是要求）的话，法院可以判决痛苦和疼痛的赔

① ［德］迪特尔·梅迪库斯：《德国债法分论》，杜景林、卢谌译，法律出版社 2007 年版，第 633 页。

② ［德］克雷斯蒂安·冯·巴尔：《欧洲比较侵权行为法》（上卷），张新宝译，法律出版社 2001 年版，第 110 页。

③ 唐晓晴等译：《葡萄牙民法典》，北京大学出版社 2009 年版，第 86－87 页。

偿。赔偿的数额取决于案件的具体情形。① 根据《葡萄牙民法典》第 503 条第 2 款，衡平责任还被扩展适用于“实际管理并为本身利益而使用任何在陆上行驶之车辆之人”②。

《澳门民法典》继受了《葡萄牙民法典》的衡平责任体系，于第 481 条“可归责性”规定：“一、在损害事实发生时基于任何原因而无理解能力或无意欲能力之人，无须对该损害事实之后果负责；但行为人因过错而使自己暂时处于该状态者除外。二、未满七岁之人及因精神失常而成为禁治产之人，推定为不可归责者。第 482 条“由不可归责者作出之损害赔偿”规定：“一、如侵害行为由不可归责者作出，且损害不可能从负责管束不可归责者之人获得适当弥补者，即可按衡平原则判不可归责者弥补全部或部分之损害。二、然而，计算损害赔偿时，不得剥夺不可归责者按其状况及条件而被界定之生活所需，亦不得剥夺其履行法定扶养义务之必要资源。”按照《澳门民法典》第 496 条第 2 款的规定，衡平责任也可以适用于由车辆造成的事故。

（二）只规定被监护人致害公平责任类型的立法例

源于 1881 年《瑞士债法典》第 58 条的 1911 年《瑞士债务法》第 54 条“无行为能力人的责任”第 1 款规定：“法院可以依公平原则判决无民事行为能力人承担部分或者全部因其造成的损害赔偿责任。”第 2 款规定：“暂时无民事行为能力人造成损害的，应当承担责任，但能够证明其对损害的产生无过错的除外。”③

1942 年《意大利民法典》第 2047 条“无行为能力人导致的损害”第 1 款规定：“在损害是由无判断能力和意思能力人导致的情况下，应由对无行为能力人负有监护义务的人承担赔偿责任，但是，能证明他不能阻止该行为的除外（参阅第 2048 条）。”第 2 款规定：“在负有监护义务之人不能赔偿损害的情况下，法官得根据双方当事人的经济条件判定致害人给予

① ［德］克雷斯蒂安·冯·巴尔：《欧洲比较侵权行为法》（上卷），张新宝译，法律出版社 2001 年版，第 118 页。

② ［德］克雷斯蒂安·冯·巴尔：《欧洲比较侵权行为法》（上卷），张新宝译，法律出版社 2001 年版，第 118 页。

③ 吴兆祥、石佳友、孙淑妍译：《瑞士债务法》，法律出版社 2002 年版，第 10 页。

公平的赔偿（参阅第 2045 条）。”意大利法上的公平责任是平衡过错责任的“客观责任”。原告并没有绝对的得到救济的权利，此种救济只是酌情处理的。对民法典的起草者而言，公平责任是产生于“社会的连带”和“社会的责任”。因此，富人可能必须对穷人承担责任，而穷人则不必对富人承担责任。① 由于父母的责任是严格责任，而公平责任仅仅是补充责任，所以根据《意大利民法典》第 2047 条第 2 款作出的判决至今甚少。② 典型案例如一些儿童在玩弹弓和用纸做的箭，10 岁的被告用箭射中了 4 岁的原告的一只眼睛，导致终生失明。全部赔偿数额根据《意大利民法典》第 2047 条第 2 款减少了 2/3，这一数字是法院在比较了两个儿童的经济状况后确定的。痛苦和疼痛没有得到赔偿。③

二、大陆法系民法典不规定公平责任的典型立法例

并非所有的大陆法系民法典都有公平责任的规定，尤其是受到法国民法影响的民法典大都没有对此作出明文规定。

（一）法国

法国的立法者在 1968 年声明公平责任不符合法国民事责任法的原则。④《法国民法典》第 414—3 条规定：“处于精神紊乱状态的人给他人造成损失者，仍应负赔偿责任。”第 1310 条规定：“未成年人不得主张取消因其侵权或准侵权行为引起的损害赔偿之债。”第 1384 条第 4 款规定：“父与母，只要其行使对子女的监护权，即应对与其一起居住的未成年子女造成的损害，连带承担责任。”同条第 7 款规定：“作为监护人的父或母在证明其不能阻止引起责任的行为则可免责。”上述规定一方面与《德国民法典》在规则设定上有所不同，另一方面也没有为公平责任的设定预留空间。

---

① ［德］克雷斯蒂安·冯·巴尔：《欧洲比较侵权行为法》（上卷），张新宝译，法律出版社 2001 年版，第 116 页。

② ［德］克雷斯蒂安·冯·巴尔：《欧洲比较侵权行为法》（上卷），张新宝译，法律出版社 2001 年版，第 116 页。

③ ［德］克雷斯蒂安·冯·巴尔：《欧洲比较侵权行为法》（上卷），张新宝译，法律出版社 2001 年版，第 116 页。

④ ［德］克雷斯蒂安·冯·巴尔：《欧洲比较侵权行为法》（上卷），张新宝译，法律出版社 2001 年版，第 114 页。

不过在法国法中，仍然无法避免如果未成年人没有财产，而监护人能够证明自己没有过错，那么被侵权人就无法得到救济的情况出现。为了缓和这一问题，法国最高法院第二民事庭 1997 年 2 月 19 日的判决认为，只有不可抗力以及受害人有过错才能免除父母对与其一起居住的未成年子女所实施的造成损害的行为应负的当然责任。① 这种处理模式实际上是通过限制抗辩事由的适用来强化监护人责任，确保被侵权人最大限度能够获得救济。

（二）比利时

《比利时民法典》在 1935 年 4 月 16 日补充了第 1386 条 b，但其公平责任仅仅涉及精神残障者。由于它一般涉及的是成年人，所以其立法者简直就没有考虑过公平责任与监督责任的关系。②

（三）日本

早期受到《法国民法典》影响后又转投《德国民法典》怀抱的《日本民法典》没有明文规定公平责任。第 712 条“未成年人的责任能力”规定：“未成年人加害于他人时，如不具备足以识别其行为责任的知识和能力，不就其行为负赔偿责任。”第 713 条“心神丧失人的责任能力”规定：“于心神丧失间加害于他人者，不负赔偿责任。但是，因故意或过失致一时心神丧失者，不在此限。”第 714 条“监督人的责任”规定：“（一）在前两条规定无责任能力不负责任的情况下，对于无责任能力给第三人造成的损害，由对无责任能力人负有法定监督义务的人负赔偿责任。但监督义务人并没有怠于履行其义务，或者即便不怠于履行其义务损害仍不免要发生时，则不在此限。（二）代监督义务人监督无责任能力人的人，亦负前款责任。”

三、我国台湾地区“民法”上的公平责任

（一）条文规定

1. 两种传统类型公平责任

我国台湾地区“民法”在第 187 条对两种传统类型的公平责任进行了

① 罗结珍译：《法国民法典》，法律出版社 2005 年版，第 1108 页，注释 72。

② ［德］克雷斯蒂安·冯·巴尔：《欧洲比较侵权行为法》（上卷），张新宝译，法律出版社 2001 年版，第 119 页。

规定，第 1 款规定的是被监护人致害责任："无行为能力人或限制行为能力人，不法侵害他人之权利者，以行为时有识别能力为限，与其法定代理人连带负损害赔偿责任。行为时无识别能力者，由其法定代理人负损害赔偿责任。"第 2 款规定的是法定代理人的免责事由："前项情形，法定代理人如其监督并未疏懈，或纵加以相当之监督，而仍不免发生损害者，不负赔偿责任。"第 3 款是对被监护人致害公平责任的规定："如不能依前二项规定受损害赔偿时，法院因被害人之声请，得斟酌行为人及其法定代理人与被害人之经济状况，令行为人或其法定代理人为全部或一部之损害赔偿。"该款 1999 年《"民法"债编修正案》的修正理由为："无行为能力人或者限制行为能力人之经济状况，在目前社会殊少有能力足以赔偿被害人之损害。苟仅斟酌行为人之经济状况，而不及其法定代理人，则本条项立法之目的，实难达到。为期更周延保障被害人之权利，第三项爰予修正，增列'法定代理人'，其经济状况亦为法院得斟酌并令负担损害赔偿之对象。"① 该条第 4 款将被监护人致害公平责任准用于"无意识或精神错乱"的情形："前项规定，于其他之人，在无意识或精神错乱中所为之行为致第三人受损害时，准用之。"

2. 特殊的雇佣类型公平责任

我国台湾地区"民法"在第 188 条还规定了一种特殊公平责任类型。该条第 1 款是对受雇人致害责任的规定："受雇人因执行职务，不法侵害他人之权利者，由雇用人与行为人连带负损害赔偿责任。但选任受雇人及监督其职务之执行，已尽相当之注意或纵加以相当之注意而仍不免发生损害者，雇用人不负赔偿责任。"该条第 2 款比照第 187 条第 3 款的结构规定了受雇人致害的公平责任："如被害人依前项但书之规定，不能受损害赔偿时，法院因其声请，得斟酌雇用人与被害人之经济状况，令雇用人为全部或一部之损害赔偿。"该条第 3 款规定的是雇用人对受雇人的追偿权："雇用人赔偿损害时，对于为侵权行为之受雇人，有求偿权。"

根据王泽鉴教授的评论，我国台湾地区"民法"第 188 条第 2 款使雇用人负衡平责任的规定，在比较法上似无其例，乃我国台湾地区"民法"

① 陈忠五主编：《新学林分科六法——民法》，新学林出版股份有限公司 2011 年版，第 B-154 页。

特有的制度。而且，在实务中，该条文几乎没有被适用过。[①] 因此，下文主要对第187条规定的两种传统公平责任的适用情况进行分析。

（二）传统民法学说对公平责任的解读

在传统民法学说上，无论是定性为结果责任还是无过失责任，均为主要考虑双方经济状况的公平责任。

1. 结果责任说

史尚宽教授将此定性为结果责任，由损害公平分担之原则而来，亦可称为公平责任。法院第一应斟酌者，为当事人之经济状况，他如加害之种类及方法、责任能力欠缺之程度、被害人过失之有无及重轻，以及被害人是否已得有保险金等情事，亦应斟酌，以量定其赔偿之数额。当事人之经济状况，应以裁判时为准。[②]

2. 无过失责任说

郑玉波教授认为，行为人及其法定代理人之此种责任，称为衡平责任，属于无过失责任之一种，但与结果责任不同。盖结果责任固亦为无过失责任，然其赔偿，纯以损害之有无为准以定，一有损害，即不得不赔偿。而衡平责任之是否赔偿？或赔偿多寡？须由法院斟酌行为人及其法定代理人与被害人双方之经济状况定之。被害人贫穷，行为人及其法定代理人富有，则可令其全部赔偿；被害人富有，行为人及其法定代理人贫穷，则可令其一部赔偿，或全不赔偿，故与结果责任不同，但不失为无过失责任之一。[③] 孙森焱教授认为，此为行为人或其法定代理人之无过失责任，即公平责任之运用。为法律特别体恤贫弱，令经济力较强之行为人或其法定代理人补偿被害人所受损害。故经济状况愈佳者，应多给付；如经济状况不如被害人时，即可不必给付。[④]

（三）王泽鉴教授提出的衡平责任说

王泽鉴教授对我国台湾地区“民法”第187条第3款规定的衡平责任（公平责任）进行了系统总结，要点如下：

---

① 王泽鉴：《侵权行为》，北京大学出版社2009年版，第446－447页。

② 史尚宽：《债法总论》，中国政法大学出版社2000年版，第186页。

③ 郑玉波：《民法债编总论》（修订二版），陈荣隆修订，中国政法大学出版社2004年版，第154－155页。

④ 孙森焱：《民法债编总论》（上册），法律出版社2006年版，第246－247页。

第一，衡平责任的定性是独立的损害赔偿归责原则。关于“民法”第187条第3款规定的赔偿责任，学说上有人认为，其不以行为人及其法定代理人具有过失为要件，乃无过失责任之一种。[①] 德国学者Canaris更进一步将之定性为一种危险责任，盖以无识别能力人的行为具有危害性，应承担其行为所生的损害。此等见解均有所据，然在理论上可将此项责任定性为衡平责任，作为一种与过失责任、无过失责任（尤其危险责任）并存的损害赔偿归责原则，以体现其规范内容。[②]

第二，衡平责任的理论依据是富人责任、法律道德化与分配正义。[③] 衡平责任的规范特色在于由法院斟酌当事人间之经济状况，而定其损害赔偿。德国学说上多称之为富人责任，此种富人责任不是“劫富济贫”，乃是基于某种理念。王伯琦教授认为，此种规定系法律特别体恤贫弱，令经济力较强之行为人，予以相当之补恤。此全属一种道德规范之法律化，此所谓无过失责任主义之法理，判属二事。无过失责任者，不以过失为构成责任之要件。第187条第3款，虽仍用损害赔偿等字样，但其性质，已迥异其趣。损害赔偿，系以赔偿所受损害为目的，以所受损害为权衡。该条项之规定，则将其权衡之中心整个移置于双方当事人之经济状况。行为人经济状况愈佳者，应愈多给付，其经济状况不如被害人者，依条文解释，即可不必给付，与损害赔偿之原旨，相去甚远。[④] 此种将衡平责任系道德规范之法律化，乃在实践分配正义的理念，即法律一方面使无识别能力人得不负侵权行为的损害赔偿，其法定代理人亦得举证免责，他方面为保护受害人，亦应使经济能力较佳的行为人及其法定代理人，负全部或一部的赔偿责任。须注意的是，此种衡平责任，系属例外，立法上应予慎重，并依其立法目的而为合理的解释适用。

第三，第187条的规定可以对“无过失”行为人类推适用。无行为能力人或限制行为能力人，不法侵害他人之权利者，其行为“有识别能力”，但“无过失”者，不成立第184条的侵权行为而负损害赔偿责任。《德国民法典》第一次草案曾明定于前揭情形，行为人应负衡平责任。

---

① 郑玉波：《民法债编总论》，三民书局1980年版，第203页。

② 王泽鉴：《侵权行为》，北京大学出版社2009年版，第401页。

③ 王泽鉴：《侵权行为》，北京大学出版社2009年版，第401页。

④ 参见王伯琦：《民法债编总论》，正中书局1993年版，第89页。

现行《德国民法典》虽不采之，实务上仍类推适用第829条规定，使“无过失”的行为人负衡平责任，其理由系为保护未成年人，关于过失的认定不采客观注意义务，而以未成年人同龄者的注意程度为基准，应借衡平责任保护被害人。我国台湾地区“民法”关于未成年人过失的认定亦应采同年龄层者的注意程度，于未成年人无过失时，亦须借衡平责任，以资平衡。①

第四，我国台湾地区“民法”第187条第3款规定对无识别能力被害人“与有过失”的类推适用。无行为能力人或者限制行为能力人对损害的发生具有过失，具有识别能力时，法院得减轻赔偿金额或免除之（“民法”第217条）。其无识别能力时，不成立与有过失。在此情形，应类推适用第187条第3款规定，法院得斟酌加害人与被害人的经济状况，减轻赔偿金额或免除之。例如某甲骑机车，摔伤6岁孩童乙，某乙无识别能力，但对损害的发生有重大原因，若甲贫困交迫，乙因继承经济状况甚佳时，法院得减轻甲的赔偿金额。②

第五，对经济状况的特别考虑。经济状况主要指财产状况而言，包括财产的收益（如租金）及其他收入（如法定代理人的营业或薪资所得）。就责任保险得否纳入计算，衡量我国台湾地区“民法”第187条第3款规定衡平责任的立法目的及责任保险旨在保护被害人，应采肯定说，即无论是强制责任保险或一般责任保险，在酌定行为人及法定代理人应否负损害赔偿或其损害赔偿额时，均应斟酌及之。③

第六，不存在求偿关系。值得提出的是，行为人及其法定代理人间的求偿关系。鉴于衡平责任旨在斟酌当事人各自的经济状况，彼此间不具补充性，应各自承担法院所定全部或一部损害赔偿责任，不生求偿问题。申言之，即法院令法定代理人为全部或一部损害赔偿时，法定代理人于赔偿后，无向行为人求偿的余地。④

---

① 王泽鉴：《侵权行为》，北京大学出版社2009年版，第402页。

② 王泽鉴：《侵权行为》，北京大学出版社2009年版，第403页。

③ 王泽鉴：《侵权行为》，北京大学出版社2009年版，第403页。

④ 王泽鉴：《侵权行为》，北京大学出版社2009年版，第403页。

第四节　前社会主义国家的公平责任体系

一、前社会主义国家的公平责任一般条款立法尝试

（一）立法尝试：1922 年《苏俄民法典》[①]

比较法上唯一实际将公平责任作为一般责任基础的立法尝试是 1922 年《苏俄民法典》第 406 条。该条规定："依本法第 403 条至第 405 条所规定之情形，加害人不应负赔偿责任时，法院得酌量加害人及受害人之财产状况，令其赔偿。"第 403 条是侵权行为一般条款："对于他人之人身或财产致以损害者，应负赔偿所致损害之义务。如能证明其系不能防止，或由于授权行为，或损害之发生系由于受害人本人之故意或重大过失者，应免除其义务。"第 404 条是对高度危险来源所致损害的规定："个人与企业，其业务对于附近之人有高度危险之关联者，如铁路、电车、工厂企业、贩卖易燃物品之商人、野兽之豢养人、建筑或设备之施工人等等，对于高度危险之来源所致之损害，如不能证明此项损害之发生，系由于不可抗力或受害人之故意或重大过失，应负责任。"第 405 条是对未成年人监护责任的规定："无行为能力人对于其所致之损害不负责任。负有监督义务之人应代为负责。未成年人对本法第 9 条[②]所规定之情形所致之损害，其父母或监护人亦应与未成年人共同负责。"

对比《德国民法典》第 823～829 条的内容可知，1922 年《苏俄民法典》在公平责任的规定上，显然借鉴了《德国民法典》的体例。不同的是，《苏俄民法典》是将其适用范围扩展到了更大的范围，不但包括第 405 条的监护人责任，还包括第 403 条规定的一般侵权行为和第 404 条规定的危险责任。[③]

① 本书引用该法典条文均摘自王增润译，王之相校：《苏俄民法典》，新华书店 1950 年版，后文不再一一说明。

② 1922 年《苏俄民法典》第 9 条规定："未成年人之满十四岁者，得经法定代理人（父母、养父母、监护人、保佐人）之同意，为法律行为。有权独立支配其所得之工资，并对于因其行为所致他人之损害负赔偿之责任。"

③ Волошин Н. П., Генкин Д. М., Кун В. В. и др., Советское гражданское право: Учебник для юрид. высш. учеб. заведений/Всесоюз. ин-т юрид. наук М-ва юстиции СССР; Под ред. проф. Д. М. Генкина. //М.: Гос. изд-во юрид. лит., Т. 2. -1950. -313 с.

这样一来，使得第 403～405 条的规定处于一种极不确定状态。① 值得注意的是，苏俄最高法院认为，如果提起损害赔偿诉讼的是公民，而被告是国家机关，不适用《苏俄民法典》第 406 条，其理由是："国家已经通过专门的社会保险机关来保障劳动人民，所以不应当使它的其他机关来担负这种职能。"如果适用，"就意味着国家对这些损失应当全部负责，因为国家的财产永远比个别劳动人民的财产要多"②。根据苏联权威民法学家坚金的进一步解释，按照这样的理由，该条文也不适用于公民与其他社会主义组织之间、社会主义组织之间，只适用于公民之间的损害赔偿诉讼。"但随着物质福利的不断增长，公民之财产状况的显著差别也在消失"，因此该条文"在法院的实践中，差不多没有适用"③。或许正因为如此，1964 年的《苏俄民法典》没有沿用这一规定。

（二）司法尝试：1928 年《匈牙利民法典（草案）》

在司法实践中曾经得到实际运用的公平责任一般条款，是 1928 年《匈牙利民法典（草案）》第 1737 条。该条规定："加害人虽有不法行为但没有作出赔偿，如果缺乏其他任何赔偿来源，加害人应赔偿其行为造成的经济损失，只要这种损害赔偿依案件的情节，特别是就双方当事人的经济情况来看是公平的。"该条款在第二次世界大战之前就在匈牙利的司法实践中得到了运用，在二战后得到了完全采用。对案件作出判决仅仅根据公平考虑的原则，在两个国有企事业单位之间的损害赔偿的诉讼中也经常采用。1959 年《匈牙利民法典》改变了这一规定，第 352 条第 2 款将公平责任的适用范围仅仅限制在侵权行为人的判断力减弱或不存在的情况下。④

---

① 参见王卫国：《过错责任原则：第三次勃兴》，中国法制出版社 2000 年版，第 294－295 页。

② Волошин Н. П.，Генкин Д. М.，Кун В. В. и др.，Советское гражданское право：Учебник для юрид. высш. учеб. заведений/Всесоюз. ин-т юрид. наук М-ва юстиции СССР；Под ред. проф. Д. М. Генкина. //М.：Гос. изд-во юрид. лит.，Т. 2. -1950. -313 с.

③ Волошин Н. П.，Генкин Д. М.，Кун В. В. и др.，Советское гражданское право：Учебник для юрид. высш. учеб. заведений/Всесоюз. ин-т юрид. наук М-ва юстиции СССР；Под ред. проф. Д. М. Генкина. //М.：Гос. изд-во юрид. лит.，Т. 2. -1950. -313 с.

④ See H. Stoll，"Mitigation of Damages and Equitable Liability."，*Consequences of Liability*：*Remedies*. *Weir*，Complex Liabilities：Int. Enc. Comp. L. XI Torts（1983）ch. 8 s. 146.

二、前社会主义国家民法典上的公平责任体系

1922年《苏俄民法典》之后颁布的前社会主义国家民法典上的公平责任体系包括三种情形：

（一）规定两种传统公平责任类型的立法例

1975年《德意志民主共和国民法典》[①] 尽管受到苏俄民法的影响，但在内容和立法技术上继受了《德国民法典》的两种传统公平责任类型，而且均规定在第二章"损害赔偿"第三节"儿童、未成年人及监护人的责任"中。第348条"儿童和未成年人的责任"相当于《德国民法典》第828条的规定："（一）六岁以下的儿童对于自己造成的任何损害不负责任。（二）六岁以上的儿童和十八岁以下的未成年人，如果在实施损害行为时，按其发育情况能够按照义务行事的，应对自己造成的任何损害负责。"第349条"在神志不清场合的责任"相当于《德国民法典》第827条的规定："（一）公民因其精神活动发生暂时的或长久的病理紊乱或者神志不清，以致在实施损害行为时不能以负责的态度控制自己的，对自己造成的任何损害不负责任。（二）公民因酗酒、使用其他麻醉品或药物使自己处于不能负责行事的状态，并在这种状态下损害他人的，应对损害负责；但非因自己的过错而陷于这种状态的不负责任。"第350条"在特殊情况下的损害赔偿责任"相当于《德国民法典》第829条的规定："法院在全面考虑案件的具体情况和有关各方面的经济状况后，如果认为按照第三百四十八条和第三百四十九条不负损害责任的公民对其造成的损害给予全部或部分赔偿是正当合理的，也可以如此判决。"第351条"监护人的责任"相当于《德国民法典》第832条的规定："（一）父母或者按照法规、政府命令或其他原因对儿童或未成年人负有教育和监督责任的公民，对于儿童或未成年人非法造成的损害，应负赔偿责任。按其职业负有监管义务的公民，适用相应的规定。（二）因精神有缺陷受监护的人非法造成损害的，也适用第一款的规定。（三）负有教育或监管义务的人非因自己的过错违反义务造成损害的，或者这种义务即使以适当的方式完成而仍将造成损害的，不负赔偿责任。"

---

① 费宗祎译：《德意志民主共和国民法典》，法律出版社1982年版，第112－121页。

（二）规定监护人为未成年人承担补充责任的立法例

1964 年《苏俄民法典》[1] 没有继受 1922 年《苏俄民法典》关于公平责任的规定。在相应的条文上，第 450 条"对未满十五岁的未成年人所造成的损害的责任"第 1 款规定："对未满十五岁的未成年人所造成的损害，如果其父母或监护人不能证明损害不是由于他们的过错所致，则他们应当承担责任。"第 2 款规定："如果未满十五岁的未成年人是在学校、教育或医疗机构照管时造成损害的，则这些机构在不能证明损害不是由于它们的过错所致的情况下得对该损害承担责任。"该款规定对我国原《民通意见》第 160 条影响较大。

第 451 条"对十五岁至十八岁的未成年人所造成的损害的责任"第 1 款规定："十五岁至十八岁的未成年人，对他们所造成的损害，依照一般根据（见第 444 条、第 449 条和第 454 条）承担责任。"第 2 款规定："在十五岁至十八岁的未成年人没有足够的财产或工资赔偿损害时，损害的相应部分应当由他的父母或保护人赔偿，如果他们不能证明损害不是由于他们的过错所致的话。当造成损害的人达到成年时，或者在他未达到成年之前已有足以赔偿损害的财产或工资时，则他的父母或保护人的上述义务即行终止。"该款的实质是十五岁至十八岁的未成年人本应对其造成的损害负责，但在没有足够的财产或工资赔偿损害时，由不能证明自己没有过错的父母承担补充责任，这对我国原《民通意见》第 161 条影响较大。

第 453 条"对不能辨认其行为后果的公民所造成的损害的责任"规定："有行为能力的公民，如果在其不能辨认自己行为的后果或不能控制自己行为的状态中造成损害，对其所造成的损害不负责任。但是如果他之所以处于这种状态是由于自己服用酒精或麻醉品或以其他方式所致，则不得免除他的责任。"该条规定对我国原《民法通则》起草过程中最终没有确立的"暂时没有意识或者失去控制致害公平责任"有一定的影响。

（三）基于公平考虑赋予对被监护人直接请求权的立法例

1950 年《捷克斯洛伐克共和国民法典》第 347 条规定了一种特殊的公平责任："由 15 岁以下的人或者精神失常的人所造成的损害，应当由对他疏于行使应有监护权的人对这种损害担负赔偿责任。但是，如果加害人

---

① 本书引用该法典条文均摘自马骧聪、吴云琪译，王家福、程远行校：《苏俄民法典》，中国社会科学出版社 1980 年版，后文不再一一说明。

可能预见自己行为的后果，并且把加害人和受害人的社会地位平等看待是公平的话，也可以请求加害人赔偿损害。”① 该条规定的实质是基于公平考虑，赋予对被监护人的直接请求权，对我国原《民法通则》第 133 条的起草产生了一定的影响。

值得关注的是，1994 年《俄罗斯联邦民法典》第 1076 条“被认定为无行为能力的公民致人损害的责任”第 3 款实际上也受到了这一立法模式的影响：“1. 被认定为无行为能力的公民致人损害，应由其监护人或有监督义务的组织负赔偿责任，除非他们能证明损害非因其过错所致。2. 监护人或负有监督义务的组织，对被认定为无行为能力公民致人损害的责任，不因该行为人后来被认定有行为能力而终止。3. 如果监护人死亡或无足够的资金用以赔偿对受害人的生命或健康所致损害，而致害人本人有该资金，法院斟酌受害人和致害人的财产及其他情况，有权作出由致害人本人全部或部分负担赔偿责任的判决。”

第五节　大陆法系的主要公平责任类型

综上所述，大陆法系体现公平原则的立法例，主要可以分为以下四种类型。其中各民法典普遍规定“被监护人致害公平责任”，部分规定“暂时没有意识或者失去控制致害公平责任”，我国原《民法通则》第 132 条和原《侵权责任法》第 24 条规定的“普遍适用的公平责任”是现代民法典唯一的立法例，而我国台湾地区“民法”上的“雇员致害公平责任”也是极为罕见的。

第一，被监护人致害公平责任。这是主流类型，各国立法例主要适用于受害人不能从对无责任能力人负有监护责任的人那里获得损害赔偿的情形。我国《民法典》第 1188 条第 1 款的规定实质上属于这种类型：“无民事行为能力人、限制民事行为能力人造成他人损害的，由监护人承担侵权责任。监护人尽到监护职责的，可以减轻其侵权责任。”

第二，暂时没有意识或者失去控制致害公平责任。我国《民法典》第

① 郑民译：《捷克斯洛伐克共和国民法典》，法律出版社 1956 年版，第 61－62 页。

1190 条第 1 款的规定属于这种类型："完全民事行为能力人对自己的行为暂时没有意识或者失去控制造成他人损害有过错的，应当承担侵权责任；没有过错的，根据行为人的经济状况对受害人适当补偿。"

第三，具有普遍适用性的公平责任。该类的主要特点是规定了具有普遍适用性的公平责任条款，条文自身就可以单独作为承担侵权责任的依据。历史上仅有 1922 年《苏俄民法典》第 406 条和我国原《民法通则》第 132 条、原《侵权责任法》第 24 条属于这种类型。我国《民法典》第 1186 条规定的"受害人和行为人对损害的发生都没有过错的，依照法律的规定由双方分担损失"将公平责任类型法定化，就是一种取消普遍适用性的立法尝试。

第四，雇员致害公平责任。这是一种比照被监护人致害公平责任规定的一种特殊公平责任类型，仅见于我国台湾地区"民法"第 188 条第 2 款。即使在我国台湾地区，由于实务上严格认定雇用人的举证免责，该项规则在实务中基本上没有适用的实例。① 该规则的立法理由是，雇用人对于受雇人之选任及监督，已尽相当之注意，或纵加以相当之注意，其损害仍不免发生者，得免赔偿之责任固矣，然若应负赔偿责任之受雇人，绝对无赔偿之资力时，则是被害人之损失，将完全无所取偿，殊非事理之平，此时应斟酌雇用人与被害人之经济状况，以定雇用人之赔偿数额，以保护被害人。②

① 王泽鉴：《侵权行为》，北京大学出版社 2009 年版，第 446－447 页。

② 陈忠五主编：《新学林分科六法——民法》，新学林出版股份有限公司 2011 年版，第 B－155 页。

第三章　英美法系衡平法救济研究

研究中国侵权法上的公平责任，顺其自然地就会联想到英美法系的衡平法。而在现代英国立法中，与“衡平”（equitable）相关的条款一般都应该被理解为“公平”（fair）[①]，可见二者天然的亲缘性。衡平法是历史上在1873—1875年《司法组织法》融合之前，由衡平法院基于独享的衡平管辖权所给予的救济方式。[②] 需要指出的是，今天的衡平法，是英国法上基于历史原因最初源于衡平法而非源于普通法的法律规则的总称，这本身并不代表衡平法比普通法更加的“衡平”。衡平法源于英国，普遍存在于普通法系。美国1938年《联邦民事程序规则》（Federal Rules of Civil Procedure）第1条和第2条废除了联邦法院的普通法和衡平法管辖权区分。而在美国州法层面，从1848年纽约州改革开始，尽

① John McGhee (ed), *Snell's Equity* (31st edn, Sweet & Maxwell 2005) 5.

② Charles Mitchell (ed), *Hayton and Mitchell: Commentary and Cases on the Law of Trusts and Equitable Remedies* (13th edn, Sweet & Maxwell 2010) 697.

管至今仍然有少数州保留了两套法院系统，但大多数州都废除了普通法院和衡平法院的区分。① 鉴于衡平法的英国法源流，本部分主要以英国（英格兰和苏格兰）为研究对象，辅之以现代衡平法较为发达的澳大利亚作为参考。

第一节　英国衡平法发展的五个阶段

英国衡平法的发展大体可以分为如下五个阶段。

一、13—15世纪：早期衡平法的确立

在1066年诺曼征服之后，英国逐步建立起了国王的最高权威，并建立了强有力、高效运作的政府。在亨利一世（1100—1135年在位）和亨利二世（1154—1189年在位）时期，英国逐步建立起了普通法制度。

到13世纪，衡平法开始出现。当时普通法院出现了因为陪审团被误导、贿赂或者被威胁等原因，不能作出公正的裁决的情形，请愿者就只能诉诸大法官法庭（Chancery），即衡平法院的前身。稍晚的衡平法主要适用于由于普通法院令状的有限性而无法得到救济的情形，到16世纪随着普通法的逐步发展，这一情形得到了缓解。后来逐渐形成了普通法院与衡平法院两套系统。②

根据梅特兰的看法，13、14世纪的衡平法院大法官（Chancellor）很可能并不认为自己是在掌管一套新的法律。③ 中世纪的衡平法院大法官一般是神职人员，熟悉罗马法和教会法，只是根据其个人对正确与错误的认

---

① S Robert Thompson and others，*Remedies：Damages，Equity，and Restitution*（4th edn，LexisNexis 2008）208.

② J Glister and J Lee，*Hanbury and Martin Modern Equity*（20th edn，Sweet & Maxwell 2015）6.

③ J Glister and J Lee，*Hanbury and Martin Modern Equity*（20th edn，Sweet & Maxwell 2015）7.

识来判断提供或者拒绝提供救济，而不需要遵循先例。① 15 世纪之后，随着“星室法庭”（Star Chamber）的出现，衡平法院大法官不再给予普通法救济，其主要工作是巩固和发展已经存在的法律原则。②

二、16—17 世纪早期：衡平法优先性的确立

（一）16 世纪衡平法院遭到了普通法院和律师的双重抵制

在衡平法院获得司法管辖权两百年之后的 16 世纪早期，普通法院与衡平法院之间出现了冲突，而当时的律师也反对衡平法的适用，主要理由有四点：第一，良心的不确定性；第二，衡平法院大法官裁量权的反复无常性；第三，对清晰和被承认的普通法规则的削弱；第四，以无理缠讼的非正式形式（informality）的司法调查来替代能够创造安定性的正式形式（formality）和中立的陪审团审理。③ 这些批评集中体现在衡平法基于“良心”裁判和非法律形式的司法程序两个方面。

1. 衡平法裁判所基于的“良心”

中世纪的衡平法，理论上是基于普遍和自然的正义，而非衡平法院大法官个人的意见或者良心。到 Christopher Hatton 爵士（1587—1591 年担任衡平法院大法官）时代，这种良心变为了女王的良心，而御前大臣也被指定为女王良心的维护者。④

现代衡平法认为，良心就是公允和善良（conscience is *aequum et bonum*），是每一部法律的基础⑤，而公允和善良是法律的生命。⑥

John Selden（1584—1654 年）有一段对衡平法的著名批评：“衡平法

---

① J Glister and J Lee, *Hanbury and Martin Modern Equity* (20th edn, Sweet & Maxwell 2015) 7.

② John McGhee (ed), *Snell's Equity* (31st edn, Sweet & Maxwell 2005) 7.

③ Joshua Getzler, "Patterns of Fusion" in Peter Birks (ed), *The Classification of Obligations* (Clarendon Press 1997) 180.

④ John McGhee (ed), *Snell's Equity* (31st edn, Sweet & Maxwell 2005) 7.

⑤ Joshua Getzler, "Patterns of Fusion" in Peter Birks (ed), *The Classification of Obligations* (Clarendon Press 1997) 179 para 1.

⑥ J H Baker, *An Introduction to English Legal History* (3d edn, OUP 1990) 124. 转引自：Joshua Getzler, "Patterns of Fusion" in Peter Birks (ed), *The Classification of Obligations* (Clarendon Press 1997) 179 para 1.

像恶作剧一样。对于普通法我们有一个尺度，知道应该相信什么。而衡平法取决于衡平法大法官的良心，可能宽也可能窄，衡平法也是这样。即使他们确定了标准，也只有这么一种，我们称其为‘脚’，大法官的脚；这是多么不确定功能的尺度啊！一位大法官的脚长一点，另一位短一点，第三位不偏袒。这和大法官的良心是一样的。”①

2. 非法律形式的司法程序

衡平法历史意义上的独特性主要在于：衡平法院之所以能在1616年的危机后存活，主要是因为以培根爵士为代表的衡平法法官对普通法院的一系列让步，以致衡平法院对普通法院不再具有威胁性。② 中世纪衡平法院践行的是亚里士多德式的“衡平”，注重对事实的细致审查和对个体价值的评估，并且被广泛接受为对普通法的必要附属。③ 如果说衡平法拥有区别于习惯法或者普通法的核心的统一原则的话，那么就是“良心”，但更重要的是通过衡平法院对证据深入的严格审问制度和一系列临时性救济的执行来实现的。④

（二）17世纪衡平法优先性的确立

16世纪30年代早期，Thmomas More爵士试图弥合衡平法院和普通法院的努力失败，因为普通法院的法官认为，陪审团的裁断可以解决普通法院的所有难题。⑤ 这成为此后衡平法和普通法司法权分裂的重要一步。随后衡平法与普通法出现了适用优先性的冲突，而1615年的*The Earl of Oxford's Case*⑥ 一案首次确立了衡平法相对于普通法的优先性。⑦

---

① Pollock (ed), *Table Talk of John Selden* (London Quaritch 1927) 43.

② Joshua Getzler, "Patterns of Fusion" in Peter Birks (ed), *The Classification of Obligations* (Clarendon Press 1997) 184.

③ Joshua Getzler, "Patterns of Fusion" in Peter Birks (ed), *The Classification of Obligations* (Clarendon Press 1997) 177 para 2.

④ Joshua Getzler, "Patterns of Fusion" in Peter Birks (ed), *The Classification of Obligations* (Clarendon Press 1997) 176 para 1.

⑤ Joshua Getzler, "Patterns of Fusion" in Peter Birks (ed), *The Classification of Obligations* (Clarendon Press 1997) 175 para 2.

⑥ *The Earl of Oxford's Case* (1615) 21 ER 485.

⑦ John McGhee (ed), *Snell's Equity* (31st edn, Sweet & Maxwell 2005) 11.

三、17世纪晚期到19世纪早期：衡平法体系的形成与程序改革

（一）衡平法体系的形成

Nottingham勋爵（1673—1682年）①、Hardwicke勋爵（1737—1756年）和Eldon勋爵（1801—1806年，1807—1827年）担任衡平法院大法官期间，通过确定衡平法领域的“遵循先例”原则，使其逐渐摆脱个人色彩②，逐步实现了衡平法的体系化③，衡平法规则体系逐渐稳定下来。在此之后，只是确立了极少的规则。④ 较为典型的是限制性约定（restrictive covenants）⑤ 的负担可以适用于土地。⑥

（二）通过程序改革缓和衡平法院与普通法院分立带来的矛盾

1850年成立的一个委员会在1851年、1852年和1860年发布的报告显示，当事人穷于在普通法院与衡平法院之间奔波，但仍然无法得到完整的救济，主要原因是：一方面普通法院仅仅享有限制性的发布禁令的权力，没有权力作出特定履行的法庭命令；另一方面衡平法院通常无法给予损害赔偿救济。⑦

为了缓和这一矛盾，普通法院在衡平法较为清晰的情况下，一般会主动适用衡平法以缓和这种矛盾，而部分矛盾也被制定法所缓和。一方面是1854年《普通法程序法案》（Common Law Procedure Acts）授予了普通法院限制性的禁令发布权力；另一方面是1858年《衡平法院修订法案》（Chancery Amendment Act）允许衡平法院给予损害赔偿救济，以替代或

---

① 括号中的起止年份为该勋爵担任衡平法院大法官的期间。

② J Glister and J Lee, *Hanbury and Martin Modern Equity* (20th edn, Sweet & Maxwell 2015) 12 - 13.

③ John McGhee (ed), *Snell's Equity* (31st edn, Sweet & Maxwell 2005) 8.

④ John McGhee (ed), *Snell's Equity* (31st edn, Sweet & Maxwell 2005) 9; J Glister and J Lee, *Hanbury and Martin Modern Equity* (20th edn, Sweet & Maxwell 2015) 38 - 39.

⑤ 限制性约定是英国于19世纪出现的一种新的地役权形式，是根据土地买卖合同而产生的，经登记而对任何取得供役地的人生效，供役地所有人有不违反城乡规划、不实施有损环境行为的不作为义务，地役权人有权请求强制执行。

⑥ *Tulk v Moxhay* (1848) 2 Ph 774.

⑦ John McGhee (ed), *Snell's Equity* (31st edn, Sweet & Maxwell 2005) 11.

者补充禁令和特定履行。[①]

四、19世纪衡平法的发展与僵化

工业革命的发展和大英帝国的国际性扩展，使得大量问题需要通过衡平法的发展来解决。旧有的衡平法院制度已经严重过载[②]，这一情况可以通过衡平法院法官数量的增加一窥究竟。1813年之前，衡平法院仅有衡平法院大法官（Lord Chancellor）和掌卷法官（Master of the Rolls）两位法官，随后掌卷法官逐渐从秘书的定位改为独立法官。1813年任命了一位副大法官（Vice-Chancellor），1841年又任命了两位副大法官，1851年，再任命两位衡平法院上诉庭大法官（Lord Justice of Appeal in Chancery），到1875年衡平法院被撤销时，该法院一共有7位法官。就具体审理情况，衡平法院一审由掌卷法官或者三位副大法官之一听审，有时大法官也会担任一审法官。衡平法院上诉法庭则由大法官和两位上诉庭大法官听审。[③] 但衡平法随后出现了僵化（Rigor Aequitatis）[④]，不再是良心的法院，而又成为法律的法院。[⑤]

五、1873年和1875年《司法组织法》融合

经过了1854年《普通法程序法案》和1858年《衡平法院修订法案》改革后的普通法院与衡平法院，仍然不能应对司法的需求，最终导致了1873年和1875年《司法组织法》（Judicature Act）对衡平法院和普通法院进行了融合（fusion）。原有的王座法院（Court of Queen's Bench）、财税法院（Court of Exchequer）、皇家民事法院（Court of Common Pleas）与衡平法院（Court of Chancery）连同高等海事法院（High Court of Admiralty）、遗嘱检验法院（Court of Probate）、离婚和婚姻事务法院

---

① John McGhee (ed), *Snell's Equity* (31st edn, Sweet & Maxwell 2005) 11.

② J Glister and J Lee, *Hanbury and Martin Modern Equity* (20th edn, Sweet & Maxwell 2015) 13.

③ J Glister and J Lee, *Hanbury and Martin Modern Equity* (20th edn, Sweet & Maxwell 2015) 13.

④ John McGhee (ed), *Snell's Equity* (31st edn, Sweet & Maxwell 2005) 9.

⑤ *Re National Fund Assurance Co* (1878) 10 Ch D 118 at 128.

(Court of Divorce and Matrimonial Causes)、财税法院上诉庭（Court of Exchequer Chamber)、衡平法院上诉庭（Court of Appeal in Chancery）一并为最高法院（Supreme Court）取代。最高法院下设高等法院（High Court of Justice）和上诉法院（Court of Appeal)。高等法院又再分为王座法庭、民事诉讼法庭、财税法庭、衡平法庭以及遗嘱检验、离婚和海事法庭5个分庭，奠定了英国现代司法组织的基础。[①] 需要特别指出的是，尽管衡平法院与普通法院在机构上融合为一体，但衡平法规则与普通法规则的区分却没有发生变化，只是同一法院可以同时适用衡平法规则与普通法规则而已。

第二节　英国衡平法的现状与定位

一、英国衡平法的现状

（一）英国衡平法的适用范围[②]

我们可以从高等法院衡平法庭被分配的案件类型来了解英国衡平法的适用范围，主要包括：(a) 土地的买卖、交换、分割或者对土地的按揭；(b) 对抵押的赎回和取消赎回；(c) 对信托的执行；(d) 死者财产的管理；(e) 破产；(f) 合伙的解散、合伙的撤资或者类似撤资；(g) 纠正、撤销或者废除契约或者类似字据；(h) 无争议的或称普通形式的遗嘱检验之外的遗嘱检验事务；(i) 专利、商标和注册的设计；(j) 为未成年人的财产指定监护人；涉及基于与公司相关的立法的高等法院行使管辖权的全部案由和事务。[③]

（二）现代英国衡平法的管辖权

现代英国衡平法的管辖权分为三类：第一类是排他性管辖权，适用于普通法上原来不存在的新权利，主要是用益和信托。第二类是并行性管辖权，适用于普通法早期不存在的新救济方式，与普通法一道以达到完全的

---

① John McGhee (ed), *Snell's Equity* (31st edn, Sweet & Maxwell 2005) 11.

② J Glister and J Lee, *Hanbury and Martin Modern Equity* (20th edn, Sweet & Maxwell 2015) 37.

③ Senior Courts Act 1981, sch 1.

救济目的，主要是特定履行和禁令。[①] 第三类是辅助性管辖权，主要是一些普通法早期不存在的新的诉讼程序，以避免普通法程序的缺陷导致的不公平结果，例如强制被告提供证据、对诉讼结果有利益的第三人进行询问和强制披露文件等。[②]

（三）衡平法的主要类型

衡平法分为救济性衡平（Remedial Equity）和实质性衡平（Substantive Equity），其中救济性衡平根据法律效果是产生救济还是取消救济可以分为强制性救济（Injunctive Remedy）和衡平性抗辩（Equitable Defense），但均不影响权利本身。强制性救济是在不产生新权利的前提下对法律救济的补充，而衡平性抗辩则是在不触动权利本身的情况下拒绝增加新的救济。[③]

实质性衡平与救济性衡平最大的区别在于是否可以产生新的权利，或者拒绝所有的救济，实质上影响到了权利本身。最重要的两项实质性衡平制度是抵押和信托，并逐渐衍生出了免于失权、受托与保密关系等现代不动产交易中的重要制度。[④]

（四）英国法上的衡平法律体系

英国的法律体系包括判例法和制定法。从法律适用的优先性而言，制定法优先适用，在没有制定法的情形下，才适用判例法。制定法的发展，是对判例法规则的成文化，因此部分制定法的内容对应传统的普通法，而部分制定法的内容则对应传统的衡平法。

1. 英国民事普通法与衡平法的规则分布

英国传统民法，主要包括合同法、财产法、信托法、侵权法和不当得

---

① 严格地说，injunction 译为“强制令”可能更为合适，因为 injunction 分为命令性的（mandatory injunction）和禁止性的（restrictive injunction），但由于中国法学界已经习惯于“禁令”的译法，笔者在此仍然译为“禁令”以方便理解。

② John McGhee (ed), *Snell's Equity* (31st edn, Sweet & Maxwell 2005) 12 - 13.

③ B Dan Dobbs, *Dobbs Law of Remedies: Damages-Equity-Restitution* (West Publishing Co 1993) Volume 1, 74.

④ B Dan Dobbs, *Dobbs Law of Remedies: Damages-Equity-Restitution* (West Publishing Co 1993) Volume 1, 74 - 75.

利，继承法、婚姻家庭法相对独立。[①] 如果将普通法与衡平法中的判例法和制定法一并看待，可以列出表 3－1 展示英国民事普通法与衡平法的大致结构。

表 3－1　英国民事普通法与衡平法的规则分布表

含判例法和制定法	合同法	财产法	信托法	侵权法	不当得利②
普通法	主体部分	主体部分	部分规则③	主体部分	主体部分
衡平法	部分规则④	部分规则⑤	主体部分	部分规则⑥	部分规则⑦

从制度的总体分布态势来看，信托法的主体规则是衡平法，而合同法、财产法、侵权法和不当得利的主体规则是普通法。

2. 合同法与财产法中的衡平法

追溯衡平法的发展历程，15 世纪普通法在财产法和合同法两大领域亟待填补空白，是衡平法发展的重大历史机遇：其一是财产法上皇家民事法院未能将用益作为一种普通法上的附条件的封地授与（feoffment），其二是王座法院未能取消对由契据证明的合同文书欺诈进行衡平细查的限制。否则，后世可能就没有普通法和衡平法的分立了。[⑧] 不过在现代英国

① 根据笔者在牛津大学访学期间了解的情况，在现代英国法律教育体系中，继承法和婚姻家庭法不是必修课程，所以在学术分类体系中与普通法的核心，与合同法、财产法、侵权法等，就显得相对较远，甚至在学术的亲疏性上，显得比刑法还远。

② 英国法上的不当得利制度独立得较晚，直到 1991 年不当得利才成为独立的法律部门，参见 *Lipkin Gorman v Karpnale Ltd*（1991）2 A C 548，而无因管理（*negotiorum gestio*）仍然长期得不到承认。

③ 主要是信托的产生原因，例如 declaration of trust。

④ 主要是 equitable contractual remedies。

⑤ 主要是不能构成财产的财产权，即所谓的“equitable property”，以及“flaoting charge”。

⑥ 主要是 tort injunction。

⑦ 主要是 unjust factors，含 invalidating factorts。

⑧ Joshua Getzler，“Patterns of Fusion” in Peter Birks（ed），*The Classification of Obligations*（Clarendon Press 1997）181 para 1.

法学教育中，相关衡平法规则都是融入合同法和财产法中讲授的。[①]

3. 信托法的独立地位

在英国法上，不存在一个部门法叫作衡平法。绝大多数的叫作《衡平法》（Equity）或者类似书名的著作，其主体部分都是信托法。这已经形成了一种学术传统，与合同法、财产法中的相关衡平法规则遥相呼应。

信托制度最初来源于 18 世纪早期对用益的用益[②]，并在 *Hopkins v Hopkins* 一案[③]中正式确立了信托制度。[④] 某种意义上，在 1873—1875 年的《司法组织法》最初起草和讨论时，正是信托制度的长期存在阻碍了衡平法与普通法的完全融合。[⑤] 而就信托法与财产法的关系，尽管存在争议，但信托法较为独立只是因为其是一套精细复杂的法律规则，而不是因为其本身与财产法有太大的差别。[⑥]

4. 衡平法未能发展出损害赔偿救济

有意思的是，衡平法院法官在信托法领域愿意通过"良心"来改变普通法规则，但在侵权法领域却保持了足够的克制，这也有一定的历史偶然性。

1617—1618 年，弗朗西斯·培根担任衡平法院大法官，曾经特别指示，衡平法不能与普通法、制定法的任何规则相违背，只能在因适用法律导致危害（mischief）的特定案件中提供救济（relieve）。[⑦] 进而衡平法基于其对给予损害赔偿救济的有力压制而未能在法律学说上进一步扩张。针

---

① Joshua Getzler, "Patterns of Fusion" in Peter Birks (ed), *The Classification of Obligations* (Clarendon Press 1997) 165.

② A W B Simpson, *A History of The Land Law* (2nd edn, OUP 1986) 203.

③ *Hopkins v Hopkins* (1739) 1 Atk 581 at 591.

④ J Glister and J Lee, *Hanbury and Martin Modern Equity* (20th edn, Sweet & Maxwell 2015) 11.

⑤ Joshua Getzler, "Patterns of Fusion" in Peter Birks (ed), *The Classification of Obligations* (Clarendon Press 1997) 158 para 1；另外参见 J D Heydon, M J Leeming, P G Turner (eds), *Meagher, Gummow and Lehane's Equity Doctrines and Remedies* (5th edn, LexisNexis Butterworths 2015) 55 - 59。

⑥ Joshua Getzler, "Patterns of Fusion" in Peter Birks (ed), *The Classification of Obligations* (Clarendon Press 1997) 165.

⑦ Joshua Getzler, "Patterns of Fusion" in Peter Birks (ed), *The Classification of Obligations* (Clarendon Press 1997) 184 para 1.

对侵权人发出恢复原状或者损害赔偿救济的法庭命令被有意地回避，以避免衡平法院被认为是民事“星室法庭”[①] 在从事不受节制的惩罚或者威慑。这就是为什么极少有衡平法上的侵权救济的原因。

二、英国衡平法的定位

（一）衡平法的发展是为了缓和严格执行普通法规则造成的不公平

为了保证社会的流畅运行，有必要建立起一般性规则以在大多数案件中正常适用，即普通法。[②] 当法律还不是足够地令人满意，或者足够强大，原告所追求的往往不是“法律”而是“正义”。因为具有普遍性（generality）和公正性（evenhandedness）的法律并不会给原告带来好处。[③] 有时会出现案件中无法预见的事实，导致一般性规则会产生实质性的不公平结果。在此时，正义就要求，要么修改法律，要么如果法律不宜修改就会发展出另一套缓和这种法律严格性的规则。[④] 中世纪的英国没有努力去调和二者，而是采用后一种方式，在普通法之外建立了衡平法。[⑤]

（二）衡平法是对普通法的完善

梅特兰认为，衡平法的出现，不是为了消灭普通法，而是对普通法的完善。[⑥] 他说道：“如果我们被问到在法理学领域什么是英国人所得到的最重要、最特别的成就，我认为我们所能给出的最佳答案就是世世代代英

---

① 星室法庭（Star Chamber），成立于 1487 年，其名称源于其所在的威斯敏斯特教堂的一个屋顶有星形装饰的大厅。星室法庭由枢密院官员、主教和高级法官组成，直接受命于国王，专门惩治不效忠国王、阴谋叛乱的贵族，刑罚手段残酷，是英国专制的象征，在英文中用于比喻用野蛮专制、不公平的方式工作的机构。

② John McGhee (ed), *Snell's Equity* (31st edn, Sweet & Maxwell 2005) 4.

③ B Dan Dobbs, *Dobbs Law of Remedies: Damages-Equity-Restitution* (West Publishing Co 1993) Volume 1, 68.

④ John McGhee (ed), *Snell's Equity* (31st edn, Sweet & Maxwell 2005) 4.

⑤ B Dan Dobbs, *Dobbs Law of Remedies: Damages-Equity-Restitution* (West Publishing Co 1993) Volume 1, 68.

⑥ J Glister and J Lee, *Hanbury and Martin Modern Equity* (20th edn, Sweet & Maxwell 2015) 12.

国人对信托观念的发展。”[①] 衡平法提供救济的情形是有限的，主要是为了遏制普通法权利的不当主张。[②] 衡平法的角色是预防基于被告的行为，允许其通过强调其严格的法律权利，会被认为是不合情理（unconscionable）或者不符合衡平原则（inequitable）的。[③]

（三）衡平法实践“正义”的历史偶然性

衡平法不等于自然正义。[④] 实践自然正义的大部分是普通法、制定法以及一些教会和其他来源的规则，在技术意义上只有一小部分可以被认为是衡平法。[⑤] 衡平法的范围是由一系列的历史性事件描绘而成的，而不是给予提前构思的理论。[⑥] 因此，并非在所有不正义的情形下都会有衡平法来干预。从某种观点看，衡平法是历史的偶然。[⑦] 衡平法救济必须在历史上和在具有衡平法管辖权的法院的做法（practice）和先例中能够找到始祖。并不是我们可能觉得本案的“正义”需要，就足以让我们第一次创设该管辖权。[⑧]

第三节　现代英国衡平法救济

一、衡平法救济的种类

英国法上的衡平法救济分为程序性衡平法救济和实体性衡平法救济。

---

① ［英］F. W. 梅特兰：《国家、信托与法人》，樊安译，北京大学出版社 2008 年版，第 67 页。

② Joshua Getzler, “Patterns of Fusion” in Peter Birks (ed), *The Classification of Obligations* (Clarendon Press 1997) 175 para 1.

③ John McGhee (ed), *Snell's Equity* (31st edn, Sweet & Maxwell 2005) 10.

④ John McGhee (ed), *Snell's Equity* (31st edn, Sweet & Maxwell 2005) 3.

⑤ John McGhee (ed), *Snell's Equity* (31st edn, Sweet & Maxwell 2005) 3-4.

⑥ J Glister and J Lee, *Hanbury and Martin Modern Equity* (20th edn, Sweet & Maxwell 2015) 5.

⑦ John McGhee (ed), *Snell's Equity* (31st edn, Sweet & Maxwell 2005) 5.

⑧ *Re Diplock* [1948] Ch 465 at 481and 482. 转引自 J Glister and J Lee, *Hanbury and Martin Modern Equity* (20th edn, Sweet & Maxwell 2015) 4。

(一) 程序性衡平法救济

程序性衡平法救济是指那些历史上从衡平法发展出的程序性救济，现在大多已经被民事诉讼程序所吸收，主要包括文件披露（discovery）、因恐惧而请求保护（quia timet action）、防止滥诉状（bill of peace）和禁止离境令（ne exeat regno）。[①]

(二) 实体性衡平法救济

由于信托法的主体部分均为衡平法，因此信托法上的救济在性质上均为衡平法救济。通常所说的衡平法救济，实际上是指信托法之外的传统上源于衡平法院的实体性救济。传统意义上，衡平法救济均为非金钱性救济，主要包括特定履行、禁令、撤销、纠正和委任接管人[②]，而金钱性救济一般被认为是普通法上违约责任或者侵权责任的范畴。

但在特定情形下，衡平法救济也包括对人的金钱性救济，主要是在如下四种情形：(1) 违反衡平法上的义务；(2) 作为对拒绝提供账目的信托人提起诉讼结果的衡平赔偿；(3) 违反普通法义务的利润赔偿；(4) 对非金钱性救济的替代或者附加金钱性救济。[③]

二、衡平法救济的特点

衡平法救济具有自由裁量性和特定履行性的特点。所谓的自由裁量性，是指衡平法救济无须如普通法救济一样证明法律上的不当（wrong），在抗辩事由上也具有自由裁量性。[④] 在普通法上，原告胜诉意味着其不仅享有判决书上的权利，而且还可以依据普通法要求执行，而不管其行为在法庭上显得多么微小，他曾经是如何拖延以及结果如何不公。但衡平法则要考虑其是否符合“洁手原则”，是否未来愿意公正行事，是否“躺在权利上睡觉”，或者是否会产生不公正的结果。[⑤]

---

① John McGhee (ed), *Snell's Equity* (31st edn, Sweet & Maxwell 2005) 308-309.

② John McGhee (ed), *Snell's Equity* (31st edn, Sweet & Maxwell 2005) 308.

③ John McGhee (ed), *Snell's Equity* (31st edn, Sweet & Maxwell 2005) 439.

④ Charles Mitchell (ed), *Hayton and Mitchell: Commentary and Cases on the Law of Trusts and Equitable Remedies* (13th edn, Sweet & Maxwell 2010) 697.

⑤ John McGhee (ed), *Snell's Equity* (31st edn, Sweet & Maxwell 2005) 308.

所谓的特定履行性，是指通过威胁惩罚或者其他方式强制被告以同样方式履行法律义务。① 这体现为衡平法救济的对人性（*in personam*），被告会被命令按照衡平法院认为公正和衡平的方式行事，否则就会被认为是对法庭的藐视。②

需要指出的是，尽管自由裁量性和特定履行性是衡平法救济的共同特点，但不能用自由裁量性和特定履行性割裂衡平法救济和普通法救济，衡平法救济和普通法救济是法院救济体系的有机组成部分。③

三、衡平法救济与我国侵权法上使用的“衡平责任”概念无任何关系

从上述简单考证来看，衡平法救济（equitable remedies）是指存在于英国衡平法上的救济。而从英文文献用语习惯来看，极少见到衡平责任（equitable liability）的表达，因此中国法上通常所说的“公平责任，又称衡平责任”，实际上是属于较为中国化的表述，或者是受到我国台湾地区“民法”，尤其是王泽鉴教授用语影响的表达，与英国法上的衡平法救济，相去甚远。建议未来不再使用“衡平责任”这一表述，以避免不必要的混淆。

第四节　与侵权公平责任可能相关的衡平法谚

一、英国衡平法主要的衡平法谚

衡平法的精髓集中体现在衡平法谚（maxims of equity）中，但衡平法谚本身不能作为法律规则直接适用。衡平法谚一般较为模糊，且存在例外，所以只是起到辅助论证的作用。在衡平法发展过程中，法官总结了大量的法谚，这些法谚有的是从不同角度和侧重点讲述同一衡平法精神，有

---

① Charles Mitchell (ed), *Hayton and Mitchell: Commentary and Cases on the Law of Trusts and Equitable Remedies* (13th edn, Sweet & Maxwell 2010) 697.

② John McGhee (ed), *Snell's Equity* (31st edn, Sweet & Maxwell 2005) 308.

③ Charles Mitchell (ed), *Hayton and Mitchell: Commentary and Cases on the Law of Trusts and Equitable Remedies* (13th edn, Sweet & Maxwell 2010) 697 - 698.

的在衡平法发展过程中逐渐被遗弃。① 法谚之间还存在明显的文义矛盾，例如“衡平法追随普通法”就与“衡平法不容许有不法而无救济”明显相悖。② 现代英国衡平法主要有12条衡平法谚，具体如下：

（1）衡平法不容许有不法而无救济。（Equity will not suffer a wrong to be without a remedy.）

（2）衡平法追随普通法。（Equity follows the law.）

（3）当两种衡平法上的权利相当时，普通法优先。（Where there is equal equity，the law shall prevails. ）

（4）当两种衡平法上的权利相当时，时间上在先的衡平法权利优先。（Where the equities are equal，the first in time shall prevail.）

（5）诉诸衡平者需行事衡平。（He who seeks equity must do equity.）

（6）诉诸衡平者需双手清洁。（He who comes into equity must come with clean hands.）

（7）迟延使衡平法失效。（Delay defeats equities.）或者，“衡平法帮助警觉者，而不帮助懒惰者。”（Equity aids the vigilant and not the indolent.）

（8）平等即衡平。（Equality is equity.）

（9）衡平法注重的是意图，而不是形式。（Equity looks the intent rather than to the form.）

（10）衡平法将应该做的事情视为已经做了。（Equity looks on that as done which ought to be done.）

（11）衡平法假定当事人有完全履行义务的意图。（Equity imputes an intention to fulfil an obligation.）

（12）衡平法对人行事，而非对物。（Equity acts in *personam*，*not in rem*.）

---

① 例如，曾经有一条衡平法谚的内容是“衡平法眷顾年纪较小的子女”（Equity favours Younger Children)，但19世纪之后该法谚被遗忘。此后的英国法上，在死者没有遗嘱的情形，不论是衡平法上还是普通法上的土地权益，均由年龄最大的子女继承。参见John McGhee (ed)，*Snell's Equity* (32nd edn，Sweet & Maxwell 2010) para 5－006。

② John McGhee (ed)，*Snell's Equity* (32nd edn，Sweet & Maxwell 2010) para 5－005.

在上述衡平法谚中，与中国侵权法上的公平责任可能相关的是“诉诸衡平者需双手清洁”和“衡平法追随普通法”。“诉诸衡平者需双手清洁”一般被简称为“洁手原则”，与公平责任的相关性在于其与当事人“对造成损害都没有过错”中对原告没有过错的要求较为类似。“衡平法追随普通法”[①] 是关于普通法与衡平法关系的一条衡平法谚，与公平责任的相关性在于，其有助于借鉴并构建侵权责任与公平责任的关系。为了便于与“洁手原则”对应，笔者称之为“追随原则”。

二、“洁手原则”解读

（一）“洁手原则”法谚的内涵

“洁手原则”是衡平法的核心理念之一[②]，是指如果原告在交易中寻求救济但其之前的行为并不适当，则衡平法救济一般会被拒绝。[③] 简而言之，“从事了不正当行为的人不能主张衡平”[④]。尽管该法谚的表述具有决定性，不能被约定排除[⑤]，但也不宜被理解得过于宽泛。Brandeis 法官曾经精辟地总结道：“衡平法并非要求起诉者（suitor）必须生活得无可责难（blameless）。”[⑥] 导致无法获得衡平法救济的必须是直接和必要的，而且是与请求的衡平法救济直接相关的不适当行为。[⑦] 而且如果原告的

---

① 法谚的出处：Anon.（n. d.）Cary 11。参见 John McGhee（ed），*Snell's Equity*（32nd edn，Sweet & Maxwell 2010）。

② Joshua Getzler，“Patterns of Fusion” in Peter Birks（ed），*The Classification of Obligations*（Clarendon Press 1997）176 para 2.

③ J D Heydon，M J Leeming，P G Turner（eds），*Meagher，Gummow and Lehane's Equity Doctrines and Remedies*（5th edn，LexisNexis Butterworths 2015）80.

④ *Jones v Lenthal*（1669）1 Ch Cas 154.

⑤ *Quadrant Visual Communications v Hutchison Telephone*（1993）BCLC 442.

⑥ *Loughran v Loughran* 292 US 216 at 229（1934）per Brandeis J. 转引自 John McGhee（ed），*Snell's Equity*（31st edn，Sweet & Maxwell 2005）99 para5－15。

⑦ *Dering v Earl of Winchelsea*（1787）1 Cox Eq 318 at 319，320 per Eyre CB；*Moody v Cox* [1917] 2 Ch 71 at 87；*Duchess of Argyll v Duke of Argyll*（1967）Ch 302 at 332. J D Heydon，M J Leeming，P G Turner（eds），*Meagher，Gummow and Lehane's Equity Doctrines and Remedies*（5th edn，LexisNexis Butterworths 2015）82.

行为在道德上是肮脏的，但在法律上无懈可击，仍然不会触发“洁手原则”[①]。

作为“不洁之手”的这种“不适当”（improper），是法律性的，而非仅仅是道德性的“不恰当”（impropriety）[②]，而且仅仅是违反公共政策并不构成“不洁之手”[③]。如果交易双方都是“不洁之手”，“洁手原则”仅仅考虑请求衡平法救济一方是否有“不洁之手”，而无须平衡考虑被告一方的“不洁之手”[④]。

与作为衡平法谚的“洁手原则”对应的，还有内容上较为类似的普通法法谚：“违背道德之对价，不生诉权。”（*Ex turpi causa non oritur actio.*）其适用范围也主要是合同领域，二者分别适用于衡平法和普通法，在精神上具有内在一致性。

（二）“洁手原则”主要适用的案件类型

“洁手原则”并非适用于任何案件类型，而是在历史上逐渐发展并形成其特定的适用范围，主要是在涉及交易的合同法和财产法领域适用。

英国法上的“洁手原则”主要适用于如下类型的案件[⑤]：第一，“未成年人并无欺骗成年人的特权”[⑥]。如果未成年人通过欺骗性地误报年龄，从其受托人处获得了一笔本来要到一定年龄才能获得的财产，那么即使他达到了该年龄也不能强迫受托人支付其应有的财产。[⑦] 第二，如果承租人违反了租赁契约承诺，那么其在建立了租赁关系的情况下仍然不能获得特

---

① Charles Mitchell (ed), *Hayton and Mitchell: Commentary and Cases on the Law of Trusts and Equitable Remedies* (13th edn, Sweet & Maxwell 2010) 703.

② J D Heydon, M J Leeming, P G Turner (eds), *Meagher, Gummow and Lehane's Equity Doctrines and Remedies* (5th edn, LexisNexis Butterworths 2015) 81.

③ John McGhee (ed), *Snell's Equity* (31st edn, Sweet & Maxwell 2005) 98, para 5－15.

④ *Sang Lee Investment Co Ltd v Wing Kwai Investment Co Ltd* [1983] HKLR 197.

⑤ John McGhee (ed), *Snell's Equity* (31st edn, Sweet & Maxwell 2005) 98, para 5－15.

⑥ *Evroy v Nicholas* (1733) 2 Eq Ca Abr 488 at 489 per Lord King LC.

⑦ *Cory v Gertcken* (1816) 2 Madd 49; *Overton v Banister* (1844) 3 Hare 503 at 506.

定履行的救济。[①] 第三，如果承租人将不动产用作扰乱社会治安的场所（如妓院、赌场），就不能就其因为未付租金丧失权利而获得救济。[②] 第四，存在欺骗行为的人不能要求执行基于欺诈性目的授予的土地上的衡平利益。[③] 第五，如果使用人作出的与财产相关的行为会对普通法上的所有人造成较大损害，其就无法获得衡平租赁许可。[④]

除了英国法的上述案件类型，在衡平法较为发达的澳大利亚[⑤]，对“洁手原则”的适用范围还包括：第一，承租人在违反合同中存在过错且将不动产用于非法目的，不能请求对没有法律权利再次进入不动产的不动产所有人发布禁令。[⑥] 第二，如果抵押人在抵押权人占有抵押物之前，部分损毁了抵押物，就不能寻求赔偿。[⑦] 第三，原告曾经表示不会要求执行一份限制土地使用的合约但随后又要求执行。[⑧] 第四，不法扣留合伙账册的原告不能在合伙诉讼中获得救济。[⑨] 第五，承租人欺诈性地诱导其房东购买特定的不动产后，发现他无法参与到该不动产的交易过程中。[⑩] 第六，原告提起诉讼的目的仅仅是消灭竞争者。[⑪]

---

① *Coatsworth v Johnson* (1886) 54 L T 520.

② *Gill v Lewis* (1956) 2 Q B 1.

③ *Mason v Clarke* (1954) 1 QB 460; reversed (1955) A C 778 on the ground that there was no taint of fraud; *Everet v Williams* (1725) 9 L Q R 197 (partnership action by one highwayman against another: Megarry, Miscellany-at-Law, 1955, p76).

④ *Williams v Staite* [1979] Ch 291 (where, however, the conduct was not sufficiently grave). For other examples, see *Hubbard v Vosper* (1972) 2 QB 4, followed in *Church of Scientology of California v Kaufman* (1973) RPC 635; *Roanway Properties Ltd v Gold* (1973) 228 EG 2269.

⑤ J D Heydon, M J Leeming, P G Turner (eds), *Meagher, Gummow and Lehane's Equity Doctrines and Remedies* (5th edn, LexisNexis Butterworths 2015) 82.

⑥ *Litvinoff v Kent* (1918) 34 TLR 298.

⑦ *Meredith v Davis* (1933) 33 SR (NSW) 334 at 338.

⑧ *Greater Sydney Development Assn Ltd v Rivett* (1929) 29 SR (NSW) 356 at 360-1.

⑨ *Armstrong v Sheppard & Short Ltd* (1959) 2 QB 384; (1959) 2 All ER 651.

⑩ *Official Trustee in Bankruptcy v Tooheys Ltd* (1993) 29 NSWLR 641.

⑪ *Ocular Sciences Ltd v Aspect Vision Care Ltd* (1997) RPC 289.

(三)“洁手原则”适用的侵权案例

在较少情况下，“洁手原则”也可以对侵权给予禁令救济的抗辩，典型的是澳大利亚的“假冒茶壶案”和英国的“球员受贿案”。

“假冒茶壶案”的原告是一个明知自己根本没有专利权和著作权的茶壶生产者，故意在茶壶上标记产品受到“专利权保护、著作权保护”(Patented. Copyrighted)，以起到诱导他人相信进而预防仿冒的效果。原告另外在茶壶上标记了“Captain Kettle”，被告的茶壶上也作了类似的标记，但被法院认定为无知地假冒。[①] 在原告要求法院对假冒原告商品以生产者自居的销售者发布禁令时被拒绝，因为法院不能帮助其欺骗公众。[②] 本案的重大意义是，在大多数适用“洁手原则”的案例中，原告的“不洁之手”都是源于违背了某种对被告的义务，而本案的“不洁之手”是源于对一般性公众义务的违反。[③]

“球员受贿案”的原告是一位足球运动员，就被告新闻集团旗下的《太阳报》对原告可能收钱并答应输球的系列报道提起了诽谤诉讼。尽管法院认定原告的确收了钱以作为输球的交换，而且原告还在法庭上撒谎，但仍然没有适用“洁手原则”而授予了原告要求停止报道的禁令。[④] 本案说明，仅仅是一般性的堕落不足以基于“洁手原则”否定原告的衡平性救济权利。[⑤]

需要指出的是，不管是“假冒茶壶案”还是“球员受贿案”，尽管均涉及侵权行为的衡平法救济（禁令），但案件探讨的“不洁之手”均非“被侵权人过错”，而是欺骗公众或者收受贿赂的不适当行为。

---

① “passing off”是普通法上的假冒，是指销售商品或经商时所使用的名称、符号、说明等足以使公众误认为是另一人的商品或商业运作，但并非假冒他人商标。本案中，之所以被告被认定为是“无知地”(innocently) 可能是因为“Captain”一词在英文中具有褒义的隐喻而被被告使用，并非出于故意仿冒，但客观上又达到了混淆来源的程度。

② *Kettles & Gas Appliances Ltd v Anthony Hordern & Sons Ltd* (1934) 35 SR (NSW) 108.

③ J D Heydon, M J Leeming, P G Turner (eds), *Meagher, Gummow and Lehane's Equity Doctrines and Remedies* (5th edn, LexisNexis Butterworths 2015) 81.

④ *Grobbelaar v News Group Newspapers Ltd* (2002) 1 WLR 3024.

⑤ Charles Mitchell (ed), *Hayton and Mitchell: Commentary and Cases on the Law of Trusts and Equitable Remedies* (13th edn, Sweet & Maxwell 2010) 703 - 704.

（四）"洁手原则"的例外

"洁手原则"的例外有两大类。第一大类是在请求衡平法救济之前"把手洗干净"（wash one's hand），这可以通过在提起诉讼前完全停止不当行为，或者证明不当行为的发生纯属偶然而且不会再发生来达成。[①] 第二大类是根据先例确定的四种例外情形，包括：（1）合同撤销或者财产交付诉讼；（2）纯粹的宣告性救济诉讼；（3）任何纯粹的制定法救济；（4）避免衡平法和普通法的重复诉讼。[②]

（五）"诉诸衡平者需行事衡平"与"洁手原则"的关系

在适用"洁手原则"的部分案件中，"诉诸衡平者需行事衡平"这一法谚会被同时提及。这是因为，从衡平法的角度看，请求衡平法救济的人，不但诉前要"双手清洁"，而且在获得衡平法救济之后也需要行事衡平。[③] 就二者的关系而言，"洁手原则"面向过去，而"诉诸衡平者需行事衡平"面向未来，实际上二者一起对诉诸衡平者提出了不但必须表明其过去在交易中的记录是清洁的，而且还要做好准备行事正确和公正的双重衡平性要求。[④]

"诉诸衡平者需行事衡平"这一法谚还指出了衡平法和普通法的非常重要的一项区分，即衡平法可以提供的是附条件的救济。但并非法院认为合理就可以附条件，而是仅限于被告本身享有的普通法或者衡平法权利。[⑤]"诉诸衡平者需行事衡平"适用的主要案件类型包括：（1）非法借贷中的财产返还；（2）赠与选择法律原则[⑥]；（3）抵押合并；（4）抵押人

---

① J D Heydon, M J Leeming, P G Turner (eds), *Meagher, Gummow and Lehane's Equity Doctrines and Remedies* (5th edn, LexisNexis Butterworths 2015) 83.

② J D Heydon, M J Leeming, P G Turner (eds), *Meagher, Gummow and Lehane's Equity Doctrines and Remedies* (5th edn, LexisNexis Butterworths 2015) 83.

③ Charles Mitchell (ed), *Hayton and Mitchell: Commentary and Cases on the Law of Trusts and Equitable Remedies* (13th edn, Sweet & Maxwell 2010) 704.

④ John McGhee (ed), *Snell's Equity* (31st edn, Sweet & Maxwell 2005) 98, para 5 - 15.

⑤ J D Heydon, M J Leeming, P G Turner (eds), *Meagher, Gummow and Lehane's Equity Doctrines and Remedies* (5th edn, LexisNexis Butterworths 2015) 75.

⑥ 一般认为，"诉诸衡平者需行事衡平"这一法谚是"doctrine of election"的基础。参见 J Glister and J Lee, *Hanbury and Martin Modern Equity* (20th edn, Sweet & Maxwell 2015) 26 (1 - 027)。

对抵押权人的抵押品赎回通知；(5) 衡平法上的禁反言。[①]

三、"追随原则"解读

(一)"追随原则"法谚的本意

"衡平法追随普通法"是指，一项规则，不管是普通法上的还是制定法上的，直接地，在所有的情形下都适用于案例，或者在特定的问题点上，衡平法院和普通法院一样程度地受到其约束和能够同样细微地背离。[②] 该法谚适用的背景是衡平法与普通法一样，首先是不能违反制定法。[③] 这一法谚产生的前提性原因是，由于衡平法的产生在时间上晚于普通法，所以几乎在每个问题点上，衡平法都假设存在普通法。[④]

(二)"追随原则"的主要适用范围

在"追随原则"主要适用的土地继承和权益领域，尽管有细微差别，衡平法与普通法保持了对应性[⑤]，这些规则都是在个案类型中予以确认的。[⑥] 例如，衡平法不会偏离普通法，要求第三人履行与土地相关的合同。[⑦] 如果对土地享有合法权利是共同的，衡平法益追随普通法，除非相

---

① John McGhee (ed), *Snell's Equity* (31st edn, Sweet & Maxwell 2005) 96 - 97.

② Joseph Story, *Commentaries on Equity Jurisprudence* (3rd Eng edn, Sweet & Maxwell 1920) 34.

③ G W Keeton, *An introduction to equity* (6th edn, Sir Isaac Pitman & Sons 1965) 96; J Glister and J Lee, *Hanbury and Martin Modern Equity* (20th edn, Sweet & Maxwell 2015) 25.

④ G W Keeton, *An introduction to equity* (6th edn, Sir Isaac Pitman & Sons 1965) 95.

⑤ J Glister and J Lee, *Hanbury and Martin Modern Equity* (20th edn, Sweet & Maxwell 2015) 25 (1 - 026); Robert Megarry and H W R Wade, *Megarry & Wade: The Law of Real Property* (6th edn, Sweet & Maxwell 2000) para 4 - 022; 转引自 John McGhee (ed), *Snell's Equity* (32nd edn, Sweet & Maxwell 2010) para 5 - 006.

⑥ 英国法参见：J Glister and J Lee, *Hanbury and Martin Modern Equity* (20th edn, Sweet & Maxwell 2015) 25 (1 - 026)。澳大利亚法参见：J D Heydon, M J Leeming, P G Turner (eds), *Meagher, Gummow and Lehane's Equity Doctrines and Remedies* (5th edn, LexisNexis Butterworths 2015) 71 - 73。

⑦ *Rhone v Stephens* (1994) 2 AC 310.

反的意图被证明。[①] 正如Mummery大法官指出的："如果土地上的利益不满足其存在的基本的法律要求，那么作为一般性规则，不管是普通法还是衡平法，这种利益都不存在。"[②]

（三）"追随原则"存在较少例外

衡平法不会随时追随普通法，否则就会丧失衡平法的独特性，也导致无法进行衡平性干预。[③] 但总的来说，尽管"追随原则"与另一条法谚"衡平法不容许有不法而无救济"相悖[④]，但"追随原则"的例外其实是较少的。[⑤] 这是因为，尤其在土地继承和权益方面，只有在普通法规则看起来专横，或者在社会变化的前提下失去了和谐，衡平法才会拒绝将普通法的规则引入衡平财产中。[⑥] 这就是卡多佐法官所说的："衡平法追随普通法，但既不是奴隶般地，也不总是。"[⑦]

衡平法"不追随"普通法的案件，主要发生在封建土地占有领域。[⑧] 例如，较之普通法上技术性的土地占有法律学说，衡平法认可较宽范围的未来利益。衡平法上也没有普通法上死者无遗嘱情形下无继承人的土地充公的规则，这是因为普通法上无继承人的土地充公制度是基于占有权。[⑨]

另外，在死者无遗嘱的情形下，衡平法上权益的移转与普通法相同，长子作为继承人获得全部的土地，排除了其他兄弟姊妹。尽管这显得不公平，但衡平法也不提供任何救济。[⑩] 但是，如果长子曾经劝诱其父亲未能作出同意其与兄弟姊妹分割遗产的遗嘱，衡平法就会介入并强迫该长子履

---

① *Stack v Dowden* (2007) 2 AC 432.

② *Mexfield Housing Co-operative Ltd v Berrisford* (2011) Ch 244 at 268.

③ J D Heydon, M J Leeming, P G Turner (eds), *Meagher, Gummow and Lehane's Equity Doctrines and Remedies* (5th edn, LexisNexis Butterworths 2015) 74.

④ John McGhee (ed), *Snell's Equity* (32nd edn, Sweet & Maxwell 2010).

⑤ Co Litt 290b, n 1 (xvi), Butler's note.

⑥ G W Keeton, *An introduction to equity* (6th edn, Sir Isaac Pitman & Sons 1965) 96.

⑦ *Graf v Hope Building Corp* 254 N Y 1 at 9 (1930) per Cardozo CJ.

⑧ Refusal to follow the law, John McGhee (ed), *Snell's Equity* (32nd edn, Sweet & Maxwell 2010).

⑨ Robert Megarry and H W R Wade, *Megarry & Wade: The Law of Real Property* (6th edn, Sweet & Maxwell 2000) paras 4-023 and 4-024.

⑩ John McGhee (ed), *Snell's Equity* (32nd edn, Sweet & Maxwell 2010).

行其承诺。在承认普通法规则并给予该长子获得该土地完全效力的同时，衡平法认定其必须作为他自己和兄弟姊妹的信托受托人。①

第五节　从“洁手原则”到“追随原则”：侵权公平责任的衡平法谚路径变迁

通过上文简要介绍与分析，应该承认，英美法系的衡平法救济在精神层面与我国侵权法上的公平责任仍然是相通的，即都是在尝试实践亚里士多德在《尼各马可伦理学》中阐释的不同于“正义”的“公平”理念。②中国侵权法面临的选择是，能否借鉴衡平法，尤其是蕴含了其精髓的衡平法谚，构建侵权责任与公平责任的关系，并明确公平责任的适用方式。

在笔者看来，尽管鲜有明确的论述，但从原《民法通则》第 132 条规定的“当事人对造成损害都没有过错”，到原《侵权责任法》第 24 条规定的“受害人和行为人对损害的发生都没有过错”，立法者始终对受害人一方“没有过错”表现出了浓厚的兴趣，这看似与“洁手原则”在精神上暗合，实则南辕北辙。而在学说上，鲜有将“追随原则”纳入公平责任考虑范围的尝试，而笔者经过研读恰恰发现，“追随原则”与我国侵权法上公平责任较之侵权责任的定位，颇有异曲同工之妙。

一、南辕北辙：“洁手原则”旧解读路径之否定

（一）“当事人对造成损害都没有过错”的要求来源不明

比较法上，公平责任在早期的确有对“受害人没有过错”的要求，最早源于《普鲁士普通邦法》第 44 条的规定：“于受害人对损害存在共同过失之情形，即使是轻微过失，其也无权从加害人处得到赔偿。”③ 1811 年

① *Stickland v Aldridge* (1804) 9 Ves 516 at 519; *Re Gardner, Huey v Cunnington* [1920] 2 Ch 523.

② Joshua Getzler, “Patterns of Fusion” in Peter Birks (ed), *The Classification of Obligations* (Clarendon Press 1997) 157 note 1.

③ ［德］克雷斯蒂安·冯·巴尔：《欧洲比较侵权行为法》（上卷），张新宝译，法律出版社 2001 年版，第 110－111 页。

《奥地利民法典》第1308条继受了《普鲁士普通邦法》第44条的规定："如果不能运用其理智的人或者不满十四周岁的未成年人造成他人损害，而受害人也因自己的某种过错而引起损害，则受害人不能请求损害赔偿。"[①]

相比于《普鲁士普通邦法》和《奥地利民法典》，《德国民法典》取消了即使是受害人有轻微过失也剥夺其请求权的限制。[②] 比较法上几乎所有的公平责任立法例，包括1922年《苏俄民法典》第406条也没有明文作出这样的限制："依本法第403条至第405条所规定之情形，加害人不应负赔偿责任时，法院得酌量加害人及受害人之财产状况，令其赔偿。"

笔者曾经考证发现，原《民法通则》第132条是20世纪80年代中期我国民事立法"批发改零售"的特殊转轨时期，在较短的时间内，总结20世纪50年代和80年代两次民法典起草经验，引进南斯拉夫债法修订所贯彻的社会主义公平原则，在内容和体例上综合借鉴了1922年和1964年《苏俄民法典》的产物。[③] 即使是在介绍当时南斯拉夫新债法改革的文章——《南斯拉夫新债法的概念及其基本制度》中，也看不到"当事人对造成损害都没有过错"的要求。[④]

当时的文献只是指出了"公平责任的源流可溯及到1794年《普鲁士普通邦法》第41～44条对儿童和精神病人的侵权行为，基于公平或衡平的特别考虑可以构成责任的充足理由。这种受自然法观点所影响的理论认为，某个穷人不能承受由某个万贯家财的精神病人对其造成的严重的人身伤害的损失，稍晚的1811年《奥地利民法典》第1310条作出了类似的规定"[⑤]，但并无对条文内容的考证。

---

① ［德］克雷斯蒂安·冯·巴尔：《欧洲比较侵权行为法》（上卷），张新宝译，法律出版社2001年版，第111页。

② ［德］克雷斯蒂安·冯·巴尔：《欧洲比较侵权行为法》（上卷），张新宝译，法律出版社2001年版，第111页。

③ 王竹：《我国侵权法上"公平责任"源流考》，《甘肃政法学院学报》2008年第2期。

④ ［南］佛·克鲁尔杰：《南斯拉夫新债法的概念及其基本制度》，王名扬译，盛愉校，《法学译丛》1980年第2期，原文参见Vrleta Krulj，"La conception et les institutions fondamentales de la nouvelle Loi yougoslave des obligations"，*Yugoslav law*，No. 2，1978。

⑤ See H. Stoll，"Mitigation of Damages and Equitable Liability."，*Consequences of Liability*：*Remedies. Weir*，Complex Liabilities：Int. Enc. Comp. L. XI Torts（1983）ch. 8 s. 146.

笔者只能认为，这是基于一种朴素的类似"洁手原则"思想的中国法本土构建。即当时的立法者可能认为，这种公平性质的救济过于特殊，如果不作出对受害人没有过错的限制，当事人可能难以接受，而并未过多地考虑正当性。而实际上，如果受害人对损害的发生只有轻微的过失，而损害又极其严重，在满足其他适用条件时，似乎也有分担其损失的必要。①严格地说，就此而言，受害人无过错之规定的必要性存疑。②

（二）"当事人对造成损害都没有过错"与"洁手原则"没有可比性

从"洁手原则"的逻辑来看，其适用的前提是当事人请求衡平法救济。如前所述，尽管衡平法救济的出现更多的是一种历史的偶然，但作为历史偶然的衡平法救济的确具有更多的"衡平"意味。那么如果对"不洁之手"进行救济，就违背了衡平法救济的道德底线。

但在我国侵权法上的公平责任的规则设定上，行为人一方没有过错不承担侵权责任是过错责任构成规则的正常推论。但在这一前提下，如果受害人一方没有过错，即使类比"洁手原则"，也需要行为人一方有承担公平责任的基础，而这恰恰是我国公平责任所缺乏的。因此尽管在具体的公平责任规定中，并没有强调受害人必须没有过错③，而在公平责任一般条款中，要求受害人没有过错，这就对立法者提出了明确公平责任的责任基础的要求，否则该责任就不具有正当性。

二、异曲同工："追随原则"新解读路径之确立

与"衡平法追随普通法"这一"追随原则"法谚类似的，衡平法上还有"衡平法弥补不足"（Equity supplies defects）、"衡平法并不造法，但对法律起辅助作用"（Equity does not make law, but assists law）、"衡平法绝不违背法律"（Equity never contravenes the law）和"衡平使普通法得以放宽或缓和"（Equity is a relaxing or alleviation of the law）等类似法谚。如果联想到公平责任对侵权责任，尤其是对过错责任原则的冲击，笔

① 胡伟强：《〈侵权责任法〉中公平责任的适用——一个法经济学的解释》，《清华法学》2010年第5期。

② 参见叶金强：《〈侵权责任法〉第24条的解释论》，《清华法学》2011年第5期，脚注28。

③ 周友军：《侵权法学》，中国人民大学出版社2011年版，第37页。

者不禁叹息："众里寻他千百度。蓦然回首，那人却在，灯火阑珊处。"或许是此前我国学术界的研究过多地受到了双方均无过错这一法律条文的不当误导，忽略了对公平责任的其他可能解读路径。"追随原则"所蕴含的衡平法规则，正是解读和构建侵权责任与公平责任关系的一把钥匙！

（一）"洁手原则"解读路径之否定

如果按照传统的"洁手原则"路径对侵权责任和公平责任进行解读，侵权责任所体现的是矫正正义。而在过错责任中，如果行为人一方无过错，矫正正义就失去了正当性，此时立法者试图对受害人进行填补，就必须诉诸矫正正义之外的正当性基础，这时分配正义就进入了立法者的潜意识。既然原《民法通则》第131条规定的"受害人对于损害的发生也有过错的，可以减轻侵害人的民事责任"是比较双方的过错，那么在行为人没有过错的情形下，如果受害人也没有过错，就构成了"当事人对造成损害都没有过错的"的情形。此时就无须也无法再比较过错，而是立法者主观上认为如果由受害人自己承担责任可能存在"利益失衡"的"不公平"，模糊地"可以根据实际情况"，是指比较双方的财产，"由当事人分担民事责任"，最终不当地去实现所谓的"分配正义"①。这就是原《民法通则》第132条的"洁手原则"解读路径。

（二）"追随原则"解读路径之确立

笔者曾经特别指出侵权责任分担与侵权责任构成的分立，在侵权责任构成体现矫正正义之外，侵权责任分担制度是在侵权责任和受偿风险以及程序负担等"不利益"领域实现了分配正义。如果辅之以"追随原则"，就能够作出全新的构建：在侵权责任构成制度中免责的情形，如果这一免责的法律效果显得"不尽公平"，立法者就可能设立"公平责任"，以使法律运行的结果更加公平。这就是"追随原则"对公平责任和侵权责任关系的全新解读路径，能够较好地描绘公平责任与侵权责任在我国侵权法上的存在状态：侵权责任是原则，公平责任是例外。更为重要的是这一解读指出了公平责任的存在，都是在免除侵权责任"不尽公平"的情形下的特殊补偿责任，这就为避免公平责任在立法和司法上的滥用建立起了理论框架。即必须为这种"侵权责任例外不完全免责"提供正当性基础，而不必再如"洁手原则"路径，为"公平责任的责任构成"提供正当性基础。

---

①　也有学者认为这体现了公平责任的社会法原理。参见郑晓剑：《侵权归责与"公平分担损失"》，载陈小君主编：《私法研究》（第18卷），法律出版社2015年版。

第四章 我国侵权公平责任体系的变迁、现状与展望

第一节 我国侵权公平责任的范围

一、《民法典》之前关于我国侵权公平责任范围的不同学说

关于我国侵权公平责任的范围，有不同的学说。在《民法通则》时代，较为典型的观点是公平责任以该法第 132 条为核心，适用范围包括第 109 条（见义勇为）、第 128 条（正当防卫）、第 129 条（紧急避险）和第 133 条（监护人责任）。[①]王泽鉴教授则认为包括原《民法通则》第 128 条和第 129 条规定的正当防卫或紧急避险过当之适当责任，第 133 条第 1 款规定的监护人之适当责任和第 132 条规定的双方无过错之公平责任。[②]

---

① 王卫国：《过错责任原则：第三次勃兴》，中国法制出版社 2000 年版，第 295 页。

② 参见王泽鉴：《民法学说与判例研究》（修订版）（第六册），中国政法大学出版社 2005 年版，第 279 页。

原《侵权责任法》通过之后，王利明教授认为，该法第 24 条规定的公平责任，只能适用于法律特别规定的四种情形：(1) 无民事行为能力人或限制民事行为能力人致害（第 32 条）；(2) 完全行为能力人暂时丧失意识或者失去控制（第 33 条）；(3) 紧急避险致人损害（第 31 条）；(4) 高楼抛物致害不能确定侵权人（第 87 条）。① 郭明瑞教授认为，原《侵权责任法》第 31 条、第 33 条、第 87 条是适用公平责任的具体规定；第 32 条第 2 款也可看作公平责任的具体规定，但不是第 24 条规定的具体运用。② 程啸教授认为，公平责任的适用范围除该法第 24 条之外，还包括：(1) 见义勇为中受益人对被侵权人的补偿（第 23 条）；(2) 自然原因引起危险时，紧急避险人对受害人的补偿（第 31 条）；(3) 完全民事行为能力人对自己的行为暂时没有意识或者失去控制造成他人损害无过错的，对受害人的适当补偿（第 33 条）；(4) 高空抛掷物或者坠落物造成损害时，由可能加害的建筑物使用人对受害人的补偿（第 87 条）。③ 周友军教授认为，除该法第 24 条之外，还包括 (1) 紧急避险人的公平责任（第 31 条）；(2) 暂时无责任能力者的公平责任（第 33 条第 1 款）；(3) 高楼坠物抛物致害时的公平责任（第 87 条）；并特别指出，第 23 条见义勇为是基于无因管理制度而承担的责任，不是公平责任。④

也有学者认为，原《侵权责任法》上的公平责任是补偿责任的一种类型，为补偿责任的下位概念。补偿责任包含如下三种类型：第一，公平责任。该法第 24 条是公平责任一般条款，而第 31 条前半段和第 33 条是公平责任的具体类型。第二，该法第 23 条规定的受益人补偿责任。第三，该法第 87 条规定的加害人不明的补偿责任。⑤

二、原《侵权责任法》通过之后公平责任的类型化研究思路

受 1922 年《苏俄民法典》的影响，原《民法通则》也将公平责任上

---

① 王利明：《侵权责任法研究》（上卷），中国人民大学出版社 2010 年版，第 269 页。

② 郭明瑞：《关于公平责任的性质及适用》，《甘肃社会科学》2012 年第 5 期。

③ 程啸：《侵权责任法》，法律出版社 2011 年版，第 152 页。

④ 周友军：《侵权法学》，中国人民大学出版社 2011 年版，第 36 页。

⑤ 王全弟、李挺：《对侵权责任法公平责任的新解读》，《三峡大学学报（人文社会科学版）》2013 年第 6 期。

升为一般条款。[①] 考察新中国民法典起草的历次草案可以发现，从 1955 年新中国开始起草民法典，到 1982 年 5 月 1 日的《中华人民共和国民法草案（第四稿）》，均无任何类似原《民法通则》第 132 条的草案条文，相应位置也并无其他规定。[②] 而我国民法学界在原《民法通则》颁布之前，无任何关于所谓“公平责任”的探讨，而该法颁布之后，学界迅速对此展开了争鸣。[③] 因此有学者感叹，由于原《民法通则》第 132 条的规定的出现，加上概念规范与思维逻辑不严格，故“公平责任”原则之说在民法学界至今甚为流行。[④]

公平是法律的最高原则，诚无疑问，但必须加以具体化，始能作为可适用的法律规范。[⑤] 因此，笔者希望通过参考 20 世纪 80 年代苏联民法理论、原《民法通则》颁布以来的权威文献和各国涉及公平原则的类似立法例，关注最高人民法院的相关司法解释和公报案例，结合原《侵权责任法》，采用类型化的方式，逐一分析学者提到的与“公平原则”相关的条文，再逐项甄别其是否属于“侵权公平责任”。

第二节 与“公平原则”相关的侵权责任规范类型化分析[⑥]

按照相关条文和司法实践中具体情节的实际适用和考量效果，学者提

① 孔祥俊：《论侵权行为的归责原则》，《中国法学》1992 年第 6 期。

② 参见何勤华、李秀清、陈颐编：《新中国民法典草案总览》（上卷）、（下卷），法律出版社 2003 年版。

③ 较早的重要文献包括：石柱华：《试论公平责任原则》，《中南政法学院学报》1987 年第 3 期；蓝承烈：《论公平责任原则》，《学习与探索》1987 年第 3 期；房绍坤、武利中：《公平责任原则质疑》，《法律科学》1988 年第 1 期；刘士国：《论侵权损害的公平责任原则》，《法律科学》1989 年第 2 期；蒋颂平：《“公平责任”原则应是独立的归责原则》，《人民司法》1989 年第 7 期。

④ 米健：《关于“公平”归责原则的思考》，《中外法学》1997 年第 1 期。

⑤ 参见王泽鉴：《民法学说与判例研究》（修订版）（第六册），中国政法大学出版社 2005 年版，281 页。

⑥ 本部分内容，由于《民法典》和原《侵权责任法》的通过，以及本项目研究的深入，笔者此前的部分观点已经发生了一定的变化。原观点参见王竹、郑小敏：《我国侵权法上公平责任的类型化研究》，载《民事审判指导与参考》（2007 年第 4 集），法律出版社 2008 年版。

到的与“公平原则”相关的侵权责任规范可以分为以下六大类13小类。

一、减轻侵权责任类

本类的共同特点是，均应依法承担侵权责任，但根据实际的情况适当减轻赔偿数额。所谓“实际情况”，包括特殊主体、特殊事件和双方经济条件差异及其他特殊情况。

（一）维权过当责任减轻类

所谓维权过当责任，是指为保护自己或者他人利益的行为，由于超过了必要的限度或者采取了不恰当的维权措施，造成了不应有的损失而承担的适当的侵权责任，在立法上体现为防卫过当和避险过当。《民法典》第181条第2款的规定与原《侵权责任法》第30条第2句、原《民法通则》第128条第2句的规定没有本质区别：“正当防卫超过必要的限度，造成不应有的损害的，正当防卫人应当承担适当的民事责任。”《民法典总则编司法解释》（法释〔2022〕6号）第30条对民法上的正当防卫进行了界定：“为了使国家利益、社会公共利益、本人或者他人的人身权利、财产权利以及其他合法权益免受正在进行的不法侵害，而针对实施侵害行为的人采取的制止不法侵害的行为，应当认定为民法典第一百八十一条规定的正当防卫。”《民法典》第182条第3款的规定与原《侵权责任法》第31条第3句、原《民法通则》第129条第3句具有实质等同性：“紧急避险采取措施不当或者超过必要的限度，造成不应有的损害的，紧急避险人应当承担适当的民事责任。”《民法典总则编司法解释》（法释〔2022〕6号）第32条对民法上的紧急避险进行了界定：“为了使国家利益、社会公共利益、本人或者他人的人身权利、财产权利以及其他合法权益免受正在发生的急迫危险，不得已而采取紧急措施的，应当认定为民法典第一百八十二条规定的紧急避险。”

这两类维权过当责任的性质是侵权责任，但不能适用侵权责任的完全赔偿原则，而应该作一定的减轻，因此立法者使用了“承担适当的民事责任”的用语。究其原因，在于如果对维权过当责任苛加完全赔偿的侵权责任，可能会使维权行为人产生维权过当的疑虑，进而阻却正当的维权行为。《民法典总则编司法解释》（法释〔2022〕6号）第31条第1款规定：“对于正当防卫是否超过必要的限度，人民法院应当综合不法侵害的性质、手段、强度、危害程度和防卫的时机、手段、强度、损害后果等因素判断。”第 33 条第 1 款规定：“对于紧急避险是否采取措施不当或者超过必要的限度，人民法院应当综合危险的性质、急迫程度、避险行为所保护的权益以及造成的损害后果等因素判断。”为了保护民事权利，鼓励行为人实施维权行为，立法者作出了这种减轻维权过当责任的立法选择，是符合公平原则的。

《民法典》第 182 条第 2 款与原《侵权责任法》第 31 条第 2 句、原《民法通则》第 129 条第 2 句并无本质区别：“危险由自然原因引起的，紧急避险人不承担民事责任，可以给予适当补偿。”原《民通意见》第 156 条对避险过当补偿责任作出规定：“因紧急避险造成他人损失的，如果险情是由自然原因引起，行为人采取的措施又无不当，则行为人不承担民事责任。受害人要求补偿的，可以责令受益人适当补偿。”参考该规定，在紧急避险造成损害，危险是由自然原因引起的情形中，避险人不赔偿是原则，但如果受害人要求补偿，可以根据受益人因该避险行为而避免的损失，即获益，进行一定的补偿。《民法典》第 182 条第 2 款追求在客观上不损害受益人利益的情形下，部分补偿受害人的损害，以更大限度地实现公平。但需要指出的是，该条文的表述实质上让更加无辜的受害人原则上承担了全部的损失，例外由紧急避险人进行补偿，实际上是不尽公平的。更为合理的损失分担方式应当是原则上紧急避险人承担损害赔偿责任，但可以适当减轻。另外，有学者曾建议：“正当防卫往往会受到一定损害，加害人对此损害固然要承担责任，但有时加害人无力承担民事赔偿责任，那么，因正当防卫受益的他人可以给予一定的补偿。”① 笔者也曾提出类似建议②，但《民法典》未能采纳，建议未来最高人民法院通过司法解释予以明确。

《民法典》第 1177 条第 1 款对自助行为进行了规定：“合法权益受到侵害，情况紧迫且不能及时获得国家机关保护，不立即采取措施将使其合法权益受到难以弥补的损害的，受害人可以在保护自己合法权益的必要范围内采取扣留侵权人的财物等合理措施；但是，应当立即请求有关国家机关处理。”但该条第 2 款对自助过当却没有规定为补偿责任，而是侵权责任：“受害人采取的措施不当造成他人损害的，应当承担侵权责任。”就此

① 刘春茂主编：《民法学》，中国人民公安大学出版社 1992 年版，第 670 页。

② 参见王竹、郑小敏：《我国侵权法上公平责任的类型化研究》，载《民事审判指导与参考》（2007 年第 4 集），法律出版社 2008 年版。

问题，建议未来最高人民法院通过司法解释予以修正，或者对“采取的措施不当”进行严格适用限制。

（二）酌定减轻责任类

在我国司法实践中酌定减轻责任主要适用于双方经济条件差异较大的情形，一般体现为致害人经济贫困而受害人经济条件优越。这是在寻求一种侵权法立法目的实现和公共政策贯彻的平衡，既符合朴素的公平意识，也显然受到了苏联民法思想的影响。按照 1964 年《苏俄民法典》第 458 条第 2 款的规定，法院可以根据造成损害的公民的财产状况，减少其赔偿损失的数额。苏联民法理论上，主要考虑因素包括公民的工资和其他劳动收入、拥有的财产、家庭成员的多寡和扶养人数等。在确定损害数额时候，特别强调不应该考虑受害人的财产状况，不准许把致害人的财产状况与受害人的财产状况加以比较。[①] 容易被忽略的是，尽管我国侵权法上长期缺乏损害赔偿生计酌减的一般性规定，但原《民通意见》第 44 条规定的“两户”债务承担的生计酌减制度，实际上可以适用于侵权责任纠纷：“个体工商户、农村承包经营户的债务，如以其家庭共有财产承担责任时，应当保留家庭成员的生活必需品和必要的生产工具。”而《民事诉讼法》上也有相应的生计酌减的一般性程序保障，第 250 条第 1 款规定：“被执行人未按执行通知履行法律文书确定的义务，人民法院有权扣留、提取被执行人应当履行义务部分的收入。但应当保留被执行人及其所扶养家属的生活必需费用。”第 251 条第 1 款规定：“被执行人未按执行通知履行法律文书确定的义务，人民法院有权查封、扣押、冻结、拍卖、变卖被执行人应当履行义务部分的财产。但应当保留被执行人及其所扶养家属的生活必需品。”

除考虑双方经济条件之外，在一些案件中，按照具体条文规定的构成要件，加害人或对损害负有赔偿义务的人应当完全赔偿受害人的损失，但是这样的结果可能又是不公平或者违反公序良俗的。在这样的情况下应当考虑通过公平原则和公序良俗原则的适用来减少赔偿数额。[②] 学者普遍建

---

① 参见［苏］B. П. 格里巴诺夫、C. M. 科尔涅耶夫主编：《苏联民法》（下册），中国社会科学院法学研究所民法经济法研究室译，法律出版社 1986 年版，第 412－413 页。

② 张新宝：《〈中国民法典·侵权行为法编草案建议稿〉理由概说》，载张新宝：《法路心语》，法律出版社 2003 年版。

议，在好意同乘发生交通事故的情形，如果免费乘车人以侵权责任请求赔偿，可以根据实际情况适当减轻赔偿责任。[①]《民法典》第 1217 条采纳了学者的建议："非营运机动车发生交通事故造成无偿搭乘人损害，属于该机动车一方责任的，应当减轻其赔偿责任，但是机动车使用人有故意或者重大过失的除外。"

二、加重侵权责任类

本类与第一大类的共同特点是应当承担侵权责任，但根据实际情况是加重而非减轻赔偿责任，包括以下两小类。

（一）以借用之名侵占他人财物类

原《民通意见》第 126 条规定："借用实物的，出借人要求归还原物或者同等数量、质量的实物，应当予以支持；如果确实无法归还实物的，可以按照或者适当高于归还时市场零售价格折价给付。"从适用该规定的公报案例"胡震波诉叶润忠返还财物（邮票）纠纷案"[②] 和当时另一类似案例"苏维埃旗球图面值三分邮票案"[③]，以及当时学者的评论[④]可以看出，该条并非惩罚性赔偿条款，而是考虑被侵占财物可能有升值空间，为避免侵占人不当得利，维护公平之特殊规定。这一规定在苏联民法上亦有类似理论，如盗窃集体农庄和国营农场所属的牛、猪、绵羊、山羊而有过错的人，应当赔偿被盗窃的牲畜价值一倍半的损失；对林业经济造成损失的赔偿责任十倍于对齐根砍伐的木材现行费率。[⑤]

（二）精神损害赔偿类

原《侵权责任法》第 22 条规定："侵害他人人身权益，造成他人严重

① 参见王利明：《侵权行为法归责原则研究》，中国政法大学出版社 2003 年版，第 120 页。

② 参见《最高人民法院关于胡震波诉叶润忠返还财物（邮票）纠纷应如何处理问题的函复》（1992 年 4 月 8 日〔1992〕民他字第 12 号）。

③ 参见邓海鹰：《这起邮票纠纷案该如何处理》，《法律适用》1994 年第 12 期。

④ 参见刘邦琰、郭斌：《如何确定该枚邮票的赔偿价额》，《人民司法》1993 年第 1 期；尹鲁先、褚兢：《国家名片索赔记：全国首例珍稀邮票赔偿案审判纪实》，《人民司法》1993 年第 4 期。

⑤ ［苏］В. П. 格里巴诺夫、С. М. 科尔涅耶夫主编：《苏联民法》（下册），中国社会科学院法学研究所民法经济法研究室译，法律出版社 1986 年版，第 412 页。

精神损害的，被侵权人可以请求精神损害赔偿。”《民法典》第 1183 条第 1 款延续了原《侵权责任法》的规定：“侵害自然人人身权益造成严重精神损害的，被侵权人有权请求精神损害赔偿。”第 2 款新增规则中也保持了一致的“严重”精神损害要求：“因故意或者重大过失侵害自然人具有人身意义的特定物造成严重精神损害的，被侵权人有权请求精神损害赔偿。”《民法典》第 998 条规定：“认定行为人承担侵害除生命权、身体权和健康权外的人格权的民事责任，应当考虑行为人和受害人的职业、影响范围、过错程度，以及行为的目的、方式、后果等因素。”《精神损害赔偿司法解释》（法释〔2020〕17 号）第 5 条规定：“精神损害的赔偿数额根据以下因素确定：（一）侵权人的过错程度，但是法律另有规定的除外；（二）侵权行为的目的、方式、场合等具体情节；（三）侵权行为所造成的后果；（四）侵权人的获利情况；（五）侵权人承担责任的经济能力；（六）受理诉讼法院所在地的平均生活水平。”该条文仅考虑侵权人方面的具体情况，而不比较考虑侵权人和致害人双方的经济状况，显示出一种适当加重侵权人责任的立法意图。

三、特殊主体责任减轻类

本类责任以监护人责任为典型，适用于被监护人致害和无过错暂时失去行为控制时致害两类特殊情形。

（一）监护人侵权公平责任类

原《侵权责任法》第 32 条第 1 款规定：“无民事行为能力人、限制民事行为能力人造成他人损害的，由监护人承担侵权责任。监护人尽到监护责任的，可以减轻其侵权责任。”该条在文字上较之原《民法通则》有实质意义上的改动是将“可以适当减轻”的“适当”两字删除，这样的修改应该理解为对减轻额度的进一步放宽，而没有改变其基本规则。《民法典》第 1188 条第 1 款则将监护“责任”修正为监护“职责”。原《侵权责任法》第 32 条由于立法者通过体系位置的调整有意使其不再限制该法第 24 条的适用范围，因而成为独立的特殊主体责任减轻规则，在《民法典》第 1188 条的体系定位上也应该作延续性解读。

此责任减轻规则为比较法上的立法通例，如《德国民法典》第 829 条、《意大利民法典》第 2047 条和我国台湾地区“民法”第 187 条等均有类似规定。鉴于原《侵权责任法》第 32 条没有实质改变原《民法通则》

第133条的规则，原《民通意见》对此特殊主体责任减轻类规则规定的3种情形仍然可以参考适用：其一，特殊单位过失未尽监护义务。[①] 原《民通意见》第160条规定："在幼儿园、学校生活、学习的无民事行为能力人或者在精神病院治疗的精神病人，受到伤害或者给他人造成损害，单位有过错的，可以责令这些单位适当给予赔偿。"该条司法解释的本旨是由于这些单位对这些无民事行为能力人负有一定的监护性质的职责，因此，可视情况决定这些单位适当地承担赔偿责任。[②] 笔者认为，该条对于敬老院的高龄监护问题，也可以类推适用。其二，特殊主体被教唆、帮助致害。原《民通意见》第148条第2款规定："教唆、帮助无民事行为能力人实施侵权行为的人，为侵权人，应当承担民事责任。"第3款规定："教唆、帮助限制民事行为能力人实施侵权行为的人，为共同侵权人，应当承担主要民事责任。"这种分类设计体现出区别保护无民事行为能力人和限制民事行为能力人的立法意图，但未区别教唆和帮助行为的不同性质及后果，对帮助人分配了过多的责任，值得进一步细化。[③] 其三，监护人离异后未成年子女致害。原《民通意见》第158条规定："夫妻离婚后，未成年子女侵害他人权益的，同该子女共同生活的一方应当承担民事责任；如果独立承担民事责任确有困难的，可以责令未与该子女共同生活的一方共同承担民事责任。"通过引入未与子女共同生活的一方来减轻同子女共同生活一方的责任，而同时让前者承担一定责任，实际上仍然是公平原则的适用。另外，《最高人民法院民事审判庭关于监护责任两个问题的电话答复》（1990年5月4日）中规定："监护人确实不知被监护人患有精神病的，可根据具体情况，参照《民法通则》第一百三十三条规定精神，适当减轻民事责任。"这也属于特殊主体责任减轻类公平责任。

（二）无过错暂时失去行为控制时致害公平补偿责任类

原《侵权责任法》第33条第1款规定："完全民事行为能力人对自己的行为暂时没有意识或者失去控制造成他人损害有过错的，应当承担侵权

---

① 根据教育部《学生伤害事故处理办法》的规定，学校对学生承担的是"教育、管理和保护义务"而非"监护义务"，但原《民法通则》制定时学界通说采"监护义务说"。

② 参见马原主编：《中国民法教程》，人民法院出版社1989年版，第324－325页。

③ 参见杨立新：《类型侵权行为法研究》，人民法院出版社2006年版，第620页。

责任；没有过错的，根据行为人的经济状况对受害人适当补偿。”《民法典》第1190条第1款延续了该规定。该款后段规定的补偿责任，应该认定为无过错暂时失去行为控制时致害公平补偿责任，系参考我国台湾地区“民法”第187条第4款立法例，准用监护人责任中的公平责任。完全民事行为能力人在暂时没有意识的情形下，丧失的是行为人的“识别能力”，实际上就是暂时失去了民事行为能力，只是法律并未为其指定监护人。而完全民事行为能力人暂时失去控制，此时仍然保有识别能力，只是失去了对自己身体的控制而无法贯彻自己的意志。如果这种失去对行为的控制并非出于其过错，那么就可以比照监护人责任适用侵权公平责任。

四、双方无过错补偿类

本大类不同于前三大类的特点在于，依法不应当承担侵权责任，且不以存在受益人为前提，在双方均无过错的情况下，可能根据法律规定进行补偿。学者的批评实际上主要针对本大类，包括以下两小类。

（一）双方均无过错类

该类即原《民法通则》第132条和原《侵权责任法》第24条的规定。对于原《民法通则》第132条的适用范围，有3种理解：其一，适用于“除了列举性无过错责任之外，仍然存在的双方无过错而致害的情况”。其理由是对于这种损害，由受害人承担全部责任，与民法的本质和社会公平的目标不相符。① 其二，适用范围应当限制在当事人双方均无过错，并且不属于过错责任原则、过错推定原则和无过错责任原则调整的那一部分侵权损害赔偿法律关系。② 其三，只适用于过错责任的案件而不适用于无过错责任的案件。因为在无过错责任案件中，如果符合其他构成要件的要求，根本不考虑加害人是否有过错，均应承担相应的责任。③ 上述理解有一定分歧，但均可以认为是对原《民法通则》第132条适用范围的限制。

如前所述，原《民法通则》第132条源于苏联民法。从文字上看，它

① 王利明主编：《民法·侵权行为法》，中国人民大学出版社1993年版，第579页。

② 杨立新：《新类型侵权行为的责任形态及其规则——对最高人民法院有关人身损害赔偿的司法解释的解读》，《政法学刊》2005年第3期。

③ 参见梁慧星主编：《中国民法典草案建议稿附理由·侵权行为编/继承编》，法律出版社2004年版，第128页。

比1922年《苏俄民法典》第406条的规定更为广泛，一方面没有限定任何适用的范围，另一方面它将后者的“财产状况”扩大为“实际状况”，以致后者原来作为特殊情况予以规定的，在此成了非常一般的规定，这一发展可谓质的变化。[①] 通说对“根据实际情况”的解释是，主要考虑受害人的损害程度和当事人的经济状况，其他还需要综合考虑的因素还有社会的舆论和同情等，在处理案件时应注意调解。[②] 实质上，不应当承担侵权责任的伤害事故当事人之间的人道主义补偿，被法院适用该条上升为法律赔偿义务。这是用道德上的要求取代法律上的请求，混淆了法律义务和道德义务间的重要区别。[③] 该条的适用标准极不明确，即使有学者试图提出“公平责任原则适用中的三次基本判断”[④]，实际上也难以保证公平责任的广泛适用不会威胁到过错责任原则和危险责任原则的安全价值[⑤]，面临当年德国和苏俄民法典起草者同样的疑虑。从实际效果看，公平责任承担的是保险和社会保障制度的任务。[⑥]

（二）堆放物品倒塌致损类

原《民通意见》第155条规定：“因堆放物品倒塌造成他人损害的，如果当事人均无过错，应当根据公平原则酌情处理。”该条适用的是原《民法通则》第4条规定的“公平原则”而非第132条规定的“公平责任”，因此不能认为该条是后者的具体化，而是责任承担的单独类型。由于原《民通意见》第155条规定本身的理由就不清晰，堆放物品倒塌致害也无任何不同于《人身损害赔偿司法解释》（法释〔2003〕20号）第16条规定适用原《民法通则》第126条规定的其他情形[⑦]，原《侵权责任法》第88条将其修正为过错推定责任：“堆放物倒塌造成他人损害，堆放人不能证明自己没有过错的，应当承担侵权责任。”有意思的是，由于当

① 米健：《关于“公平”归责原则的思考》，《中外法学》1997年第1期。

② 杨立新：《侵权法论》（第三版），人民法院出版社2005年版，第582－584页。

③ 参见陈龙江：《对我国民法上的“公平责任”的质疑》，《海南大学学报（人文社会科学版）》2005年第4期。

④ 参见王毓莹、向国慧：《论公平责任原则的限制适用——公平责任原则的公平危机及其防范》，《法律适用》2004年第9期。

⑤ 孔祥俊：《论侵权行为的归责原则》，《中国法学》1992年第6期。

⑥ 参见翟羽艳、吕秀军：《公平责任三论》，《求是学刊》2000年第2期。

⑦ 参见马原主编：《中国民法教程》，人民法院出版社1989年版，第321页。

时原《民通意见》第 155 条仍然有效，如果堆放人能够证明自己没有过错，而受害人也没有过错，则仍然存在其适用的空间，这显然不符合原《侵权责任法》第 88 条修正这一规则的本旨。《最高人民法院关于废止部分司法解释及相关规范性文件的决定》（法释〔2020〕16 号）废止了原《民通意见》，也最终解决了这一问题。

五、优者负担补偿公平责任类

本类补偿责任是基于优者负担的原理，适用于机动车交通事故中的机动车优者危险负担情形和高空抛物坠物情形中建筑物区分使用人的信息优位负担情形。

（一）机动车交通事故优者危险负担补偿责任类

《道路交通安全法》第 76 条结构较为复杂，其中第 1 款第 2 项规定："机动车发生交通事故造成人身伤亡、财产损失的，由保险公司在机动车第三者责任强制保险责任限额范围内予以赔偿；不足的部分，按照下列规定承担赔偿责任：……（二）机动车与非机动车驾驶人、行人之间发生交通事故，非机动车驾驶人、行人没有过错的，由机动车一方承担赔偿责任；有证据证明非机动车驾驶人、行人有过错的，根据过错程度适当减轻机动车一方的赔偿责任；机动车一方没有过错的，承担不超过百分之十的赔偿责任。"该项条文第 3 段规定的"机动车一方没有过错的，承担不超过百分之十的赔偿责任"，是机动车交通事故优者危险负担补偿责任，是一种特殊的侵权公平责任。①

（二）高空抛物坠物致害道义补偿责任类

原《侵权责任法》第 87 条规定："从建筑物中抛掷物品或者从建筑物上坠落的物品造成他人损害，难以确定具体侵权人的，除能够证明自己不是侵权人的外，由可能加害的建筑物使用人给予补偿。"笔者认为，该条应该被定性为来源不明高空抛物坠物致害道义补偿责任。该条规定的"建筑物"是指三层以上区分所有的高层建筑物，且区分所有单元具有一定的开放性。建筑物区分使用人负有作为道德义务的"高空抛物坠物来源消极说明义务"，违反该义务的"可能的建筑物使用人"承担的是补充性道义

① 参见姚宝华、王竹：《道路交通安全法第七十六条第一款第（二）项的解读与适用》，《人民司法》2008 年第 15 期。

补偿责任，在责任构成的结构上类似来源不明产品的销售者责任，在责任分担的结构上类似补充责任。建筑物区分使用人可以通过证明抛掷、坠落物品不可能源于其使用的区分所有单元来免除补偿责任。[①] 《民法典》第1254条第1款未作文字调整地包含了原《侵权责任法》第87条（下划线部分）全部内容："禁止从建筑物中抛掷物品。从建筑物中抛掷物品或者从建筑物上坠落的物品造成他人损害的，由侵权人依法承担侵权责任；经调查难以确定具体侵权人的，除能够证明自己不是侵权人的外，由可能加害的建筑物使用人给予补偿。可能加害的建筑物使用人补偿后，有权向侵权人追偿。"

六、受益人补偿类

本大类包括三个小类，均是法律明文规定的伤害事故第三方受益人对受害人的补偿。需要特别强调的是，此类受益乃是因受害人的特殊行为使受益人获益或者避免损失，与同一侵权行为在造成损失的同时，又使受害人受有利益的损益相抵法理不同，不能混淆。

（一）为对方利益或共同利益进行活动受损类

原《民通意见》第157条规定："当事人对造成损害均无过错，但一方是在为对方的利益或者共同的利益进行活动的过程中受到损害的，可以责令对方或者受益人给予一定的经济补偿。"一般认为，该条司法解释是对公平责任原则的一种具体情况的解释，针对的是帮工、换工等一方在为对方的利益或共同的利益进行活动时的损害，如何适用公平责任进行处理。[②] 但最高人民法院公报案例"李萍、龚念诉五月花公司人身伤害赔偿纠纷案"[③] 没有引用原《民法通则》第132条，而直接适用了原《民通意见》第157条，使得笔者不得不重新审视，这是否可以单独作为一种公平责任类型。不过在同年的另一最高人民法院公报案例"李彬诉陆仙芹、陆

① 王竹：《来源不明抛掷、坠落物品致害建筑物区分使用人道义补偿责任研究》，载梁慧星主编：《民商法论丛》（第59卷），法律出版社2015年版。

② 杨立新：《侵权法论》（第三版），人民法院出版社2005年版，第583页。

③ 《李萍、龚念诉五月花公司人身伤害赔偿纠纷案》，《最高人民法院公报》2002年第2期。

选凤、朱海泉人身损害赔偿纠纷案”① 中，法院并未适用原《民通意见》第157条。对比两案可以发现，两案案情并无实质差异影响该条的适用。可见，该类型公平责任的适用条件，仍有待澄清。

（二）见义勇为受损类

原《民法通则》第109条规定：“因防止、制止国家的、集体的财产或者他人的财产、人身遭受侵害而使自己受到损害的，由侵害人承担赔偿责任，受益人也可以给予适当的补偿。”原《民通意见》第142条进一步解释：“为了维护国家、集体或者他人合法权益而使自己受到损害，在侵害人无力赔偿或者没有侵害人的情况下，如果受害人提出请求的，人民法院可以根据受益人受益的多少及其经济状况，责令受益人给予适当补偿。”《人身损害赔偿司法解释》（法释〔2003〕20号）第15条继续确认：“为维护国家、集体或者他人的合法权益而使自己受到人身损害，因没有侵权人、不能确定侵权人或者侵权人没有赔偿能力，赔偿权利人请求受益人在受益范围内予以适当补偿的，人民法院应予支持。”这些规定均来源于1964年《苏俄民法典》第四十一章规定的“抢救社会主义财产而发生的债”。原《侵权责任法》综合了上述条文，在第23条规定了完整的见义勇为人受损受益人补偿责任条款：“因防止、制止他人民事权益被侵害而使自己受到损害的，由侵权人承担责任。侵权人逃逸或者无力承担责任，被侵权人请求补偿的，受益人应当给予适当补偿。”《民法典》第183条完善了该规定：“因保护他人民事权益使自己受到损害的，由侵权人承担民事责任，受益人可以给予适当补偿。没有侵权人、侵权人逃逸或者无力承担民事责任，受害人请求补偿的，受益人应当给予适当补偿。”从《民法典》第183条与第1186条公平责任一般条款的相对位置和体系定位看，二者应被视为并列的公平责任类型。

（三）义务帮工受损类

《人身损害赔偿司法解释》（法释〔2022〕14号）第5条第1款规定：“无偿提供劳务的帮工人因帮工活动遭受人身损害的，根据帮工人和被帮工人各自的过错承担相应的责任；被帮工人明确拒绝帮工的，被帮工人不承担赔偿责任，但可以在受益范围内予以适当补偿。”第2款规定：“帮工

① 《李彬诉陆仙芹、陆选凤、朱海泉人身损害赔偿纠纷案》，《最高人民法院公报》2002年第4期。

人在帮工活动中因第三人的行为遭受人身损害的，有权请求第三人承担赔偿责任，也有权请求被帮工人予以适当补偿。被帮工人补偿后，可以向第三人追偿。”这是一种实践中出现的受益人补偿公平责任类型，有助于平衡义务帮工人与被帮工人之间在分担意外伤害事故中的权益，可以缓冲因不适用雇主责任带来的帮工人人身保护不足问题。

七、我国侵权法上公平责任的二分法思路

侵权公平责任以原《民法通则》第 4 条规定的“公平”为原则，因此在逻辑上并不先天地内生于侵权责任。上文的分析恰恰说明，部分“公平责任”条款的适用以不成立侵权责任为前提。① 我国侵权法上的公平责任应该区分为侵权责任公平和侵权公平责任。侵权责任公平包括上文第一大类“减轻侵权责任类”与第二大类“加重侵权责任类”，二者的共同点是侵权责任的公平调整，前者是减轻责任，后者是加重责任。我国侵权法以全部赔偿为原则，侵权行为不因过错程度加重增加赔偿数额，实质上是等额填补损害。这两类责任规则在侵权法上的适用，恰恰就是先以责任成立的全部赔偿为原则，再考虑案件的特殊情节，对赔偿数额进行微调，这不同于《民法典》第 1173 条所规定的被侵权人过错的适用情形。

而侵权公平责任包括了上文第三大类“特殊主体责任减轻类”、第四大类“双方无过错补偿类”、第五大类“优者负担补偿公平责任类”和第六大类“受益人补偿类”，这四类规则的共同点是行为人本不应该承担侵权责任，但如果完全免除责任对于受损人一方不尽公平，法律例外地规定对人身损害予以补偿，参与损害的分担。这一结论也可以从《民法典》第 1186 条使用的是“受害人”而不是“被侵权人”得到印证。②

第三节　以原《民法通则》为背景的侵权公平责任体系

原《民法通则》上的公平责任，实际上包括以第 132 条为核心建立起

① 刘春茂主编：《民法学》，中国人民公安大学出版社 1992 年版，第 664－670 页。

② 参见王竹：《〈侵权责任法〉侵权责任分担立法体例与规则评析》，《法学杂志》2010 年第 3 期。

的“无过错受害人”补偿责任体系和以第 109 条为核心确立的“见义勇为人”受害补偿责任体系。

一、以原《民法通则》第 132 条为核心建立的“无过错受害人”补偿责任体系

原《民法通则》第 132 条规定：“当事人对造成损害都没有过错的，可以根据实际情况，由当事人分担民事责任。”这一规定有如下特点：

第一，宽泛的“当事人”表述，实际上包含了以侵权责任为设计原型的“行为人—受害人”结构之外的其他当事人类型，最典型的就是原《民通意见》第 157 条规定的“一方是在为对方的利益或者共同的利益进行活动”的类型，这说明原《民法通则》第 132 条规定的是关于侵权产生的民事责任，但其责任结构并非局限于“行为人—受害人”这一种类型。[①]

第二，“对造成损害都没有过错”对双方规定的是不同的“没有过错”的条件。原《民法通则》第 131 条规定的“受害人对于损害的发生也有过错的，可以减轻侵害人的民事责任”中的“也”与原《民法通则》第 132 条中的“都”有异曲同工之妙。“都”应该理解为法律要求法院对侵权人一方的过错进行判断，即该侵权行为类型必须是以过错为基础的侵权责任，排除了无过错责任的适用可能。而对受害人一方没有过错的要求，是一种较高的主观要求。

第三，原《民法通则》在第 132 条之后附上了第 133 条，形成了“一般条款与特别列举”的结构。由于该法第 132 条对行为人一方规定的“没有过错”不是责任承担的正当性基础，这实际上是授权法官作出进一步解释的司法裁量空间。当时的立法者参考比较法上的通行规则，规定了一种最为典型的适用类型，就是被监护人致害，再经过中国化地改造，作为公平责任的适用类型。这就为其扩展适用预留了体系化解释的可能性。

---

① 有学者认为：“公平责任原则是指在双方当事人对于‘违反合同’或者侵权致人损害的发生均无过错，法律又无负责或者免责的特别规定时，应当根据实际情况，由双方公平、合理地分担损失的责任。”参见蓝承烈：《民法专题研究与应用》，群众出版社 2002 年版，第 278 页。这种将违约责任纳入的观点似乎过于宽泛了，也不符合原《民法通则》第 132 条规定在“侵权的民事责任”一节的体系定位。

二、以原《民法通则》第 109 条为核心确立的“见义勇为人”受害补偿责任

原《民法通则》第 109 条关于“见义勇为”的规定一直颇有争议：“因防止、制止国家的、集体的财产或者他人的财产、人身遭受侵害而使自己受到损害的，由侵害人承担赔偿责任，受益人也可以给予适当的补偿。”主要原因是不少学者认为该规则的调整对象本应该适用原《民法通则》第 93 条关于“无因管理”的规定：“没有法定的或者约定的义务，为避免他人利益受损失进行管理或者服务的，有权要求受益人偿付由此而支付的必要费用。”并认为这样能够更充分地为见义勇为者提供救济。但从原《民通意见》第 142 条的“为维护国家、集体或者他人合法权益而使自己受到损害，在侵害人无力赔偿或者没有侵害人的情况下，如果受害人提出请求的，人民法院可以根据受益人受益的多少及其经济状况，责令受益人给予适当补偿”的规定来看，至少在当时最高人民法院并不认为二者有太多的联系。这一方面可能是因为当时我国的无因管理制度无论在理论上还是在实务上均不发达，另一方面是因为对“为避免他人利益受损失进行管理或者服务的”文义解释似乎也难以包括见义勇为的行为。再加上该条文特有的社会主义源流以及苏联民法上对无因管理作为债的发生原因的否定①，最终造成了见义勇为和无因管理分立的局面。

《人身损害赔偿司法解释》（法释〔2003〕20 号）第 15 条继续坚持了见义勇为补偿责任的独立性：“为维护国家、集体或者他人的合法权益而使自己受到人身损害，因没有侵权人、不能确定侵权人或者侵权人没有赔偿能力，赔偿权利人请求受益人在受益范围内予以适当补偿的，人民法院应予支持。”随着《民事案件案由规定》（法发〔2008〕11 号）新设“127、见义勇为人受害赔偿、补偿纠纷”这一案由，以及修改后的《民事案件案由规定》（法〔2011〕42 号）继续规定“358、见义勇为人受害责任纠纷”，见义勇为人受害责任已经独立为新的“受益人—受害人”责任类型，并出现了与其他“受益人—受害人”责任类型进行新的理论整合的

---

① 《苏联民事立法纲要》第 33 条“债和债的履行”第 2 款规定：“债由于合同和本纲要第 4 条规定的其他根据而发生。”该纲要第 4 条未将无因管理纳入“民事权利和民事义务发生的根据”。参见中国科学院法学研究所译：《苏联民法纲要和民事诉讼纲要》，法律出版社 1963 年版，第 5、17 页。

契机。

可见，以原《民法通则》第109条为核心确立的“见义勇为人”受害补偿责任以同一路径借鉴了苏联东欧的民法学说，建立起独立于无因管理理论之外的“见义勇为人”受害补偿责任，且通过原《民通意见》和《人身损害赔偿司法解释》(法释〔2003〕20号）以及历次修改的《民事案件案由规定》对其独立地位予以不断明确。

第四节　以原《侵权责任法》为背景的侵权公平责任体系

一、原《侵权责任法》上的公平责任体系变迁效应

原《侵权责任法》对以原《民法通则》为核心建立起来的公平责任体系产生了明显的体系变迁效应，主要体现在如下方面。

(一) 原《侵权责任法》第24条公平责任一般条款在表述上的变化

原《民法通则》第132条规定：“当事人对造成损害都没有过错的，可以根据实际情况，由当事人分担民事责任。”原《侵权责任法》第24条规定：“受害人和行为人对损害的发生都没有过错的，可以根据实际情况，由双方分担损失。”这体现出立法者接受了原《民法通则》第132条所称的“分担民事责任”是在损失分担的意义上使用责任一词的观点。[①] 除了措辞的变化，还有如下变化细节：

第一，从“当事人”到“受害人和行为人”。原《侵权责任法》第24条最大的变化，就是将“当事人”修改为“受害人和行为人”，立法者在主观意愿上是为了避免不当扩大“当事人”的范围以限制公平责任的适用范围，主要是为了限制原《民法通则》第132条包含的“受益人—受害人”模式，即排除原《民通意见》第157条的适用。但这也使得一些法院在希望适用原《民通意见》第157条的情形，故意绕开原《侵权责任法》第24条继续适用原《民法通则》第132条。

第二，保留了“都没有过错的”的表述。原《侵权责任法》第24条

① 张广兴：《债法总论》，法律出版社1997年版，第286页。

保留了“都没有过错的”的表述，这是对公平责任特殊性的重要保障。

第三，条文定位从一般条款到兜底条款。由于原《侵权责任法》第33条第1款对“暂时没有意识或者失去控制致害责任”进行了明文规定，实际上掏空了原《民法通则》第132条的原有主要案件类型，使得原《侵权责任法》第24条实际上从一般条款变为了兜底条款。在立法者的适用意图上，体现为一般条款原则上只要符合“当事人对造成损害都没有过错的”情形，就“可以根据实际情况，由当事人分担民事责任”；而作为兜底条款，即使符合“受害人和行为人对损害的发生都没有过错的”情形，也是在例外情况下“可以根据实际情况，由双方分担损失”，其适用的取向是限缩性的。

（二）原《侵权责任法》第32条的内容和体例变化

原《民法通则》第133条第1款规定：“无民事行为能力人、限制民事行为能力人造成他人损害的，由监护人承担民事责任。监护人尽了监护责任的，可以适当减轻他的民事责任。”原《侵权责任法》第32条第1款规定：“无民事行为能力人、限制民事行为能力人造成他人损害的，由监护人承担侵权责任。监护人尽到监护责任的，可以减轻其侵权责任。”尽管删除了减轻监护人侵权责任的“适当”限制，但规则上并无本质差别。原《民法通则》第133条第2款规定：“有财产的无民事行为能力人、限制民事行为能力人造成他人损害的，从本人财产中支付赔偿费用。不足部分，由监护人适当赔偿，但单位担任监护人的除外。”经最高人民法院向全国人大常委会法工委民法室确认，“但单位担任监护人的除外”的立法原意是单位不承担赔偿责任。① 这一免除机构监护人责任的规则并无正当性，因此原《侵权责任法》第32条第2款删除了这一但书规则：“有财产的无民事行为能力人、限制民事行为能力人造成他人损害的，从本人财产中支付赔偿费用。不足部分，由监护人赔偿。”同时也删除了监护人赔偿责任的“适当”限制。

原《侵权责任法》第32条带来的最为重要的变化，主要体现在体例安排上。在原《民法通则》的体系下，第133条受到第132条公平责任一般条款的限制，最为重要的就是在理论上认为受到“双方均无过错”的限

① 参见《最高人民法院民事审判庭关于单位担任监护人是否承担赔偿责任的电话答复》（1989年8月30日〔89〕法民字第23号）。

制。在原《侵权责任法》的体系下，公平责任一般条款第 24 条规定在第二章“责任构成和责任方式”中，第 32 条规定在第四章“关于责任主体的特殊规定”中，回到了将被监护人致害责任作为第一种特殊侵权责任进行列举的我国民事立法传统。这一方面摆脱了公平责任一般条款“双方均无过错”的限制，另一方面也和第 33 条一起保持了与传统大陆法系，尤其是德国法的公平责任适用范围的大体一致。

（三）原《侵权责任法》第 88 条实质上取消了堆放物品倒塌侵权公平责任

原《民通意见》第 155 条的规定较为特殊：“因堆放物品倒塌造成他人损害的，如果当事人均无过错，应当根据公平原则酌情处理。”从原《民通意见》的结构看，第 154 条是关于高度危险责任的规定，对应原《民法通则》第 123 条，第 156 条是关于紧急避险的规定，对应原《民法通则》第 129 条，那么第 155 条的解释对象应该是原《民法通则》第 123 条到第 129 条中的一条。从立法史看，该条实际上与原《民法通则》第 125 条具有同源性：“在公共场所、道旁或者通道上挖坑、修缮安装地下设施等，没有设置明显标志和采取安全措施造成他人损害的，施工人应当承担民事责任。”《中华人民共和国民法草案（征求意见稿）》（1980 年 8 月 15 日）第 462 条规定：“在公共场所、道旁和通道上堆放物品或者挖坑凿洞，修缮、安装地下设施，没有设置明显标志和采取安全措施，造成人身、财产损害的，堆放人或施工单位应当承担民事责任。”随后的《中华人民共和国民法草案（征求意见二稿）》（1981 年 4 月 10 日）第 358 条、《中华人民共和国民法草案（第三稿）》（1981 年 7 月 31 日）第 482 条和《中华人民共和国民法草案（第四稿）》（1982 年 5 月 1 日）第 438 条均采用了类似的立法体例。①

因此，原《民通意见》第 155 条只是因为原《民法通则》没有将堆放物致害责任规定为过错推定责任而是适用过错责任，当时的司法解释总体较为保守因而未主动确定新的过错推定责任类型，而对于实务中出现的“当事人均无过错”情形，最高司法机关规定为“根据公平原则酌情处

① 何勤华、李秀清、陈颐编：《新中国民法典草案总览》（下卷），法律出版社 2003 年版，第 430、484、556、618 页。

理”，也就被“误打误撞”地归入了“公平责任”的体系。① 之后的司法实务和理论研究中逐渐发现，这一规则没有正当性，所以在原《侵权责任法》立法过程中，历次草案均规定为过错推定责任，并最终在第 88 条规定：“堆放物倒塌造成他人损害，堆放人不能证明自己没有过错的，应当承担侵权责任。”因此不能得出结论认为，在堆放人证明了自己没有过错之后，仍然可以继续适用原《民通意见》第 155 条。

（四）原《侵权责任法》新增的侵权公平责任类型

原《侵权责任法》新增了两类侵权公平责任，第一类是第 33 条第 1 款规定的“无过错暂时失去行为控制时致害公平补偿责任”：“完全民事行为能力人对自己的行为暂时没有意识或者失去控制造成他人损害有过错的，应当承担侵权责任；没有过错的，根据行为人的经济状况对受害人适当补偿。”第二类是第 87 条新增的“来源不明高空抛物坠物致害道义补偿责任”：“从建筑物中抛掷物品或者从建筑物上坠落的物品造成他人损害，难以确定具体侵权人的，除能够证明自己不是侵权人的外，由可能加害的建筑物使用人给予补偿。”

（五）体系位置变化带来理论整合契机

相比于原《民法通则》，原《侵权责任法》部分侵权公平责任条文的体系位置变化带来理论整合契机，主要体现在：

第一，原《侵权责任法》将第 23 条见义勇为人受损补偿责任的规定安排在第 24 条公平责任条款之前，应该作体系意义解读，认为原《侵权责任法》第二章“责任构成和责任方式”确认了在原《民法通则》上以第 132 条为核心建立的“无过错受害人”补偿责任体系和以第 109 条为核心确立的“见义勇为人”受害补偿责任体系的并列关系，这也使得见义勇为责任在体系上出现了与原《民通意见》第 157 条为对方或者共同利益行为以及《人身损害赔偿司法解释》（法释〔2003〕20 号）第 13、14 条进行理论整合的契机。

第二，原《侵权责任法》第 32 条被监护人致害责任不再与第 24 条公平责任一般条款相邻，从而不受到“双方均无过错”的限制，同时也获得了与

① 值得注意的是，作为公平责任一般条款的原《民法通则》第 132 条和特别列举条款的原《民法通则》第 133 条，以及相关司法解释，均未作出“公平”字样的规定，这从一定程度上说明公平责任体系的构建，略有“望文生义”的味道。

第 33 条新增的暂时没有意识或者失去控制致害责任进行理论整合的契机。

二、以原《侵权责任法》为背景的公平责任体系展开

经过上述体系变迁之后，以原《侵权责任法》为中心建立起的新的侵权公平责任体系，实际上分为“行为能力欠缺公平责任”、“共同意外分担公平责任”、“优者负担补偿公平责任”和“受益人身保护公平责任”四种类型。这四种类型，都是本应该免除侵权责任，但如果让受损人自我承担不尽公平，而例外由行为人承担补偿责任的情形。在各个类型之下，又有不同的子类型。

（一）行为能力欠缺公平责任

由于我国《民法典》最终未能确立“民事责任能力”，因此只能沿用“行为能力欠缺”的表述来描绘此类侵权公平责任。这类侵权公平责任以原《侵权责任法》第 32 条规定的被监护人致害公平责任为典型，还包括该法第 33 条第 1 款规定的无过错暂时失去行为控制时致害公平补偿责任。

（二）共同意外分担公平责任

所谓共同意外行为，是指二人以上共同实施的行为意外造成其中一人或者数人人身损害，行为人对损害的发生都没有过错的情形。该类型是笔者对于原《民法通则》第 132 条和原《侵权责任法》第 24 条所指的“公平责任”适用的行为类型概括，主要适用于三种情形：第一，非机动车之间发生意外交通事故；第二，参加业余竞技体育活动意外受伤①；第三，散养动物之间争斗造成的损害。共同意外分担公平责任并非立法必须规定的侵权公平责任类型，但其规定的范围必须符合共同意外行为的风险双向性和损害单向性要求。

（三）优者负担补偿公平责任

优位负担体现在避免损害和信息提供两个方面。所谓的避险优位负担责任，是指造成损害的风险具有单向性，基于公平考虑，应该由有能力回避损害的一方承担更大份额的责任，主要适用于机动车交通事故优者危险

① 《民法典》第 1176 条第 1 款规定：“自愿参加具有一定风险的文体活动，因其他参加者的行为受到损害的，受害人不得请求其他参加者承担侵权责任；但是，其他参加者对损害的发生有故意或者重大过失的除外。”该条文实质上排除了参加业余竞技体育活动意外受伤这一公平责任的可能适用类型，参见后文分析。

负担补偿责任。[①] 所谓信息优位负担责任，是指在致害人不明的情形，具有信息优位的可能造成损害的行为人，负有消极证明自己控制的致害单元不是致害行为来源的义务，否则承担信息优位负担责任，主要适用于来源不明高空抛物坠物致害道义补偿责任。[②] 从本质上看，在难以找到具体侵权人时由可能的侵权人承担补偿责任，潜在含义是以“优势”和“弱势”为标准划分了责任承担，而这一区分标准本身即是一种价值判断。[③] 实际上，优位负担公平责任苛加了从事优位负担行为的人更高的“道德义务”，即需要提高回避风险和提供信息的注意水平，以更大限度地避免损害的发生和避免被侵权人无法确定致害人的情形发生，笔者将其称为“道义补偿责任”。

(四) 受益人身保护公平责任

受益人身保护责任，是比照使用人责任中的人身保护责任规则，在法定情形下，本应免除人身保护责任，但由行为人自己承担全部损失不尽公平，拟制受益人对行为人有一定的人身保护公平责任的情形，根据受益方式不同，分为受益人积极受益和消极受益两种情形。所谓受益人积极受益，主要是指无偿个人帮工关系中的人身保护公平责任。这种无偿个人帮工关系不同于《人身损害赔偿司法解释》(法释〔2003〕20号）中的无偿帮工关系，而是指帮工人主动无偿为被帮工人提供劳务，但被帮工人“明确拒绝”的情形。所谓受益人消极受益，主要是指见义勇为人受损受益人补偿责任。[④]

第五节　对《民法典》时代我国侵权公平责任的展望

一、侵权公平责任在我国侵权法理论中的早期定位

关于公平责任在侵权法理论中的定位，主要有以下学说：第一，“无

---

① 参见姚宝华、王竹：《道路交通安全法第七十六条第一款第（二）项的解读与适用》，《人民司法》2008年第15期。

② 参见王竹：《来源不明抛掷、坠落物品致害建筑物区分使用人道义补偿责任研究》，载梁慧星主编：《民商法论丛》(第59卷)，法律出版社2015年版。

③ 张新宝、张馨天：《从〈侵权责任法〉第87条到〈民法典〉第1254条：“高空抛（坠）物”致人损害责任规则的进步》，《比较法研究》2020年第6期。

④ 王竹：《见义勇为人受损受益人补偿责任论》，《法学论坛》2018年第1期。

过错责任说"[①]。该说认为当事人对损害的发生都没有过错，但又不属于法律规定的无过错责任情形，由当事人分担民事责任。[②] 第二，"补充性独立归责原则说"。该说最早由蓝承烈教授对公平责任的独立性进行正面论证[③]，刘士国教授对当时否认其独立性的理由进行了逐一反驳[④]，蒋颂平先生论证其具有补充性质[⑤]，现以王利明教授为代表。该说认为公平责任原则是一种归责原则，但地位不能和过错责任原则等同。[⑥] 有学者将二者关系比喻为"过错原则是侵权法中的世贵，而公平原则是侵权法中的新贵"，以示对该说的基本赞同。[⑦] 第三，"公平原则体现说"。该说以张新宝教授为代表，否定原《民法通则》直接或间接规定了"公平责任原则"，并认为也不需要确认"公平责任原则"，但承认侵权责任法体现了"公平原则"的社会功能。[⑧] 第四，"双方责任形态说"。该说以杨立新教授为代表，认为公平责任是一种以公平考虑作为标准，根据实际情况和可能，由双方当事人公平地分担损失的侵权责任形态。[⑨]

"无过错责任说"为早期学说，后三种学说现均有一定影响力，其中"双方责任形态说"和"公平原则体现说"实际上都是对"补充性独立归责原则说"的否定，二者分歧在于侵权法上是否应当承认这种"公平责任"。笔者认为，"补充性独立归责原则说"值得商榷。单看原《民法通

---

① 参见房绍坤、武利中：《公平责任原则质疑》，《法律科学》1988 年第 1 期；崔建远：《关于"公平责任原则"的考察与评论》，《当代法学》1990 年第 3 期。

② 王利明、郭明瑞、方流芳：《民法新论》（上），中国政法大学出版社 1987 年版，第 536 页。

③ 参见蓝承烈：《论公平责任原则》，《学习与探索》1987 年第 3 期。

④ 刘士国：《论侵权损害的公平责任原则》，《法律科学》1989 年第 2 期。

⑤ 蒋颂平：《"公平责任"原则应是独立的归责原则》，《人民司法》1989 年第 7 期。

⑥ 参见王利明主编：《民法·侵权行为法》，中国人民大学出版社 1993 年版，第 105 页；王利明：《侵权行为法研究》（上卷），中国人民大学出版社 2004 年版，第 290－291 页。

⑦ 参见徐爱国：《重新解释侵权行为法中的公平责任原则》，《政治与法律》2003 年 6 期。

⑧ 参见张新宝：《中国侵权行为法》（第 2 版），中国社会科学出版社 1998 年版，第 66 页；张新宝：《侵权责任法原理》，中国人民大学出版社 2005 年版，第 45 页。

⑨ 杨立新：《侵权法论》（第三版），人民法院出版社 2005 年版，第 578 页。

则》第 132 条的内容，其的确可以单独作为责任基础，但其所在位置并非归责原则，原《民法通则》第 106 条第 1 款规定的是合同责任的归责原则，第 2 款规定的是侵权责任的过错责任原则，第 3 款规定的是无过错责任原则。从立法目的上解释，其规定不具有归责原则的地位。这样的体例安排说明，原《民法通则》并非将其作为一个归责原则确立。① 那么，在这样一个独特的位置上，规定这样一条看似独立责任基础的条文，其本身的合理性便值得怀疑。事实上，公平责任并非适用于原《民法通则》第 134 条规定的所有责任方式，实际上仅适用于损害赔偿责任，因此对"公平责任"实际适用范围的考察，是对公平责任如何影响损害赔偿数额的考察。从典型的适用公平责任处理的案例来看，该条的实际作用是让不负侵权责任的致害人承担了一定数额的赔偿责任，从数量意义上可以认为这是改变了受害人可获得的赔偿数额，所起作用与原《民法通则》第 131 条规定的减少赔偿数额的"过失相抵"具有一定的类似性。可见，公平责任的意义不是解决归责的问题，而是解决赔偿数额的问题②，也有学者因此把公平责任称为"赔偿原则"③，在这个意义上，有学者将"公平责任"纳入侵权责任形态的"双方责任形态"进行统一考虑。④

二、对侵权公平责任司法滥用的反思

尽管最高人民法院明确认识到了原《民法通则》第 132 条规定的分担不是"各打五十大板"，不作任何区别，而是要根据案件的具体情况来综合考虑⑤，

① 参见杨立新：《侵权法论》（第三版），人民法院出版社 2005 年版，第 125 - 126 页。

② 参见王卫国：《过错责任原则：第三次勃兴》，中国法制出版社 2000 年版，第 296 页。

③ 米健：《再论现代侵权行为法的归责原则——兼答张佩霖先生》，《政法论坛》1991 年第 2 期。

④ 参见杨立新：《侵权法论》（第三版），人民法院出版社 2005 年版，第 520 - 521 页。

⑤ 唐德华：《高度重视对民事权益的保护——在国家法官学院中级法院院长培训班上的讲话》，载唐德华主编：《民事审判指导与参考》（2001 年第 2 卷），法律出版社 2001 年版。

但侵权领域公平原则的司法滥用①，多年来为学界诟病，甚至被视为中国法院侵权裁判的沉疴痼疾。“公平责任”条文的不当适用挤压了过错责任原则和无过错责任原则的适用空间，软化了过错、因果关系、免责事由等要件的法律判断，甚至在不涉及侵权责任的民事案件中为被告施加财产上的不利后果，导致民事责任或者补偿义务的泛化。② 在某种意义上，公平责任实际上成了结果责任、绝对责任，违反了社会的公共利益，不利于鼓励行为人积极作为，不利于行为人积极行使自己享有的各种自由权。③ 鉴于中国法院承担了维护社会和谐稳定的“中国式”审判功能，原《民法通则》第 132 条和原《侵权责任法》第 24 条，在很大程度上可能纾解了法院裁判的压力。然而，这也使侵权法领域内的权利保护与行动自由的权衡变得扑朔迷离，法律的形式理性和可预见性大打折扣。④

早在原《民法通则》颁布不久，就有学者担心适用公平责任原则，很可能导致审判实践中出现“和稀泥”现象。⑤ 比较法上对中国侵权法较为关注的学者，也普遍对此表现出疑虑。例如日本学者小口彦太教授多次撰文表示反对在侵权行为法中规定公平责任原则，认为该原则没有限定特殊条件，公平本身没有具体的内容，将公平责任原则规定为一般原则，容易导致法官的滥用，损害法律的权威。⑥ 王泽鉴教授也认为，该条规定将可能导致财产之有无多寡由此变成了一项民事责任的归责原则，且实务上难免造成法院基于方便、人情或者其他原因从宽适用此项公平责任条款，软

① 即使原《民法通则》第 132 条和原《侵权责任法》第 24 条明确规定了当事人“对造成损害都没有过错”的前提，实务中仍然有半数左右的案例中实际上当事人一方或者双方是有过错的。参见陈科：《公平责任一般条款的司法适用——以 100 份侵权案件判决书为分析样本》，《法律适用》2015 年第 1 期。

② 张新宝：《“公平责任”的再定位》，《法商研究》2021 年第 5 期。

③ 张民安、林泰松：《我国〈侵权责任法〉对他人民事权益的保护》，《暨南学报（哲学社会科学版）》2010 年第 3 期。

④ 谢鸿飞：《民法典与人的美德》，《中国法律评论》2015 年第 4 期。

⑤ 参见《法学研究》编辑部编著：《新中国民法学研究综述》，中国社会科学出版社 1990 年版，第 211 页。

⑥ 参见［日］小口彦太：《日中侵权行为法的比较》，《法制与社会发展》1999 年第 3 期；［日］小口彦太：《不法行为法二题》，丁相顺译，载张新宝主编：《侵权法评论》（2004 年第 1 辑），人民法院出版社 2004 年版。

化侵权行为归责原则的体系构成。① 有学者总结，将原《侵权责任法》第24条视为公平责任的一般条款将引发三个问题：第一，与过错责任的一般条款冲突；第二，导致侵权法的私法定位模糊；第三，影响法的安定性。作为一种追求个案正义的法律技术，公平责任终究只能局限于个别情况，否则将会极大地损害法的安定性。② 质言之，在公平责任原则中，责任之有无并没有确定的判断标准，而抽象的公平观念显然无法承载具体的制度目标。③

三、侵权公平责任的社会主义法系传统与中国社会法律文化基础

中国法上发展出了体系化的侵权公平责任，并且还有发展壮大之势，甚至在实务中出现了滥用，在比较法上具有独特性，有其特定的社会背景与文化原因。其产生，是源于社会主义法系的影响；但其发达，却植根于中国社会法律文化基础。

（一）侵权公平责任的社会主义法系传统

我国台湾地区民法学者黄阳寿教授认为："公有制社会乃以追求消除人与人之间在经济利益上之不平等现象，冀使国家利益、集体利益和个人利益三者在根本上结合一致，故其确立公平责任之目的并非在求缓和阶级对立与矛盾，而系弘扬社会主义公平和道德观念，增进公民相互间之和睦团结，期得充分体现社会主义团结互助之人道主义精神。"④

（二）侵权公平责任的中国社会法律文化基础

我国传统心理的需求，体现的不是个人主义而是集体主义，其主要目的不是维护当事人的权利、义务，而是以其特有的模糊性来消除当事人之间的权利边界，进而起到劫富济贫、扶危济困、稳定社会的作用。⑤ 其精

---

① 参见王泽鉴：《民法学说与判例研究》（修订版）（第六册），中国政法大学出版社2005年版，第281页。

② 周友军：《侵权法学》，中国人民大学出版社2011年版，第36页。

③ 陈本寒、陈英：《公平责任归责原则的再探讨》，《法学评论》2012年第2期。

④ 参见黄阳寿：《大陆民法通则第一三二条关于"公平责任原则"规定之研究》，《东吴法律学报》第十卷第二期（1997年2月）。

⑤ 参见程啸：《侵权行为法总论》，中国人民大学出版社2007年版，第149－150页。

神实质是植根于中国文化中的公平观念和面对灾难守望相助的命运共同体意识。① 令经济力较强者予以经济力较弱者相当的补恤，旨在实践“扶贫济弱”的集体主义思想，其正当性在这些个别的情形或可得到证明。② 部分法院的裁判逻辑出发点其实就是“有损害有救济”，采用排除法得出适用侵权公平责任的结论。③ 更多的法院不认为“和稀泥”不符合法律规定，而是一种实现“案结事了”的实用主义手段。

四、《民法典》时代我国侵权公平责任的立法和司法解释指引

笔者认为，《民法典》时代我国侵权公平责任的立法和司法解释要遵循如下三个方面的指引：

第一，补充性指引。立法和司法解释应该确立侵权公平责任的补充性，包括相对于侵权法之外的多元化受害人救济机制④的补充性和侵权法之内的其他责任的补充性两个方面。我国侵权公平责任制度的首要弊端就是成了直接的、优先顺位的救济来源，这可能与《社会保险法》晚于原《侵权责任法》而于2010年颁布有关。二者缺乏基本的相互协调，但这一脱节延续到《民法典》时代则实不应该。侵权法学者也缺乏对商业保险、社会捐助、政府救助、公益基金等补偿来源的足够关注，使得学术研究限于侵权公平责任的正当性和补偿功能，而未能建立有效的多顺位救助机制，在适用侵权公平责任之前作足够的救济来源缓冲。⑤ 在侵权法内部存在多种救济来源情形下，如被监护人与监护人、建筑物管理人与可能加害的建筑物使用人、第三人与受益人，应该尽量避免不真正连带责任结构，

---

① 邹海林、朱广新主编：《民法典评注·侵权责任编》，中国法制出版社2020年版，第267页。

② 易军：《个人主义方法论与私法》，《法学研究》2006年第1期。

③ 甘肃省武威市凉州区人民法院民事判决书（2014）凉民初字第575号。

④ 王利明：《建立和完善多元化的受害人救济机制》，《中国法学》2009年第4期。

⑤ 有学者判断，我国已经建成了较为完善的商业保险制度与社会保障制度（包括社会保险、社会救助等），借此建议我国《民法典》的侵权责任编应当删除公平责任一般条款以及多数特殊条款。这种对社会现状的判断还有待确定，但总的立法趋势大致如此。参见余小伟：《“公平责任”是否“公平”——以二十世纪新侵权法理论为视角》，《政治与法律》2017年第12期。

而赋予侵权公平责任补充性。这种补充性的推论是，在致害人不明领域，补偿责任在对最终责任人的追偿权上，具有优先于其他侵权责任的优先性。

第二，补偿性指引。立法和司法解释应该明确侵权公平责任需要“根据实际情况”确定补偿责任的金额，并明确具体考量因素。《民法典》第 1186 条规定：“受害人和行为人对损害的发生都没有过错的，依照法律的规定由双方分担损失。”该条文较之原《侵权责任法》第 24 条，没有保留“可以根据实际情况”的限制性表述，将其一并授权给了“依照法律的规定”。所谓“依照法律的规定”的所指，并不明确。而原《民通意见》第 142 条和《人身损害赔偿司法解释》（法释〔2003〕20 号）第 15 条被废止之后，《民法典》第 183 条规定的见义勇为“受益人应当给予适当补偿”也缺乏“根据受益人受益的多少及其经济状况”进行解释的空间。理论上一致认为，侵权公平责任应该“根据实际情况”，其中最为重要的就是双方的经济状况。但从实务中的判决书来看，由于司法责任制带来的法官的避险倾向，以及侵权公平责任固有的模糊性，在判决书中明确主要考虑双方经济状况的情形反而不占多数。除考虑双方经济状况之外，在不同的侵权公平责任类型和具体的个案中，还有其他实际情况需要法官考虑，所以可以考虑用“考虑双方经济状况等实际情况”的表述，来赋予法官一定的自由裁量权。《民法典总则编司法解释》（法释〔2022〕6 号）第 34 条作出了有益的尝试：“因保护他人民事权益使自己受到损害，受害人依据民法典第一百八十三条的规定请求受益人适当补偿的，人民法院可以根据受害人所受损失和已获赔偿的情况、受益人受益的多少及其经济条件等因素确定受益人承担的补偿数额。”

第三，人身性指引。立法和司法解释应该明确侵权公平责任的例外适用限于人身损害，主要是死亡或者严重的人身伤害。本应免除责任，但因为免除责任由受损人自行承担不尽公平而例外建立的各类侵权公平责任，其最终的立法目的仍然是更高层次的个案公平。而如果未能明文将侵权公平责任限制于人身损害赔偿领域，则可能出现过度限制他人经济自由而填补受损人财产损失的不公平情形。因此，侵权公平责任适用，以人身损害赔偿为限，是最为基本的要求，主要是死亡或者严重的人身伤害。可以将人身损害的严重性，作为实际情况予以考虑。① 应当指出，《民法典》第1186条后段使用“损失”的术语存在立法瑕疵。第1182条规定：“侵害他人人身权益造成财产损失的……被侵权人因此受到的损失以及侵权人因此获得的利益难以确定……”第1184条规定：“侵害他人财产的，财产损失按照损失发生时的市场价格或者其他合理方式计算。”而第1179条规定：“侵害他人造成人身损害的……”从术语使用的体系解释看，“损失”一般是指财产损失，“损害”一般是指人身损害，因此《民法典》第1186条更精确的表述应该是双方分担“损害”而非“损失”。

① 陈钊：《论公平责任在〈侵权责任法〉中的适用》，《广西大学学报（哲学社会科学版）》2017年第6期。

第二编

行为能力欠缺公平责任论

第五章 被监护人致害公平责任论

第一节 对我国监护人责任制度核心疑问的解读思路

《民法典》第1188条第1款规定："无民事行为能力人、限制民事行为能力人造成他人损害的，由监护人承担侵权责任。监护人尽到监护职责的，可以减轻其侵权责任。"第2款规定："有财产的无民事行为能力人、限制民事行为能力人造成他人损害的，从本人财产中支付赔偿费用；不足部分，由监护人赔偿。"该条文关于监护人责任的规定实质上延续了原《民法通则》第133条和原《侵权责任法》第32条的规定，尽管表述略有修改，但其基本思想并没有发生变化。[①]这样看来，在《民法典》编纂过程中学术界对原

① 王胜明主编：《中华人民共和国侵权责任法释义》，法律出版社2010年版，第161页。

《民法通则》第 133 条和原《侵权责任法》第 32 条的问题分析和立法建议，似乎都未得到采纳。学术界的关注点再次回到了对我国监护人责任的核心疑问，即第 1 款和第 2 款的关系上来，并尝试作出新的解读。为了方便叙述，下文中如无特别说明，笔者用监护人责任“第 1 款”和“第 2 款”泛指原《民法通则》第 133 条、原《侵权责任法》第 32 条和《民法典》第 1188 条的第 1 款和第 2 款。

一、解读监护人责任第 1 款和第 2 款关系的不同思路

学者对两款关系的解读方案，大体上可以分为“平行关系说”、“递进关系说”和“内外关系说”三种思路，再细分为六种有细微差别的具体方案。

（一）平行关系说

所谓“平行关系说”，即认为监护人责任第 1 款和第 2 款适用于两种不同的情形，又分为“财产有无说”和“补充责任说”。“财产有无说”认为，监护人责任承担的一般规则是根据被监护人是否具有财产来确定监护人的责任：被监护人没有财产时，适用第 1 款规定，由监护人承担责任；被监护人有财产时，适用第 2 款规定，从本人财产中支付赔偿费用，不足部分，由监护人赔偿。① “补充责任说”认为，监护人承担的是补充责任，即在被监护人有自己的财产时，应当由被监护人承担首位责任。只有在被监护人的财产不足时，才由监护人承担补充责任。② “补充责任说”实质上是对“财产有无说”的改进。

（二）递进关系说

所谓“递进关系说”，即认为第 1 款和第 2 款之间不是平行关系，第 2 款相对于第 1 款来讲是某种递进关系。根据对递进关系的不同界定，其又分为“一般与特殊处理说”和“漏洞衡平填补说”。

“一般与特殊处理说”认为，第 1 款为一般规则，确立的是监护人责任制度。第 2 款只是在特殊情况下，为了给予被侵权人充分救济，对监护人与被监护人责任财产相互区分的原则予以突破，授权法官可以判决从无

① 王利明、周友军、高圣平：《中国侵权责任法教程》，人民法院出版社 2010 年版，第 466 页。

② 程啸：《侵权责任法》，法律出版社 2011 年版，第 287－288 页。

民事行为能力人、限制民事行为能力人的财产中支付赔偿费用。但这种特殊处理方法，并非在否认由监护人承担侵权损害赔偿责任的一般性规则。①

“漏洞衡平填补说”认为，第 1 款是为监护人利益而特别设立的减责规则，制造了受害人可能得不到完全赔偿的救济漏洞。为济第 1 款之穷，第 2 款基于衡平思想，对被监护人与监护人强加了一种公平责任。这种责任的主旨为，要求有财产的被监护人承担独立责任，以周全救济受害人。如果受害人仍不能从被监护人处获得完全赔偿，监护人须无条件地第二次负担赔偿责任。②

（三）内外关系说

“内外关系说”认为两款规定分别调整对外和对内关系，其中第 1 款是对外承担责任的基础，第 2 款则旨在调整监护人和被监护人之间的内部关系。基于内部关系的细微差别，内外关系说又分为“对内责任分担说”和“对内费用分担说”，前者认为内部关系是监护人与被监护人之间的责任分担关系③，后者认为内部关系是有财产的被监护人与监护人之间的赔偿费用分担关系④，二者的实质性差别不大。

二、对不同解读思路的评价

（一）“平行关系说”以“有无财产”作为区分适用的前提不尽合理

“平行关系说”实际上是将对原《民法通则》第 133 条第 1 款和第 2 款关系的立法原意的解读，延续到了对《民法典》第 1188 条的解读上来。如果仅仅从文义上解读，鉴于第 2 款前段第一个逗号之前的内容就是在第 1 款第 1 句适用前提“无民事行为能力人、限制民事行为能力人造成他人损害的”基础上增加了“有财产的”的表述，将监护人责任第 1 款与第 2 款解读为以“有无财产”作为区分适用的前提，并无不当，这就是司法实

① 薛军：《走出监护人“补充责任”的误区》，《华东政法大学学报》2010 年第 3 期。

② 朱广新：《被监护人致人损害的侵权责任配置》，《苏州大学学报》2011 年第 6 期。

③ 陈帮锋：《论监护人责任》，《中外法学》2011 年第 1 期。

④ 刘保玉：《监护人责任若干争议问题探讨》，《法学论坛》2012 年第 3 期。

践中仍然主要坚持“平行关系说”的原因。

但从法理上，学界却普遍难以接受这一区分适用的前提。典型的反对意见认为，如果把整个制度的建构完全建立在某一方是否“有财产”的基础之上，就完全取消了责任承担内在的道义基础，使得“某人拥有财产”这样一种与侵权事实的发生无任何联系的事实状态，成为某种意义上的“原罪”，成为承担责任的基本原因，这是任何一个现代侵权法制度都难以认可的。① 因此，几乎所有对于监护人责任第 1 款和第 2 款关系的改造，都建立在对“平行关系说”的批评基础上。

（二）“递进关系说”的立法论色彩过重

“一般与特殊处理说”试图通过将第 2 款描绘为特殊情况，追求两款规则的实质统一性。笔者对于这种解释思路所追求的目标表示赞同，但也与持怀疑态度的学者有着类似的担心，即这样的解释思路可能违反立法者原意。② 而“漏洞衡平填补说”通过第 1 款和第 2 款先后适用的方案来实现对被侵权人的全面救济，可谓构思巧妙。

“递进关系说”与“平行关系说”一样，也主张第 1 款和第 2 款均为对外承担责任的条款，这是二者与“内外关系说”的最大差别。“递进关系说”揭示出的“平行关系说”的缺陷及对其改造的方案，正是未来最高人民法院通过司法解释应该予以重点完善的地方。

（三）“内外关系说”在原立法语境下缺乏解释力

“内外关系说”以第 2 款规定的“从本人财产中支付赔偿费用”的“赔偿”表述不同于第 1 款规定的侵权“责任”为突破口，主张第 2 款为内部关系条款，回避了以被监护人“有财产”作为第 2 款直接适用前提的不合理问题，说服力较强。

但“内外关系说”在解读原《民法通则》第 133 条时，无法对“但单位担任监护人的除外”这一但书作合理解释。③ 另外，原《民通意见》第 161 条第 1 款前段规定，“侵权行为发生时行为人不满十八周岁，在诉讼时已满十八周岁，并有经济能力的，应当承担民事责任”，该款司法解释

① 薛军：《走出监护人“补充责任”的误区》，《华东政法大学学报》2010 年第 3 期。

② 程啸：《侵权责任法》，法律出版社 2011 年版，第 288 页。

③ 详见后文分析。

在实务中被用于判决被监护人直接承担赔偿责任，突破了内外关系区分，对此，“内外关系说”缺乏解释力。

三、新的解读思路：“体系位移效应说”

笔者认为，学界在提出上述解读思路的过程中，无一例外地忽略了监护人责任在我国侵权法上的体系位移现象，也就未能洞察作为监护人责任载体的原《民法通则》第133条、原《侵权责任法》第32条和《民法典》第1188条在定位上存在从“特殊公平责任”到“特殊侵权责任”的体系变迁进而产生的体系位移效应。笔者曾经指出，原《民法通则》第133条对于监护人责任的规定，未按照前三次民法典起草的体例被安排在特殊侵权责任领域，而特别被安排在了第132条公平责任之后，实际上是作为特殊公平责任存在的。[①] 而原《侵权责任法》和《民法典》侵权责任编切断了这两条规范之间的关系，具体表现为：一方面，公平责任被规定在了侵权责任编第二章“损害赔偿”第1186条；另一方面，监护人责任回归到了特殊侵权责任中，被规定在了侵权责任编第三章“责任主体的特殊规定”第1188条，与第1190条规定的完全民事行为能力人暂时失去意识致害责任，形成了完整的意识欠缺致害责任体系。这是一种条文位置变化带来的体系定位变化。[②]

沿着这种思路，笔者提出“体系位移效应说”，认为监护人责任制度的体系定位是确定解读思路的基础，不同的解读方案只有在不同的体系定位下才能够被证成其特定的合理性。作为特殊公平责任的原《民法通则》第133条应该按照立法原意作“平行关系说”解读；而《民法典》第1188条则应该根据其特殊侵权责任定位作“内外关系说”解读；对于“递进关系说”的质疑，未来最高人民法院应该通过司法解释予以实质性地明确。

---

① 关于立法史的考察，参见王竹：《我国侵权法上“公平责任”源流考》，《甘肃政法学院学报》2008年第2期。

② 王竹：《论实质意义上侵权法的确定与立法展望》，《四川大学学报（哲学社会科学版）》2011年第3期。

第二节　对特殊公平责任定位下原《民法通则》第133条的解读思路

一、原《民法通则》上监护人责任的体系位移

（一）第一次民法典起草

《债篇通则第一次草稿》（1955年10月24日）第37条第1款规定："无行为能力人造成他人的损害由法定代理人负赔偿责任。限制行为能力人造成他人的损害，由限制行为能力人负责赔偿，在不能或者赔偿不足的时候，由法定代理人负赔偿责任。"第2款规定："因故意或者过失使自己处于临时无行为能力状态，造成他人的损害，应该负赔偿责任。"① 该条草案的特点是：第一，以民事行为能力欠缺者为规则设计核心，区分无民事行为能力人和限制民事行为能力人致害的法律后果。第二，无民事行为能力人致害由法定代理人承担责任；限制民事行为能力人责任自负，但法定代理人承担补充性赔偿责任。可见，新中国民法典从起草伊始，就有将限制民事行为能力人置于直接责任人地位的尝试。第三，同时规定了完全民事行为能力人暂时失去意识致害的责任，但被后来的草案取消。此后的《债权篇通则草稿》（1957年1月7日）第14条、《债的通则第二次稿（另案）》（1957年1月9日）第72条和《损害赔偿［第三次草稿］》（1957年2月10日）第5条维持了这种体例和内容。② 需要指出的是，从《损害赔偿［第三次草稿］》开始，监护人责任在顺序上成为特殊侵权责任的第一种，这是判断原《民法通则》第133条体系定位的坐标原点。

虽然第一次民法典的起草成果随后未能转化为立法，但1957年《治安管理处罚条例》第29条对监护人责任作出了规定："因违反治安管理造成的损失或者伤害，由违反治安管理的人赔偿或者负担医疗费用；如果造成损失、伤害的是不满十八岁的人或者精神病人，由他们的家长、监护人

---

① 何勤华、李秀清、陈颐编：《新中国民法典草案总览》（上卷），法律出版社2003年版，第181页。

② 何勤华、李秀清、陈颐编：《新中国民法典草案总览》（上卷），法律出版社2003年版，第202、225、243页。

负责赔偿或者负担医疗费用。”该规定是我国立法中第一次明确了监护人责任为替代责任，并且取消了无民事行为能力人致害和限制民事行为能力人致害的区分。

（二）第二次民法典起草

由于第二次民法典起草并未涉及侵权责任部分，1964 年 7 月 1 日《中华人民共和国民法草案（试拟稿）》在总则部分的第 18 条第 3 款对监护人责任进行了规定：“监护人必须维护被监护人的合法权益。监护人对被监护人造成的公共财产的损失或者他人财产上的损失，应当负赔偿责任。”1964 年 9 月 25 日、11 月 1 日的草稿延续了这种体例。① 从新中国第二次民法典的起草开始，民事行为能力欠缺者的责任转而以监护人责任而非以被监护人责任为核心。

（三）第三次民法典起草

几乎在第三次民法典开始起草的同时，1980 年《婚姻法》第 17 条规定：“父母有管教和保护未成年子女的权利和义务。在未成年子女对国家、集体或他人造成损害时，父母有赔偿经济损失的义务。”② 鉴于 1950 年《婚姻法》并无相关规定，应该认为这是对第二次民法典起草成果的吸收，同时是对 1957 年《治安管理处罚条例》第 29 条规定的继受。③

《中华人民共和国民法草案（征求意见稿）》（1980 年 8 月 15 日）第五编“损害责任”第三章“损害责任的特殊规定”第 448 条第 1 款规定：“无行为能力人和行为能力受限制的人不法造成的损害，由他们的父母、监护人或者有义务对他们进行监护的组织承担责任。但是，未成年人能够辨认自己行为的后果并且已有独立经济收入的，应当对自己造成的损害承担连带责任。”第 2 款规定：“父母、监护人或实行监护的组织如果能够证明已经尽到了监护责任，可以酌情减轻或者免除他们的责任。”对比第一

① 何勤华、李秀清、陈颐编：《新中国民法典草案总览》（下卷），法律出版社 2003 年版，第 101、140、165 页。

② 2001 年《婚姻法》修改后，第 23 条规定了实质相同的内容：“父母有保护和教育未成年子女的权利和义务。在未成年子女对国家、集体或他人造成损害时，父母有承担民事责任的义务。”这一立法模式甚至延续到了《民法典》第 1068 条：“父母有教育、保护未成年子女的权利和义务。未成年子女造成他人损害的，父母应当依法承担民事责任。”从《民法典》的体系性安排出发，该条第 2 句的规定是应该删除的。

③ 值得关注的是，1986 年《治安管理处罚条例》第 9 条和第 10 条删除了相关民事责任内容。

次民法典起草的相关条文可以看到，该规定有如下特点：第一，监护人责任继续被规定为第一种特殊侵权责任；第二，合并规定了无民事行为能力人和限制民事行为能力人致害的法律后果，一概适用监护人无过错责任，这与 1980 年《婚姻法》第 17 条的规定保持了一致。第三，为了缓和这种严格的无过错责任，第 2 款规定尽到监护职责的减轻或免除责任，属于一种立法创造。第四，"能够辨认自己行为的后果并且已有独立经济收入"的未成年人，参与承担连带责任。另外，草案在紧随其后的第 449 条恢复了对完全民事行为能力人暂时丧失意识致害责任的规定，其中还包含了间歇性精神病人的情形，但这一规定从"第三次草案"开始被整体取消。随后的《中华人民共和国民法草案（征求意见二稿）》（1981 年 4 月 10 日）第 345 条和《中华人民共和国民法草案（第三稿）》（1981 年 7 月 31 日）第 469 条延续了这种体例。①

需要注意的是，《中华人民共和国民法草案（第四稿）》（1982 年 5 月 1 日）第 426 条在体例上作出了改变，删除了"但是，未成年人能够辨认自己行为的后果并且已有独立经济收入的，应当对自己造成的损害承担连带责任"的相关规定，恢复为监护人责任体系，这与我国民法上长期不承认民事责任能力制度有关。

（四）原《民法通则》第 133 条通过体系位移定位为特殊公平责任

结合前三次民法典起草的背景，我们就能够很清晰地看到原《民法通则》第 133 条的体系位移。原《民法通则》第六章"民事责任"第三节"侵权的民事责任"第 117～120 条是关于各种民事权利救济方式的规定，第 121～127 条是关于特殊侵权责任的规定。作为第一次和第三次民法典起草的立法传统，原《民法通则》第 133 条规定的监护人责任，本应该被安排在特殊侵权责任的第一条，也就是原《民法通则》第 121 条的位置，相当于原《侵权责任法》第 32 条和《民法典》第 1188 条的位置。但原《民法通则》的起草人最终将其置于第 132 条之后，实际上是通过体系位移的方式将其定位为"特殊公平责任"②。

---

① 何勤华、李秀清、陈颐编：《新中国民法典草案总览》（下卷），法律出版社 2003 年版，第 482、554 页。

② 可以设想，如果原《民法通则》继续规定完全民事行为能力人暂时丧失意识致害责任，那么该规则将会被安排在相当于第 134 条的位置。

这一体系位移效应也体现在了具体表达上。原《民法通则》第 133 条较此前的草案，在第 1 款和第 2 款中均使用了“适当”的修饰语，而这一表达方式在原《民法通则》规定的其他特殊侵权责任以及此前监护人责任的相关草案条文中，都是不存在的。而且，这种以“适当”的表述来标识公平责任的做法，在《民法典》上也得到了延续，这也是后文将展示的原《侵权责任法》第 32 条取消“适当”修饰语的原因。

这种“特殊公平责任”的定位，由于受制于原《民法通则》第 132 条规定的“当事人对造成损害都没有过错”的前提，使得公平责任意义上的监护人责任，应该不适用于被侵权人有过错的情形，这也是原《民法通则》第 133 条体系位移带来的副作用之一。另外，由于原《民法通则》第 133 条的立法核心在于监护人责任而非被监护人责任，这使得该条第 2 款规定的被监护人责任，反而未被纳入公平责任的考量范围，而成为一种严格责任，这也是学界诟病的另一个要点。

二、原《民法通则》第 133 条第 2 款是直接责任条款

对比第三次民法典起草过程中具有代表性的《中华人民共和国民法草案（征求意见稿）》（1980 年 8 月 15 日）第 448 条和原《民法通则》第 133 条可以看到，两个条文包含了共同的立法特点：第一，合并规定无民事行为能力人和限制民事行为能力人致害的监护人责任；第二，被监护人在有财产的情况下要承担责任；第三，监护人尽到监护职责的要减轻责任。但原《民法通则》调整了条文的表达顺序，将监护人尽到监护职责规定在了第 1 款，将被监护人有财产的情形单独作为第 2 款，成为今天学术争议的起点。但如果仔细研读当时的司法解释性质的文件，就会发现原《民法通则》第 133 条第 2 款确实是直接责任条款，即“平行关系说”所谓的立法原意。

《最高人民法院民事审判庭关于单位担任监护人是否承担赔偿责任的电话答复》（1989 年 8 月 30 日［89］法民字第 23 号）指出：“……‘但单位担任监护人的除外’如何理解的请示，经研究并与人大法工委民法室联系了解，其立法原意是单位不承担赔偿责任……”该司法解释透露出的“立法原意”非常重要，是解读原《民法通则》第 133 条定位的关键。笔者认为，如果“立法原意”认为在被监护人有财产的情形下，“单位不承担赔偿责任”，那么就可以确定第 1 款和第 2 款是平行关系。这是因为，

如果按照“内外关系说”，应该首先根据第 1 款确定对外承担责任数额，再来根据第 2 款确定从谁的财产中支付赔偿费用。而根据第 2 款的规定，被监护人有财产（而不是能够全部赔偿）的，单位就不再承担责任，这就相当于承担赔偿费用能力的情况反过来会影响对外承担责任的大小，这是不符合逻辑的。可见，根据“立法原意”，最高人民法院确认了原《民法通则》第 133 条第 2 款是直接责任条款。

三、原《民法通则》第 133 条第 2 款适用范围的不当扩大

对“平行关系说”的批评，并非针对这种平行关系的分布方式，而主要是针对被监护人“有无财产”的区分标准。笔者认为，如果结合原《民法通则》的苏俄民法源流和当时的中国社会背景就会发现，第 133 条第 2 款的适用范围，主要是针对劳动成年视为完全民事行为能力人、有财产的精神病人和被监护人继承了遗产的情形，而非简单地以“有无财产”作为第 1 款和第 2 款区分适用的前提。

（一）源于苏俄民法的劳动成年制度是第 133 条第 2 款的主要适用范围

1922 年《苏俄民法典》第 405 条规定：“无行为能力人对于其所致之损害不负责任。负有监督义务之人应代为负责。未成年人对本法第 9 条所规定之情形所致之损害，其父母或监护人亦应与未成年人共同负责。”而第 9 条规定：“未成年人之满十四岁者，得经法定代理人（父母、养父母、监护人、保佐人）之同意，为法律行为。有权独立支配其所得之工资，并对于因其行为所致他人之损害负赔偿之责任。”第 405 条的规定实际上就区分为两种：如果是不适用第 9 条劳动成年制度的情形，无行为能力人造成损害由监护人承担替代责任；如果适用第 9 条的规定，则由该未成年人与监护人共同负责。这种劳动成年制度对我国原《民法通则》产生了体系性的深远影响。

1964 年《苏俄民法典》第 450 条规定了“对未满十五岁的未成年人所造成的损害的责任”，第 451 条规定了“对十五岁至十八岁的未成年人所造成的损害的责任”，第 452 条规定了“对被宣告为无行为能力的公民所造成的损害的责任”。这种区分延续了 1922 年《苏俄民法典》的模式，但区分了基于年龄和基于精神状况的民事行为能力欠缺的情形，在具体规则上有所改变。第 450 条第 1 款规定：“对未满十五岁的未成年人所造成的损害，如果其父母或监护人不能证明损害不是由于他们的过错所致，则

他们应当承担责任。”第 2 款规定：“如果未满十五岁的未成年人是在学校、教育或医疗机构照管时造成损害的，则这些机构在不能证明损害不是由于它们的过错所致的情况下得对该损害承担责任。”第 452 条规定：“对被宣告为无行为能力的公民（见第 15 条）所造成的损害，他的监护人或有义务对他进行照管的组织应当承担责任，如果他们不能证明损害不是由于他们的过错所致。”这两条规定均采用了过错推定的规则。

第 451 条第 1 款规定：“十五岁至十八岁的未成年人，对他们所造成的损害，依照一般根据（见第 444 条、第 449 条和第 454 条）承担责任。”第 2 款规定：“在十五岁至十八岁的未成年人没有足够的财产或工资赔偿损害时，损害的相应部分应当由他的父母或保护人赔偿，如果他们不能证明损害不是由于他们的过错所致的话。当造成损害的人达到成年时，或者在他未达到成年之前已有足以赔偿损害的财产或工资时，则他的父母或保护人的上述义务即行终止。”该条第 1 款规定建立在劳动成年制度基础上，第 2 款尤其是其中的第 2 句对我国原《民法通则》第 133 条第 2 款影响至为明显。

原《民法通则》第 11 条第 2 款规定了“劳动成年制度”：“十六周岁以上不满十八周岁的公民，以自己的劳动收入为主要生活来源的，视为完全民事行为能力人。”原《民通意见》第 2 条进一步明确：“十六周岁以上不满十八周岁的公民，能够以自己的劳动取得收入，并能维持当地群众一般生活水平的，可以认定为以自己的劳动收入为主要生活来源的完全民事行为能力人。”将劳动成年制度纳入原《民法通则》第 133 条的语境下，就可以很明显地看到，第 2 款规定的“有财产的无民事行为能力人、限制民事行为能力人”，其实相当于 1922 年《苏俄民法典》第 405 条第 3 句对该法典第 9 条的引致，并结合了 1964 年《苏俄民法典》第 451 条第 2 款尤其是第 2 句的规定。结合这一苏俄民法的源流就可以看到，原《民法通则》第 133 条第 2 款的主要适用范围应当是适用“劳动成年制度”的被监护人。随着农村外出务工人员的年轻化，在今天的司法实务中，我们也能够看到这样的案例。①

这里就体现出了原《民法通则》第 133 条第 2 款第 1 句的一个可能的表述瑕疵，即限制民事行为能力人劳动成年后，应被“视为完全民事行为

① 例如广东省梅州市中级人民法院民事判决书（2014）梅中法民一终字第 200 号。

能力人”，此处仍然表述为“限制民事行为能力人”，是不够准确的。而这一不准确性，恰恰是下面要谈到的两种情形所体现的。

（二）从劳动成年制度扩展到“有财产”的民事行为能力欠缺者

原《民法通则》上的监护制度既适用于未成年人的情形，也适用于精神病人的情形。《最高人民法院民事审判庭关于监护责任两个问题的电话答复》（1990 年 5 月 4 日）指出：“精神病人在发病时给他人造成的经济损失，如行为人个人财产不足补偿或无个人财产的，其监护人应适当承担赔偿责任。”这种以精神病人的财产先承担补偿责任，再由监护人适当承担赔偿责任的制度设计，是原《民法通则》第 133 条第 2 款的第二个主要适用范围。

笔者认为，原《民法通则》第 133 条第 2 款的第三个主要适用范围，是被监护人继承了父母遗产的情形，这也是“但单位担任监护人的除外”这一规则设定的主要原因。精神病人没有配偶，父母死亡后留有遗产，又由单位担任监护人的，其效果与未成年人的单位监护人类似，下文以未成年人监护为例进行说明。

原《民法通则》第 16 条第 2 款第 1 项规定的未成年人父母死亡后的第一顺位监护人是“祖父母、外祖父母”。在原《民法通则》通过之前就已经生效的 1985 年《继承法》第 10 条规定的第一顺位继承人为“配偶、子女、父母”。在法定继承的情形下，如果是未成年人的父母死亡，那么遗产将由子女即被监护人和未来的第一顺位监护人即祖父母、外祖父母继承。如果祖父母、外祖父母已经先于父母去世，那么遗产将由被监护人单独继承。没有合适的监护人，将适用原《民法通则》第 16 条第 4 款的规定：“没有第一款、第二款规定的监护人的，由未成年人的父、母的所在单位或者未成年人住所地的居民委员会、村民委员会或者民政部门担任监护人。”即由单位担任监护人。对于单位担任监护人，有学者认为是一种迫不得已的做法。由于国家没有足够的经济能力充分兴办各种社会福利事业，因此单位担任监护人实际上是替国家、社会承担责任。① 如果原《民法通则》第 133 条第 2 款未设置“但单位担任监护人的除外”这一但书，则会出现如下局面：相比于祖父母、外祖父母可能获得一定的遗产用于支付赔偿款而言，单位监护人未获得任何的遗产，却要承担补充性的赔偿责任。再考虑到在公平责任语境下，通过比较双方财产来确定补偿数额，单位的财产

---

① 刘士国：《现代侵权损害赔偿研究》，法律出版社 1998 年版，第 298 页。

状况通常要远好于被侵权人，单位因此必然会承担较重的补偿责任。在“保护国有财产”的考虑下①，免除单位监护人的补充性责任，也就不足为奇了。②

正是希望包括后两种情形，原《民法通则》第133条第2款才突破了劳动成年制度的限制，仅仅保留了“有财产”的要求，最终扩展到适用于所有有财产的民事行为能力欠缺者，在适用范围上有不当扩大之嫌。区分被监护人是否有财产，在作为救济被侵权人的实用主义操作的同时，也务实地免除了单位监护人的公平责任，体现出时代的烙印。但考虑到原《民法通则》制定时，被监护人有财产的情形，主要就是劳动成年、有个人财产的精神病人和被监护人继承了遗产这三种情况，再考虑到其公平责任的性质，其不合理性也就变得可以理解了。

四、原《民法通则》第133条框架下的被侵权人救济体系

（一）原《民法通则》第133条第1款同时包含了特殊侵权责任和公平责任

原《民法通则》第131条规定：“受害人对于损害的发生也有过错的，可以减轻侵害人的民事责任。”“也”有过错的表述，严格地说，要求侵权人一方有过错。容易被忽略的是，其实通过对原《民法通则》第131条的严格适用就能够发现，第133条第1款兼具特殊侵权责任和公平责任两种适用方式。

第133条第1款作为特殊侵权责任的适用方式是：如果监护人没有尽到监护职责，此时监护人有过错，适用原《民法通则》第133条第1款第1句，“由监护人承担民事责任”。如果被侵权人没有过错，监护人应该全额赔偿；如果被侵权人有过错，可以适用原《民法通则》第131条减轻其侵权责任。

---

① 这一思路可以参见1926年《苏俄最高法院民事上诉庭的工作报告》，转引自［苏］坚金·布拉图斯主编：《苏维埃民法》（第三册），中国人民大学法律系民法教研室译，法律出版社1957年版，第372页。

② 严格地说，按照原《民法通则》第16条第2款第2项，在兄、姐担任监护人的情况下，也没有获得任何遗产，但其财产状况可能并不比被侵权人好，因此承担的公平责任也不应该太重。

第 133 条第 1 款作为公平责任的适用方式是：在监护人责任中，如果监护人尽到了监护职责，就没有过错，此时第 131 条就不能适用。因为严格地抠条文，第 131 条的适用前提应该是侵害人有过错，而非监护人有过错。即如果监护人尽到了监护职责，而被侵权人要求监护人承担责任的话，只能是在被侵权人没有过错的情形下，适用原《民法通则》第 132 条规定的双方均无过错的公平责任，这就涉及对"可以适当减轻他的民事责任"的效果考察问题。

（二）"监护人尽到监护职责"的减责事由在实务中主要体现为公平责任

笔者从"中国裁判文书网"适用"监护人责任纠纷"案由的案件中，随机抽取了 100 个案件，其中仅有 3 个案件涉及"监护人尽到监护责任的，可以减轻其侵权责任"的认定，可见法院一般不愿适用该减责事由。这三个案件适用该减责事由的具体情况如下：

案例 1："业余足球比赛受伤案"。原告与被告放学后参与学生自发组织的足球比赛，二人发生碰撞后倒地，原告受伤。法院认定原、被告双方对损害后果的发生均无主观过错，其双方监护人也对本次事故的发生不存在过错。但法院核心的考虑却是，被告父母为工厂在职和退休职工，实质上是根据二人目前工作情况、经济能力，减轻被告方承担的赔偿责任。①

案例 2："精神病人打砸邮政局案"。法院表面上认为，监护人确已尽到了监护职责，应适当减轻其应承担的赔偿责任，然后明确指出，充分考虑到监护人母子家庭特别困难的现状，监护人为照顾、监护被监护人所付出的艰辛的努力，以及原告邮政局对监护人目前经济状况、家庭状况的充分同情和理解，均衡原告单位所应承担的社会责任和本案在当地社会影响等因素，酌情认定减轻比例以 70%为宜。②

案例 3："精神病人故意伤害附带民事赔偿案"。法院考虑到被监护人未结婚，两位监护人即其父母年纪分别已经接近 60 岁和 70 岁，在被告人

① 陕西省西安市莲湖区人民法院民事判决书（2012）莲民二初字第 00100 号。需要指出的是，《民法典》第 1176 条第 1 款规定："自愿参加具有一定风险的文体活动，因其他参加者的行为受到损害的，受害人不得请求其他参加者承担侵权责任；但是，其他参加者对损害的发生有故意或者重大过失的除外。"按此规定，该案的被告应该被免除侵权责任。

② 湖北省广水市人民法院民事判决书（2015）鄂广水民初字第 00412 号。

患病期间曾多次将其送往医院进行治疗，在家期间亦对被告人采取了一定的限制措施，结合被告人的病情，可认定为监护人已经尽其所能，尽到了监护责任，因此可适当减轻其民事赔偿责任。①

从上述三个案件可以看出②，尽管法院在名义上是基于监护人尽到了监护责任对其赔偿责任予以减轻，但实际考量的主要因素都不是是否尽到了监护职责，而是双方的经济状况、监护人的身体和年龄因素以及家庭状况，实质上都是公平责任的适用。如前所述，由于名义上监护人尽到了监护职责而没有过错，作为公平责任的适用，要求被侵权人没有过错。至于为何不直接适用类似原《民法通则》第 133 条第 2 款规定的“适当”承担赔偿责任，则应该理解为对第三次民法典起草过程中监护人尽到监护职责减轻赔偿责任这种立法模式的延续，这也是原《侵权责任法》第 24 条未能实现的“逆转”。

（三）原《民法通则》第 133 条第 2 款中“不足部分，由监护人适当赔偿”是第 1 款“适当”减轻民事责任的延续

有学者提出疑问，认为既然在被监护人没有自己的财产的情况下，监护人本来就应该针对受害人的损害承担全部的赔偿责任，那么当被监护人有自己的财产却不足以支付全部赔偿费用时，监护人更加应当就所有的不足部分给予赔偿了。如果只是“适当”赔偿，就会导致一种逻辑上非常悖谬的事情：被监护人拥有部分财产的事实，竟可以成为监护人不承担义务的一个理由。③

笔者认为，该观点没有注意到原《民法通则》第 133 条第 1 款也使用了“适当”的修饰语，只不过如前文所述，这种“适当减轻”实际上体现为承担“适当”的公平责任。那么在第 2 款由“有财产”的被监护人承担了赔偿责任之后，就不足部分，监护人承担的适当赔偿责任，实质上就是第 1 款的监护人责任。即监护人如果不能证明自己尽到了监护职责，就应

---

① 福建省福州市马尾区人民法院刑事附带民事判决书（2014）马刑初字第 102 号。

② 由于“中国裁判文书网”收录的案例绝大多数都在 2010 年原《侵权责任法》实施之后，所以上述三个案例并非适用原《民法通则》的案例，但法院的裁判思路是一致的。

③ 薛军：《〈侵权责任法〉对监护人责任制度的发展》，《苏州大学学报》2011 年第 6 期。

该承担全部补充性责任；如果能够证明自己尽到了监护责任，从实务中可以看到，更多的情况是法官考虑到公平责任的要素，适用第1款的公平责任。

(四) 被监护人致害的被侵权人救济体系

按照上文的分析，原《民法通则》第131～133条构建的被监护人致害的被侵权人救济体系如表5-1所示。

表5-1　被监护人致害的被侵权人救济体系表

被监护人/被侵权人	被监护人财产充足	被监护人无财产或财产不足	
		监护人未尽监护职责	监护人尽到监护职责
无过错	被监护人严格责任	过错推定侵权责任	公平责任
有过错	被监护人严格责任减轻	侵权责任减轻	监护人无责任

从表5-1可以看出：

第一，无论被侵权人是否有过错，只要被监护人财产充足，都要承担严格责任。差别只是如果被侵权人有过错，应该依据原《民法通则》第131条减轻责任。在被监护人无财产，或者有财产但不能满足对被侵权人的救济的前提下，才适用监护人责任。

第二，如果被侵权人无过错，监护人不能证明自己尽到监护责任，则适用过错责任。监护人尽到了监护职责的，虽然表述方式为“可以适当减轻他的民事责任”，但实际上是适用当事人对造成损害都没有过错的公平责任。

第三，如果被侵权人有过错，监护人未尽监护职责，仍然要承担侵权责任，但可以适用第131条规定的责任减轻规则。如果被侵权人有过错而监护人尽到了监护职责，只能认为是被侵权人自己造成了损害，应当免除监护人的责任。

五、原《民法通则》第133条体现的利益衡量序列

质言之，原《民法通则》第133条虽然分为两款，但贯穿的是统一的利益衡量序列：对无过错被侵权人的救济＞限制监护人责任＞被监护人财产承担责任，具体来说：

第一，监护人利益高于被监护人利益。原《民法通则》上的监护人制

度只有义务没有权利，监护人即使尽到监护职责也可能无法避免被监护人侵权，因此在监护人与被监护人的利益排序上，更侧重对监护人利益的维护。如果被监护人有财产，由于侧重对监护人利益的保护，由被监护人的财产承担责任较之由监护人承担责任更为优先。

第二，无过错被侵权人利益高于监护人利益。基于原《民法通则》第132条规定的公平责任框架，在平衡当事人利益的前提下，尽量救济没有过错的被侵权人。因此，只要被侵权人没有过错，即使监护人尽到了监护职责，也不能免除责任，只能减轻责任，确保被侵权人在比较双方经济状况的前提下，能够获得一定的救济。

将无过错被侵权人利益高于监护人利益、监护人利益高于被监护人利益这两个利益排序联系起来，就很容易理解原《民法通则》第133条第2款的规定：被监护人有财产，全额赔偿被侵权人；不足部分，监护人依据第1款的规定适当承担公平责任。

第三节　对特殊侵权责任定位下《民法典》第1188条的解读思路

一、原《侵权责任法》上监护人责任的再次体系位移

（一）原《侵权责任法》上监护人责任体系位移的过程

在原《侵权责任法》起草过程中，“一审稿”的监护人责任规定在第十章“有关侵权责任主体的特殊规定”的第一条（第61条），第1款规定：“无民事行为能力人、限制民事行为能力人造成他人损害的，由监护人承担侵权责任。”该草案删除了原《民法通则》第133条第1款第2句的规定：“监护人尽了监护责任的，可以适当减轻他的民事责任。”这使其成了名副其实的严格责任。第2款规定：“有财产的无民事行为能力人、限制民事行为能力人造成他人损害的，从本人财产中支付赔偿费用。不足部分，由监护人赔偿。”相比原《民法通则》第133条第2款，一方面删除了“单位担任监护人的除外”的规定，另一方面删除了“由监护人适当赔偿”中的“适当”。该草案最为重要的变化是在体系定位上放弃了将监护人责任纳入公平责任体系的做法，并在条文上作出了相应的调整。“一审稿”的公平责任条款规定在第二章“损害赔偿”的最后一个条文，即第20条：“当事人对造

成的损害都没有过错的，可以根据实际情况，由当事人分担损失。”

“二审稿”将“关于责任主体的特殊规定”前移到了第四章，成为特殊侵权责任部分的第一章。其第一条，即第 31 条对监护人责任进行了规定，第 1 款规定：“无民事行为能力人、限制民事行为能力人造成他人损害的，由监护人承担侵权责任。监护人尽了监护责任的，可以减轻其侵权责任。”该规则恢复了“监护人尽了监护责任的”的减责规定，但从措辞来看，已经放弃了公平责任的理念，即“可以减轻其侵权责任”已经没有了“适当”的措辞。第 2 款规定同“一审稿”，相应地也就没有“适当”的公平责任措辞。另外，“二审稿”在第 32 条增设了完全民事行为能力人暂时失去意识致害责任的规定。“三审稿”保持了“二审稿”的体例和内容，并最终在原《侵权责任法》第 32 条中得到体现，第 1 款规定：“无民事行为能力人、限制民事行为能力人造成他人损害的，由监护人承担侵权责任。监护人尽到监护责任的，可以减轻其侵权责任。”第 2 款规定：“有财产的无民事行为能力人、限制民事行为能力人造成他人损害的，从本人财产中支付赔偿费用。不足部分，由监护人赔偿。”

（二）体系位移导致的性质变迁：从“特殊公平责任”到“特殊侵权责任”

尽管原《民法通则》将监护人责任置于公平责任体系之下，但在司法实践中，由于原《民法通则》第 132 条本身处于一种不确定的状态而备受诟病，牵连到了第 133 条监护人责任中公平责任的认定，实务中法院更多地仍然是关注“平行关系说”中有无财产的适用条件。可以说，无论是在学理上，还是在实践中，都没有对原《民法通则》上监护人责任的特殊公平责任体系定位予以足够的重视。

最终，在原《侵权责任法》起草之时，无论是出于未能领会原《民法通则》起草者良苦用心的原因，或者是根本不认可这种特殊公平责任的定位，立法机关作出了体系位移的决定，但在条文内容上只是表面化地进行了修饰，这导致了定位为特殊侵权责任的原《侵权责任法》第 32 条在条文上出现了“脱胎不换骨”的现象，未能实质上体现出这种体系位移带来的性质变迁。

二、“脱胎不换骨”：未能摆脱公平责任的框架带来新疑问

这种脱胎于公平责任的条文体例，仅仅通过删除“适当”这样的修饰

语，是无法抹去其公平责任条文的痕迹的。相反，由于未能深入理解原《民法通则》立法者将第 133 条纳入公平责任体系的良苦用心，原《侵权责任法》第 32 条和《民法典》第 1188 条机械地照搬了原《民法通则》第 133 条第 1 款和第 2 款的结构，进一步引起了学界的广泛讨论，新增加的疑问包括：

第一，如果说在公平责任语境下，还可以勉强接受以财产有无作为两款区分适用标准的话，那么在特殊侵权责任语境下，以财产有无作为两款的区分适用标准就显得更加不合理了。

第二，在特殊侵权责任语境下，“监护人尽到监护责任”的减责事由难以定性。有学者将原《侵权责任法》第 32 条第 1 款定性为存在减责抗辩事由的严格责任①或者无过错责任②，但我国侵权法并不区分故意侵权与过失侵权、过错责任和无过错责任的损害赔偿责任范围，因此我国减责事由均是构建在被侵权人一方的过错或者原因力之上。③ 之前依托于公平责任对监护人尽到监护职责减轻责任的解释，也无法继续沿用。

第三，原《侵权责任法》第 32 条和《民法典》第 1188 条规定的“不足部分，由监护人赔偿”未预留监护人减责事由的适用空间。对此原《侵权责任法》草案起草机关认为是为了保护被侵权人的合法权益，使其受到的损害能够得到全部的赔偿④，这使得监护人“有财产”成了监护人和被监护人共同的“不幸”，而这种基于财产的责任，又一次由于定位为特殊侵权责任而无法诉诸公平责任。

---

① 薛军：《走出监护人“补充责任”的误区》，《华东政法大学学报》2010 年第 3 期。

② 刘保玉：《监护人责任若干争议问题探讨》，《法学论坛》2012 年第 3 期。

③ 《民法典》第 1243 条规定：“未经许可进入高度危险活动区域或者高度危险物存放区域受到损害，管理人能够证明已经采取足够安全措施并尽到充分警示义务的，可以减轻或者不承担责任。”这里减轻或者免除责任的主要原因是被侵权人的“未经许可进入”行为，“管理人能够证明已经采取足够安全措施并尽到充分警示义务的”实际上是更加严格的限制条件，即使“未经许可进入”，如果管理人未能“证明已经采取足够安全措施并尽到充分警示义务的”，仍然不能减轻或者免除责任。

④ 王胜明主编：《中华人民共和国侵权责任法释义》，法律出版社 2010 年版，第 161 页。

三、特殊侵权责任定位下《民法典》第1188条的适用规则

笔者认为，尽管《民法典》第1188条照搬了原《民法通则》第133条和原《侵权责任法》第32条的条文结构，只是在个别表达上进行了微调，但我们可以通过改变两款的适用规则来体现这种体系变迁的效果，并缓和“脱胎不换骨”带来的新疑问。具体来说，就是用“内外关系说”来取代“平行关系说”，认定第1款是被侵权人请求赔偿的外部责任条款，第2款是赔偿费用来源的内部关系条款。同时，由于特殊侵权责任的新定位，《民法典》第1188条也将与第1173条被侵权人过错规则全面对接。

（一）第1款是被侵权人请求赔偿的外部责任条款

首先认定《民法典》第1188条第1款是被侵权人请求赔偿的外部责任条款。按照这种新定位，第1句“无民事行为能力人、限制民事行为能力人造成他人损害的，由监护人承担侵权责任”是对监护人责任的规定，第2句“监护人尽到监护职责的，可以减轻其侵权责任”则是对法定减责事由的规定。需要指出的是，基于特殊侵权责任定位的这种减责事由带来的“一般与特殊处理说”所指出的救济不足问题[①]，《民法典》侵权责任编仍然没有解决。

（二）第2款是赔偿费用来源的内部关系条款

在此基础上，认定《民法典》第1188条第2款是赔偿费用来源的对内关系条款。按照这种新定位来审视该款前段“有财产的无民事行为能力人、限制民事行为能力人造成他人损害的，从本人财产中支付赔偿费用”，由于这种支付是由监护人来执行的，实际上是《民法典》第35条第1款第2句“监护人除为维护被监护人利益外，不得处分被监护人的财产”的例外规定，使得监护人避开侵害被监护人利益的嫌疑[②]，允许监护人从被监护人的财产中支付赔偿费用，但应当保留被监护人基本的生活费用，保障其正常的生活和学习不受影响。[③] 该款后段规定的“不足部分，由监护人赔偿”虽然应该理解为完全的补充责任，但由于对外赔偿总额在第1款

---

① 朱广新：《被监护人致人损害的侵权责任配置》，《苏州大学学报》2011年第6期。

② 陈帮锋：《论监护人责任》，《中外法学》2011年第1期。

③ 王胜明主编：《中华人民共和国侵权责任法释义》，法律出版社2010年版，第161页。

中已经体现了监护人尽到监护职责减轻的情形，因此是相对合理的。

有学者指出，这种用（形式上）属于孩子的财产来支付法律课加于父母的损害赔偿义务，并不违背中国社会大众的正义观念。[①] 而且在实务中，只有监护人对被监护人的财产最为了解，由法院和被侵权人查明被监护人财产却很困难，将其解释为内部关系也能够降低司法适用的成本。

(三)《民法典》第1173条对第1188条的适用

鉴于《民法典》第1188条第1款第2句"监护人尽到监护职责的，可以减轻其侵权责任"的措辞，以及过错推定责任与无过错责任在损害赔偿责任范围上的无差异性，将第1188条第1款第1句的规定认定为一种特殊的过错推定责任，可能更为合理。即监护人被推定为有过错，承担过错推定责任；监护人能够证明自己没有过错的，尽管不能免除其责任，但可以减轻其过错推定责任。

《民法典》第1173条规定："被侵权人对同一损害的发生或者扩大有过错的，可以减轻侵权人的责任。"在被侵权人有过错的情况下，第1173条也可以完全适用于第1188条的规定，以适应这种"特殊侵权责任"的定位。

第四节　《民法典》侵权责任编中监护人责任制度的体系定位

如前文所述，由于监护人责任具有侵权责任与公平责任的混合属性，原《侵权责任法》第32条错误地承袭了原《民法通则》第133条体系定位上的偏差，导致了理论上的批评与实务中的混乱。遗憾的是，《民法典》第1188条未能吸取原《侵权责任法》体系定位不准的教训。未来最高人民法院应当通过司法解释予以完善，思路上应该首先明确其体系定位，然后再根据体系定位作条文设计，只有这样方能获得符合立法意旨的立法效果。

① 薛军：《走出监护人"补充责任"的误区》，《华东政法大学学报》2010年第3期。

一、比较法上监护人责任中的例外性公平责任

（一）比较法上监护人责任中的公平责任体例

基于“自然公平”认定未成年人承担责任的观念起源于 1794 年《普鲁士普通邦法》，该法典第 41 条规定：“于精神病人、痴愚之人或者不满 7 周岁的儿童侵害他人之情形，他们只能被请求以其所有的财产对直接损失予以赔偿。”第 42 条规定：“但是于其监护人或者其父母没有能力或者不能赔偿损失之情形，儿童的财产可以用于赔偿损失。”① 1811 年《奥地利民法典》继受并细化了公平责任②，第 1309 条规定：“除前条所规定的情形以外，对于不能运用其理智的人或者不满十四周岁的未成年人负有监督义务的人，没有尽到其监督义务，则应对因此造成的损害承担赔偿责任。”第 1310 条规定：“如果受害人不能依据前条规定获得赔偿，则法官应当考虑如下情况以确定给予受害人完全的赔偿或公平的部分赔偿：不考虑加害人通常无法控制其理智，在特定情形下其是否具有过错；受害人因爱护加害人而没有实施防卫行为；加害人和受害人的财产状况。”

《德国民法典》首先在第 827 条确认了民事责任能力制度的适用：“在丧失知觉的状况下或者在不能自由决定意思的精神错乱的状况下加损害于他人的人，不对该损害负责任。其以酒精饮料或者类似手段使自己陷于此种暂时状况的，对其在此状况下非法引起的损害，以如同其有过失一样的方式负责任；其没有过错而陷于此状况的，该责任即不发生。”然后在第 828 条规定了“未成年人”致害的情形：“（1）未满七岁的人不对其所加给他人的损害负责任。（2）已满七岁但未满十岁的人，对其在汽车、有轨交通工具或者悬空缆车的事故中加给他人的损害不负责任。已满七岁但未满十岁的人故意地引起侵害的，不适用前句的规定。（3）以未满十八岁的人的责任未被依照第 1 款或者第 2 款加以排除为限，其在实施加害行为时缺乏辨别责任的必要判断力的，即不对其加给他人的损害负责任。”在这两条规则的基础上，第 829 条对公平责任予以了规定：“以不能从负有监

① ［德］克雷斯蒂安・冯・巴尔：《欧洲比较侵权行为法》（上卷），张新宝译，法律出版社 2001 年版，第 110－111 页。

② ［德］克雷斯蒂安・冯・巴尔：《欧洲比较侵权行为法》（上卷），张新宝译，法律出版社 2001 年版，第 111 页。

督义务的第三人那里获得损害赔偿为限，在第 823 条至第 826 条所称情形之一里依照第 827 条、第 828 条对其引起的损害不负责的人，在根据情况，特别是根据利害关系人的状况，赔偿损害为公平所要求的限度内，和不剥夺其为维持适当的生计以及为履行法定扶养义务所需要的金钱的限度内，仍然必须赔偿损害。”

《德国民法典》第 827～829 条所体现的是侵权法中的责任，以加害人本人具有责任能力为前提。如果满足了第 827 条或第 828 条的条件，则应否定加害人的侵权责任能力。但假如规定受害人在这种情况下得不到任何赔偿，在个案中则可能出现不公平的状态。所以，第 829 条的规定意图在严格的前提条件下，并且在损失无法归责于另外的人时，使加害人承担起赔偿义务。[①]《瑞士债法典》第 54 条、《希腊民法典》第 918 条、《意大利民法典》第 2047 条、《葡萄牙民法典》第 489 条和《俄罗斯联邦民法典》第 1076 条尽管详略不一，但大体上也采纳了《德国民法典》的这一体例。

我国台湾地区“民法”第 187 条较好地继受并诠释了《德国民法典》上公平责任的精髓，第 1 款规定：“无行为能力人或限制行为能力人，不法侵害他人之权利者，以行为时有识别能力为限，与其法定代理人连带负损害赔偿责任。行为时无识别能力者，由其法定代理人负损害赔偿责任。”第 2 款规定：“前项情形，法定代理人如其监督并未疏懈，或纵加以相当之监督，而仍不免发生损害者，不负赔偿责任。”第 3 款规定：“如不能依前二项规定受损害赔偿时，法院因被害人之声请，得斟酌行为人及其法定代理人与被害人之经济状况，令行为人或其法定代理人为全部或一部之损害赔偿。”第 4 款规定：“前项规定，于其他之人，在无意识或精神错乱中所为之行为致第三人受损害时，准用之。”其中，第 3 款的“及其法定代理人”是 1999 年“民法”债编修正时增加的，其立法理由是：“无行为能力人或者限制行为能力人之经济状况，在目前社会殊少有能力足以赔偿被害人之损害。苟仅斟酌行为人之经济状况，而不及其法定代理人，则本条项立法之目的，实难达到。为期更周延保障被害人之权利，第三项爰予修正，增列‘法定代理人’，其经济状况亦为法院得斟酌并令负担损害赔偿

① ［德］马克西米利安·福克斯：《侵权行为法》，齐晓琨译，法律出版社 2006 年版，第 191 页。

之对象。”[1]

（二）监护人责任中的例外性公平责任体系定位

德国法上的公平责任体系定位，具有如下的特点：第一，以承认民事责任能力制度为背景。第二，作为一种例外性的公平责任，是对于因为没有责任能力而免除行为人责任，而被侵权人也不能从监护人处获得赔偿时，被监护人实施侵权行为作为一种社会风险完全由被侵权人承担所导致的不公平考量下的特别处理。第三，完整的例外性的公平责任体系，还包含完全民事行为能力人暂时失去意识致害的情形。

我国台湾地区“民法”第187条仍然坚持了民事责任能力制度背景下为实现社会公平的例外性公平责任定位，只是将“法定代理人”纳入了公平责任比较财产状况和承担责任的范围。应当指出，1964年《苏俄民法典》和对我国原《民法通则》有较为直接影响的1950年《捷克斯洛伐克共和国民法典》[2]、1975年《德意志民主共和国民法典》[3] 等也没有规定公平责任一般条款，实际上也是这种例外性公平责任定位。

二、我国监护人责任制度的主要问题

（一）缺乏促使监护人尽到监护职责的激励机制

有学者建议，裁判者在适用“监护人尽了监护职责”时，应将“监护职责”理解为“监督义务”。在判断监护人是否履行了监督义务时，应当考虑监护人履行监督义务的可能性与必要性。[4] 有学者认为，从原《民法通则》到原《侵权责任法》，关于监护人为被监护人对第三人的加害行为承担责任的基本理念之一，就是促使监护人尽力控制被监护人对第三人可能发生的危险，并且通过减轻其责任的方式对此进行鼓励。[5] 这种“基本

---

① 陈忠五主编：《新学林分科六法——民法》，新学林出版股份有限公司2011年版，第B-154页。

② 郑民译：《捷克斯洛伐克共和国民法典》，法律出版社1956年版，第60-64页。

③ 费宗祎译：《德意志民主共和国民法典》，法律出版社1982年版，第112-121页。

④ 刘敏：《未成年人监护的责任减轻规则——以〈侵权责任法〉第32条第1款后段为中心的讨论》，《财经法学》2016年第6期。

⑤ 李永军：《论监护人对被监护人侵权行为的“替代责任”》，《当代法学》2013年第3期。

理念”也延续到了《民法典》第 1188 条。笔者认为，这种“基本理念”的设想是美好的，但实践中恐怕无法实现。一方面，实务中法院为了尽量对受害人进行补偿，除非基于双方经济状况等公平责任考量因素，极少认定监护人尽到监护职责。另一方面，法院更多地还在考虑如何通过调动被监护人的财产来填补被侵权人的损害。如果被监护人财产不足以支付，则尽量尝试让监护人承担补充责任。① 在这样一种尽量填补被侵权人损害的审判倾向下，监护人即使尽到监护职责也难以免除责任，而只能根据公平责任的考量因素减轻其责任，实质上监护人责任的减轻可能性反而更多来自被监护人有财产的情况。如果再考虑到原《民通意见》第 158 条可能让间接监护人承担责任的情形和第 161 条第 2 款即使行为人致人损害时年满十八周岁也可能由抚养人垫付的情形，加上我国的监护制度是纯粹的“有职责无权利”设计，这种无法产生任何激励机制的制度设计，根本无法较好地鼓励监护人尽到监护职责。

（二）被监护人致害社会风险分配机制不合理

由于被监护人不是完全的理性人，对他人、对社会都具有不同程度的危险。② 法律关于被监护人（未成年人）致人损害之侵权责任的规定，主要是为了协调被监护人、监护人的行为自由与受害人权益保护之间的冲突。③ 有学者指出，未成年人的活动不是一种可归咎于父母的生育行为所导致的社会风险，而是社会共同体的成员所必须承担的正常的风险。对这一问题，必须通过社会化的保险制度来解决。④ 在我国社会保险保障程度较低和商业保险普及率低的“双低保险”社会背景下，侵权法上的被监护人致害社会风险分配机制的合理性就更加引人关注，核心问题就是“监护人尽到监护职责”这一减责事由。

质言之，这种减轻了的监护人责任，实际上是由被侵权人承担了。这

---

① 广西壮族自治区河池市中级人民法院民事判决书（2015）河市民一终字第 70 号；上海市黄浦区人民法院民事判决书（2014）黄浦少民初字第 22 号。

② 李永军：《论监护人对被监护人侵权行为的“替代责任”》，《当代法学》2013 年第 3 期。

③ 朱广新：《被监护人致人损害的侵权责任配置》，《苏州大学学报》2011 年第 6 期。

④ 薛军：《走出监护人“补充责任”的误区》，《华东政法大学学报》2010 年第 3 期。

就是有学者指出的减轻责任对被侵权人保护不周的问题[①]，也是这一减责事由在实践中适用机会极少且大多行公平责任之实的主要原因。实际上，“前保险社会”起草的传统民法典，都面临类似的被侵权人救济问题。而传统民法的应对措施就是公平责任，即在例外情形下将被监护人的财产纳入考量，综合考虑被侵权人、监护人和被监护人的财产状况，由他们共同分担这一社会风险。[②]

我国民法学界也认为，如果出现监护人赔偿能力严重不足，而被监护人拥有大量财产的情况，以适当的方法，让作为实际加害人的被监护人的财产以某种方式参与到损害赔偿之债的赔付之中，从而保障受害人得到充分救济，就是一个合理的选择。[③] 但问题在于，如果采用“平行关系说”，则是直接将被监护人的财产几乎全部用于填补被侵权人的损害而“失衡”；如果采用“内外关系说”，则是先减轻监护人的责任再将被监护人的财产纳入考量，这就未能如传统民法的公平责任一样，对三方财产作通盘考虑而有失公允。

（三）没有对被监护人的财产执行予以限制

一般认为，从未成年加害人的财产中支付赔偿费用的，不得对未成年人的生活和教育产生严重不利影响。[④] 对于被监护人的财产执行进行必要限制，主要是避免对其未来正常生活和接受教育机会的剥夺。这本不是监护人责任规范的特殊需求，因为在各种强制执行过程中，均会存在这样的问题。但在例外性公平责任定位下，这种对被监护人基本财产的保障显得更加迫切和重要。由于《民法典》侵权责任编对这一体系性问题未予以体系性的解决，而第 1188 条监护人责任中明确规定了“从本人财产中支付赔偿费用”，笔者建议未来最高人民法院应当通过司法解释予以明确。

① 朱广新：《被监护人致人损害的侵权责任配置》，《苏州大学学报》2011 年第 6 期。

② 张金海：《公平责任考辨》，《中外法学》2011 年第 4 期。

③ 薛军：《走出监护人“补充责任”的误区》，《华东政法大学学报》2010 年第 3 期。

④ 蔡颖雯：《论我国未成年人监护人责任制度的完善——兼议侵权责任法的立法选择》，《法学家》2008 年第 2 期。

三、我国监护人责任制度的侵权责任与公平责任双重定位

（一）摆脱“双方均无过错”的束缚

“双方无过错”的要求源于《普鲁士普通邦法》第44条的规定：“于受害人对损害存在共同过失之情形，即使是轻微过失，其也无权从加害人处得到赔偿。”① 1811年《奥地利民法典》第1308条延续了这一要求：“如果不能运用其理智的人或者不满十四周岁的未成年人造成他人损害，而受害人也因自己的某种过错而引起损害，则受害人不能请求损害赔偿。”②《德国民法典》取消了即使是受害人有轻微过失也剥夺其请求权的限制③，此后比较法上几乎所有的监护人责任中的公平责任都没有这样的限制。即使是1922年《苏俄民法典》第406条也没有明文作出这样的限制：“依本法第403条至第405条所规定之情形，加害人不应负赔偿责任时，法院得酌量加害人及受害人之财产状况，令其赔偿。”

尽管《民法典》第1186条仍然规定了公平补偿责任的一般条款：“受害人和行为人对损害的发生都没有过错的，依照法律的规定由双方分担损失。”但由于《民法典》侵权责任编中监护人责任延续了原《侵权责任法》的体系位移，第1188条已经不受第1186条双方均无过错的限制。加上此前即使是在原《民法通则》时代，第132条的“双方均无过错”限制也未能实质上约束第133条公平责任的适用，这一约束在未来也没有任何存在必要。

（二）以侵权责任为原则：区分完全民事行为能力人和限制民事行为能力人

尽管大多数学者都坚持认为应该采纳德国法的模式，区分民事行为能力和民事责任能力④，但原《侵权责任法》草案起草机关认为，多年的司

---

① ［德］克雷斯蒂安·冯·巴尔：《欧洲比较侵权行为法》（上卷），张新宝译，法律出版社2001年版，第110－111页。

② ［德］克雷斯蒂安·冯·巴尔：《欧洲比较侵权行为法》（上卷），张新宝译，法律出版社2001年版，第111页。

③ ［德］克雷斯蒂安·冯·巴尔：《欧洲比较侵权行为法》（上卷），张新宝译，法律出版社2001年版，第111页。

④ 参见刘保玉、秦伟：《论自然人的民事责任能力》，《法学研究》2001年第2期；郑晓剑：《不应被淡化的侵权责任能力——对侵权责任能力制度若干功能的考察与审思》，《法律科学》2011年第6期；陈帮锋：《民事责任能力：本原与异化》，《中外法学》2012年第2期。

法实践证明，虽然我国法律没有行为人责任能力的规定，但是能够妥善解决无民事行为能力人和限制民事行为能力人引发的侵权纠纷。①

出于立法成本考虑，《民法典》总则编按照原《民法总则》的做法，继续沿用了民事行为能力包含民事责任能力的立法模式，同时《民法典》侵权责任编保留了监护人责任制度的基本框架，避免了独立民事责任能力制度下所涉及的对包括监护人责任制度在内的相关制度的修改，体现了编纂民法典的"实用主义思路"。笔者认为，未来最高人民法院制定司法解释仍有一可行的折中做法，即区分无民事行为能力人和限制民事行为能力人，采用不同的归责原则②，分别适用无过错责任和过错推定责任。③

（三）以公平责任为例外：以被侵权人无法获得充分救济为前提

作为一种公平责任，被监护人致害公平责任应当具有补充性质，即在被侵权人无法获得充分救济时才能补充性地适用。④ 而除了侵权责任，被侵权人还可能从社会保险、商业保险和社会捐助等多渠道获得救济。公平责任的适用，以被侵权人无法获得充分救济为前提，而不是以无法获得监护人和被监护人的完全赔偿为前提，以体现其例外性。

笔者认为，作为例外性公平责任的有机组成部分，未来最高人民法院通过司法解释明确监护人责任条款的法律适用，应该与《民法典》第1190条对"完全民事行为能力人无意识致害责任"的规定保持一致。第1190条第1款规定了侵权责任和公平责任两种情形："完全民事行为能力人对自己的行为暂时没有意识或者失去控制造成他人损害有过错的，应当承担侵权责任；没有过错的，根据行为人的经济状况对受害人适当补偿。"该款"经济状况"的用语，未来应该进一步扩展为"经济状况等实际情况"，以便容纳实务中更多的考量因素，并作出"不得对被监护人的生活和教育产生严重不利影响"的限制。有学者认为，只有无民事行为能力人

① 王胜明主编：《中华人民共和国侵权责任法释义》，法律出版社2010年版，第161页。

② 王利明：《侵权责任法研究》（下卷），中国人民大学出版社2011年版，第37页。

③ 车辉：《我国未成年人监护人责任的立法检讨》，《宁夏社会科学》2014年第1期。

④ 张学军：《儿童所负公平责任之比较研究》，《北京航空航天大学学报（社会科学版）》2013年第6期。

本人的经济状况好于受害人，损失才应被“公平分担”[①]。如果斟酌致损儿童的监护人之经济状况，就应同样斟酌受害人的监护人（若有之）之经济状况。[②] 笔者建议，使用“被侵权人一方”和“侵权人一方”的表达，以涵盖对这种情形的考量。

第五节　我国监护人责任制度的完善建议

一、《民法典》第 1188 条措辞的细节问题

《民法典》第 1188 条在措辞上，除了采纳学者建议将“监护责任”改为“监护职责”[③]，几乎照搬了原《侵权责任法》第 32 条，仍然遗留了原条文的措辞问题，主要包括：

第一，第 2 款规定的“从本人财产中支付赔偿费用”。原《民法通则》中，除了第 133 条使用了“支付”赔偿“费用”的表达，第 21 条第 2 款关于被宣告失踪人的费用支付中还有类似表达：“失踪人所欠税款、债务和应付的其他费用，由代管人从失踪人的财产中支付。”该款规定的用语体系被《民法典》第 43 条第 2 款继受，只是将“代管人”明确为了“财产代管人”。从这一表述看，财产代管人支付的费用为失踪人应付的费用。但《民法典》第 1188 条第 2 款中“从本人财产中支付赔偿费用”的表述，却无法得出一致性的解释结论。主张第 2 款不是请求权基础的学者认为这一表述并不能直接得出无民事行为能力人、限制民事行为能力人就此成为侵权责任承担主体的论点。[④] 主张第 2 款是请求权基础的学者，仍然无法回避“从本人财产中支付赔偿费用”不同于“承担侵权责任”的表述差异，只能认为这意味着虽然支付赔偿费用进行赔偿，但此种赔偿并不是基

---

① 张学军：《“监护人”“公平分担损失”制度研究》，《当代法学》2013 年第 5 期。

② 张学军：《儿童所负公平责任之比较研究》，《北京航空航天大学学报（社会科学版）》2013 年第 6 期。

③ 刘保玉：《监护人责任若干争议问题探讨》，《法学论坛》2012 年第 3 期。

④ 薛军：《走出监护人“补充责任”的误区》，《华东政法大学学报》2010 年第 3 期。

于过错而进行的赔偿，而是基于公平原则的考虑，是为了填补受害人的损失。[①] 上文的论述进一步揭示了，在特殊公平责任和特殊侵权责任的不同体系定位下，这两种解读均具有各自的合理性。为了避免这种表述上的模糊性，未来应该由最高人民法院通过司法解释予以明确。

第二，第 2 款后段规定的“由监护人赔偿”中的“赔偿”，既不同于“从本人财产中支付赔偿费用”的“支付赔偿费用”，也不同于第 1 款规定的“承担侵权责任”，导致对其性质解读的困难。无怪乎主张第 2 款是独立请求权基础的学者会认为“不足部分，由监护人赔偿”是承担补充责任，主动向第 1 款“承担侵权责任”靠拢；而主张第 2 款为内部赔偿费用来源条款的学者，则解读为“支付赔偿费用”。与前一点措辞瑕疵涉及的情况类似，在特殊公平责任和特殊侵权责任的不同体系定位下，这两种解读均具有各自的合理性。《民法典》第 1188 条第 2 款相较于原《侵权责任法》第 32 条第 2 款的唯一一处调整，就是将该款的句号改为了分号，但这似乎并不能为这两者解读的选择提供明确的思路，建议未来最高人民法院通过司法解释予以完善。

二、监护人责任相关司法解释未来的效力问题

针对实务中无民事行为能力人、限制民事行为能力人致害的监护人责任领域的特殊问题，最高人民法院还作过三个较为特殊的批复，《最高人民法院关于废止部分司法解释及相关规范性文件的决定》（法释〔2020〕16 号）也并未将其废止，未来有必要明确其效力：

第一，关于对患精神病的人，其监护人应从何时起承担监护责任的问题，《最高人民法院民事审判庭关于监护责任两个问题的电话答复》（1990 年 5 月 4 日）认为：“成年人丧失行为能力时，监护人即应承担其监护责任。监护人对精神病人的监护责任是基于法律规定而设立的，当成年人因患精神病，丧失行为能力时，监护人应按照法律规定的监护顺序承担监护责任。如果监护人确实不知被监护人患有精神病的，可根据具体情况，参照《民法通则》第一百三十三条规定精神，适当减轻民事责任。”实务中，即使致害人成年后长期不与其父母在一起居住，只要突然丧失行为能力并

① 王利明：《侵权责任法研究》（下卷），中国人民大学出版社 2011 年版，第 62 页。

致人损害，其父母立刻就成了监护人并承担监护责任。这使得子女即使成年仍然是父母随时可能爆炸的“不定时炸弹”，且无法通过提高注意义务而免除责任。此外，“监护人确实不知被监护人患有精神病”也不符合“监护人尽到监护职责的”立法表述，建议未来最高人民法院废止这一“电话答复”。

第二，关于未成年侵权人死亡其父母监护人责任的承担问题，《最高人民法院关于未成年的侵权人死亡其父母作为监护人能否成为诉讼主体的复函》（1990 年 1 月 20 日〔1989〕民他字第 41 号）认为：“未成年人阿拉腾乌拉携带其父额尔登巴图藏在家中的炸药到那木斯来家玩耍，将炸药引爆，炸毁那木斯来家房屋顶棚及部分家具。那木斯来以额尔登巴图为被告要求赔偿损失，人民法院应依法受理，并依据《民法通则》及《婚姻法》的有关规定妥善处理。”建议未来最高人民法院明确该“复函”与《民法典》第 1161 条的关系。第 1161 条规定：“继承人以所得遗产实际价值为限清偿被继承人依法应当缴纳的税款和债务。超过遗产实际价值部分，继承人自愿偿还的不在此限。”“继承人放弃继承的，对被继承人依法应当缴纳的税款和债务可以不负清偿责任。”

第三，关于未成年人犯罪其父母监护人责任的承担问题，《最高人民法院关于监护人是否承担赔偿责任问题的复函》（1989 年 10 月 5 日〔1989〕民他字第 17 号）指出：“关于梁剑文等四未成年人盗窃财物被劳动教养，受害人翁舜慧提起民事诉讼，要求其监护人承担赔偿责任，人民法院能否作为民事赔偿案件受理的问题。经研究认为，鉴于此案情况比较复杂，现行法律对此类问题又无明确规定，如何适用法律，需要在审判实践中积累经验进行研究。因此，此案不宜采用提起民事诉讼的办法解决。”监护人是预防未成年人犯罪最为重要的环节，我国的监护人责任较重，建议未来最高人民法院明确该“复函”关于监护人责任的未决事宜。

第六章　无过错暂时失去行为控制时致害公平补偿责任论

《民法典》第 1190 条第 1 款规定："完全民事行为能力人对自己的行为暂时没有意识或者失去控制造成他人损害有过错的，应当承担侵权责任；没有过错的，根据行为人的经济状况对受害人适当补偿。"第 2 款规定："完全民事行为能力人因醉酒、滥用麻醉药品或者精神药品对自己的行为暂时没有意识或者失去控制造成他人损害的，应当承担侵权责任。"该条与原《侵权责任法》第 33 条的立法表述完全相同。那么，这是否意味着《民法典》第 1190 条，尤其是该条第 1 款后段规定的无过错暂时失去行为控制时致害公平补偿责任并无改进完善的必要呢？

第一节　《民法典》第 1190 条的内容与结构

《民法典》第 1190 条与原《侵权责任法》第 33 条的立法意图相同，该条的两款一共规定了三种情况。其中，第 1 款规定的是完全民事行为能力人对于自己的行为暂时没有意识或者失去控制有过错和没有过错两种情形；第 2 款是对第三种情况的规定，即完全民事行为能力人因醉酒、滥用麻醉药品或者精神药品导致自己暂时没有意识或者失去控制造成他人损害的。[①] 笔者认为，严格按照《民法典》第 1190 条的表述，编纂机关当时并未认识到这是一种"一般规定加典型列举"的立法模式，而我国现行法上采用该立法模式最为典型的是《铁路法》第 58 条。该条第 1 款是一般性规定："因铁路行车事故及其他铁路运营事故造成人身伤亡的，铁路运输企业应当承担赔偿责任；如果人身伤亡是因不可抗力或者由于受害人自身的原因造成的，铁路运输企业不承担赔偿责任。"第 2 款是对第 1 款"受害人自身的原因"的典型列举："违章通过平交道口或者人行过道，或者在铁路线路上行走、坐卧造成的人身伤亡，属于受害人自身的原因造成的人身伤亡。"之所以认为这是"一般规定加典型列举"的立法模式，是因为《民法典》第 1190 条第 1 款和《铁路法》第 58 条第 1 款，都已经通过分号作出了"有过错—无过错"和"非自身原因—自身原因"的完全逻辑区分，不存在通过第 2 款创设第三种情形的可能性，因此只能认为第 2 款是为了便于对第 1 款中有过错和"自身的原因"的理解，对其典型情况予以列举。

按照这一理解，《民法典》第 1190 条实际上是规定了两种责任，第一种是由第 1 款前段和第 2 款组合而成的"因过错丧失意识致害责任"：完全民事行为能力人对自己的行为暂时没有意识或者失去控制造成他人损害有过错的（包括但不限于醉酒、滥用麻醉药品或者精神药品），应当承担侵权责任。第二种是由第 1 款前段和后段组合而成的"无过错暂时失去行为控制时致害公平补偿责任"："完全民事行为能力人对自己的行为暂时没有意识或者失去控制造成他人损害……没有过错的，根据行为人的经济状况对受害人适当补偿。"

第一种"因过错丧失意识致害责任"，实际上是一种较为特殊的过错责任，虽然致害时行为人"暂时没有意识或者失去控制"，但进入这种特

① 王胜明主编：《中华人民共和国侵权责任法解读》，中国法制出版社 2010 年版，第 154 - 155 页；黄薇主编：《中华人民共和国民法典侵权责任编解读》，中国法制出版社 2020 年版，第 106 页。

殊的状态，是因为包括但不限于[①]醉酒、滥用麻醉药品或者精神药品的过错造成的。《民法典》第 1190 条以列举典型方式的模式，明确了在这种情形下行为人有过错，要承担侵权责任。对于第二种“无过错暂时失去行为控制时致害公平补偿责任”，学说上则存在较大的争议。核心争议在于，《民法典》第 1190 条到底是第 1186 条公平补偿责任一般条款的具体化，还是与第 1188 条一起，均摆脱了第 1186 条“双方均无过错”的要求，组成了意识欠缺致害责任体系，并各自成为独立的侵权公平责任类型。

第二节　无过错暂时失去行为控制时致害公平补偿责任的确立过程

一、新中国第一次民法典起草并未坚持对“完全民事行为能力人无意识致害”的规定

从新中国第一次民法典起草开始，《债篇通则第一次草稿》（1955 年 10 月 24 日）（以下简称“一次一稿”）中就已统一起草意识欠缺致害责任体系，该草案第 37 条第 1 款规定了监护人责任：“无行为能力人造成他人的损害由法定代理人负赔偿责任。限制行为能力人造成他人的损害，由限制行为能力人负责赔偿，在不能或者赔偿不足的时候，由法定代理人负赔偿责任。”第 2 款规定了“因过错丧失意识致害侵权责任”：“因故意或者过失使自己处于临时无行为能力状态，造成他人的损害，应该负赔偿责任。”[②] 随后的《债权篇通则草稿》（1957 年 1 月 7 日）第 14 条取消了“因过错丧失意识致害侵权责任”的规定[③]，但同时期的《债的通则第二次稿（另案）》（1957 年 1 月 9 日）第 72 条第 3 款保留了这一规定。[④] 尽

---

① 其他的如过度疲劳，参见后文分析。

② 何勤华、李秀清、陈颐编：《新中国民法典草案总览》（上卷），法律出版社 2003 年版，第 181 页。

③ 何勤华、李秀清、陈颐编：《新中国民法典草案总览》（上卷），法律出版社 2003 年版，第 202 页。

④ 何勤华、李秀清、陈颐编：《新中国民法典草案总览》（上卷），法律出版社 2003 年版，第 226 页。

管有学者建议保留，最终的《损害赔偿［第三次草稿］》（1957 年 2 月 10 日）第 5 条仍然取消了这一规定。①

需要指出的是，同期主要参考对象 1922 年《苏俄民法典》并无类似规定，对比当时参考的比较法资料，这种仅规定“因过失丧失意识致害侵权责任”而不规定“无过失丧失意识致害公平补偿责任”的立法模式，应该是参考了《日本民法典》第 713 条的规定：“于心神丧失间加害于他人者，不负赔偿责任。但是，因故意或过失致一时心神丧失者，不在此限。”

二、新中国第三次民法典起草增加了对“完全民事行为能力人无意识致害”的规定

新中国第二次民法典起草未涉及侵权责任的规定。第三次民法典起草增加了对“完全民事行为能力人无意识致害”的规定，回到了“一次一稿”的体例。《中华人民共和国民法草案（征求意见稿）》（1980 年 8 月 15 日）（以下简称“三次一稿”）在第五编“损害责任”第三章“损害责任的特殊规定”分两条分别规定了“非完全民事行为能力人致害责任”和“完全民事行为能力人无意识致害”。第 448 条规定前者，第 1 款规定：“无行为能力人和行为能力受限制的人不法造成的损害，由他们的父母、监护人或者有义务对他们进行监护的组织承担责任。但是，未成年人能够辨认自己行为的后果并且已有独立经济收入的，应当对自己造成的损害承担连带责任。”第 2 款规定：“父母、监护人或实行监护的组织如果能够证明已经尽到了监护责任，可以酌情减轻或者免除他们的责任。”第 449 条的内容较为特殊，第 1 款单独规定了间歇性精神病人的法律适用：“间歇性精神病人在精神病发作期间造成损害的，不承担责任。”第 2 款规定：“有行为能力的人，因病一时处于不能控制自己行为或者不能辨认自己行为后果的状态中所造成的损害，不承担责任。但是因酗酒、服用麻醉品等使自己处于上述状态的，应当承担责任。”《中华人民共和国民法草案（征求意见二稿）》（1981 年 4 月 10 日）（以下简称“三次二稿”）第 345 条和第 346 条延续了这一体例。从《中华人民共和国民法草案（第三稿）》（1981 年 7 月 31 日）开始，第 469 条延续了“三次一稿”的体例，但第

① 何勤华、李秀清、陈颐编：《新中国民法典草案总览》（上卷），法律出版社 2003 年版，第 243 页。

470条不再对间歇性精神病人的法律适用单独规定，其余内容与“三次一稿”类似。《中华人民共和国民法草案（第四稿）》（1982年5月1日）（以下简称“三次四稿”）延续了这一体例和内容。

对比当时的立法参考资料，新中国第三次民法典起草关于“完全民事行为能力人无意识致害”的规定，是对1964年《苏俄民法典》第453条“对不能辨认其行为后果的公民所造成的损害的责任”的借鉴：“有行为能力的公民，如果在其不能辨认自己行为的后果或不能控制自己行为的状态中造成损害，对其所造成的损害不负责任。但是如果他之所以处于这种状态是由于自己服用酒精或麻醉品或以其他方式所致，则不得免除他的责任。”同时也应该是参考了1975年《德意志民主共和国民法典》第349条“在神志不清场合的责任”的规定：“（一）公民因其精神活动发生暂时的或长久的病理紊乱或者神志不清，以致在实施损害行为时不能以负责的态度控制自己的，对自己造成的任何损害不负责任。（二）公民因酗酒、使用其他麻醉品或药物使自己处于不能负责行事的状态，并在这种状态下损害他人的，应对损害负责；但非因自己的过错而陷于这种状态的不负责任。”①

这两部前社会主义国家立法例的源流，其实都是《德国民法典》第827条。要特别指出的是，第三次民法典起草中的“完全民事行为能力人无意识致害”以及当时参考的前社会主义国家立法例，其法律效果都是原则上不承担责任，但设有“因酗酒、服用麻醉品等使自己处于上述状态的，应当承担责任”的但书。尽管《德国民法典》第829条“由于公平原因的赔偿义务”的规定，可以适用于第827条规定的情形，但并未得到直接采纳，这也说明当时的草案起草机关并未全盘采纳《德国民法典》的公平责任体系。

三、原《民法通则》埋下了公平责任的种子

原《民法通则》取消了“完全民事行为能力人无意识致害”的规定，仅仅在第133条保留了“三次四稿”的监护人责任，第1款规定：“无民事行为能力人、限制民事行为能力人造成他人损害的，由监护人承担民事

① 费宗祎译：《德意志民主共和国民法典》，法律出版社1982年版，第117页。

责任。监护人尽了监护责任的，可以适当减轻他的民事责任。”第 2 款规定：“有财产的无民事行为能力人、限制民事行为能力人造成他人损害的，从本人财产中支付赔偿费用。不足部分，由监护人适当赔偿，但单位担任监护人的除外。”但由于第 133 条在体例上属于公平责任而非特殊侵权责任①，这也为 2009 年原《侵权责任法》第 33 条跟随第 32 条的体例重新赋予其公平责任属性埋下了伏笔。

四、原《侵权责任法》上“完全民事行为能力人无意识致害责任”的确立与《民法典》的继受

2002 年的原《侵权责任法》“一审稿”第 61 条对原《民法通则》第 133 条的内容略作改变，但没有紧接着规定“完全民事行为能力人无意识致害责任”。2008 年“二审稿”之前的《中华人民共和国侵权责任法（草案）》（2008 年 9 月 23 日修改稿）第 89 条第一次规定了“完全民事行为能力人无意识致害”：“完全民事行为能力人对自己的行为暂时没有意识或者失去控制时造成他人损害，应当根据过错承担侵权责任；没有过错的，应当根据行为人的经济状况给受害人适当补偿。但是，因醉酒、滥用麻醉品造成他人损害的，应当承担侵权责任。”“二审稿”将其规定在第 32 条，拆分为两款：“完全民事行为能力人对自己的行为暂时没有意识或者失去控制造成他人损害，应当根据过错承担相应的侵权责任；没有过错的，根据行为人的经济状况对受害人适当补偿。”“完全民事行为能力人因醉酒、滥用麻醉品等对自己的行为暂时没有意识或者失去控制造成他人损害的，应当承担侵权责任。”“三审稿”延续了这种体例。最终，原《侵权责任法》第 33 条采纳了这一体例和内容，在我国民事立法上第一次确立了“完全民事行为能力人无意识致害”的基本规则，并得到了《民法典》第

① 从新中国第一次和第三次民法典起草的特殊侵权行为排列顺序来看，监护人责任应该安排在特殊侵权行为的第一条，即相当于原《民法通则》第 121 条，也就是现在的《民法典》第 1188 条。原《民法通则》非常诡异地将监护人责任移到第 132 条公平责任之后，只能认为是受到了 1922 年《苏俄民法典》第 406 条的影响，认为监护人责任应该适用公平责任。笔者的这一推断在征询金平教授意见时，也得到了“当时是这么考虑的”的肯定。具体考证参见王竹：《我国侵权法上“公平责任”源流考》，《甘肃政法学院学报》2008 年第 2 期。

1190 条的继受。

从当时的学者建议稿来看，能够很清晰地识别出这种“适当补偿责任”是源于王利明教授主持的“民法典・侵权行为编”草案。该草案第 1904 条“暂时丧失辨别能力的人致人损害”规定：“因醉酒、滥用麻醉品等而暂时丧失辨别能力致人损害的，加害人应当承担民事责任。”第 1905 条“完全民事行为能力人精神错乱时致人损害”规定：“能够证明自己于行为时不能认识其行为的危害后果，且自己对不能认识其行为危害后果的情况的发生没有过错的完全民事行为能力人，造成他人损害的，不承担民事责任。”“对其负有照管义务的人没有尽到照管义务的，承担适当的民事责任。没有照管义务人的，行为人应当依据公平原则进行适当补偿。”“因醉酒引起的一时性精神错乱的，不适用前二款规定。”对于第 1905 条的参考立法例，明确列举了我国台湾地区“民法”第 187 条第 3 款和第 4 款。[①] 同时期有较大影响力的梁慧星教授主持的“民法典草案・侵权行为编”和杨立新教授主持的“侵权行为法”草案，均无类似规定。

第三节　无过错暂时失去行为控制时致害公平补偿责任的体系定位

一、比较法上对无过错暂时失去行为控制时致害的立法模式

比较法上对无过错暂时失去行为控制时致害民事责任的立法模式主要有“公平责任模式”和“侵权责任模式”两种。

(一) 公平责任模式

所谓公平责任模式，即比照非完全民事行为能力人致害责任领域的公平责任法理，规定无过错暂时失去行为控制时致害承担公平补偿责任。公平责任模式最典型的是《德国民法典》，其第 827 条规定：“在丧失知觉的状况下或者在不能自由决定意思的精神错乱的状况下加损害于他人的人，不对该损害负责任。其以酒精饮料或者类似手段使自己陷于此种暂时状况

① 王利明主编：《中国民法典学者建议稿及立法理由・侵权行为编》，法律出版社 2005 年版，第 175 页。

的，对其在此状况下非法引起的损害，以如同其有过失一样的方式负责任；其没有过错而陷于此状况的，该责任即不发生。”第 828 条规定：“（1）未满七岁的人不对其所加给他人的损害负责任。（2）已满七岁但未满十岁的人，对其在汽车、有轨交通工具或者悬空缆车的事故中加给他人的损害不负责任。已满七岁但未满十岁的人故意地引起侵害的，不适用前句的规定。（3）以未满十八岁的人的责任未被依照第 1 款或者第 2 款加以排除为限，其在实施加害行为时缺乏辨别责任的必要判断力的，即不对其加给他人的损害负责任。”第 829 条是对前两条规定情形适用公平责任的规定：“以不能从负有监督义务的第三人那里获得损害赔偿为限，在第 823 条至第 826 条所称情形之一里依照第 827 条、第 828 条对其引起的损害不负责的人，再根据情况，特别是根据利害关系人的状况，赔偿损害为公平所要求的限度内，和不剥夺其为维持适当的生计以及为履行法定扶养义务所需要的金钱的限度内，仍然必须赔偿损害。”

我国台湾地区“民法”第 187 条采纳了这种立法模式，第 1 款规定：“无行为能力人或限制行为能力人，不法侵害他人之权利者，以行为时有识别能力为限，与其法定代理人连带负损害赔偿责任。行为时无识别能力者，由其法定代理人负损害赔偿责任。”第 2 款规定：“前项情形，法定代理人如其监督并未疏懈，或纵加以相当之监督，而仍不免发生损害者，不负赔偿责任。”第 3 款规定：“如不能依前二项规定受损害赔偿时，法院因被害人之声请，得斟酌行为人及其法定代理人与被害人之经济状况，令行为人或其法定代理人为全部或一部之损害赔偿。”这三款是关于监护人责任的规定。第 4 款规定：“前项规定，于其他之人，在无意识或精神错乱中所为之行为致第三人受损害时，准用之。”按照该款规定，行为人“无意识或精神错乱中”致害准用监护人责任。

如前所述，我国《民法典》侵权责任编实际上是借鉴了我国台湾地区“民法”的立法模式，在第 1188 条规定监护人责任之后，一定程度上比照第 1188 条的法理规定了第 1190 条无过错暂时失去行为控制时致害公平补偿责任。

（二）侵权责任模式

所谓侵权责任模式，是指无论是否确立了监护人责任领域的公平责任，立法对于暂时失去意识或者控制时致害责任均适用一般侵权责任的规则。如《瑞士债务法》第 54 条“无行为能力人的责任”第 1 款规定了无民事行为能力人的公平责任："法院可以依公平原则判决无民事行为能力人承担部分或者全部因其造成的损害赔偿责任。"第2款却没有比照规定暂时无民事行为能力人造成损害的公平责任，而是规定了过错推定责任："暂时无民事行为能力人造成损害的，应当承担责任，但能够证明其对损害的产生无过错的除外。"

二、《民法典》第1190条的体系定位不是特殊公平责任

在《侵权责任法（草案）》征求意见时，有学者提出，第33条第1款"没有过错的，根据行为人的经济状况对受害人适当补偿"的规定与本法第24条公平分担的规定重复，建议删除第33条相关的内容。《侵权责任法（草案）》起草机关认为，本法第24条是对公平分担原则总的规定，第33条第1款的规定可以说是公平分担原则在具体制度中的体现。[①]

笔者认为，无论是修改建议的提出者，还是《侵权责任法（草案）》起草机关以及《民法典》侵权责任编的编纂机关，都没有注意到《民法典》第1186条与原《侵权责任法》第24条、原《民法通则》第132条所指称的公平责任的体系变迁现象。原《民法通则》第132条一般公平责任条款规定："当事人对造成损害都没有过错的，可以根据实际情况，由当事人分担民事责任。"其后规定了第133条监护人责任，作为特殊公平责任条款。从第三次民法典起草的情况来看，本来在该条款之后，还有一条关于"完全民事行为能力人暂时失控致害"的内容，但由于原《民法通则》整体篇幅的缩减而未能被纳入。可以想象，如果原《民法通则》将"完全民事行为能力人暂时失控致害"纳入，该条也将会被安排在相当于第134条的位置。在这样的定位下，才可能认为，原《侵权责任法》第24条规定的"可以根据实际情况"，在第33条上就已经具体化为了"根据行为人的经济状况"，"由双方分担损失"落实为"对受害人适当补偿"。在这样的体系下，才可能认为，尽管第33条中的"没有过错的"只是对行为人一方主观过错的规定，但作为第24条典型情形的具体化，应该理解

① 王胜明主编：《中华人民共和国侵权责任法解读》，中国法制出版社2010年版，第155页。

为在“受害人和行为人对损害的发生都没有过错”时，才能适用第 33 条的规定。① 如果受害人一方有过错，原则上就不能适用公平责任的规定了。

三、《民法典》第 1190 条并非第 1186 条的特殊情形

上述“特殊公平责任说”的体系解释前提，是公平责任一般条款仍然统摄着特殊公平责任类型，即《民法典》第 1186 条与第 1188 条、第 1190 条作为统一的体系被规划和立法的情况。但《民法典》侵权责任编的公平责任的实际立法情形显然与原《民法通则》大相径庭。《民法典》第 1186 条“公平补偿责任一般条款”被安排在第二章“损害赔偿”的倒数第二条，前一条第 1185 条是关于“侵害知识产权惩罚性赔偿”的规定，后一条第 1187 条是关于“损害赔偿金支付方式”的规定，因此第 1186 条的自身体系定位不清晰。第 1188 条“监护人责任”被规定在了第三章“责任主体的特殊规定”的第一条，也就是特殊侵权责任的第一条；第 1189 条是关于“委托监护中的监护人和受托人侵权责任”的规定，第 1190 条“完全民事行为能力人暂时失控致害”的规定紧随其后。这就回到了第三次民法典起草的民事立法传统体例，也割裂了与第 1186 条公平责任的体系联系。

这一改变最直接的影响，就是《民法典》第 1188 条规定的监护人责任完全脱离了公平责任的体系，并与第 1189 条、第 1190 条一起形成了完整的意识欠缺致害责任体系。作为一种体系位移效应，监护人责任也不再作为公平责任要求“双方均无过错”；被侵权人一方有过错的，只是减轻其侵权责任。②

① 参见叶金强：《〈侵权责任法〉第 24 条的解释论》，《清华法学》2011 年第 5 期。

② 具体考证参见王竹：《论〈民法典·侵权责任编〉的监护人责任设计》，《四川大学学报（哲学社会科学版）》2018 年第 5 期。

第四节　无过错暂时失去行为控制时致害公平补偿责任的司法适用

一、完全民事行为能力人无过错暂时失去行为控制时致害的案件类型

完全民事行为能力人无过错暂时失去行为控制时致害案件可以分为积极侵害型和消极侵害型两类。所谓积极侵害型，是指暂时失去行为控制时行为人以攻击他人方式导致损害；所谓消极侵害型，是指暂时失去行为控制时行为人在自己摔倒过程中导致他人损害。

典型的积极侵害型案例如“高温天气剧烈运动后突然失控咬人案”：原、被告均报名参加了南漳县“凯骑杯万人健步走”比赛活动，被告在临近比赛终点时突发疾病，被及时安排到为大赛服务的救护车上进行救治。原告在返程途中经医生建议乘坐同一救护车返回。在返回途中，被告突然拔掉吊针，用嘴巴狠狠咬住原告的左小腿内侧，致使原告的左小腿被咬伤，然后又将救护车上的护士彭某咬伤。被告咬伤原告及护士后，打开救护车车门下车时摔倒，致自己受伤，并又咬伤一路人。①

典型的消极侵害型案例如“突然犯病站立不稳摔倒导致他人受伤案”：农历正月初九，原、被告等多人共同在村后的玉皇庙内烧香。被告在玉皇庙门前的沿坎上休息，其间犯病站立不稳，随即摔倒；此时，恰逢原告从玉皇庙门前的沿坎处往上走，被被告撞击倒地受伤。原告伤残等级被评定为七级伤残。②

二、无过错暂时失去行为控制时致害公平补偿责任的考量因素

《民法典》第1190条第1款后段规定：“没有过错的，根据行为人的经济状况对受害人适当补偿。”从原《侵权责任法》第33条的司法适用情况来看，除了行为人的经济状况，当事人会主张其他实际情况，法院也会

① 参见湖北省南漳县人民法院民事判决书（2014）鄂南漳民一初字第00054号。

② 参见陕西省洋县人民法院民事判决书（2014）洋民初字第00320号。

综合考虑其他因素，具体包括：第一，受害人的经济状况，这是常见的酌定考量因素[①]；第二，其他来源（如活动组织者或者政府）的补偿款，也是可以酌定考量的因素[②]；第三，其他因素，如年龄较大，虽然不能认定为过错，也会对补偿金额产生影响。[③]

三、无过错暂时失去行为控制时致害公平补偿责任的补充性

《民法典》第 1190 条第 1 款后段作为一种侵权公平责任，本身具有例外性质。在完全民事行为能力人对其暂时失去意识或者对自己行为的控制没有过错的情形下，直接根据“行为人的经济状况”对受害人给予适当补偿，既没有排除考虑受害人经济状况的正当性，也没有考虑到我国已经建立起的社会保险和商业保险制度。笔者认为，如果受害人已经从社会保险和商业保险中获得了充分的救济，就不应该再考虑无过错暂时失去行为控制时致害公平补偿责任的适用。即使补偿不够充分，如果大部分已经得到了补偿，也不一定需要适用该公平责任。质言之，应当通过对无过错暂时失去行为控制时致害公平补偿责任补充性质的确定和坚持，来确保这种补偿责任的例外性质。

第五节 无过错暂时失去行为控制时致害公平补偿责任的理论构建

一、无过错暂时失去行为控制时致害公平补偿责任的归责原则

那么，就行为人“暂时没有意识或者失去控制”的举证责任，到底在哪一方呢？按照《民法典》第 1190 条第 1 款分号之后的“没有过错的”表述，就应该理解为该款前段适用“过错推定责任”。否则，原告依据第 1190 条第 1 款前段请求行为人承担侵权责任，就需要证明行为人就其进

---

① 参见陕西省洋县人民法院民事判决书（2014）洋民初字第 00320 号。

② 参见湖北省南漳县人民法院民事判决书（2014）鄂南漳民一初字第 00054 号。该案中，法院对此作出了否定。

③ 参见陕西省洋县人民法院民事判决书（2014）洋民初字第 00320 号。

入“暂时没有意识或者失去控制”的状态有过错。如果无法完成这一证明责任，法院也就不能径自认为行为人就其进入“暂时没有意识或者失去控制”的状态没有过错，而直接适用该款后段，因为这并非原告的主张。较为合理的是，将《民法典》第 1190 条第 1 款前段规定的完全民事行为能力人对自己的行为暂时没有意识或者失去控制造成他人损害“有过错的”理解为“不能证明自己没有过错”这一标准的过错推定责任表述模式，由行为人一方举证证明自己没有过错。如果不能证明自己没有过错，行为人承担侵权责任；如果能够证明自己没有过错，则适用第 1190 条第 1 款后段的侵权公平责任。那么，《民法典》第 1190 条第 2 款的规定，实际上可以理解为一种危险责任。

上述解释方案，与实务中的做法也保持了一致。有法院认为，如果原告、被告均认可完全民事行为能力人对于暂时失去行为控制时致害没有过错这一事实①，则无争议；如果存在争议，举证责任原则上应当由被告承担。被告无法举证的，应当承担完全赔偿责任。② 但这样带来的问题是，对于身体异常反应暂时失去行为控制的情形，行为人通常也难以取得合理的证据，因此笔者倾向于认为法院应该结合日常经验法则作出判断，而非拘泥于举证责任的分配，并允许反证。③

二、暂时“没有意识”和暂时“失去控制”应当统一理解为“暂时失去行为控制时”

按照《民法典》第 1190 条“暂时没有意识或者失去控制”的表述，应该区分“暂时没有意识”和“暂时失去控制”这两种不同的情形，但二者对应的法律效果是相同的。笔者认为，完全民事行为能力人在暂时没有意识的情形，丧失的是行为人的“识别能力”，实际上就是暂时失去了民事行为能力，只是法律并未为其指定监护人。而完全民事行为能力人在暂时失去控制时，仍然保有识别能力，只是失去了对自己身体的控制而无法

---

① 参见陕西省洋县人民法院民事判决书（2014）洋民初字第 00320 号。

② 参见湖北省南漳县人民法院民事判决书（2014）鄂南漳民一初字第 00054 号。

③ 《最高人民法院关于民事诉讼证据的若干规定》第 10 条第 1 款第 3 项规定：“下列事实，当事人无须举证证明：（三）根据法律规定推定的事实”。第 2 款前段规定：“前款第二项至第五项事实，当事人有相反证据足以反驳的除外”。

贯彻自己的意志，例如因打喷嚏、抽筋、突发疼痛等不可避免和不可预见的身体异常反应而暂时失去行为控制。

无论是“暂时没有意识”，还是有意识但“暂时失去控制”，行为人终究是因为失去了对自己行为的控制能力而导致他人损害，这种区分对于被侵权人来讲毫无意义，反而增加了其举证责任。而即使区分出了是“暂时没有意识”还是有意识但“暂时失去控制”，其法律适用效果也完全相同，因此也就没有区分的必要了。笔者建议，考虑到《民法典》第1190条第1款“完全民事行为能力人对自己的行为”的用语，建议将“暂时没有意识或者失去控制”统一理解为“暂时失去行为控制时”。如果这种失去对行为的控制并非出于其过错，那么就可以适用侵权公平责任。如果这种失去对行为的控制是出于其过错，则应当承担侵权责任。

三、无过错暂时失去行为控制时致害公平补偿责任的适用对象

无过错暂时失去行为控制时致害公平补偿责任的适用对象仅限于完全民事行为能力人，而不适用于行为能力欠缺者，也不适用于间歇性发作的精神病人。

（一）不适用于行为能力欠缺者

我国现行民事理论以民事行为能力制度包含民事责任能力制度，尽管有诸多弊病①，但仍然为《民法典》侵权责任编所坚持，并体现在第1188条和第1190条上。而我国《民法典》第17条第1句规定“十八周岁以上的自然人为成年人”。第18条第2款规定了劳动成年制度：“十六周岁以上的未成年人，以自己的劳动收入为主要生活来源的，视为完全民事行为能力人。”对于不符合完全民事行为能力人标准的，《民法典》总则编第二章“自然人”第二节“监护”规定了完整的监护人确定制度。原《民通意见》第159条规定：“被监护人造成他人损害的，有明确的监护人时，由监护人承担民事责任；监护人不明确的，由顺序在前的有监护能力的人承担民事责任。”这样就确保了《民法典》第1188条和第1190条在适用范围上的区分。

---

①　郑晓剑：《不应被淡化的侵权责任能力——对侵权责任能力制度若干功能的考察与审思》，《法律科学》2011年第6期。

（二）不适用于间歇性发作的精神病人

实务中，对于间歇性精神病[①]或者精神分裂症患者[②]在发病期间致害的，有的法院一方面引用原《侵权责任法》第 33 条作为裁判依据，另一方面又判决全额的赔偿责任，实际上属于法律适用错误。

尽管“三次一稿”和“三次二稿”均规定了“间歇性精神病人在精神病发作期间造成损害的，不承担责任”，但按照原《民通意见》第 67 条的精神，“间歇性精神病人的民事行为，确能证明是在发病期间实施的，应当认定无效”，“行为人在神志不清的状态下所实施的民事行为，应当认定无效”。我国对间歇性精神病致害采用与暂时丧失心智致害不同的处理方式：如果是间歇性精神病人在未发病期间致人损害，这时候他的精神状态是正常的，应当由间歇性精神病人本人承担民事责任。如果是间歇性精神病人在发病期间造成损害，损害责任应当适用《民法典》第 1188 条规定的监护人责任。[③]

四、对“醉酒”和“滥用”麻醉药品或者精神药品表述的质疑

（一）“醉酒”和“滥用”的表述并不准确

《民法典》第 1190 条第 2 款的表述会引起一定的疑义，即既然第 2 款规定的是完全民事行为能力人“醉酒”和“滥用”麻醉药品或者精神药品，那么非醉酒的“饮酒”和非滥用的“服用”麻醉药品或者精神药品，是否存在过错呢？

我国现行法律体系中对于“饮酒”和“醉酒”的常用区分标准是国家质检总局、国家标准化委员会 2011 年 1 月 14 日联合发布的《车辆驾驶人员血液、呼气酒精含量阈值与检验》（GB 19522—2010）中规定的标准。根据该文件第 4.1 条“酒精含量阈值”的规定，“饮酒后驾车”是指车辆驾驶人员血液中的酒精含量大于或者等于 20mg/100mL、小于 80mg/100mL 的驾驶行为，“醉酒后驾车”是指车辆驾驶人员血液中的酒精含量大于或者等于 80mg/100mL 的驾驶行为。

---

① 参见河南省平顶山市新华区人民法院民事判决书（2013）新民初字第 139 号。

② 参见广西壮族自治区浦北县人民法院民事判决书（2013）浦民初字第 1532 号。

③ 杨立新：《侵权法论》（第五版）（上），人民法院出版社 2013 年版，第 626 页。

仔细研读前文中的历史回顾会看到，当时参考的 1964 年《苏俄民法典》第 453 条的翻译文本是“服用酒精或麻醉品”，1975 年《德意志民主共和国民法典》第 349 条的翻译文本是“酗酒、使用其他麻醉品或药物”，而《德国民法典》第 827 条规定的是“其以酒精饮料或者类似手段”，可见“三次四稿”第 427 条第 2 款使用的“因酗酒、服用麻醉品”的措辞是受到了 1975 年《德意志民主共和国民法典》翻译文本的直接影响，但仍然无法看到“醉酒”和“滥用”的字样。这一表述应该是源于王利明教授主持的“民法典·侵权行为编”草案第 1904 条，这一方面进一步印证了笔者关于王利明教授主持的草案对该条规则确立具有影响的观点，另一方面也产生了对“醉酒”和“滥用”措辞的质疑。

值得参考的是，《道路交通事故损害赔偿解释》（法释〔2020〕17 号）第 1 条第 3 项规定：“机动车发生交通事故造成损害，机动车所有人或者管理人有下列情形之一，人民法院应当认定其对损害的发生有过错，并适用民法典第一千二百零九条的规定确定其相应的赔偿责任：……（三）知道或者应当知道驾驶人因饮酒、服用国家管制的精神药品或者麻醉药品，或者患有妨碍安全驾驶机动车的疾病等依法不能驾驶机动车的”。这一规定回到了“饮酒、服用国家管制的精神药品或者麻醉药品”的表述，“国家管制的”这一限定更为可取。

除“饮酒、服用国家管制的精神药品或者麻醉药品”之外，其他因过错导致完全民事行为能力人暂时失去行为控制的情形，主要是指过度疲劳的情形。①

（二）“饮酒”和“服用国家管制的精神药品或者麻醉药品”的过错认定及其例外

笔者认为，尽管《民法典》第 1190 条第 2 款的典型性列举规定的是“醉酒、滥用麻醉药品或者精神药品”，但只要是“饮酒、服用国家管制的精神药品或者麻醉药品”，就可以认为是第 1190 条第 1 款前段规定的“暂时没有意识或者失去控制造成他人损害有过错的”情形。但如果通常情况下“饮酒”或者合法服用“国家管制的精神药品或者麻醉药品”不会导致

① 例如，《道路交通安全法》第 22 条第 2 款规定：“饮酒、服用国家管制的精神药品或者麻醉药品，或者患有妨碍安全驾驶机动车的疾病，或者过度疲劳影响安全驾驶的，不得驾驶机动车。”

“暂时没有意识或者失去控制”，而对于意外导致的“暂时没有意识或者失去控制”的情形，可以根据实际情况，认定为没有过错，适用第 1190 条第 1 款后段的补偿责任规定。

上述特殊情形，常见的如病理性醉酒。病理性醉酒，与单纯醉酒存在质的不同，其发生与个体特殊素质有关。典型的表现是小量饮酒后突然出现较深的意识障碍，定向力丧失，可伴有错觉、幻觉和片段妄想，情绪抑郁焦虑，激越冲动，甚至出现无目的的攻击暴力行为；但没有普通醉酒时的步态不稳和口齿不清现象，事后遗忘。一般持续数分钟或数小时，多以酣睡告终。[①] 对此，杨立新教授主持的《中华人民共和国侵权责任法司法解释草案建议稿》第 67 条“病理性醉酒损害责任”可作参考：“侵权责任法第三十三条[②]规定的‘醉酒’，不包括病理性醉酒。但行为人知道自己属于病理性醉酒仍然饮酒，醉酒导致对自己的行为暂时没有意识或者失去控制，造成他人损害的，应当承担侵权责任。”[③]

---

① 胡泽卿主编：《法医精神病学》（第四版），人民卫生出版社 2016 年版，第 176 页。

② 相当于《民法典》第 1190 条。

③ 杨立新主持：《中华人民共和国侵权责任法司法解释草案建议稿》，《河北法学》2010 年第 11 期。

第三编

共同意外分担公平责任论

第七章 原《民法通则》第132条公平责任条款的确立过程

笔者经过考察发现，原《民法通则》第132条，是20世纪80年代中期我国民事立法由起草民法典向起草原《民法通则》转轨的特殊时期，在较短的时间内，总结20世纪50年代和80年代两次民法典起草经验，引进南斯拉夫债法修订所贯彻的社会主义公平原则，内容和体例上综合借鉴1922年和1964年《苏俄民法典》的产物。原《侵权责任法》第24条延续了原《民法通则》第132条的立法例。

第一节 原《民法通则》第131～133条在内容和体例上的疑点

我国原《民法通则》第132条的立法模式在原《侵权责任法》第24条上被重申，在《民法典》第1186条上被法定化限缩，是比较法上的孤例，在立法史上类似的立法例也不多见。那么公平责任到底是如何成为我国侵权法上独具特色的规定，本身就值得认真考证和反思，这也是探究该条适用范围的基础。

原《民法通则》第132条及其前后的第131条和第133条，在内容和体例上存在诸多疑点。原《民法通则》第131条作为对过失相抵的规定，属于损害赔偿数额确定的内容，与其相邻的应该是损益相抵条款或者损害赔偿责任公平确定条款，而不应该是现在的第132条的内容。

有学者认为，原《民法通则》第132条确立了公平责任是一种补充性的归责原则。[①] 笔者认为，这样的结论值得商榷。单看原《民法通则》第132条的内容，该条的确可以单独作为责任基础，但其位置决定其并非归责原则：原《民法通则》第106条第1款规定的是合同责任的归责原则，第2款规定的是侵权责任的过错责任原则，第3款规定的是无过错责任原则。从立法目的上解释，第132条不具有归责原则的地位。这样的体例安排说明，原《民法通则》并非将其作为一个归责原则确立。[②] 那么，在这样一个独特的位置上，规定这样一条看似独立责任基础的条文，本身的合理性便值得怀疑。

在我国当时的侵权法理论中，原《民法通则》第133条规定的监护人替代责任，是一种特殊侵权行为。从侵权责任立法的体系性出发，该条显然不应该在现在的位置，按照我国侵权法理论的通常体例，应该安排在特殊侵权行为的第一条，即第121条。可见，原《民法通则》第133条的位置和内容，有悖于当时我国侵权法的基本理论体系。而原《民法通则》第133条第1款、第2款体现出的以财产状况作为适用标准的立法体例，也具有极强的独特性。从立法技术上讲，第1款关于"监护人尽了监护责任的，可以适当减轻他的民事责任"的规定与第2款关于"由监护人适当赔偿"的规定，具有相似性，应该统一规定，且应该与"但单位担任监护人的除外"的规定进行协调。原《民法通则》第133条的立法模式，显然是对某种立法模式的借鉴与实践中按照财产状况标准区分适用的司法经验的混合，这些也需要找到其立法源流。

---

① 参见王利明主编：《民法·侵权行为法》，中国人民大学出版社1993年版，第105页；王利明：《侵权行为法研究》（上卷），中国人民大学出版社2004年版，第290-291页。

② 参见杨立新：《侵权法论》（第三版），人民法院出版社2005年版，第125-126页。

对于原《民法通则》第 131～133 条体现出的上述疑点，只能理解为立法者具有整体考虑，否则便无法进行合理解释。因此，下文将一并回顾新中国民法典起草的历次草案中与第 132 条（下称“公平责任条款”）前后相邻的第 131 条（下称“过失相抵条款”）、第 133 条（下称“监护责任条款”）相应条款的内容和位置，以便于更加历史性地理解公平责任的来龙去脉。

第二节　对原《民法通则》之前民法典起草过程中的相关条文考察

从新中国成立到原《民法通则》颁布，我国曾三次起草民法典。从 1954 年开始，由全国人大常委会组织民法起草，确立了我国民法对苏联民事立法和理论的继受模式。1962 年开始第二次民法典起草，在特殊的社会背景下，该次民法草案仅包括总则、财产的所有、财产的流转三编，将侵权行为、继承、亲属排除在外，直至 1979 年 11 月成立新的民法起草小组，才开始了第三次民法典的起草工作。[①] 鉴于第二次民法典起草未涉及侵权行为部分，下文将对 20 世纪 50 年代和 80 年代两次民法典起草中涉及公平责任的相关条文分别进行考察。

一、20 世纪 50 年代我国民法典起草中的相关条文考察[②]

20 世纪 50 年代我国民法典起草是分编进行的，其中与债编和侵权责任有关的草案共有四次：

1955 年 10 月 24 日的《债篇通则第一次草稿》第 37 条是“监护责任条款”，第 44 条是“过失相抵条款”，第 45 条是“公平责任条款”，该条规定：“人民法院在决定损害赔偿数额的时候，应该根据双方的经济情况作适当处理。”在位置上，“过失相抵条款”与“公平责任条款”相邻，“监护责任条款”前置。

① 参见梁慧星：《制定民法典的设想》，《现代法学》2001 年第 2 期。

② 立法资料参见何勤华、李秀清、陈颐编：《新中国民法典草案总览》（上卷），法律出版社 2003 年版。

1957年1月7日《债权篇通则草稿》第三节“因造成他人损害所生的债”中的第14条是“监护责任条款”，第21条是“过失相抵条款”，第22条是“公平责任条款”，该条规定：“损害赔偿的数额，除根据加害人的故意或过失的情节轻重及受害人的受害程度之外，并应参照双方的经济情况作斟酌确定。”相对位置和内容与《债篇通则第一次草稿》相似。1957年1月9日的《债的通则第二次稿（另案）》“（一）侵权行为所生的债”中的第72条是“监护责任条款”，第79条是“过失相抵条款”，第80条是“公平责任条款”，该条规定：“人民法院在决定损害赔偿数额的时候，应该根据双方的经济情况作适当处理。”相对位置和内容也与《债篇通则第一次草稿》相似。对比可知，两份草案在体例的安排上是基本一致的，差别在于“公平责任条款”的内容。《债的通则第二次稿（另案）》延续了《债篇通则第一次草稿》的规定，只考虑“双方的经济情况”，而《债权篇通则草稿》还考虑“加害人的故意或过失的情节轻重”和“受害人的受害程度”。

1957年2月10日的《损害赔偿［第三次草稿］》的规定发生了一些变化。第4条是“过失相抵条款”，第5条是“监护责任条款”，第13条是“公平责任条款”。值得注意的是在相对位置上，“过失相抵条款”前置，“监护责任条款”居中成为特殊侵权行为的第一个条文，“公平责任条款”在位置上靠后，内容上延续了《债的通则第二次稿（另案）》的规定。

从上述四次债编草案的内容和体例来看，当时的“公平责任条款”规定的并非一般责任基础类型，而是对人民法院“决定损害赔偿数额”时考虑因素的规定，是损害赔偿责任公平确定的条款。在考虑“双方的经济情况”问题上较为一致，在是否考虑“加害人的故意或过失的情节轻重”和“受害人的受害程度”问题上显得摇摆不定。在体例上，经过四次草案的起草，最终形成了《损害赔偿［第三次草稿］》的“过失相抵条款”前置、“监护责任条款”居中、“公平责任条款”后置的相对位置。按照这种体例，“过失相抵条款”应理解为损害赔偿范围的确定条款，“监护责任条款”应理解为特殊侵权行为条款，“公平责任条款”应理解为损害赔偿数额确定条款。

二、20 世纪 80 年代我国民法典起草中的相关条文考察①

20 世纪 80 年代前期，民法典的起草又进入了新高潮，从 1980 年到 1982 年连续起草了四稿《中华人民共和国民法草案》，其中均涉及了对公平责任的规定：

《中华人民共和国民法草案（征求意见稿）》（1980 年 8 月 15 日）第五编“损害责任”，分为“损害的预防”、“损害责任的一般规定”、“损害责任的特殊规定”和“赔偿的范围和方法”四章。其中第 444 条是“过失相抵条款”，位置在第二章“损害责任的一般规定”中；第 448 条是“监护责任条款”，位置在第三章“损害责任的特殊规定”的第一条；第 472 条是“公平责任条款”，位置在第四章“赔偿的范围和方法”的最后一条，内容是：“对于致害人的赔偿责任，人民法院可以根据损害发生的原因、给社会造成不良影响的程度、致害人的经济状况以及对待过错的态度等，适当减免。”该规定在体例上延续了 1957 年 2 月 10 日的《损害赔偿［第三次草稿］》，但在内容上改变较大，除“致害人的经济状况”外，还包括了“损害发生的原因”、“给社会造成不良影响的程度”和“对待过错的态度”，显示出较强的管理色彩，这可能与“文化大革命”结束不久，整个思维方式还较为政治化有关。

《中华人民共和国民法草案（征求意见二稿）》（1981 年 4 月 10 日）第四编“侵权损害的责任”，分为“一般规定”、“特殊规定”和“赔偿的范围和方法”三章。其中第 341 条是“过失相抵条款”，位置在第一章“一般规定”中；第 345 条是“监护责任条款”，位置在第二章“特殊规定”的第一条；第 366 条是“公平责任条款”，位置在第三章“赔偿的范围和方法”的最后一条，内容是：“对于致害人的赔偿责任，人民法院可以根据损害发生的原因、给社会造成不良影响的程度、致害人的经济状况以及对待过错的态度等，适当减免。”在体例上，“二稿”将“一稿”的“损害的预防”和“损害责任的一般规定”两章合并为一章，在内容上和位置安排上，几乎没有变化。

《中华人民共和国民法草案（第三稿）》（1981 年 7 月 31 日）第七编

① 立法资料参见何勤华、李秀清、陈颐编：《新中国民法典草案总览》（下卷），法律出版社 2003 年版。

"民事责任"，分"通则"、"确定责任的规定"和"承担责任的范围和方法"三章，其中第二章"确定责任的规定"分为"一般规定"和"特殊规定"两个子标题。其中第466条是"过失相抵条款"，位置在第二章"确定责任的规定"的"一般规定"子标题下；第469条是"监护责任条款"，位置在第二章"确定责任的规定"的"特殊规定"子标题下的第一条；第492条是"公平责任条款"，位置在第三章"承担责任的范围和方法"中，内容是："对于致害人的赔偿责任，人民法院可以根据损害发生的原因、给社会造成不良影响的程度、致害人的经济状况等，适当减免。"相较于"一稿""二稿"，内容上删除了"以及对待过错的态度"的规定，体现出一定的私法回归意识；体例上，重新规定了"通则"章，"一般规定"与"特殊规定"合并规定在第二章"确定责任的规定"中，相关条文的相对位置不变，只是"公平责任条款"不再是所在章的最后一条。

《中华人民共和国民法草案（第四稿）》（1982年5月1日）第七编"民事责任"的体例、条文位置安排，以及第423条"过失相抵条款"、第448条"公平责任条款"的内容与"三稿"基本一致。值得关注的是，"四稿"第426条"监护责任条款"删除了前三稿中相应条款的第1款后段，即"但是，未成年人能够辨认自己行为的后果并且已有独立经济收入的，应当对自己造成的损害承担连带责任"。剩余条文的第1款是："无行为能力人和行为能力受限制的人造成的损害，由他们的父母、监护人或者有义务对他们进行监护的组织承担责任。"第2款是："父母、监护人或实行监护的组织如果能够证明已经尽到了监护职责，可以酌情减轻或者免除他们的责任。"这两款内容的合并，便是后来原《民法通则》第133条第1款。

此外还有一次民法总则的起草，即《中华人民共和国民法总则（讨论稿）》（1985年7月10日），此后并未进行新的民事责任编起草。随后立法计划发生变化，立法机关决定改采先分别制定民事单行法，待条件具备再制定民法典的立法方针。① 1986年4月12日，第六届全国人民代表大会第四次会议通过了原《民法通则》。

20世纪80年代的四稿民法草案的民事责任编的体例和相关规定，体现出侵权责任立法在体例上逐渐固定为一般规定、特殊侵权行为和损害赔

① 参见梁慧星：《制定民法典的设想》，《现代法学》2001年第2期。

偿三部分，“过失相抵条款”属于一般规定、“监护责任条款”一般安排在特殊侵权行为的第一条，而“公平责任条款”属于损害赔偿部分，是损害赔偿责任公平确定条款。可以确定，在原《民法通则》起草之前，这一体系是较为清晰的。

第三节　对原《民法通则》起草时的文献考察

通过上文对 20 世纪 50 年代和 80 年代两次民法典起草的回顾和分析，还可以得出一个非常重要的结论，即在我国前三次民法典起草过程中，所谓的“公平责任条款”从未作为过承担侵权责任的基础，不存在一般条款意义上的公平责任，损害赔偿责任公平确定条款的实质是考虑双方经济条件和其他因素，斟酌决定损害赔偿的数额。可以确定，从 1955 年新中国开始起草民法典，到《中华人民共和国民法草案（第四稿）》（1982 年 5 月 1 日），均无任何类似原《民法通则》第 132 条的草案条文。那么，在前八次侵权责任起草过程中，逐渐清晰化的立法体例，是如何在原《民法通则》中体现为第 131～133 条的体例与内容的呢？在这样的立法准备和理论背景缺失的情况下，原《民法通则》将公平责任上升为责任的一般条款①，的确有耐人寻味之处。要解释这种现象，就需要对当时立法者可能参考的文献进行分析。

一、公平责任条文体例的确定——20 世纪 80 年代中期原《民法通则》起草时的文献考察

笔者对当时几乎所有的立法参考文献进行了全面的考察，发现与公平责任相关的文献非常稀少，仅有以下两份 20 世纪 80 年代初期出版的翻译文献与公平责任高度相关：

第一份材料是 1980 年出版的 1964 年《苏俄民法典》中译本。② 第 458 条规定：“如果受害人自己的重大过失促成了损害的发生或扩大，在

① 孔祥俊：《论侵权行为的归责原则》，《中国法学》1992 年第 6 期。

② 马骧聪、吴云琪译，王家福、程远行校：《苏俄民法典》，中国社会科学出版社 1980 年版。

苏联立法没有其他规定的情况下，应当根据受害人过错的程度（在造成损害的人有过错时，也应该根据他的过错程度），减少赔偿的数额或者免除赔偿损害的责任。”“法院可以根据造成损害的公民的财产状况，减少其赔偿损失的数额（苏俄最高苏维埃 1973 年 12 月 12 日法令的条文），见《最高苏维埃公报》（1973 年第 51 期，第 1114 号）。”该条文的特别之处是，明确地将“受害人过错”和“造成损害的公民的财产状况”并列作为减少或者免除损害赔偿的考量因素，这有助于理解原《民法通则》第 131 条“过失相抵条款”与第 132 条“公平责任条款”的相邻现象。

第二份材料是一篇介绍南斯拉夫新债法改革的文章——《南斯拉夫新债法的概念及其基本制度》①，该文被翻译成中文，发表在《法学译丛》1980 年第 2 期。该文后被法律出版社 1983 年 6 月出版的法学教材编辑部《民法原理》资料组选编的《外国民法资料选编》作为唯一的债法文章选入转载。该书首次印数即达到了 2 万余册。可以想象，在资料匮乏的当时，该书的影响力之大，且该书的编写者实际上就是原《民法通则》的主要参与起草者群体。该文提道：“现代技术文明社会中的生活条件，已经并且仍然要求不以过错作为责任的根据，而要求责任的成立不联系过错来考虑，责任的产生是由于发生了损害（客观责任），因此，在任何情况下，造成损害者不得以证明对于发生损害并无过错为理由而免除责任……以及在其他生活的需要和社会主义的公平而要求对受害人予以更大的保护的特殊情况，采取客观责任的观念。”“关于债法的概念及其指导思想，有必要着重指出‘社会主义的公平’原则，作为对其他法规在实施中引起不公平的结果时的一种矫正。”“社会主义的公平及团结的观念，在有正当的社会理由时，有时要求不适用只能对应负责任者判决赔偿的规定。”该文特别举例：“例如法律规定当损害是由一个不能对之负责的人所造成（例如该人没有推理能力），而又不能从其监护人那里得到赔偿时，法院可以‘根据公平的要求，特别是考虑造成损害者及受害人双方的财产状况，判决造成损害者赔偿全部或部分损失’（第 169 条）。”该示例和引用的条文，与原《民法通则》第 132 条、第 133 条第 1 款的规定，在内容上具有高度的

① ［南］佛·克鲁尔杰：《南斯拉夫新债法的概念及其基本制度》，王名扬译，盛愉校，《法学译丛》1980 年第 2 期，原文参见 Vrleta Krulj, “La conception et les institutions fondamentales de la nouvelle Loi yougoslave des obligations”, *Yugoslav law*, No. 2, 1978。

吻合性，有助于理解这两个条文的相邻关系，同时也在一定程度上说明，原《民法通则》第132条关于公平责任的规定，是对第133条规定的被监护人致害公平责任的一种扩张。

尽管笔者无法，也不可能证明，原《民法通则》的起草者就是看到了这两份材料而起草的第131～133条，但可以肯定的是，这两份材料能够对这样的条文设计在理论上起到至关重要的支撑作用。反之，如果当时的原《民法通则》起草者对这两份材料视而不见，那么则需要对此作出较为详细的说明。而根据笔者的考察，我国民法学界在原《民法通则》颁布之前，无任何关于所谓"公平责任"的探讨，而该法颁布之后，学界才迅速对此展开了讨论并产生了争议。[①] 因此，正面地推断，在当时参考资料较为稀缺的情况下，这两份材料对于原《民法通则》第131～133条这三个条文的起草起到了较大的影响，应该更为合理。

二、公平责任条文内容的确定——民法典起草过程中监护人责任条文变化的佐证

从上文对体例的考察可以得知，"公平责任条款"在原《民法通则》起草时是和"监护责任条款"一并考虑的。1922年《苏俄民法典》第405条规定："无行为能力人对于其所致之损害不负责任。负有监督义务之人应代为负责。未成年人对本法第9条所规定之情形所致之损害，其父母或监护人亦应与未成年人共同负责。（1935年11月25日《法令汇编1936年第一号法令第一号》）"而第9条规定："未成年人之满十四岁者，得经法定代理人（父母、养父母、监护人、保佐人）之同意，为法律行为。有权独立支配其所得之工资，并对于因其行为所致他人之损害负赔偿之责任。"

值得关注的是，20世纪50年代四次债编通则（损害赔偿）草案中的监护人责任，均提到了"在不能或者赔偿不足的时候，由法定代理人负赔偿责任"的内容，而20世纪80年代四稿《中华人民共和国民法草案》中

① 较早的重要文献包括蓝承烈：《论公平责任原则》，《学习与探索》1987年第3期；石柱华：《试论公平责任原则》，《中南政法学院学报》1987年第3期；房绍坤、武利中：《公平责任原则质疑》，《法律科学》1988年第1期；刘士国：《论侵权损害的公平责任原则》，《法律科学》1989年第2期；蒋颂平：《"公平责任"原则应是独立的归责原则》，《人民司法》1989年第7期；等等。

均无相关内容。可见原《民法通则》第 132 条和第 133 条对公平责任和监护人责任的规定，是受到了 1922 年《苏俄民法典》第 405 条和第 406 条的适用关系的影响。这样就更让我们理解了为什么原《民法通则》第 133 条第 2 款会规定“有财产的无民事行为能力人、限制民事行为能力人造成他人损害的，从本人财产中支付赔偿费用”，也更加容易理解“不足部分，由监护人适当赔偿，但单位担任监护人的除外”的立法原意是单位不承担赔偿责任①，即苏联民法上列举的都是作为自然人的法定代理人。

1922 年《苏俄民法典》第 405 条和第 406 条的相邻关系，以及《南斯拉夫新债法的概念及其基本制度》一文的举例，与原《民法通则》第 132 条、第 133 条的内容和体例高度吻合，因此可以认为原《民法通则》的“监护责任条款”就是最典型的“公平责任条款”的适用情形。因此我们才更容易理解，原《民法通则》为何抛弃了 20 世纪 80 年代先后四稿《中华人民共和国民法草案》确立的“监护责任条款”的特殊侵权行为地位，而将其置于“公平责任条款”之后。结合原《民通意见》第 157 条规定的“当事人对造成损害均无过错，但一方是在为对方的利益或者共同的利益进行活动的过程中受到损害的，可以责令对方或者受益人给予一定的经济补偿”，以及原《民通意见》第 157 条和第 158～161 条的内容，可以认为原《民通意见》第 157 条是对原《民法通则》第 132 条的直接解释，原《民通意见》第 158～161 条是对原《民法通则》第 133 条的直接解释，更进一步确定了原《民法通则》第 132 条与第 133 条之间的责任基础与适用范围的关系。因此，在内容上，原《民法通则》第 132 条实际上是源于 1922 年《苏俄民法典》第 406 条的规定。

---

① 参见《最高人民法院民事审判庭关于单位担任监护人是否承担赔偿责任的电话答复》(1989 年 8 月 30 日［89］法民字第 23 号)。

第八章 共同意外分担公平责任的一般理论

原《民法通则》第 132 条规定："当事人对造成损害都没有过错的，可以根据实际情况，由当事人分担民事责任。"原《侵权责任法》第 24 条规定："受害人和行为人对损害的发生都没有过错的，可以根据实际情况，由双方分担损失。"二者实质意义上的文字表达变化，一处是"当事人"改为了"受害人和行为人"，另一处是由当事人分担"民事责任"改为了由双方分担"损失"。学说上一般将这两个条文作为公平责任的一般条款并作出否定性评价，因为按照传统侵权法学说，试图从"单方"侵害行为的角度探讨这两个条文，始终存在缺乏正当性的质疑。[①]《民法典·侵权责任编（一审稿）》第 962 条规定："受害人和行为人对损害的发生都没有过错的，可以依照法律的规定，由双方分担损失。"该条文将"可以根据实际情况"改为了"可以依照法

① 张谷：《论侵权责任法上的非真正侵权责任》，《暨南学报（哲学社会科学版）》2012 年第 3 期。

律的规定”，实际上否定了法官基于自由裁量权确定“双方分担损失”的权限。《民法典·侵权责任编（二审稿）》和《民法典·侵权责任编（三审稿）》都保留了这一条文。但《民法典草案》第1186条规定：“受害人和行为人对损害的发生都没有过错的，依照法律的规定由双方分担损失。”将“可以依照法律的规定”的授权更加严格地限制为了“依照法律的规定”，使该条实质上成了“转致条款”[①]，最终《民法典》第1186条确定了这一表述。

应当指出，“依照法律的规定”的立法模式，实质上等同于《民法典》第1166条对非过错责任的“法律规定……依照其规定”的立法模式，其立法效果实际上将“受害人和行为人对损害的发生都没有过错的”情形下“由双方分担损失”确立为《立法法》第9条意义上的法律绝对保留项，既可以避免行政法规创设公平责任导致滥用，也课加了立法者的立法义务。否则该条文就会成为具文，不符合编纂民法典专设该条文的立法目的，该条文就应该被删除。

尽管《民法典》第1186条将“无过错受害人”补偿责任一般条款的适用范围限制于“依照法律的规定”，实质上废止了该条的一般性适用，但未来立法者的立法义务和立法范围仍然需要从学理上予以明确。笔者认为，应该从“由双方分担损失”的“双方”切入，尤其要关注不再是分担“民事责任”而是分担“损失”，探讨其可能的正当性。

第一节　解读侵权公平责任的新思路与新概念

一、新思路：共同创造的风险共同分担

由均无过错的当事人双方分担损失如果存在可能的正当性，就不能路径依赖地从过错责任出发，而是必须寻找新思路。笔者坚信，对行为人赔偿责任的苛加，必须要有一定的正当性基础，否则构成对行为人自由的不当限制。在当事人对损害的发生均没有过错的情形下，如果要苛加行为人任何赔偿责任，由于不能以过错作为正当性基础，只能尝试诉诸风险分配

① 邹海林、朱广新主编：《民法典评注·侵权责任编》，中国法制出版社2020年版，第252页。

的价值取向。这样才能把过错归责之外的所有归责思想引入[①]，为确定和新制定"法律的规定"由双方分担损失提供指引。

就由均无过错的当事人双方分担损失的可能正当性而言，考虑到"人身损害"的重大性，如果二人以上共同实施的行为意外造成其中一人人身损害的情形，而这种意外是双方共同实施的行为创造的，损害落到其中一人身上也纯属意外，那么可以考虑从"共同意外致害—共同分担风险"的角度适用公平责任予以补偿。这实质上是一种基于共同创造的意外风险共同分担的公平责任思路，必须具备风险的双向性和损害的单向性这两项特征。

（一）风险的双向性

所谓"风险的双向性"，是指二人以上共同实施的行为造成的"共同风险"同时指向全部行为参与人，体现为风险的显著性和共同性两个方面。

所谓"风险的显著性"，是指共同实施行为造成的风险具有一定的显著性。常见的共同实施行为造成一定显著风险的情况，包括业余体育活动和非机动车之间的意外碰撞等。应当指出，生活中的正常意外风险不应该纳入考虑，例如行人在走路过程中意外碰撞，或者在乘坐公交车过程中意外碰撞。在一起案件中，原告乘坐被告万佳通公司公交车由昌平去往香堂，该车行至崔村镇真顺果园进站刹车，在惯性的作用力下，被告陈某云身体前倾，手持的金属水壶自然向后伸展，将坐在侧后方的原告嘴部碰伤，造成左上前牙外伤折断。[②] 在另一起案件中，在工作场所内，原告与其他同事说话时开被告的玩笑，被告遂拍了原告的屁股，原告就用手拍被告，后又抬左腿想踢被告，但未踢到，而是摔倒在地受伤。[③] 应当指出，在有较大社会影响的"彭宇案"[④] 中，上下公交车属于生活中的正常意外风险，不符合风险的显著性要求。

所谓"风险的共同性"，是指共同实施行为的各方对造成风险的作用大致相同。如果非受损一方对创造风险的作用占绝对主导，那么这种风险

---

① 叶金强：《〈侵权责任法〉第24条的解释论》，《清华法学》2011年第5期。

② 北京市昌平区人民法院民事判决书（2014）昌民初字第7492号。

③ 江苏省常州市新北区人民法院民事判决书（2014）新民初字第2009号。

④ 江苏省南京市鼓楼区人民法院民事判决书（2007）鼓民一初字第212号。

就是单独性的。如果受损一方对创造风险的作用占绝对主导，其损害应该自己承担。在一起案件中，死者陈某某与几名同学一起到湖畔游玩，其中杨某某、彭某某将杨某武停放于岸边的铁船解开后划向对面弯子里去游泳，陈某某、胡某某、蒋某某三人在岸上玩。后陈某某、胡某某、蒋某某三人请杨某龙划另一条小船将三人送至杨某某、彭某某所在船上。在五名未成年人在船上游玩过程中，陈某某本人坐在船上将脚伸入湖中玩耍时不慎落入湖中溺水身亡。原告起诉了杨某某、彭某某、蒋某某、胡某某、杨某龙、杨某武六名被告。[①] 本案中，数人共同划船具有一定的危险性，但死者本人自己将脚伸入湖中玩耍是主要风险，不符合风险的共同性要求。

（二）损害的单向性

所谓“损害的单向性”，是指二人以上共同实施的行为造成的“共同风险”仅作用于其中一人，体现为损害的随机性与单独性两个方面。

所谓“损害的随机性”，是指共同实施行为的各方遭受损害的概率大致相同。如果损害明显更容易发生在具体受损人身上，这说明双方共同创造的风险实际上是对受损人一方的风险而不是共同面临的随机风险。

所谓“损害的单独性”，是指单方受损或者各方受损但损害轻重差别较大。如果各方均有损害且差别不大，则没有适用共同意外分担公平责任的必要，而由当事人各方自行承担为宜。

二、新概念：共同意外行为

这种可能具有正当性的共同创造的风险共同分担的新思路，实际上确立了一种新型的公平责任适用的行为形态，即共同意外行为。笔者所谓共同意外行为，是指二人以上共同实施的行为意外造成其中一人或者数人人身损害，行为人对损害的发生都没有过错的情形。共同意外行为具有如下特点：

第一，二人以上“共同”实施了行为。所谓“共同”，是指二人以上形成了共同从事某一行为的意图，只有这样才可能为这一行为所蕴含的风险造成的损害进行分担提供正当性。

第二，“造成”“其中”一人或者数人人身损害。这里的“造成”，是

① 贵州省普定县人民法院民事判决书（2014）普民初字第761号。

因果关系要件。所谓"其中"，是指受损的人是参与共同意外的人之一或者部分，即前文所谓的损害的单独性，再配合风险的双向性，这就构成了进行分担的前提。

第三，所谓"意外"，是指共同实施行为的各方都没有过错。例如，参加正常的业余体育活动本身并没有过错，但如果是双方以比拼蛮力为目的掰手腕，则应该认定为双方均有过错。①

需要指出的是，共同意外行为仅限于数个完全民事行为能力人共同创造风险的情形。共同意外行为可能的正当性，必须限定在"人身损害"的范畴之内，而受损人必须是共同意外行为人之一，因此行为人也必须是自然人。而我国《民法典》第 1188 条第 1 款规定："无民事行为能力人、限制民事行为能力人造成他人损害的，由监护人承担侵权责任。监护人尽到监护职责的，可以减轻其侵权责任。"这实际上排除了非完全民事行为能力人适用共同意外行为规则的可能性。

第二节　共同意外行为与类似情形的对比分析

通过共同意外行为与类似情形的对比，能够更加清晰地界定共同危险行为的外延。

一、共同意外行为与共同危险行为

《民法典》第 1170 条规定："二人以上实施危及他人人身、财产安全的行为，其中一人或者数人的行为造成他人损害，能够确定具体侵权人的，由侵权人承担责任；不能确定具体侵权人的，行为人承担连带责任。"按照这一规定，共同危险行为是指二人以上实施危及他人人身、财产安全的行为，其中一人或者数人的行为造成他人损害，但不能确定具体侵权人的情形。

（一）共同意外行为与共同危险行为的共性

应当指出，共同意外行为和共同危险行为的共性主要是二人以上实施

---

① 江苏省无锡市南长区人民法院民事判决书（2014）南民初字第 1930 号。

的“行为”造成损害，这其实是二者与“数人侵权行为”的核心差别，即通过使用“行为”而非“侵权行为”的术语，表明在共同意外行为中，行为人的行为尽管导致了损害，但不是侵权行为，在共同危险行为中，尽管其中一人或者数人的行为造成他人损害，但由于不能确定具体侵权人，行为人的行为也不能被认定为侵权行为。

（二）共同意外行为与共同危险行为的差异

1. 是否必须“共同”实施

传统大陆法系的共同危险行为理论要求行为人必须共同实施危险行为，且主观上表现为共同过失。① 我国《民法典》第 1170 条的规定，没有“共同”实施的限制性规定，实际上包括了“共同”危险行为和“分别”危险行为两种子类型。②

共同意外行为则要求“共同”实施该行为，但这种“共同”，不同于《民法典》第 1170 条规定的二人以上共同实施侵权行为中的“共同”。二者的共同点是双方有交流，有共同意识；二者的差别是，共同侵权行为的共同意识包含侵害他人的意图，共同意外行为的共同意识是共同从事某种行为，并无侵害他人的意图，只是“意外”造成了行为人之一或者部分行为人的损害。

2. 行为人对损害的发生是否有过错

共同危险行为的特点在于行为具有“危及他人人身、财产安全”的属性，如果是一般侵权行为，则应当认定为行为人有过错；如果是适用危险责任或者产品责任的侵权行为类型，则应当认定为存在客观危险或者产品缺陷。

共同意外行为只适用于一般侵权行为，如果行为人有过错，则适用过错责任；只有行为人均无过错的情形，排除了侵权责任的适用，才可能适用共同意外行为。

3. 受到损害的人是否为行为人之一

共同危险行为在设计原型上，其受害人一般不是共同危险行为人之

① 郑玉波：《民法债编总论》（修订二版），陈荣隆修订，中国政法大学出版社 2004 年版，第 143 页。

② 王竹：《再论共同危险行为》，《福建师范大学学报（哲学社会科学版）》2010 年第 4 期。

一。而共同意外行为的受害人必须是行为人之一或者部分行为人，这样才存在共同风险的分担基础。

4. 是否能够确定具体侵权人

共同危险行为的具体侵权人不能确定，否则由具体侵权人承担侵权责任。共同意外行为无论能否确定具体侵权人，都不影响规则的适用。这是因为，行为人的行为并无过错，因此不适用侵权责任，也就对能否确定具体侵权人不作限制。即使共同意外行为的具体侵权人无法确定，由于损害是意外造成的，也可以适用共同意外分担公平责任。

（三）受害人参与共同危险行为不适用共同意外行为规则

数个行为人相互扔石头，或者对着同一面墙扔石头反弹回来，如果无法确定具体侵权人，应该认定为受害人参与共同危险行为①，而非共同意外行为。这是因为，参与扔石头的共同危险行为人主观上都有过错，不符合共同意外行为的适用前提。

二、共同意外行为与共甘风险行为

自甘风险一般是指受害人明知可能遭受来自行为人的风险却依然冒险行事并遭受损害的情形，在侵权责任中是作为一种消极的被侵权人过错，可以减轻侵权责任。② 如果双方明知存在过错，在共同自甘风险过程中导致一人损害，由于双方均有过错，因此不适用共同意外行为。笔者将这种情形称为“共甘风险行为”，主要类型包括以下几种。

（一）共同醉酒行为

共同醉酒情形下，一般不存在适用公平责任的可能性。《民法典》第1190条第2款规定：“完全民事行为能力人因醉酒、滥用麻醉药品或者精神药品对自己的行为暂时没有意识或者失去控制造成他人损害的，应当承担侵权责任。”根据该款规定，在主观上应当认定完全民事行为能力人醉酒是有过错的。由此可以推知，完全民事行为能力人醉酒后导致自身损害，也是有过错的。在此判断下，有如下推论：第一，如果共同饮酒人没

① 这种情形下是否继续适用连带责任存在争议。参见王竹：《再论共同危险行为》，《福建师范大学学报（哲学社会科学版）》2010年第4期。

② 杨立新、王竹：《论侵权法上的受害人过错制度》，载陈小君主编：《私法研究》（第7卷），法律出版社2009年版。

有过错，完全民事行为能力人醉酒后自伤[①]，或者自行摔倒[②]，应当自行承担责任。第二，如果共同饮酒人没有过错，完全民事行为能力人醉酒后因第三人原因致害，如自行回家过程中发生交通事故[③]，应该由第三人承担责任。第三，如果共同饮酒人恶意灌酒，主观上存在故意，应适用侵权责任；被侵权人是完全民事行为能力人的，可以适用被侵权人过错减轻共同饮酒人的责任。第四，如果共同饮酒人违背了先行行为产生的注意义务，如发现醉酒后未予以劝告和疏导并进行有效的照顾、护送[④]，或者未劝阻其驾驶机动车[⑤]，应该适用过错责任；被侵权人是完全民事行为能力人的，可以适用被侵权人过错减轻共同饮酒人的责任。

（二）共同冒险行为

所谓"共同冒险行为"，是指二人以上共同认识到行为较之一般生活风险有更高的危险性，仍然共同冒险为之，在主观上存在过错。典型的如共同冒险通过路面结冰路段，有人滑倒相互拉扯导致其中一人损害，或者共同相约到河里游泳时有人遇险相互拉扯导致一人溺水身亡，等等。驴友相约到尚未开发的山林中徒步受损，或者几位友人共同发起在室内用炭火烧烤导致死亡，也属于这种类型。共同冒险行为，实质上是共同的"自甘风险"行为。但《民法典》第1176条只规定了文体活动领域的自甘风险规则，该条第1款规定："自愿参加具有一定风险的文体活动，因其他参加者的行为受到损害的，受害人不得请求其他参加者承担侵权责任；但是，其他参加者对损害的发生有故意或者重大过失的除外。"文体活动之外的情形并不适用该条文。

（三）共同危险风俗

所谓"共同危险风俗"，是指风俗习惯中的危险活动，常见的是在婚礼过程中的"闹婚"活动。部分地方刁难新郎的习俗存在一定的危险性，例如让新郎跳火盆时受伤，更为常见的是要求新郎抱新娘入洞房时受伤。

---

① 云南省禄丰县人民法院民事判决书（2014）禄民初字第456号。

② 甘肃省天水市秦州区人民法院民事判决书（2015）天秦墩民初字第84号；内蒙古自治区化德县人民法院民事判决书（2014）化民初字第00312号。

③ 安徽省太和县人民法院民事判决书（2014）太民一初字第00178号。

④ 河南省正阳县人民法院民事判决书（2013）正民初字第752号。

⑤ 内蒙古自治区土默特右旗人民法院民事判决书（2014）土民初字第1474号。

在一起案件中，原、被告双方尚未办理结婚登记，先行举办“婚礼”。在举行婚礼当天，被告按习俗在抱原告进入新房时，由于地板上有水渍，脚底打滑，将原告摔倒受伤。①

三、共同意外行为与共同经历灾害

所谓“共同经历灾害”，是指共同经历不构成不可抗力的灾害，如果灾害构成不可抗力，则应当免除赔偿责任。由于共同经历的灾害并非双方共同创造的风险，所以也不满足共同意外分担公平责任的适用前提。常见的共同经历灾害包括共同经历自然灾害和共同经历原因不明的火灾。

共同经历自然灾害案件，例如原告的房屋与被告所有的房屋相邻，由于连日降雨，被告的房屋倒塌后，撞倒原告房屋的后墙。② 所谓原因不明的火灾，是指根据公安消防部门出具的“火灾事故认定书”，无法确定起火原因的火灾。我国《民法典》和《消防法》均未将火灾作为特殊侵权责任进行规定，因此火灾造成的损害一般适用过错责任。③ 因火灾造成相邻财产受损，尽管能够确定起火点在被告所管理的不动产范围内，但无法确定起火原因的，因无法确定被告有过错进而不能适用侵权责任。

四、共同意外行为与双方争吵致害

在实务中，存在一些因双方争吵而导致一方死亡或者晕倒后受伤的案件。能够导致这种严重后果的争吵，往往都是因为双方不够克制，双方均具有一定的过错，因而不适用共同意外分担公平责任。常见的情形包括：

第一，双方争吵致死。在一起案件中，被告与死者本系邻居关系，死者是 70 多岁的老人，并且一人居住。双方为了琐事发生争吵，老人在争吵过程中因心脏病发作死亡。④ 在另一起更为极端的案件中，原告之妻与被告发生争吵，被告回到自己开的餐馆中后，原告之妻追至被告餐馆

① 甘肃省秦安县人民法院民事判决书（2013）秦民初字第 1173 号。

② 甘肃省静宁县人民法院民事判决书（2014）静雷民初字第 9 号。

③ 杨立新：《火灾事故责任的性质及其民事责任》，《法律适用》2002 年第 8 期。

④ 辽宁省辽阳县人民法院民事判决书（2015）辽县民初字第 00097 号。

中继续争吵，因情绪激动导致血压升高而昏迷，后送往医院抢救无效死亡。①

第二，双方争吵后晕倒受伤。原告与被告在案外人承包的地里因为耕种问题发生争执。原告离开该地后到自家田地干农活时，被人发现晕倒在自家田地受伤。②

近年来引起较大争议的案件是“郑州电梯劝烟案”③。法院查明的案情如下：2017 年 5 月 2 日 9 时 24 分许，段某与杨某先后进入金水区天骄华庭 2 期小区 5 号楼 1 单元电梯，因段某在电梯内吸烟，二人发生言语争执。段某与杨某走出电梯后，仍有言语争执，被小区物业人员劝阻后，杨某离开，段某同物业人员进入物业办公室。随后段某死亡。河南省郑州市金水区人民法院一审认为，段某猝死的结果是杨某未能预料到的，杨某的行为与段某的死亡之间并无必然的因果关系，但段某确实在与杨某发生言语争执后猝死，依照《侵权责任法》第 24 条的规定，根据公平原则，判决杨某于判决生效后 10 日内补偿段某的配偶田某 15 000 元。河南省郑州市中级人民法院二审认为，杨某对段某在电梯间吸烟予以劝阻的行为与段某死亡结果不存在法律上的因果关系，杨某不存在过错，不应承担侵权责任，也不存在适用《侵权责任法》第 24 条的基础，一审适用法律错误。本案一审判决作出后，尽管杨某未上诉，但一审判决适用法律错误，损害社会公共利益，也与民法的立法宗旨相悖，依法应予改判，遂判决撤销一审判决书。④

有学者指出，从司法实务来看，在类似的案例中，大多数法院选择的是与“郑州电梯劝烟案”的一审结果相同的裁判思路。这充分说明，问题不在于“郑州电梯劝烟案”的一审法官，而在于原《侵权责任法》第 24 条没有给出具体明确的法律规则。⑤ 也有学者指出，在行为人对权益侵害

---

① 青海省海东市乐都区人民法院民事判决书（2014）乐民初字第 909 号。

② 重庆市云阳县人民法院民事判决书（2014）云法民初字第 03529 号。

③ 河南省郑州市金水区人民法院民事判决书（2017）豫 0105 民初 14525 号；河南省郑州市中级人民法院民事判决书（2017）豫 01 民终 14848 号。

④ 冀天福、朱正宏、姚振勇、薛永松：《适用公平原则时对加害行为与侵害结果的判定》，《人民司法·案例》2019 年第 2 期。

⑤ 王文胜：《侵权责任法中公平责任规则的构造、表达及其反思——从“郑州电梯劝烟案”说起》，《法治现代化研究》2018 年第 5 期。

的发生无法预见的情形下，身体机能的退化和常见疾病应排除在受害人特殊体质之外，而属于其一般生活风险，因此不应当使人承担侵权责任。① 就本案的事实来看，笔者赞成这种观点。

五、共同意外行为与婚前性行为怀孕流产

近年来，部分法院对于婚前性行为怀孕流产类案件适用公平责任进行裁判。典型案情为原告与被告系恋爱关系，双方同居后，原告女方怀孕并手术流产，支出医疗费用。后原告与被告分手，原告提出赔偿请求。② 有的案件案情较为特殊：原告与被告举行了“婚礼”后共同生活，但并未登记结婚。因产生矛盾，双方各自生活。原告进行引产手术，支出相关医疗费用。③ 法院一般适用原《民法通则》第 132 条或者原《侵权责任法》第 24 条予以裁判。

在婚前性行为怀孕流产类案件中，男女双方出于自愿发生性行为，并无过错可责难。但因未能延续关系，后女方通过手术流产，产生费用，要求男方承担。此类案件中的怀孕风险和事后的流产费用，是由双方共同行为产生的，理应由双方分担。④ 但这种分担，并非基于共同意外行为，主要理由在于：第一，怀孕并非一定是意外事件，也可能是双方共同的追求，如果是后一种情形，则双方已经包含了对于后续费用分担的合意；第二，如果是意外事件，但怀孕只能由女方承担，后续因流产等产生的费用也主要是由女方承担，这不符合共同意外行为的“损害的随机性”要求；第三，婚前性行为产生的怀孕结果，既可能是产生新的生命，则二人作为父母有抚养的义务；也可能是流产或者生产过程中胎儿死亡，则需要双方分担损失。

---

① 李昊、张博文：《受害人特殊体质与公平责任——反思“劝烟案”中的因果关系》，《法治现代化研究》2018 第 6 期。

② 辽宁省北票市人民法院民事判决书（2014）北民三宝初字第 00140 号。

③ 河南省确山县人民法院民事判决书（2014）确民初字第 00756 号。

④ 钱叶卫：《非婚同居性行为损害赔偿问题研究》，《中华女子学院学报》2009 年第 3 期。

第三节　共同意外分担公平责任的适用范围与立法空间

一、共同意外分担公平责任的适用范围

（一）共同意外分担公平责任的适用范围法定

有学者指出，原《侵权责任法》第 24 条构成隐藏的法律漏洞，法律本应设置其适用的限制而未设置，因此应当运用目的性限缩的方式，将其核心文义的一部分排除在其适用范围之外。因此，该条应当解释为，仅在法律有特别规定的情形，才能适用公平责任。①《民法典》第 1186 条规定的“受害人和行为人对损害的发生都没有过错的，依照法律的规定由双方分担损失”实质上使得共同意外分担公平责任的适用范围法定化。是否在法律上规定具体的共同意外分担公平责任类型，则取决于立法者的判断，但必须排除侵权公平责任的一般性适用，适用类型应以法律的明确规定为限。②

（二）共同意外分担公平责任仅适用于过错责任侵权行为类型

共同意外分担公平责任应当仅适用于过错责任侵权行为类型。③ 这是因为，适用过错推定责任的侵权行为类型中，侵权人一方均为单方增大风险的情形，如各类物件损害责任，不符合共同意外行为的风险双向性适用前提。而危险责任和缺陷责任，尽管责任构成不考虑过错，也可能是意外损害，但其风险的单向性更加明显，也不适用共同意外行为的分担规则。另外，《民法典》第 1165 条第 2 款和第 1166 条将过错推定责任和无过错责任限定为法律明文规定的情形④，且这两个条文授权法律规定的过错推定责任和无过错责任均为“侵权责任”，以与第 1186 条授权规定的公平责任作出功能上的区分，也可以佐证第 1186 条中的“法律的规定”仅限于第 1165 条第 1 款规定的过错责任侵权行为类型。

---

① 周友军：《侵权法学》，中国人民大学出版社 2011 年版，第 36 页。

② 张善斌：《公平责任原则适用存在的问题及对策》，《河北法学》2016 年第 12 期。

③ 张新宝：《中国民法典释评・侵权责任编》，中国人民大学出版社 2020 年版，第 83 页。

④ 郭明瑞：《关于公平责任的性质及适用》，《甘肃社会科学》2012 年第 5 期。

（三）排除存在第三人原因的侵权行为类型

共同意外分担公平责任的适用前提是风险的双向性，而第三人原因创造的风险类型如果与共同意外行为的行为人创造的风险类型不同，也不符合这一适用前提。常见的误用领域是违反安全保障义务类和学生伤害事故类案件。

1. 违反安全保障义务类案件

在一起案件中，原告在被告超市购物完毕欲离开，在经过被告超市南门的旋转门时，当时原告的前面有一名约 10 岁的小女孩，原告紧跟在该女孩后面通过旋转门，女孩用力推了一下旋转门然后出去了，因原告走得慢被该旋转门带倒受伤。法院认定涉案旋转门系合格产品并无瑕疵；致使原告受伤的真正原因是，走在原告前面的小女孩用力推门，旋转门快速旋转而原告走得慢，原告被旋转门带倒受伤。法院认定，被告超市在本案中并无过错，本不应当承担责任，但根据原《侵权责任法》第 24 条承担公平责任。①

笔者认为，本案中原告与小女孩共同使用旋转门进出，是否可以认定为共同意外行为可以进一步探讨，但如果确定超市没有过错，那么就不能在违反安全保障义务类案件中适用共同意外分担公平责任。

2. 学生伤害事故类案件

对于在教育机构中发生的体育课意外损害，有的法院作出了由教育机构参与部分责任分担的裁判。② 最高人民法院曾经发布典型案例对这种裁判倾向予以确认，认为学校按教学大纲实施教学无过错，学生按照老师的安排进行比赛活动，亦无过错。二人在进行篮球赛活动中相互抢球发生相撞，当属常理。本案根据实际情况，由双方分担损失。……学校的行为虽无过错，但其组织之行为与受害人的受伤之损害后果之间存在一定的事实联系，具有关联度，让其分担损失也具有合理性，衡平了双方当事人利益。③

《民法典》第 1201 条规定："无民事行为能力人或者限制民事行为能力人在幼儿园、学校或者其他教育机构学习、生活期间，受到幼儿园、学校或者其他教育机构以外的第三人人身损害的，由第三人承担侵权责任；幼儿园、学校或者其他教育机构未尽到管理职责的，承担相应的补充责

---

① 新疆维吾尔自治区石河子市人民法院民事判决书（2013）石民初字第 3127 号。

② 浙江省宁波市中级人民法院民事判决书（2014）浙甬民一终字第 665 号。

③ 最高人民法院 2014 年 11 月 24 日发布未成年人审判工作典型案例 98 例之案例第 95 号：周熠与肖凡、肖作木、永安市第九中学健康权纠纷案。

任。幼儿园、学校或者其他教育机构承担补充责任后，可以向第三人追偿。”教育机构的补充责任，是以侵权责任的不完全承担为前提的。而如果是学生之间因竞技体育发生意外适用共同意外分担公平责任，本身就不符合这一补充责任适用的前提，这种错误的法律适用实际上使学校成为体育活动的“保险人”，只会阻吓学校开展竞技体育活动。

（四）“损失”分担范围仅限于人身损害

共同意外分担公平责任作为例外性的侵权公平责任类型，如果过度扩大其适用范围，必将落入“冲击侵权责任体系”的怪圈。实务中，无论是当事人的主张，还是法院的裁判，都主要限于人身损害，尤其是严重的人身伤害或者死亡，而不包括财产损害。①

需要指出的是，《民法典》第 179 条第 1 款第 8 项使用了赔偿“损失”的概念：“承担民事责任的方式主要有：……（八）赔偿损失”。但《民法典》侵权责任编第二章的标题是“损害赔偿”。该章除第 1186 条以外，仅在第 1182 条的“侵害他人人身权益造成财产损失……”中和第 1184 条的“侵害他人财产的，财产损失……”中使用了“损失”的概念。纵观整部《民法典》，“损失”也主要用于表述财产损失。从司法实践和立法用语的偏差出发，《民法典》第 1186 条使用“分担损失”的搭配，是继受了原《侵权责任法》第 24 条的用语。而原《侵权责任法》第 24 条使用“分担损失”，是为了纠正原《民法通则》第 132 条规定的“分担民事责任”。原《民法通则》中，对“损失”和“损害”这两个术语有一定程度的混用，如第 122 条第 1 句使用了“损害”的术语：“因产品质量不合格造成他人财产、人身损害的，产品制造者、销售者应当依法承担民事责任。”第 2 句则使用了“损失”的术语：“运输者、仓储者对此负有责任的，产品制造者、销售者有权要求赔偿损失。”对此，原《侵权责任法》第五章“产品责任”统一使用“损害”，但在第 24 条使用“分担损失”，略显草率。《民法典》第 1186 条立法时注意力主要放在了“依照法律的规定”，忽略了对“分担损失”的用语斟酌，对此应作体系解释，认为该“损失”应为“损害”，建议未来最高人民法院通过司法解释予以明确。

---

① 也有学者认为，可以适用于因财产受到侵害而产生的财产损失。参见曹险峰：《论公平责任的适用——以对〈侵权责任法〉第 24 条的解释论研读为中心》，《法律科学》2012 年第 2 期。

值得思考的是，共同意外分担公平责任，是否应该适当补偿精神损害。《民法典》第1183条第1款规定："侵害自然人人身权益造成严重精神损害的，被侵权人有权请求精神损害赔偿。"笔者认为，共同意外分担公平责任仅对人身损害进行救济，而且受损人也不符合"被侵权人"的适用条件，因此不应当对精神损害进行补偿。有法院指出，精神损害赔偿应以过错为前提[①]，因此不适用精神损害赔偿。而且在实务中，部分案件，包括"彭宇案"[②]在内，明确拒绝了精神损害赔偿。从侵权公平责任在群众性体育人身损害案中的适用情况看，损失补偿范围仅涉及物质性损失，精神性损失并不在其调整范围内[③]，这一做法，应当得到坚持。

二、《民法典》通过之前适用共同意外分担公平责任的案件类型

在《民法典》通过之前，共同意外分担公平责任仅限于适用过错责任的侵权行为类型中由共同意外行为引起的损害，主要案件类型包括以下几种。

（一）参加业余竞技体育活动意外受伤

1. 业余竞技体育活动

竞技体育是指在全面发展身体，最大限度地挖掘和发挥人（个人或群体）在体力、心理、智力等方面的潜力的基础上，以攀登运动技术高峰和创造优异运动成绩为主要目的的一种运动活动过程。[④]竞技体育伤害争议一般基于体育自治原则而通过仲裁或其他方式解决，诉诸法院者，主要是发生于学校体育、社会体育中的伤害案件。[⑤]所以在《民法典》通过之前，共同意外分担公平责任主要适用于业余竞技体育活动。

竞技体育具有竞争性，激烈的竞争是竞技体育区别于学校体育和大众体育的本质特征，这就符合了共同意外行为的风险双向性要求。如果在竞

---

① 宁夏回族自治区银川市兴庆区人民法院民事判决书（2014）兴民初字第5706号。

② 江苏省南京市鼓楼区人民法院民事判决书（2007）鼓民一初字第212号。

③ 刘海涛、孙铭成：《公平责任原则在群众性体育人身损害案中的适用》，《广西教育学院学报》2021年第6期。

④ 卢元镇：《体育社会学》，高等教育出版社2001年版，第92页。

⑤ 赵毅：《从公平责任到损失分担之嬗变——近年我国法院裁判体育伤害案件的最新立场》，《体育学刊》2014年第1期。

技体育活动中只有一人或者部分参与者受伤，就符合损害的单向性要求。如果是仅导致了参与者之外的损害，则不构成共同意外行为，而是数人侵权行为。[①] 例如双打乒乓球过程中因为连续手臂相撞导致球拍碰到乒乓球台边缘飞出击中旁观者眼睛的案件。[②]

2. 过错的判断标准

每项竞技运动都有运动规则，如果业余竞技体育活动设置有裁判，那么裁判未吹犯规哨，可以作为被告不存在犯规行为的初步证据[③]，但有相反证据的除外。而即使裁判判罚被告犯规，法院也可能认定被告没有过错。在一起案件中，原告在参加业余足球比赛的过程中被被告踢中头部，进而受伤昏迷。被告所实施的仅仅是一般犯规行为，而非恶意或蓄意犯规行为，其对原告所受之损害并不具有主观过错。[④] 这也提出了裁判用语向侵权责任法靠拢的新要求。[⑤] 如果业余竞技体育活动没有设置裁判，则应当根据具体案情参考运动规则进行过错的判断。

3. 典型案件类型

典型案例包括三类：第一，在羽毛球、乒乓球等非身体接触式运动过程中双方连续击球，将其中一人眼睛打伤。[⑥] 第二，在接力赛交接棒等通过体育器械间接接触的过程中发生意外碰撞受伤。[⑦] 第三，参加足球[⑧]、

---

① 河南省漯河市源汇区人民法院民事判决书（2014）源民一初字第 150 号。

② 焦益华、阎玉珍：《学生伤害事故中的无过错责任和公平责任》，《改革与开放》2016 年第 21 期。

③ 宁夏回族自治区银川市兴庆区人民法院民事判决书（2014）兴民初字第 5706 号。

④ 北京市朝阳区人民法院民事判决书（2014）朝民初字第 38827 号。

⑤ 赵毅：《从公平责任到损失分担之嬗变——近年我国法院裁判体育伤害案件的最新立场》，《体育学刊》2014 年第 1 期。

⑥ 案例整理参见柯伟才：《公平责任之反思——以羽毛球运动员之间的意外伤害案件为例》，《武汉体育学院学报》2017 年第 6 期。另参见王宗涛：《侵权法上公平责任的适用立法与司法的比较研究——对〈侵权责任法〉第 24 条之理解》，《海峡法学》2011 年第 2 期。

⑦ 案情参见四川省郫县人民法院民事判决书（2000）成郫民初字第 99 号。原审法院裁判依据有所不同。

⑧ 北京市朝阳区人民法院民事判决书（2013）朝民初字第 40714 号。另参见陈宏：《对体育运动中公平责任与自甘冒险的比较分析》，《贵州工业大学学报（社会科学版）》2007 年第 1 期。

篮球[①]等身体接触式运动，出现相互碰撞等引发受伤事件。

4. 因团队比赛中的具体激烈竞技行为意外受伤的“当事人”范围

将业余竞技体育活动纳入共同意外行为的适用范围，最大的争议点在于，到底是所有该次竞技体育活动的参与者参与损害分担，还是仅仅由参与激烈竞技行为的行为人参与分担。[②] 笔者认为，从风险的双向性要求出发，如果在业余竞技体育活动中出现了两人或者多人的具体激烈竞技行为（如抢球），那么具体参与该激烈竞技行为的当事人产生的损害风险显著大于其他竞技体育活动的参与者产生的损害风险，此时“当事人”应当仅限于参与该激烈竞技行为的人，而非该次竞技体育活动的全部参与者。[③]

（二）非机动车之间发生意外交通事故

《道路交通安全法》第 119 条第 4 项规定：“（四）‘非机动车’，是指以人力或者畜力驱动，上道路行驶的交通工具，以及虽有动力装置驱动但设计最高时速、空车质量、外形尺寸符合有关国家标准的残疾人机动轮椅车、电动自行车等交通工具。”常见的非机动车主要是自行车、电动自行车和残疾人机动轮椅车。《民法典》侵权责任编第五章是对“机动车”交通事故责任的规定，因此非机动车之间发生交通事故适用过错责任原则。[④] 非机动车之间意外发生交通事故造成其中一车或者部分车辆及行人受损，各方当事人均无过错的，符合风险的双向性和损害的单向性特征。如果超标电动自行车发生交通事故，则适用过错责任原则承担侵权责任。如果是非机动车与行人之间意外发生交通事故，由于不符合风险的双向性特征，也不适用共同意外分担公平责任。

应当指出，非机动车避让机动车意外摔倒的情形，因为不满足风险的双向性要求，只能作为机动车交通事故处理。在一起案件中，原告骑自行车，为避让与其相对行驶并左转弯驶入路边餐馆门前的普通二轮摩托车，

---

① 重庆市沙坪坝区人民法院民事判决书（2014）沙法民初字第 04734 号。

② 柯伟才：《公平责任之反思——以羽毛球运动员之间的意外伤害案件为例》，《武汉体育学院学报》2017 年第 6 期。

③ 有学者对此有不同看法，参见张罡：《论公平责任原则在群众性体育运动中的适用——以一起健康权纠纷案为例》，《河北体育学院学报》2018 第 1 期。

④ 《民事案件案由规定》（法〔2020〕347 号）新增了“375. 非机动车交通事故责任纠纷”案由，与“374. 机动车交通事故责任纠纷”并列。

摔倒在路边的石墩上，致左肱骨骨折。事发时，两车相距约 3 米，未发生接触，公安交警部门未认定属交通事故。① 如果法院认定双方均无过错，应该适用《道路交通安全法》第 76 条第 1 款第 2 项规定的不超过 10%的赔偿责任，而非共同意外分担公平责任。

（三）散养动物之间争斗造成的损害

2004 年中国社科院版“民法典草案”第 1600 条“饲养的动物致人损害”第 1 款是关于饲养动物损害责任的规定，第 2 款特别对散养动物之间争斗致害公平责任作出了规定：“依习惯散养的动物，因争斗造成动物伤害或死亡，双方保有者均无过错的，由双方分担损害。但当地另有习惯的依其习惯。”项目组的起草说明指出：“本条第 2 款，是总结审判经验作出的新规定。考虑到广大牧区，放牧的动物也是牧民主要的生活资料，发生散养动物争斗死亡或者受伤，当事人径行食用并无什么损害，如有不分担损失的习惯，可依习惯不生赔偿问题。因此规定‘当地另有习惯的依习惯’。”② 张新宝教授认为，依照习惯散养的动物相互争斗造成动物伤害或者死亡的，不适用无过错责任原则，双方保有者均无过错的，分担损失；一方有过错的，由有过错的承担赔偿责任。但是当地对此类纠纷有习惯规则加以处理的，按照习惯规则处理。③

三、《民法典》上自甘风险规定对共同意外分担公平责任立法空间的影响

《民法典》第 1176 条第 1 款规定：“自愿参加具有一定风险的文体活动，因其他参加者的行为受到损害的，受害人不得请求其他参加者承担侵权责任；但是，其他参加者对损害的发生有故意或者重大过失的除外。”从文义上看，该条在文体活动领域似乎构成了对第 1186 条的立法空间限制，在一同参加文体活动的参与者造成其他参与者受伤的情况下，除非存在恶意犯规的故意或重大过失情形，否则，法官便可以直接根据该条文免

① 湖北省潜江市人民法院民事判决书（2014）鄂潜江民初字第 00033 号。

② 梁慧星主编：《中国民法典草案建议稿》，法律出版社 2003 年版，第 319 页。

③ 参见张新宝：《侵权责任法立法研究》，中国人民大学出版社 2009 年版，第 41 页。

除行为人的赔偿责任。[①] 《民法典》生效后的第一个工作日，北京市朝阳区人民法院依据《最高人民法院关于适用时间效力的若干规定》第 16 条的规定，适用《民法典》第 1176 条第 1 款，判决支持在羽毛球比赛中遭受意外伤害的原告全部的诉讼请求[②]，原告上诉后法院维持原判。[③] 而如前文所述，业余竞技体育活动意外受伤是《民法典》之前适用共同意外分担公平责任的主要案件类型，二者之间的关系需要明确。

《民法典》第 1186 条规定："受害人和行为人对损害的发生都没有过错的，依照法律的规定由双方分担损失。"可以参考第 1166 条规定的模式："行为人造成他人民事权益损害，不论行为人有无过错，法律规定应当承担侵权责任的，依照其规定。"进一步明确为："（行为人造成他人民事权益损害），受害人和行为人对损害的发生都没有过错的，法律规定'由双方分担损失'的，依照其规定。"所谓"文体活动"，是指文体、娱乐以及体育活动。[④] 从风险类型来看，体育运动可以分为高风险运动、风险运动和一般体育运动。[⑤] "具有一定风险"的文体活动，应该以一般大众认识和通常采取的预防措施为标准。例如，我国香港特别行政区流行的壁球运动，因为具有一定的危险性，参加者会佩戴护目镜，但很少有人打羽毛球或者乒乓球的时候佩戴护目镜。所以壁球可以归入"具有一定风险的文体活动"，而羽毛球和乒乓球则不应该归入。笔者认为，接触式、对抗式的文体活动，例如足球、篮球均应归入"具有一定风险的文体活动"，即高风险运动和风险运动。而风险类似羽毛球、乒乓球的文体活动，如踢毽子，或者风险更小的文体活动，例如棋牌、太极拳等，则不应该归入。但不归入"具有一定风险的文体活动"，并不代表不可能发生意外的损害，例如在羽毛球双打比赛中，同在一方的队员球拍无意识导致队友眼睛受损

① 孟强：《公平责任归责原则的终结——〈民法典〉第 1186 条的解释论》，《广东社会科学》2021 年第 1 期。

② 北京市朝阳区人民法院民事判决书（2020）京 0105 民初 67259 号。

③ 北京市第三中级人民法院民事判决书（2021）京 03 民终 5483 号。

④ 邹海林、朱广新主编：《民法典评注·侵权责任编》，中国法制出版社 2020 年版，第 130 页。

⑤ 李鼎：《体育侵权：自甘风险还是过失相抵》，《武汉体育学院学报》2020 年第 5 期。

的情形。[①] 而这些情形，就是共同意外分担公平责任的可能适用领域。[②] 类似羽毛球、乒乓球风险程度及以下程度的文体活动领域，才是共同意外分担公平责任的立法空间。即在一般体育运动中，应当限制自甘风险规则的适用[③]，文体活动领域之外，共同意外分担公平责任的立法空间则不受《民法典》第 1176 条的限制。

第四节　共同意外分担公平责任的司法程序与考量因素

一、共同意外分担公平责任的司法程序

即使法院认为不应当适用共同意外分担公平责任，如果当事人自愿补偿，也应该予以确认。如在一起案件中，法院认为："麦某坤的死亡属意外事件，本案不存在侵权行为，不适用包括公平责任原则在内的侵权行为归责原则，因此广州市番禺区化龙镇复甦村民委员会无须作出补偿。鉴于广州市番禺区化龙镇复甦村民委员会自愿支付 60 453.42 元给黄某妹、麦某兰、麦某国，对此本院予以准许。"[④] 如果法院认为应当适用共同意外分担公平责任，除非被告不同意调解[⑤]，法院一般会推动调解。如果当事人愿意调解但最终并未达成调解协议，法院会参考调解中各方提出的数额作出判决，主要有如下处理方式：

第一，部分达成协议，参考情节差别处理。如在一起案件中，经调解，刘某强、司某廷各赔偿 4 500 元，另有赵某强、李某强、阎某羊、赵某进四人不服调解，至今未解决。法院判决被告赵某进、赵某强、李某强、阎某羊各补偿原告损失 3 500 元。[⑥]

---

① 冯德淦：《体育比赛中公平责任适用之检讨》，《法律适用》2019 年第 10 期。

② 徐翔：《社会体育伤害事故中公平责任原则与自甘风险原则的较量——基于羽毛球运动致伤案例的探析》，《体育科研》2020 年第 3 期。

③ 柯友乐：《〈民法典〉视野下体育运动致害的损失分担——基于公平责任司法适用的实证研究》，《武汉体育学院学报》2021 年第 9 期。

④ 广东省广州市番禺区人民法院民事判决书（2014）穗番法民一初字第 584 号。

⑤ 天津市蓟县人民法院民事判决书（2014）蓟民初字第 4093 号。

⑥ 山西省泽州县人民法院民事判决书（2015）泽民初字第 5 号。

第二，愿意赔偿一定比例但对损失总额认识有差距的，法院调解未果，按照愿意承担的比例判决。在一起案件中，被告愿意最多承担30%的责任，但双方就营养费及各自在本次事故中应当承担的金额存在分歧，法院调解未果。最终，法院酌定了该项赔偿项目，然后按照30%的比例进行判决。①

第三，调解中双方预期有较大差距，法院折中判决。在一起案件中，经法院多次调解，原告要求被告补偿40 000元，被告出于同情，愿意补偿20 000元，但表示要在两年内履行完毕。最终法院判决被告一次性补偿原告20 000元。②

二、共同意外分担公平责任的考量因素

有学者认为，考量因素包括但不限于利益获取、风险的开启与维持、风险控制的可能性、损害分散的可能性、合理信赖、受害人自我保护的可能性等，这是基于将原《侵权责任法》第24条作为无过错责任一般条款的见解。③ 也有学者建议，“致害人与受害人对造成损害都没有过错的，由双方各承担一半损失”④。更主流的学说认为，在公平责任中主要考虑双方财产状况。但在实务中，裁判文书中明示考虑双方财产状况的情形并不多见，只有部分案例明确考虑被告的经济状况。⑤ 笔者认为，尽管在大部分裁判文书中法官或多或少都在考虑双方的财产状况，但因为原《民法通则》第132条和原《侵权责任法》第24条没有明示“实际情况”所指，法官也就没有必要“冒险”去明示这一考量要素了。另外，在适用共同意外分担公平责任的案例中，或者受损人伤势较重⑥，或者造成受损人死亡的情形。⑦ 这是因为从法经济学角度看，适用公平责任来分担损失就会发

① 重庆市沙坪坝区人民法院民事判决书（2014）沙法民初字第04734号。

② 陕西省安康市汉滨区人民法院民事判决书（2013）安汉民初字第00215号。

③ 叶金强：《〈侵权责任法〉第24条的解释论》，《清华法学》2011年第5期。

④ 杨代雄：《一般侵权行为的无过错损失分担责任》，《华东政法大学学报》2010年第3期。

⑤ 甘肃省武威市凉州区人民法院民事判决书（2014）凉民初字第575号。

⑥ 山东省招远市人民法院民事判决书（2013）招民初字第2395号。

⑦ 贵州省普定县人民法院民事判决书（2014）普民初字第761号。

生比较高的管理费用，那么，如果损害比较小，在当事人的风险损失也比较小的情况下，就没有必要通过侵权责任法来予以分担。[①] 综合实务中的判例，较为标准的表述是：本案适用公平原则处理，公平原则系补偿责任，应结合原、被告双方的财产状况以及原告受损害的严重程度合理分担原告的物质损害。[②]

笔者认为，尽管《民法典》第 1186 条将原《侵权责任法》第 24 条规定的“可以根据实际情况”改为了“依照法律的规定”，但未来立法规定共同意外分担公平责任时，仍然应当明确“根据实际情况”，并主要是指双方经济状况。有学者指出，应当综合整个案件情况，包括双方当事人的经济状况、生活水平、损害后果对受害人的影响程度等，甚至不能忽视行为人的行为目的以及是否有保险等情况，即要考虑双方整体的“财产状况”[③]。建议未来最高人民法院通过司法解释明确共同意外分担公平责任仍然需要考虑的“实际情况”，可以考虑使用“根据各方的经济状况等实际情况对受害人给予适当补偿”这样的表述。

三、共同意外分担公平责任的补充性救济性质

原《民法通则》第 132 条和原《侵权责任法》第 24 条规定的共同问题在于，在“受害人和行为人对损害的发生都没有过错的”情形下，将公平责任作为第一顺位的救济手段，而没有考虑到现代社会的社会保险、商业保险救济应当优先于公平责任适用。只有在这些救济措施无法充分救济受损人的情形，才可以考虑共同意外分担公平责任的救济。

在实务案件中，如果社会保险的理赔金额少于医疗费，法院可能酌定一定的共同意外分担公平责任。[④] 而如果新型农村合作医疗已经报销部分医疗费，医疗费中扣除这部分后，作为共同意外分担公平责任数额确定的

---

① 胡伟强：《〈侵权责任法〉中公平责任的适用——一个法经济学的解释》，《清华法学》2010 年第 5 期。

② 宁夏回族自治区银川市兴庆区人民法院民事判决书（2014）兴民初字第 5706 号。

③ 尹志强：《〈民法典〉公平责任的理解与适用》，《社会科学研究》2020 年第 5 期。

④ 浙江省宁波市中级人民法院民事判决书（2014）浙甬民一终字第 665 号。

基数。[①] 在一起案件中，被告在活动开始前为了避免风险已经为活动参与人购买了意外保险，原告等在事发后已得到了 30 万元的保险理赔，因此原告请求赔偿时，就扣除了这部分金额，法院按照主张金额的 10%左右酌定了共同意外分担公平责任数额。[②] 笔者认为，作为侵权公平责任的一个类型，共同意外分担公平责任的适用前提应该包括“受害人无法得到充分救济”。

① 甘肃省临洮县人民法院民事判决书（2014）临衙民初字第 168 号。

② 河南省济源市人民法院民事判决书（2014）济民一初字第 3145 号。

第四编

优者负担补偿公平责任论

第九章　机动车交通事故损害补偿责任论

在德国，过去的几十年中，损害赔偿法的意义得到了巨大的加强，这主要是因为道路交通的增长所致。① 在我国也不例外，道路交通事故已经成为我国侵权法上最主要的诉讼类型之一。《民法典》第 1208 条规定："机动车发生交通事故造成损害的，依照道路交通安全法律和本法的有关规定承担赔偿责任。"该条文引致的对象主要是《道路交通安全法》第 76 条。该条结构较为复杂，第 1 款包括导语部分和两项，规定："机动车发生交通事故造成人身伤亡、财产损失的，由保险公司在机动车第三者责任强制保险责任限额范围内予以赔偿；不足的部分，按照下列规定承担赔偿责任：（一）机动车之间发生交通事故的，由有过错的一方承担赔偿责任；双方都有过错的，按照各自过错的比例分担责任。（二）机动车与非机动车驾驶人、行人之间发生交通事故，非机动车驾

① ［德］迪特尔·梅迪库斯：《德国债法总论》，杜景林、卢谌译，法律出版社 2003 年版，第 426 页。

驶人、行人没有过错的，由机动车一方承担赔偿责任；有证据证明非机动车驾驶人、行人有过错的，根据过错程度适当减轻机动车一方的赔偿责任；机动车一方没有过错的，承担不超过百分之十的赔偿责任。”第2款规定：“交通事故的损失是由非机动车驾驶人、行人故意碰撞机动车造成的，机动车一方不承担赔偿责任。”我们以《道路交通安全法》第76条为中心，先厘清我国机动车交通事故责任的基本规则，再探讨该条第1款第2项规定的“不超过10%”机动车交通事故损害补偿责任。

第一节　机动车交通事故侵权责任的基本规则

一、《道路交通安全法》第76条第1款导语部分解读

《道路交通安全法》第76条第1款导语规定，“机动车发生交通事故造成人身伤亡、财产损失的，由保险公司在机动车第三者责任强制保险责任限额范围内予以赔偿；不足的部分，按照下列规定承担赔偿责任”，因此，机动车第三者责任强制保险责任限额之外的损害赔偿责任，根据交通事故双方的不同类别，依据该款第1项和第2项分别处理。该条第2款是对受害人责任的规定：“交通事故的损失是由非机动车驾驶人、行人故意碰撞机动车造成的，机动车一方不承担赔偿责任。”根据该条分为两款的结构可知，如果适用第2款规定的受害人责任，则不适用第1款导语的规定。从《道路交通安全法》第76条第1款的导语规定来看，我国侵权法上机动车交通事故责任的基本规则是：

第一，机动车发生交通事故造成人身伤亡、财产损失的，首先是由保险公司在机动车第三者责任强制保险责任限额范围内予以赔偿，而非直接适用侵权责任。《道路交通事故损害赔偿解释》（法释〔2020〕17号）第16条规定：“未依法投保交强险的机动车发生交通事故造成损害，当事人请求投保义务人在交强险责任限额范围内予以赔偿的，人民法院应予支持。”“投保义务人和侵权人不是同一人，当事人请求投保义务人和侵权人在交强险责任限额范围内承担相应责任的，人民法院应予支持。”

第二，在机动车第三者责任强制保险责任限额之外，适用侵权责任，并根据发生交通事故的双方不同，分为机动车之间发生交通事故和机动车与非机动车驾驶人、行人（以下简称“非机动车一方”）之间发生交通事

故两类，适用不同的侵权责任归责原则和法律规范。

第三，对于交通事故的损失是由非机动车一方故意碰撞机动车造成的情形，不但机动车一方不承担赔偿责任，保险公司也不承担机动车第三者责任强制保险范围内的赔偿责任。①

该条第 1 款第 1 项是关于“机动车之间发生交通事故的”规定，前段是关于侵权责任构成的规定，“由有过错的一方承担赔偿责任”；后段是关于双方过错的法律规定，“双方都有过错的，按照各自过错的比例分担责任”。该款第 2 项是关于“机动车与非机动车驾驶人、行人之间发生交通事故”的规定：“机动车与非机动车驾驶人、行人之间发生交通事故，非机动车驾驶人、行人没有过错的，由机动车一方承担赔偿责任；有证据证明非机动车驾驶人、行人有过错的，根据过错程度适当减轻机动车一方的赔偿责任；机动车一方没有过错的，承担不超过百分之十的赔偿责任。”

通过上述分析可知，《道路交通安全法》第 76 条第 2 款规定的受害人责任制度和第 1 款第 1 项后段规定的双方过错制度，是较为清晰的，而第 1 款第 2 项的规定，则需要进行仔细解读。下文将首先对《道路交通安全法》第 76 条涉及的受害人责任制度和双方过错制度进行简要的分析，然后重点对第 1 款第 2 项的理解进行分析。

二、《道路交通安全法》第 76 条第 2 款规定的受害人责任制度解读

《道路交通安全法》第 76 条第 2 款规定：“交通事故的损失是由非机动车驾驶人、行人故意碰撞机动车造成的，机动车一方不承担赔偿责任。”该条将免责事由规定为“故意碰撞机动车”，即常说的“碰瓷”。有学者指出，这样的规定使得非机动车驾驶人或者行人故意引起交通事故损害的免责情形过于狭窄，对于故意碰撞机动车之外的故意行为只能减轻责任，不符合无过失责任原则的要求。② 笔者认为，将这种免责事由的适用范围限制在“故意碰撞机动车”在用语上的确存在过于狭窄的问题。在条文解释上，应该结合《民法典》第 1174 条规定的“损害是因受害人故意造成的，

① 参见《机动车交通事故责任强制保险条例》第 21 条第 2 款。

② 杨立新：《修正的〈道路交通安全法〉第 76 条的进展及审判对策》，《法律适用》2008 年第 3 期。

行为人不承担责任”对“碰撞”进行扩张解释。在二者接触的方向上，不但包括非机动车和机动车双方“相向”运动的情况，也包括非机动车一方故意引起的在“同向”或者“侧面”运动中发生的接触；在接触方式上，除了较为猛烈的“撞”，相比之下更为轻微的“碰”，甚至是受害人自己导致的碾压，都可以纳入扩张解释的范围。①

三、《道路交通安全法》第76条第1款第1项规定的双方过错制度解读

《道路交通安全法》第76条第1款第1项后段规定的“双方都有过错的，按照各自过错的比例分担责任”是典型的法定双方过错制度。双方过错制度与该项前段规定的重大差别在于，不但适用于一方受损的情形，也适用于双方受损的情形。但根据前文对第1款导语的分析，如果双方均受到了损害，必须是双方损害均超过了机动车第三者责任强制保险责任限额范围时，才涉及双方损害的分担问题。在责任份额的确定上，有学者提出可以先分为五种不同的责任级别再在一定区间内确定过失程度：全责（95%～100%）、大部分责任（75%～94%）、主要责任（50%～74%）、次要责任（25%～49%）和一定责任（1%～24%）。②

另外，该条文将适用范围限制在“双方”，对于处理三方以上的交通事故只能进行类推适用，较之原《道路交通事故处理办法》第19条第3款规定的“三方以上当事人的违章行为共同造成交通事故的，根据各自的违章行为在交通事故中的作用大小划分责任”，立法技术欠佳，建议未来将“双方”修改为“各方”为宜。

第二节　《道路交通安全法》第76条第1款第2项的结构与疑义

一、《道路交通安全法》第76条第1款第2项的结构分析

《道路交通安全法》第76条第1款第2项有两个分号，但并不能因此

① 王竹：《侵权责任分担论》，中国人民大学出版社2009年版，第330页。

② 王利明：《侵权行为法研究》（上卷），中国人民大学出版社2004年版，第620页。

就认为该项条文被分隔为三段。两个分号前后的确描述了三种不同的情况，这些情况都必须以第一个逗号之前的“机动车与非机动车驾驶人、行人之间发生交通事故”为前提，否则不能形成完整的情况描述。因此该项条文该分为四段，包括前提部分：“机动车与非机动车驾驶人、行人之间发生交通事故”；前段：“非机动车驾驶人、行人没有过错的，由机动车一方承担赔偿责任”；中段：“有证据证明非机动车驾驶人、行人有过错的，根据过错程度适当减轻机动车一方的赔偿责任”；后段：“机动车一方没有过错的，承担不超过百分之十的赔偿责任”。以下分段进行分析：

该项条文前提部分使用了“机动车与非机动车驾驶人、行人之间发生交通事故”的提法，按照文义理解，包含了机动车一方造成非机动车驾驶人或者行人损害和非机动车驾驶人或者行人造成机动车一方损害两种情况。而从该法的规范意旨和整个侵权法的体系来看，非机动车驾驶人或者行人造成机动车一方损害的情形是一般侵权行为，应该适用过错责任，否则就将出现明显的法律适用不合理、不公平。① 笔者认为，对此应该作法律适用范围的目的限缩解释，最好通过司法解释确认该规范的适用范围仅限于交通事故中机动车一方造成非机动车驾驶人或者行人损害的情形，以免造成法律规范适用范围的不当扩大。

该项条文前段的立法目的，是明确“在什么情况下机动车一方承担全部责任”②，而实际的立法效果却没有达到。其原因在于，无论是基于过错责任、过错推定责任还是严格责任，只要非机动车驾驶人、行人没有过错，都是由机动车一方承担赔偿责任。因此该段规范本身并不具有任何单独适用的价值，如果认为立法机关作此规定具有其实质意义，就必须对该项的整个条文进行体系解释。③

该项条文中段使用了“根据过错程度适当减轻”的用语，是参考了

① 杨立新：《修正的〈道路交通安全法〉第76条的进展及审判对策》，《法律适用》2008年第3期。

② 参见李重庵：《全国人大法律委员会关于〈中华人民共和国道路交通安全法修正案（草案）〉审议结果的报告——2007年12月23日在第十届全国人民代表大会常务委员会第三十一次会议上》，《中华人民共和国全国人民代表大会常务委员会公报》2008年第1期。

③ 姚宝华、王竹：《道路交通安全法第七十六条第一款第（二）项的解读与适用》，《人民司法》2008年第15期。

《精神损害赔偿司法解释》（法释〔2001〕7号）第11条的规定模式，“根据其过错程度”来“减轻或者免除”责任。值得探讨的是，该司法解释规定针对的是“精神损害赔偿责任”，主观过错程度具有特殊意义。而《民法典》第1173条和《人身损害赔偿司法解释》（法释〔2003〕20号）第2条并未通过规定“根据过错程度适当减轻”来达到明确减轻责任程度的目的。其原因在于，责任的减轻程度本来就是审判机关在法律授权下独立行使裁量权的体现。因此，似乎并无充分理由按照这种看似更利于操作的模式进行规定，而应该与《民法典》第1173条的规定模式保持一致：“被侵权人对同一损害的发生或者扩大有过错的，可以减轻侵权人的责任。”将更大的裁量权交还给法院把握。

该项条文后段是一项较为特殊的规定，直观的理解是机动车一方即使没有过错，也不能免除赔偿责任，但这种赔偿责任应该限制在10%以内，其立法考量和适用规则均不明确。

二、《道路交通安全法》第76条第1款第2项存在的疑义

通过上述分析可以看到，该项条文主要在以下两个方面存在理解上的疑义：

第一，后段“不超过百分之十的赔偿责任”的责任性质不明确。尽管草案起草机关认为其性质是无过失责任，但我国侵权法上的过错责任原则与严格责任原则之间属于相互排斥关系，一种侵权行为只能适用一种归责原则。如果认为该责任属于无过失责任，那么只能理解为只要发生交通事故，机动车一方就要承担该赔偿责任，属于结果责任性质，这显然与立法规定的10%是上限而非定额的模式不符合。按照该项条文的规定，10%以下的具体数额，还需要根据具体情形确定。①

第二，前段、中段与后段这三部分之间的关系并不明确。该项条文涉及的案情可能情况包括非机动车一方有过错或者无过错和机动车一方有过错或者无过错，组合起来应该是四种情形。前段、中段与后段规定本身都只涉及当事人一方的主观过错情况，因此三段之间在逻辑上并不严密。例如，前段规定的是“非机动车驾驶人、行人没有过错的”，就可能同时适

① 杨立新：《修正的〈道路交通安全法〉第76条的进展及审判对策》，《法律适用》2008年第3期。

用于机动车一方推定过错和证明无过错两种情况；中段规定的是“非机动车驾驶人、行人有过错的”情况，也可能同时适用于机动车一方推定过错和证明无过错两种情况；后段规定的“机动车一方没有过错的”情况，可能同时适用于非机动车驾驶人、行人有过错和没有过错两种情况。①

第三节　对《道路交通安全法》第76条第1款第2项两个分号作用的分析

笔者认为，对《道路交通安全法》第76条第1款第2项理解上的疑义，主要源于两个分号的立法目的不明确，因此明确这两个分号的作用是厘清该项条文内容的关键所在，借此才能进行精准解读。

根据《标点符号用法》(GB/T 15834—2011）的规定，分号用于以下三种情况：(1）表示复句内部并列关系的分句（尤其当分句内部还有逗号时）之间的停顿；(2）表示非并列关系的多重复句中第一层分句（主要是选择、转折等关系）之间的停顿；(3）用于分项列举的各项之间。② 从结构上看，《道路交通安全法》第76条第1款第2项的分号不属于第三种情况，但具体是并列还是非并列关系则需要进一步分析。从文本分析的方法看，应该从与分析对象内容和结构最类似的法条入手，通过对比分析来求得正确的句式结构解读。考虑到《道路交通安全法》第76条现在的表述定型于该法2007年的修改，早于原《侵权责任法》的制定，原《民法通则》上侵权责任规定中具有类似结构的法条是最佳对比分析素材。

与该项条文结构类似的条文是原《民法通则》第127条，该条有两个分号，分为三段。前段规定的是严格责任：“饲养的动物造成他人损害的，动物饲养人或者管理人应当承担民事责任”；中段规定的是受害人过错的免责事由：“由于受害人的过错造成损害的，动物饲养人或者管理人不承担民事责任”；后段规定的是第三人过错的责任分担事由：“由于第三人的过错造成损害的，第三人应当承担民事责任”。中段与后段属于并列关系，

---

① 姚宝华、王竹：《道路交通安全法第七十六条第一款第（二）项的解读与适用》，《人民司法》2008年第15期。

② 参见《标点符号用法》(GB/T 15834—2011)，4.6分号。

前段与作为整体的后两段之间属于转折关系，结构是较为清晰的。《道路交通安全法》第 76 条第 1 款第 2 项前段规定的是非机动车驾驶人、行人没有过错的情形："非机动车驾驶人、行人没有过错的，由机动车一方承担赔偿责任"；中段规定的是非机动车驾驶人、行人有过错的情形："有证据证明非机动车驾驶人、行人有过错的，根据过错程度适当减轻机动车一方的赔偿责任"；后段规定的是机动车无过错的情形："机动车一方没有过错的，承担不超过百分之十的赔偿责任"。前段和中段是较为清晰的并列关系，值得斟酌的是前两段作为整体与后段之间的关系。从语法上看，前段与中段的主语是"非机动车驾驶人、行人"，而后段的主语是"机动车一方"。既然主语不同，就应该分属不同的独立句子，按照一般的中文用语习惯和《标点符号用法》（GB/T 15834—2011），陈述句末尾的停顿，应该用句号。[①] 立法机关没有选择句号，而是选择分号，应该探求其立法目的。笔者认为，这样的标点符号使用，只能理解为立法者希望通过一个句子的内部结构，来表示机动车与非机动车驾驶人、行人之间发生交通事故的所有可能情形的责任分担制度。考虑到前段与中段是对非机动车一方有过错和无过错两种情况法律规则的描述，后段是对"机动车一方没有过错的"情况法律规则的描述，只能理解为前段与中段适用于机动车推定过错的情形，而后段适用于非机动车一方有无过错的两种情形，前两段作为整体与后段是并列关系。[②]

第四节　《道路交通安全法》第 76 条上的机动车交通事故优者危险负担补偿责任

按照上文对《道路交通安全法》第 76 条第 1 款第 2 项两个分号不同作用的分析，由于适用过错推定责任，非机动车驾驶人、行人主观上存在有过错和没有过错两种情况，机动车一方也存在被推定过错和证明自己没有过错两种情况，那么该项条文规范的双方过错情况共有四种组合，其适

---

① 参见《标点符号用法》（GB/T 15834—2011），4.1 句号。

② 姚宝华、王竹：《道路交通安全法第七十六条第一款第（二）项的解读与适用》，《人民司法》2008 年第 15 期。

用法律规则分别如下：

第一种情况，非机动车驾驶人、行人没有过错，机动车一方被推定过错，应该直接适用该项条文前段，由机动车一方承担全部的赔偿责任，这是没有任何疑义的。

第二种情况，非机动车驾驶人、行人有过错，机动车一方被推定过错，应该直接适用中段，根据过错程度适当减轻机动车一方的赔偿责任。有两点需要特别说明：第一，结合《道路交通安全法》第 76 条第 2 款规定的“交通事故的损失是由非机动车驾驶人、行人故意碰撞机动车造成的，机动车一方不承担赔偿责任”，非机动车驾驶人、行人以“故意碰撞机动车”之外的其他故意行为造成交通事故的，只能减轻，而不能免除机动车一方的赔偿责任。这里的过错，仅排除“故意碰撞机动车”一种情况，应当包括其他故意和过失两种情形。第二，结合《道路交通安全法》第 76 条第 1 款第 2 项后段的规定，基于受害人过错对机动车一方责任的减轻，必须是大于 10％的，否则在适用结果上就会和后段出现冲突，因此减轻的最低限度必须大于 10％。

第三种情况，非机动车驾驶人、行人没有过错，机动车一方证明自己没有过错的，此时应该同时适用《道路交通安全法》第 76 条第 1 款第 2 项前段和后段的规定，这是该项条文理解的难点。条文适用的顺序应该是，首先适用该项后段，“机动车一方没有过错的，承担不超过百分之十的赔偿责任”，在此基础上适用该项前段，“非机动车驾驶人、行人没有过错的，由机动车一方承担赔偿责任”。此时由机动车一方承担 10％的赔偿责任，不能减轻，以体现前段立法目的中的承担全部赔偿责任的精神。① 而且只有进行这样的组合式法律适用，才能确保该项条文前段规定不出现前文所担忧的具文效果，否则该项条文只需要规定中段和后段即可。笔者认为，这样的情形属于一种侵权公平责任，即根据公平原则，由一方适当补偿的情形。② 对此笔者还有两个佐证：第一，原《道路交通事故处理办法》第 44 条第 1 款第 1 句规定：“机动车与非机动车、行人发生交通事

① 姚宝华、王竹：《道路交通安全法第七十六条第一款第（二）项的解读与适用》，《人民司法》2008 年第 15 期。

② 王竹、郑小敏：《我国侵权法上公平责任的类型化研究》，载《民事审判指导与参考》（2007 年第 4 集），法律出版社 2008 年版。

故，造成对方人员死亡或者重伤，机动车一方无过错的，应当分担对方10%的经济损失。”这里的用语是“分担”，而根据笔者的考察，在原《侵权责任法》制定之前的我国损害赔偿领域的法律和司法解释中，只有原《民法通则》第132条使用了“分担”的用语，可见两处规定的同质性，且分担的公平责任属性也相同。第二，《道路交通安全法》第76条第1款第2项中段与后段在相对位置上，与原《民法通则》第131条和第132条的相对位置相同，后者在比较法上是孤例。① 这样的排列顺序，只能理解为这是侵权公平责任在交通事故领域的适用。设置这种侵权公平责任的理由，笔者认为应该是出于对机动车一方的行为危险性及对损害的回避能力②的考虑，是对“优者危险负担”原则的适用。所谓的“优者危险负担”原则，是指按照危险性的大小或者危险回避能力之优劣来分配危险责任。③ 因此，笔者将这种侵权公平责任命名为“机动车交通事故优者危险负担补偿责任”。

第四种情况，非机动车驾驶人、行人有过错，机动车一方证明自己没有过错的，适用《道路交通安全法》第76条第1款第2项中段和后段。与第三种情况类似，首先适用该项后段，“机动车一方没有过错的，承担不超过百分之十的赔偿责任”，在此基础上适用该项中段，“有证据证明非机动车驾驶人、行人有过错的，根据过错程度适当减轻机动车一方的赔偿责任”。此时，机动车一方承担的仍然是一种“机动车交通事故优者危险负担补偿责任”。在10%以下根据受害人的过错减轻损害赔偿责任，受害人过错越大，减轻程度越高。这里的过错范围和第二种情况一样，包括“故意碰撞机动车”之外的故意和过失。同样是由于《道路交通安全法》第76条第2款规定的免责事由仅限于“故意碰撞机动车”的情况，除此之外的任何受害人的故意行为，只能在较大程度上减轻，而不能免除机动车一方的赔偿责任。

应当指出，2007年《全国人民代表大会常务委员会关于修改〈中华

---

① 王竹：《我国侵权法上“公平责任”源流考》，《甘肃政法学院学报》2008年第2期。

② 王利明：《侵权行为法研究》（上卷），中国人民大学出版社2004年版，第621页。

③ 刘得宽：《民法诸问题与新展望》，中国政法大学出版社2002年版，第239页。

人民共和国道路交通安全法〉的决定》仅针对该法第 76 条，就是为了解决实务中反映出的该条适用可能存在不公平结果的问题。随后在 2008 年，立法机关对该次修改体现的公平原则予以了确认："2007 年 12 月 29 日十届全国人大常委会第三十一次会议就道路交通安全法实施中存在问题的交通事故损害赔偿责任问题作了修正，既保护了道路交通事故受害人的合法权益，又体现了公平原则，进一步增强了可操作性。"[①] 可见，《道路交通安全法》第 76 条第 1 款第 2 项在第三种和第四种情况确立了两种"机动车交通事故优者危险负担补偿责任"，是符合立法机关该次立法修改目的的。因此，机动车交通事故优者危险负担补偿责任作为侵权公平责任，为避免其适用范围过大，笔者建议，应该限制在人身损害赔偿范围内适用。

第五节　"受害人故意"免责事由对《道路交通安全法》第 76 条第 2 款的影响

一、《民法典》第 1174 条的定性

《民法典》第 1174 条规定："损害是因受害人故意造成的，行为人不承担责任。"该条采纳了"受害人故意免责说"，与受害人责任形态制度有一定的差别。法谚有云："*volenti non fit injuria*"，即对自己造成的损害不被看作损害，因此不产生他人的侵权责任。笔者认为，以"受害人故意"替代"受害人责任"作为免责事由的做法并不合理，理由在于：一方面，受害人在主观上往往表现为故意，无论加害人是否有过错，一般应适用受害人责任形态制度[②]；但在加害人没有过错的情形下，受害人主观表现为过失也可以构成受害人责任形态。另一方面，即使受害人主观上是故意，仍然可能因为加害人也是故意侵权而参与侵权责任分担，最典型的是

① 《全国人民代表大会内务司法委员会关于第十一届全国人民代表大会第一次会议主席团交付审议的代表提出的议案审议结果的报告》（2008 年 10 月 28 日第十一届全国人民代表大会常务委员会第五次会议通过）。

② 比较法上有学说认为特殊类型的受害人故意，主要是监狱和医院中的自杀、自伤行为，参见 Magnus/M. Martín-Casals (eds), *Unification of Tort Law: Contributory Negligence* (Kluwer Law International 2004) 275。

两人互殴，导致其中一人受伤的情形。对于这两种情形，建议未来立法予以补充规定。①

二、“受害人故意”一般化之否定

就《民法典》第1174条规定了一般化的“受害人故意”抗辩事由，草案起草机关的权威解读认为：“本条规定对行为人免责，是指损害完全是因为受害人的故意造成的，即受害人故意的行为是其损害发生的唯一原因。”② 这一解读一方面强调受害人的主观故意，另一方面同时强调“唯一原因”。按照这一逻辑，似乎“受害人过失＋唯一原因”就不能免责。应当指出，在一般侵权责任中，如果受害人的行为是损害发生的唯一原因，无论其主观上是否有过错或者过错程度如何，侵权人均因其行为与损害的发生没有因果关系而免除责任。这属于侵权责任要件不足的责任不构成问题，而非抗辩事由。笔者认为，受害人故意作为抗辩事由，仅限于危险责任领域，是指受害人故意利用危险作业本身固有的危险性导致自身损害的情形，不是一般侵权责任的抗辩事由。

三、“受害人故意”作为危险责任非侵权人原因规则的“普遍化”而非“一般化”定位

值得注意的是，《民法典》侵权责任编第八章“高度危险责任”和第九章“饲养动物损害责任”均有规定的“受害人重大过失”抗辩事由，没有被“一般化”。《人身损害赔偿司法解释》（法释〔2003〕20号）第2条第2款曾经规定：“适用民法通则第一百零六条第三款规定确定赔偿义务人的赔偿责任时，受害人有重大过失的，可以减轻赔偿义务人的赔偿责任。”而原《民法通则》第106条第3款是关于无过错责任的规定：“没有过错，但法律规定应当承担民事责任的，应当承担民事责任。”该司法解释的适用效果仍然是引致“法律规定”的具体的无过错责任类型，并非一

① 参见王竹：《〈侵权责任法〉侵权责任分担立法体例与规则评析》，《法学杂志》2010年第3期。

② 黄薇主编：《中华人民共和国民法典侵权责任编解读》，中国法制出版社2020年版，第39页。

般化规定。笔者认为，较之《民法典》第1174条对受害人故意的“一般化”，更合理的做法是参考“受害人重大过失”的立法模式，在危险责任领域[①]作“普遍化”的处理。这一立法模式的推论是，在机动车与非机动车、行人发生交通事故的侵权责任中，“受害人故意”应当作为免责事由予以明文规定。

四、《民法典》第1174条对《道路交通安全法》第76条第2款的影响

《道路交通安全法》第76条第2款在2003年通过时，原条文为：“交通事故的损失是由非机动车驾驶人、行人故意造成的，机动车一方不承担责任。”2007年该款被修正为：“交通事故的损失是由非机动车驾驶人、行人故意碰撞机动车造成的，机动车一方不承担赔偿责任。”即增加了“碰撞机动车”的界定，进一步将这种受害人故意限定为“碰瓷”。对此立法限缩，学者大多持有异议[②]，并不得不将第1款第2项中规定的过失解释为过失及故意碰撞机动车之外的故意，因而产生了如何判断“故意碰撞机动车”及其扩张解释的问题。[③] 尽管笔者不赞成《民法典》第1174条对受害人故意免责的“一般化”规定模式，但其作为危险责任领域的“普遍化”免责事由，应当在机动车与非机动车、行人发生交通事故的侵权责任中适用。这样就出现了《民法典》第1174条与《道路交通安全法》第76条第2款效力冲突的问题，还进一步涉及对《民法典》第1208条规定的“机动车发生交通事故造成损害的，依照道路交通安全法律和本法的有关规定承担赔偿责任”中“承担赔偿责任”是否包括免责事由适用的理解问题。

笔者认为，“承担赔偿责任”仅仅是指侵权责任构成，而不包括抗辩事由，主要理由是：第一，《民法典》第1174条规定的受害人故意免责事

① 笔者使用“危险责任”而非“无过错责任”的概念，是希望排除“产品责任”。产品责任的抗辩事由体系较为特殊，与危险责任差别较大。

② 王竹：《论实质意义上侵权法的确定与立法展望》，《四川大学学报（哲学社会科学版）》2011年第3期。

③ 姚宝华、王竹：《道路交通安全法第七十六条第一款第（二）项的解读与适用》，《人民司法》2008年第15期。

由，作为民事基本法律规则属于我国侵权法上的新增规则，特别法除非有足够正当的理由，不应与之发生冲突。至于《道路交通安全法》第 76 条第 1 款规定的比较责任制度，正是由于《民法典》侵权责任编没有对比较责任制度作出一般性的规定，因此才继续适用。第二，原《侵权责任法》第二章的标题为“责任构成和责任方式”，第三章的标题为“不承担责任和减轻责任的情形”，对于侵权责任构成制度和抗辩事由制度都有清晰的区分；由于抗辩事由均被《民法典》“总则化”，因此立法者删除了“不承担责任和减轻责任的情形”章。① 第三，在引致条款中也应该区分对侵权责任构成规则的引致和对抗辩事由的引致，前者如《民法典》第 1166 条对无过错责任的规定：“行为人造成他人民事权益损害，不论行为人有无过错，法律规定应当承担侵权责任的，依照其规定。”后者如《民法典》第 1230 条对污染者抗辩事由举证责任的规定：“因污染环境、破坏生态发生纠纷，行为人应当就法律规定的不承担责任或者减轻责任的情形及其行为与损害之间不存在因果关系承担举证责任。”② 第四，从机动车交通事故中侵权法规则与机动车交通事故强制责任保险规则的协调来看，《机动车交通事故责任强制保险条例》第 21 条第 2 款规定：“道路交通事故的损失是由受害人故意造成的，保险公司不予赔偿。”该条规定与《道路交通安全法》第 76 条第 2 款规定的“故意碰撞机动车”之间，存在所谓的“故意碰撞机动车之外的故意”差异，不能适用《道路交通安全法》第 76 条第 1 款导语部分“由保险公司在机动车第三者责任强制保险责任限额范围内予以赔偿”的规定，这将给法律的适用带来不必要的疑难。基于上述理由，笔者认为，《道路交通安全法》第 76 条第 2 款的规定与《民法典》第 1174 条存在效力冲突，应该适用《民法典》第 1174 条的规定，建议未来《道路交通安全法》修改时将该款规定中的“碰撞机动车”字样删除，恢复到该款规定 2003 年通过时的原表述。

---

① 王竹：《〈民法典·侵权责任编〉编纂背景与结构调整》，《国家检察官学院学报》2017 年第 4 期。

② 王竹：《论实质意义上侵权法的确定与立法展望》，《四川大学学报（哲学社会科学版）》2011 年第 3 期。

第六节 《道路交通安全法》第76条的具体适用与立法建议

结合上文关于《民法典》第1174条对《道路交通安全法》第76条第2款的影响的分析，《道路交通安全法》第76条第1款第2项和第2款规定的责任分担制度适用方式如表9-1所示。①

表9-1 《道路交通安全法》第76条第1款第2项和第2款责任分担制度适用表

非机动车驾驶人、行人过错	机动车一方过错	适用第76条条文部分	机动车一方责任
无过错	推定过错	第1款第2项前段	100%
过失	推定过错	第1款第2项中段	大于10%小于100%
无过错	证明无过错	第1款第2项前段和后段	10%
过失	证明无过错	第1款第2项中段和后段	大于0小于10%
故意	无须证明	第2款、《民法典》第1174条	0（交强险不赔）

结合前文，笔者建议，在《道路交通安全法》第76条基础上，可作出如下具体修改：第一，将《道路交通安全法》第76条修改后，未来应当纳入《民法典》，而不是采取引致的做法。第二，对《道路交通安全法》第76条第1款第2项适用的四种情况予以明确，主要是将10%的优者危险负担责任及其减轻情形予以明确，注意分号和句号的使用。第三，明确机动车一方的过错推定责任。第四，删除《道路交通安全法》第76条第2款的“碰撞机动车”字样，将第1款第2项中非机动车驾驶人、行人的“过错”改为“过失”。第五，机动车交通事故优者危险负担补偿责任作为侵权公平责任，为避免其适用范围过大，应该被限制在人身损害赔偿范围内适用。

① 需要注意的是，如果机动车一方能够证明自己没有过错，交强险赔偿限额应该适用无责限额。

第十章 高空抛物坠物损害补偿责任论

第一节 高空抛物坠物损害责任的立法演进

一、高空抛物坠物损害责任的立法过程

2002年年底，全国人大常委会法工委起草的《民法草案·侵权责任法编》（为避免混淆，以下称《侵权责任法（草案）》“一审稿”）第56条规定：“从建筑物中抛掷的物品或者从建筑物上脱落、坠落的物品致人损害，不能确定具体的侵权人的，由该建筑物的全体使用人承担侵权责任，但使用人能够证明自己不是具体侵权人的除外。”学者普遍认为，该条文是根据2001年重庆“烟灰缸案”判决的法理而拟订的。[①] 由于媒体热衷于报道类似事件，同时因为在当时的法律

① 参见谢哲胜：《高层建筑坠落物致人损害的责任》，《月旦民商法杂志》第9期。

中没有相关明文规定，比较法上也罕见类似案例，于是高空抛物坠物损害责任成为侵权法理论上的新问题，并逐渐成为原《侵权责任法》起草过程中的理论热点之一。[①] 在随后出版的数份有影响力的学者建议稿中，王利明教授主持的《中国民法典学者建议稿·侵权行为编》第 1974 条对此作出了尝试性的规定并进行了立法理由说明[②]，中国社会科学院法学研究所起草的《侵权行为法草案》[③] 没有涉及这一问题，笔者参与的杨立新教授主持起草的《侵权责任法专家建议稿》[④] 以不规定的方式否定了此类案件任何意义上的侵权损害赔偿请求权或者补偿请求权。

2008 年《侵权责任法（草案）》"二审稿" 第 83 条规定："从建筑物中抛掷物品或者从建筑物上坠落的物品造成他人损害，难以确定具体加害人的，除能够证明自己不是加害人的外，由可能加害的建筑物使用人承担赔偿责任。" 该规定实质上延续了《侵权责任法（草案）》"一审稿" 第 56 条的模式，但有三点变化：第一，将抗辩事由前置，体现出立法者试图尽量缩小责任人范围的意图；第二，将对加害人的 "具体的" 限制删除，改变了免责事由证明的内容。第三，将 "侵权责任" 改为了 "赔偿责任"，排除了非赔偿侵权责任方式的适用。

2009 年《侵权责任法（草案）》"三审稿" 第 86 条规定："从建筑物中抛掷物品或者从建筑物上坠落的物品造成他人损害，难以确定具体加害人的，除能够证明自己不是加害人的外，由可能加害的建筑物使用人给予补偿。" 该规定的核心变化在于，将《侵权责任法（草案）》"二审稿" 的 "赔

---

① 部分学者主张将其纳入侵权法调整，如王利明：《抛掷物致人损害的责任》，《政法论坛》2006 年第 6 期；王成、鲁智勇：《高空抛物侵权行为探究》，《法学评论》2007 年第 2 期。部分学者反对将其纳入侵权法范畴，如刘士国：《楼上落下物致人损害加害人不明的法律救济》，《烟台大学学报（哲学社会科学版）》2006 年第 3 期；王竹：《建筑物抛掷物致害的 "不赔" 与 "赔"》，《燕山大学学报（哲学社会科学版）》2008 年第 3 期。

② 王利明主编：《中国民法典学者建议稿及立法理由·侵权行为编》，法律出版社 2005 年版，第 249 - 253 页。

③ 梁慧星主编：《中国民法典草案建议稿附理由·侵权行为编/继承编》，法律出版社 2004 年版。

④ 杨立新主编：《中华人民共和国侵权责任法草案建议稿及说明》，法律出版社 2007 年版。

偿责任”修改为了“补偿责任”，这和《侵权责任法（草案）》“二审稿”删除对加害人的“具体的”限制配合在一起，形成了新的补偿责任及其免责事由。最终的原《侵权责任法》第87条规定：“从建筑物中抛掷物品或者从建筑物上坠落的物品造成他人损害，难以确定具体侵权人的，除能够证明自己不是侵权人的外，由可能加害的建筑物使用人给予补偿。”将《侵权责任法（草案）》“三审稿”第86条的“加害人”改为了“侵权人”，并保留了其他内容，在实质上未改变《侵权责任法（草案）》“三审稿”确定的规则。

《民法典·侵权责任编（草案）》（征求意见稿）和《民法典·侵权责任编（草案）》（二审稿）均采用了原《侵权责任法》第87条的表述方式，《民法典（草案）》第1254条作了五处修改，最终被《民法典》采纳。① 具体来说，《民法典》第1254条第1款②未作文字调整地包含了原《侵权责任法》第87条（下划线部分）全部内容：“禁止从建筑物中抛掷物品。从建筑物中抛掷物品或者从建筑物上坠落的物品造成他人损害的，由侵权人依法承担侵权责任；经调查难以确定具体侵权人的，除能够证明自己不是侵权人的外，由可能加害的建筑物使用人给予补偿。可能加害的建筑物使用人补偿后，有权向侵权人追偿。”在此基础上，第1254条第2款新增规定：“物业服务企业等建筑物管理人应当采取必要的安全保障措施防止前款规定情形的发生；未采取必要的安全保障措施的，应当依法承担未履行安全保障义务的侵权责任。”第3款新增规定：“发生本条第一款规定的情形的，公安等机关应当依法及时调查，查清责任人。”后两款新规定体现出立法者对《民法典》颁布之前的十年间仅仅依靠原《侵权责任法》来规范高空抛物坠物损害责任这一“一法独大”导致的治理难度加剧的反思③，但与第1款规定的适用关系还不够清晰。《最高人民法院关于适用〈中华人民共和国民法典〉时间效力的若干规定》第19条规定：“民法典施行前，从建筑物中抛掷物品或者从建筑物上坠落的物品造成他人损害引起的民事纠纷案件，适用民法典第一千二百五十四条的规定。”这也体现出了对新规定溯及力的确认。

---

① 邹海林、朱广新主编：《民法典评注·侵权责任编》，中国法制出版社2020年版，第831-832页。

② 以下条文号如无特别说明，均为《民法典》条文。

③ 宋伟哲：《高空坠物问题的多元共治之道》，《探索与争鸣》2019年第11期。

二、"依法"承担责任的立法技术未能实现明确法律适用目的

需要指出的是，第 1254 条第 1 款增加的"由侵权人依法承担侵权责任"、第 2 款增加的"应当依法承担未履行安全保障义务的侵权责任"和第 3 款增加的"公安等机关应当依法及时调查"，都由"依法"字样予以限定。这体现出立法者对新增规则的探索性倾向，同时希望最大限度依托现有法律体系，保持立法的简洁性。

"依法"这一立法技术在《民法典》侵权责任编上，另外仅出现在第 1228 条第 2 款："干扰医疗秩序，妨碍医务人员工作、生活，侵害医务人员合法权益的，应当依法承担法律责任。"而该编第六章"医疗损害责任"的其他条文规定的都是医疗机构及医务人员侵害患者权利，可见该条款在起到引致"其他"法律的作用的同时，也起到了提醒当事人和法官其可适用性的作用。但与第 1228 条第 2 款不同的是，第 1254 条第 1 款和第 2 款的引致对象均为《民法典》侵权责任编的相关条文，这就涉及对该编相关条文具体适用优先性的确定问题，而仅以"依法"引致无法实现明确法律适用的立法目的，需要予以分析确定。

较为明确的是，从建筑物中抛掷物品或者从建筑物上坠落的物品造成他人损害的，在能够确定具体侵权人的情形下，由具体侵权人承担责任，是侵权法的自己责任原则的基本要求①，也重申了"实际侵权人担责"②。如果原告以抛掷物致害为由起诉，则适用第 1165 条第 1 款关于过错责任一般条款的规定；如果原告以坠落物致害为由起诉，则适用第 1253 条关于坠落物致害过错推定责任的规定。其他规则的适用，则需要进一步具体分析。

第二节　高空抛物坠物损害责任的适用范围

一、抛掷物致害和坠落物致害在致害人不明领域的差异

第 1254 条第 1 款第 1 句规定："禁止从建筑物中抛掷物品。"该款第 2

① 程啸：《侵权责任法》（第三版），法律出版社 2021 年版，第 736 页。

② 冯恺：《民法典高空抛物致害责任规则的体系性解读：局限与克服》，《比较法研究》2021 年第 1 期。

句又规定“从建筑物中抛掷物品或者从建筑物上坠落的物品”，这说明立法机关希望在一定程度上区分“从建筑物中抛掷物品”致害（以下简称“抛掷物致害”）和“从建筑物上坠落的物品”致害（以下简称“坠落物致害”）两种情形。但从该条剩余内容来看，这种区分尽管是贯彻《民法典》第1条规定的“弘扬社会主义核心价值观”、建立“诚信、友善”的人际关系尤其是邻里关系所要求的①，但仅从文义出发的法律适用差别并不明显。因此，有必要对二者的差别进行细致分析，作为区分适用产生不同法律效果的前提。

（一）第1254条第1款规定的“坠落”不包括“脱落”

在区分“抛掷”和“坠落”之前，需要首先明确“坠落”与容易混淆的“脱落”之间的差别。所谓脱落，是指建筑物、构筑物的组成部分从建筑物主体上脱离。所谓坠落，是指搁置物、悬挂物从工作物之上落下。②坠落与脱落的共性在于，均是失去附着或者支撑后，基于地球引力垂直下降而导致损害。脱落和坠落的区别在于，脱落是工作物的组成部分与工作物主体分离，因此，脱落部分在脱落前与工作物主体是结合在一起的；而坠落是工作物上的搁置物或悬挂物从工作物上落下，搁置物或悬挂物在坠落前与工作物并非结合在一起。③ 一般从致害物品是否具有与不动产结合的痕迹可以作出区分，而坠落通常针对的是悬挂物和搁置物。④

第1253条第1句规定：“建筑物、构筑物或者其他设施及其搁置物、悬挂物发生脱落、坠落造成他人损害，所有人、管理人或者使用人不能证明自己没有过错的，应当承担侵权责任。”《民法典》草案起草机关对该句规定的“脱落、坠落”的举例，包括：“房屋墙壁上的瓷砖脱落、房屋天花板坠落、吊灯坠落、屋顶瓦片滑落、房屋窗户玻璃被风刮碎坠落、阳台上放置的花盆坠落等。”⑤ 按照这一理解，第1253条规定的“脱落、坠

① 张新宝、张馨天：《从〈侵权责任法〉第87条到〈民法典〉第1254条：“高空抛（坠）物”致人损害责任规则的进步》，《比较法研究》2020年第6期。

② 王利明：《论高楼抛物致人损害责任的完善》，《法学杂志》2020年第1期。

③ 王利明：《论高楼抛物致人损害责任的完善》，《法学杂志》2020年第1期。

④ 王洪亮：《交往安全义务基础上的物件致损责任》，《政治与法律》2010年第5期。

⑤ 黄薇主编：《中华人民共和国民法典侵权责任编解读》，中国法制出版社2020年版，第329页。

落”发生的范围既包括建筑物之外，还包括建筑物之内。而第 1254 条规定的“坠落”，则应该理解为仅限于发生在建筑物之外，类似“房屋窗户玻璃被风刮碎坠落、阳台上放置的花盆坠落”等发生在专有部分可归责于具体建筑物区分所有人的情形，并且不包括发生在共有部分可归责于全体建筑物区分所有人的情形，如外墙瓷砖脱落和“屋顶瓦片滑落”，后者应该归入“脱落”的范畴。

（二）第 1254 条第 2、3 款规定的“情形”是指“难以确定具体侵权人的”情形

本条第 2 款规定“防止前款规定情形的发生”，第 3 款规定“发生本条第一款规定的情形”，从这两款表述指向的同一性来看，本条的三款应该调整相同的案件事实类型，但这一“情形”的具体所指，却由于本条第 1 款规定的复杂性而难以确定，徒增解释成本。① 该条第 1 款实际上提到了四种“情形”：第一，该款第 1 句规定的被禁止的“从建筑物中抛掷物品”；第二，该款第 2 句前段规定的“从建筑物中抛掷物品或者从建筑物上坠落的物品造成他人损害”，能够确定具体侵权人的情形；第三，该款第 2 句后段规定的“经调查难以确定具体侵权人的”情形；第四，可能加害的建筑物使用人补偿后“向侵权人追偿”的情形。

从本条第 2 款规定的“建筑物管理人应当采取必要的安全保障措施防止前款规定情形的发生”的防止范围来看，不是特指第四种情形，即追偿权的行使。从本条第 3 款规定的公安等机关应当依法及时调查以“查清责任人”的立法目的来看，不是特指第一种情形，即“从建筑物中抛掷物品”的情形，也不是指第二种能够确定具体侵权人的情形。

笔者认为，第 1254 条第 1 款新增的规则和第 2 款、第 3 款均是为了解决原《侵权责任法》第 87 条适用中在查明具体侵权人和判决执行上的困难②，因此这三款均应围绕解决同一问题设计，应该指向的是包含在《民法典》第 1254 条第 1 款中的原《侵权责任法》第 87 条描绘的“从建筑物中抛掷物品或者从建筑物上坠落的物品造成他人损害”之中的“经调

① 曹险峰：《侵权法之法理与高空抛物规则》，《法制与社会发展》2020 年第 1 期。

② 参见重庆市第三中级人民法院课题组：《权衡与博弈：高空抛物致害责任的路径选择——兼评〈侵权责任法〉第 87 条》，《法律适用》2012 年第 12 期。

查难以确定具体侵权人的”情形。

（三）在致害人不明领域区分抛掷物致害和坠落物致害的现实意义

笔者认为，抛掷物致害和坠落物致害在致害人不明领域的区分，在第1254条的三款规定中均有现实意义，具体体现在：

就第1款而言，因为角度的原因涉及的“可能加害的建筑物使用人”范围不同。由可能加害的建筑物使用人承担责任，是继受了罗马法以降的“控制力原则”以尽量限缩责任主体的范围。[①] 从日常生活经验法则出发[②]，“坠落”物品的轨迹一般是垂线，而“抛掷”物品的轨迹一般是抛物线，也可能是轻微抛出形成接近于垂线的抛物线。尽管抛掷物和坠落物均可能因为物品形状、重量等不同而受到不同程度的空气阻力和风速影响，抛掷物品还可能受到初始力导致的旋转的影响，但就能够造成较为严重损害的物品而言，如果再配合上摄像头的录像或者目击者的大致描绘，仍然可以通过考虑与侵权行为发生地的距离、与事发地点呈垂直抑或倾斜方向大致确定不同范围的“可能加害的建筑物使用人”[③]。

就第2款而言，建筑物管理人“防止”的可能性不同。第1254条第1款第1句强调禁止从建筑物中“抛掷”物品，代表了立法机关在区分抛掷物致害和坠落物致害的基础上，对抛掷物致害主观恶性和社会危害性的否定性评价。[④] 但从该条第2款对建筑物管理人提出的“应当采取必要的安全保障措施防止前款规定情形的发生”的角度来看，抛掷物致害尽管具有主观故意性，但实际上难以防止，而坠落物致害尽管具有主观过失性，却是“必要的安全保障措施”防范的重点。这是因为，抛掷物具有突发性，除进行安全警示、宣传和教育之外几乎没有其他合理方式能够起到实质性的预防作用，因此课加给建筑物管理人的“必要的安全保障措施”实际上

---

① 齐云：《高空坠物的法律规制研究——从罗马法、近现代民法到我国〈侵权责任法〉》，《西部法学评论》2017年第2期。

② 《最高人民法院关于依法妥善审理高空抛物、坠物案件的意见》（法发〔2019〕25号）第10点规定：“综合运用民事诉讼证据规则。……充分运用日常生活经验法则，最大限度查找确定直接侵权人并依法判决其承担侵权责任。”

③ 参见吴国喆：《论高空抛物致害的比例责任承担》，《西北师大学报（社会科学版）》2016年第6期。

④ 姜启波、郭锋、陈龙业：《〈关于依法妥善审理高空抛物、坠物案件的意见〉的理解与适用》，《人民司法·应用》2020年第16期。

主要是警示、宣传和教育义务。但坠落物致害发生的前提是，该坠落物在坠落发生之前一段时间就已经处于较为危险的状态，随后由于自然或者人为的原因失去了支撑而垂直降落。这就对建筑物管理人“应当采取必要的安全保障措施”提出了具体的“消除危险”要求。实际上，可能遭受损害的利害相关人和物业管理人，也可以依据第 1167 条规定的“侵权行为危及他人人身、财产安全的，被侵权人有权请求侵权人承担停止侵害、排除妨碍、消除危险等侵权责任”请求搁置物、悬挂物的管理人消除危险，但该条的“被侵权人”需要作扩张解释。①

就第 3 款而言，公安等机关“查清”具体侵权人所涉及的罪名不同。《最高人民法院关于依法妥善审理高空抛物、坠物案件的意见》（法发〔2019〕25 号，以下简称《审理高空抛物、坠物案件意见》）第 5 点“准确认定高空抛物犯罪”明确，故意从高空抛弃物品，可能以危险方法危害公共安全罪定罪处罚；为伤害、杀害特定人员故意从高空抛弃物品的，可能以故意伤害罪、故意杀人罪定罪处罚。《刑法修正案（十一）》增设“高空抛物罪”，第 291 条之二第 1 款规定：“从建筑物或者其他高空抛掷物品，情节严重的，处一年以下有期徒刑、拘役或者管制，并处或者单处罚金。”《审理高空抛物、坠物案件意见》第 7 点“准确认定高空坠物犯罪”明确，过失导致物品从高空坠落，可能以过失致人死亡罪、过失致人重伤罪定罪处罚；在生产、作业中违反有关安全管理规定，从高空坠落物品，可能以重大责任事故罪定罪处罚。

二、第 1254 条规定的“建筑物”是三层以上区分所有的具有一定开放性的高层建筑物

（一）比较法上的类似处理方式

早在罗马法上，就有抛掷或倒泼之诉，并被认为是来源不明高空抛物坠物致害道义补偿责任的源流。② 罗马法以降，比较法上对于类似第 1254 条第 1 款试图调整的侵权责任类型，有三种不同处理方式：

---

① 参见何国强：《“风险侵权法”的理念及制度逻辑——从对高空抛物致害责任制度正当性的论证展开》，《湖北大学学报（哲学社会科学版）》2017 年第 3 期。

② 详见齐云：《论罗马法上的抛掷或倒泼之诉——以对 D. 9，3 和 I. 4，5 的分析为中心》，载何勤华主编：《外国法制史研究》（第 16 卷），法律出版社 2014 年版。

第一种是抽象地对未查明具体侵权人的责任承担作出规定，典型的如《埃塞俄比亚民法典》第2142条的规定：“（1）如果损害是由数人中的某个人造成的，并且不能查明所涉及的哪个人是加害人，法院在衡平需要时，可命令由可能造成损害，并且在其中确定可找到加害人的那一群人共同赔偿损害。（2）在此等情形，法院可命令依法无疑要对损害的不确定加害人承担责任的人赔偿损害。”① 如该条的条题所示，这个条文是对更为抽象的“未查明加害人”的规定。

第二种是纳入建筑物所有人责任，典型的如《西班牙民法典》第1907条的规定：“建筑物的所有人对建筑物因保管或建筑不善而全部或部分损毁时所致的损害，应负赔偿责任。”第1910条：“因物的抛掷或倒塌造成上述损害的，物的所有者户主是前述事故的责任人。”② 从条文对比来看，《西班牙民法典》一方面将户主作为建筑物保有人责任、设置人责任和抛掷物责任的责任人，另一方面并未明确列出我国侵权法较为细致的搁置物坠落、悬挂物脱落责任。采用类似规范模式的还有《奥地利普通民法典》第1318条：“如果以危险的方式悬挂或放置的物坠落，或者物被自住宅抛出或泼出，从而导致他人损害，则物从其中被抛出、泼出或坠落的住宅的所有人应当对损害承担赔偿责任。”③

第三种是专门就“高层建筑物”产生的坠落物、抛掷物危险作出规定，典型的如《智利民法典》第2328条的规定。该条第1款规定：“自建筑物的高层部分坠落或投掷的物件引起的损害，应归责于一切居住于建筑物的该部分的人，赔偿金在所有这些人中分摊，但损害事实经证明仅可归因于某人的过失或恶意时，该人应单独承担责任。”第2款规定：“处于建筑物高处或其他高地的某物有坠落和损害之虞时，建筑物或该地的所有人、承租人，或该物的所有人、使用人，都有义务搬掉该物；民众中的任何人都有权请求搬掉该物。”④ 该规定的重点在于坠落物而非抛掷物，但

① 薛军译：《埃塞俄比亚民法典》，中国法制出版社2002年版，第392页。

② 潘灯、马琴译：《西班牙民法典》，中国政法大学出版社2013年版，第465-466页。

③ 周友军、杨垠红译，周友军校：《奥地利普通民法典》，清华大学出版社2013年版，第217页。

④ 徐涤宇译：《智利共和国民法典》，金桥文化出版（香港）有限公司2002年版，第433页。

适用与我国《民法典》第 1254 条第 1 款类似的规则，并单独设有消除危险请求权的规定。采用类似规范模式的还有《阿根廷共和国民法典》和《巴西民法典》，后者第 938 条规定："居住在一栋楼或该楼的一部分里的人，对于从此楼掉落的或在不该掷出物品的地方被掷下来的物造成的损害承担责任。"①

对比可知，我国《民法典》第 1254 条第 1 款采用的是类似《智利民法典》、《巴西民法典》和《阿根廷共和国民法典》的做法，是对"高层建筑物"产生的坠落物、抛掷物危险作出的特别规定。在条文的设置上，比《阿根廷共和国民法典》简略但结构类似，与我国《民法典》第 1253 条的规定类似的该法典条文是第 1118 条："旅店、公寓以及所有种类的公共机构的所有权人，在其代理人或雇员对居住于该场所之人的物造成损害时，或在此等物失踪时，即使证明自己不可能阻止损害的发生，亦负其责。"与我国《民法典》第 1254 条第 1 款的规定类似的该法典条文是第 1119 条："房屋的主人、全部或部分租赁房屋的承租人，在将物投掷于街道、他人土地或设有通行役权的自己的土地上，或者以可能坠落的危险方式悬挂或放置某物，从而对路经者造成损害时，亦适用前条规定。两人或两人以上居住于该房屋时，如不知该行为来自哪一房间，所有居住之人均对造成的损害负责。如果知晓何人投掷该物，仅由该人承担责任。"第 1121 条特别对责任分担进行了规定："旅店或公寓属于两个或更多所有权人时，或者存在两个或两个以上船长或船主时，或者房屋的主人、承租人为两人或两人以上时，不对损害赔偿承担连带责任；此等人应按其享有的份额按比例负责，但证明该行为仅由其中之一引起时，应由有过失者对损害者负责。"② 需要指出的是，与上述比较法上规则最大的不同在于，我国《民法典》第 1254 条第 1 款规定的是"补偿责任"而非"赔偿责任"。

（二）第 1254 条第 1 款是适用于"高层建筑物"的特别规定

与第 1254 条第 1 款调整范围较为接近的，是第 1252 条第 1 款规定的"建筑物、构筑物或者其他设施倒塌、塌陷造成他人损害的，由建设单位与施工单位承担连带责任，但是建设单位与施工单位能够证明不存在质量

① 齐云译：《巴西新民法典》，中国法制出版社 2009 年版，第 130 页。

② 徐涤宇译：《最新阿根廷共和国民法典》，法律出版社 2007 年版，第 275－276 页。

缺陷的除外。建设单位、施工单位赔偿后，有其他责任人的，有权向其他责任人追偿”和第 1253 条第 1 句规定的“建筑物、构筑物或者其他设施及其搁置物、悬挂物发生脱落、坠落造成他人损害，所有人、管理人或者使用人不能证明自己没有过错的，应当承担侵权责任”。

对比可知，《民法典》第 1252 条和第 1253 条使用了“建筑物、构筑物或者其他设施”的概念，而第 1254 条第 1 款的适用范围仅限于“建筑物”，这说明立法者有意要区分第 1254 条第 1 款与前两条的适用范围，即第 1254 条第 1 款不适用于“构筑物”和其他不动产设施。关于“构筑物”，《人身损害赔偿司法解释》（法释〔2003〕20 号）第 16 条第 1 款第 1 项有列举性规定：“（一）道路、桥梁、隧道等人工建造的构筑物因维护、管理瑕疵致人损害的”。对比可知，《民法典》第 1254 条第 1 款所称“建筑物”，主要是指那些可供人日常办公、生活使用的不动产，而非道路、桥梁、隧道等供人们通行的不动产。从“可能的建筑物使用人”不明的情形来看，第 1254 条第 1 款规定的“建筑物”应该理解为区分所有的建筑物。

（三）第 1254 条第 1 款中的“建筑物”应该是三层及以上的高层建筑物

尽管学说上常用“高空”抛物或者坠物这样的表达方式，但“高空”在《民法典》第 1240 条上已经有确定的含义，即对从事“高空”活动的经营者责任进行适用范围上的限制。对于“高空”，应该参考《高处作业分级》（GB/T 3608—2008）中对高处作业的定义，理解为超出坠落高度基准面正常的高度。考虑到只有一层的建筑物一般不会出现建筑物区分使用人不明的情形，同时也不符合《民法典》第 1254 条第 1 款所预设的坠落情形，而两层的建筑物在坠落情形中一般也不会出现第二层建筑物区分使用人不明的情况，因此，“从建筑物中”抛掷或坠落的物品应该理解为从三层及以上的区分高层建筑物中抛掷或者坠落的物品。

（四）第 1254 条第 1 款也可以适用于相邻的两栋以上建筑物

在一起案件中，原告“赵某红骑摩托车从高栏村去铜牛丁村，经过林某葵和张某华的房屋时，被楼上坠落的木梯砸伤头部。……骑摩托车经过的第一幢在建房屋（A 处房屋）和经过的第二幢在建房屋（B 处房屋）相隔的距离地面约为 2.5 米，楼上约为 1 米，赵某红倒地的位置 C 处位于 B 处房屋门口的正对面”。一审法院依据原《侵权责任法》第 87 条判决这两栋建筑物的保有人平均分摊原告的损失，二审法院维持原判。①

该案说明，鉴于第1254条第1款并未明确规定抛掷物、坠落物来源于同一建筑物，而在实务中，原告也可能被相邻的二层以上的建筑物中的抛掷物、坠落物伤害，因此，满足如下三个条件，即可适用第1254条第1款：第一，抛掷物、坠落物必须来源于二层以上的建筑物，因为重力作用导致损害；第二，不论是纵向三层以上的建筑物区分所有，还是横向两栋以上建筑物单独所有，抑或是其他混合的情形，导致存在两个及两个以上的建筑物及其区分所有单元保有人；第三，难以确定具体侵权人，且有两个或者两个以上的保有人不能证明自己不是侵权人。如无特别说明，下文主要以三层以上的"高层建筑物"区分所有单元保有人为讨论对象。对于两栋以上建筑物单独所有的情形，可以参照适用相关讨论。

（五）第1254条第1款中的"建筑物"内各个区分所有单元具有一定的开放性

有学者认为，《民法典》第1254条第1款的规定，应该仅适用于非供不特定人或多数人进出使用的高层建筑。② 笔者认为，核心问题不是建筑物是否可供公众进入，而主要是指建筑物内各个区分所有单元的开放性。如果区分所有单元都是封闭的，那么区分所有单元的使用人都不需要负有"高空抛物坠物来源消极说明义务"，因为不存在区分所有单元使用人之外的具体侵权人。而如果仅仅是限制建筑物是否可供公众出入，仍然不能避免区分所有单元使用人之间相互进入，所以区分所有单元使用人仍然负有"高空抛物坠物来源消极说明义务"。就此问题，笔者将在后文中以酒店为例进行说明。

三、第1254条的主要适用范围是来源不明高空抛物坠物致害情形

（一）《民法典》第1253条与第1254条第1款的适用关系

《民法典》第1253条是对"搁置物、悬挂物发生脱落、坠落"致害的规定，而第1254条第1款是对"抛掷物品或者从建筑物上坠落的物品"致害的规定，对比可知：第一，不动产上的搁置物、悬挂物"脱落"责任

---

① 广东省珠海市中级人民法院民事判决书（2014）珠中法民一终字第953号。

② 参见谢哲胜：《高层建筑坠落物致人损害的责任》，《月旦民商法杂志》第9期。

和构筑物等不动产上的搁置物、悬挂物“坠落”责任，由不动产的所有人、管理人或者使用人承担保有人责任。第二，建筑物上的搁置物、悬挂物“坠落”责任，不存在区分所有的情形，或者在区分所有情况下保有人能够查明的，由保有人承担责任；保有人不能查明的，适用第 1254 条第 1 款第 2 句后段的规定。第三，抛掷物品能够查明具体侵权人的，由行为人依据《民法典》第 1165 条第 1 款和第 1254 条第 1 款第 2 句前段的规定承担过错责任[①]；不能查明具体侵权人的，适用第 1254 条第 1 款第 2 句后段的规定。为了避免当事人规避第 1253 条的适用，法院应当对第 1254 条第 1 款采相对严格的证明标准，并限缩其适用范围。[②]

（二）“具体侵权人”是致害人不明侵权责任的专用术语

在起草原《侵权责任法》之前，我国侵权法上对于致害人不明侵权责任并无统一的术语。《人身损害赔偿司法解释》（法释〔2003〕20 号）第 4 条在对共同危险行为的表达中，使用的是“实际侵害行为人”的概念。《侵权责任法（草案）》“一审稿”第 67 条开始对共同危险行为使用“具体侵权人”概念，第 56 条对高空抛物坠物损害责任也开始使用“具体的侵权人”概念。《侵权责任法（草案）》“二审稿”第 11 条和第 83 条相应地将术语统一为“具体加害人”，《侵权责任法（草案）》“三审稿”第 10 条和第 86 条延续了《侵权责任法（草案）》“二审稿”的术语体系，原《侵权责任法》最终采纳了《侵权责任法（草案）》“一审稿”的“具体侵权人”术语。可见，“具体侵权人”是对共同危险行为和高空抛物坠物致害中不能查明行为人情形的统一表述，是原《侵权责任法》确立的专门用于表达致害人不明侵权责任的新术语，《民法典》继续采纳该术语，将“具体侵权人”作为致害人不明情形的统一表述。

（三）“经调查难以确定具体侵权人”的标准及其类型

除了少数判决书没有明确提及这一问题[③]，在笔者整理的大部分案件

① 有学者提出苛加惩罚性赔偿责任以达到预防效果的思路，有一定的合理性。参见刘廷华：《高楼抛掷物致害的法律规制——以〈侵权责任法〉第 87 条的经济分析为中心》，《北方法学》2012 年第 1 期。

② 参见周翠：《〈侵权责任法〉体系下的证明责任倒置与减轻规范——与德国法的比较》，《中外法学》2010 年第 5 期。

③ 如贵州省遵义市汇川区人民法院民事判决书（2014）汇民初字第 1748 号。

中，人民法院都将向公安部门报警后未查明具体侵权人的情形，视为达到了第 1254 条第 1 款规定的“经调查难以确定具体侵权人的”适用前提。可以理解为，公安机关动用侦查手段仍然查不清责任人的[①]，就达到了民事诉讼中对“难以确定”的证明要求，尚未见到被告就此提出相反主张。难以确定“具体侵权人”的情形，包括如下三个类型：

第一，不能确定致害行为的类型。从现实可能性出发，至少该物品还可能是“脱落物”致害，本应该适用《民法典》第 1253 条的规定，由建筑物保有人承担责任。只能确定致害物品源于建筑物，但不能确定是抛掷、坠落或者脱落的物品，在这种情况下严格按照《民法典》第 1254 条第 1 款的规定“从建筑物中抛掷物品或者从建筑物上坠落的物品”，由于该表述没有使用“等”字，是不应该适用于“脱落物”的。在区分所有的情形下，该脱落物来源的区分所有单元仍然不明，从第 1254 条第 1 款救济被侵权人的立法目的来看，建议将此种情形纳入第 1254 条第 1 款的适用范围，以补救这一立法瑕疵。

第二，能够确定是抛掷物品，但难以确定抛掷行为人。抛掷物品可能来源的区分所有单元范围，应该从抛掷行为可能导致损害的角度和距离倒推。完全不可能通过抛掷的方式导致损害的建筑物区分所有单元，不应纳入考虑。

第三，能够确定是坠落物品，但难以确定坠落物品来源区分所有单元。如前所述，坠落物致害的责任人是建筑物保有人，如果能够确定致害方式为坠落物，则保有人的范围应该仅限于被侵害人所在位置垂直向上的区分所有单元。如果建筑物有斜向导流槽之类可能改变坠落物方向的情形，则应该结合坠落物品来源方向综合确定。

（四）解读第 1254 条第 1 款适用范围的新思路

笔者认为，尽管《民法典》第 1254 条第 1 款与第 1170 条规定的共同危险行为同为致害人不明的侵权责任，且在具体侵权人可以查明情形下由其承担责任，这容易让人试图从二者的共性角度来确定《民法典》第 1254 条第 1 款的适用范围，但二者在责任人的配置上有明显的不同。第 1170 条规定的具体侵权人是全部共同危险行为人中的一人或者数人，具体侵权人与其他共同危险行为人属于同一潜在责任人群体。而第 1254 条

① 杨立新：《侵权责任法》（第四版），法律出版社 2021 年版，第 669 页。

第1款规定的“可能加害的建筑物使用人”并非“具体侵权人”，他们属于两个完全不同的潜在责任人群体。质言之，“可能加害的建筑物使用人”承担补偿责任并非因为其具体的侵权行为，而是由于某种可责难性，是为具体侵权人的行为承担补偿责任。这种配置双重责任人群体的情形，与《民法典》侵权责任编上规定的另外两种侵权责任规则更具有类似性。

第一类是经营者、管理者或者组织者未尽安全保障义务情形下第三人侵权的补充责任，规定在《民法典》第1198条第2款第1句：“因第三人的行为造成他人损害的，由第三人承担侵权责任；经营者、管理者或者组织者未尽到安全保障义务的，承担相应的补充责任。”由于第1254条第2款后段明确规定了“未采取必要的安全保障措施的，应当依法承担未履行安全保障义务的侵权责任”，因此第1198条不能作为第1254条第1款的责任基础，但补充责任形态的双重结构仍然值得借鉴。

第二类是“来源不明缺陷产品”的销售者责任，规定在《产品质量法》第42条第2款：“销售者不能指明缺陷产品的生产者也不能指明缺陷产品的供货者的，销售者应当承担赔偿责任。”该款规定系源于1993年《产品质量法》第30条第2款，是对《欧共体产品责任指令》（DIRECTIVE 85/374/EEC）第3条第3款第1句的简化翻译。[①] 2018年《产品质量法》在第42条第2款对“来源不明缺陷产品”销售者的赔偿责任予以保留。《产品质量法》第42条第1款规定了销售者的过错责任：“由于销售者的过错使产品存在缺陷，造成人身、他人财产损害的，销售者应当承担赔偿责任。”对于“来源不明缺陷产品”致害的情况，《产品质量法》第42条第2款的规定是为了应对有的销售者出于客观或者主观的原因，无法或者拒不提供生产者和供货者信息的情况。在销售者主观上拒不提供生产者和供货者信息的情况下，销售者自己可能就是生产者，但由于生产资质或者专利侵权等方面原因不愿意承认该事实；或者销售者与生产者、供货者串通，企图

① 原文为：“3. Where the producer of the product cannot be identified, each supplier of the product shall be treated as its producer unless he informs the injured person, within a reasonable time, of the identity of the producer or of the person who supplied him with the product.”应该翻译为：“3. 如果产品的生产者无法被识别，每一该产品的供货商将被作为其生产者对待，除非他能在合理的期限内告知被侵权人生产者的身份或者向他提供产品的人。”

以销售者公司的有限责任来逃避赔偿责任等情况。立法者实质上将其作为“生产者”对待，一方面是对其妨碍产品质量监管的行为进行惩罚，另一方面也是督促其披露进货来源。① 该款仅适用于产品责任领域，该责任结构是否可以准用于第1254条第1款，值得探讨。

笔者认为，从《民法典》第1254条第1款规定的双重责任人群体结构来看，该条的责任构成规则结构应该更类似于《产品质量法》第42条第2款规定的“来源不明缺陷产品”的销售者责任；而责任分担规则结构，更类似于《民法典》第1198条第2款规定的“补充责任”结构。质言之，《民法典》第1254条第1款情形下承担补充责任的正当性低于违反安全保障义务的情形，因此承担的是类似于“来源不明缺陷产品”的销售者责任的补充性的“补偿责任”，而非补充性的“赔偿责任”（补充责任）。

四、第1254条第1款原则上不能扩展适用

就“从建筑物中抛掷物品或者从建筑物上坠落的物品”的表述来看，笔者设想，第1254条第1款可以扩展适用到建筑物中来源不明皮球因重力沿楼梯滚落致害的情形。无论皮球是被“抛掷”到楼梯上还是意外滚到楼梯上都会形成类似“坠落”的效果。皮球沿着楼梯滚落导致老年人、儿童摔倒损害，如果无法查明该皮球的来源，可以准用该条款。除类似上述特定情形外，原则上第1254条第1款不能准用于其他案件类型。实务中常见的错误准用和适用错误情况如下。

（一）不能准用于致害人不明建筑物公共下水管道堵塞财产损害案件

近年来，因建筑物公共下水管道堵塞造成他人财产损害，但不能确定具体侵权人的案件频发。疫情防控期间，建筑物公共下水管道堵塞后果更是不堪设想。较之从建筑物中“向外”抛掷物品或者从建筑物上坠落的物品造成他人损害的案件，查明这种“向内”的特殊“抛掷”“坠落”物品的具体侵权人，更是难上加难。司法实务中，部分法院对致害人不明的建筑物公共下水管道堵塞财产损害案件适用原《侵权责任法》第87条进行裁判，明显超越了该条文的适用范围，《民法典》生效以来也已经出现了

---

① 《产品质量法》第55条规定：“销售者销售本法第四十九条至第五十三条规定禁止销售的产品，有充分证据证明其不知道该产品为禁止销售的产品并如实说明其进货来源的，可以从轻或者减轻处罚。”

适用该法第 1254 条进行裁判的案例，体现出法院面临的法律适用疑难。致害人不明建筑物公共下水管道堵塞财产损害案件主要区分为充足原因堵塞物和非充足原因堵塞物两类，区分标准在于单个堵塞物是否足以造成下水管道的堵塞。

1. 在充足原因公共下水管道堵塞财产损害案件中的误用

在一个高层建筑下水管道堵塞纠纷的案件中①，经审理查明："原告房屋所在 12 层楼下 11 层住户之间的客卫排水沟主管缓冲弯处有旺仔牛奶易拉罐、儿童玩具小车车和果冻胶壳等异物卡住造成堵塞，使 12 层以上业主所有排水全部排至原告室内。"本案的特点在于，由于在堵塞点处出现的三类堵塞物明显地具有时间上的接近性和用途上的相似性，很可能是同一时间从同一房间的水道排出的。在该案中，有被告主张其家"使用的是盖式蹲便器，属沉水弯道式，其直径明显小于易拉罐直径，不可能进入整栋楼的主管道"。但法院未采纳这一抗辩，不符合"客观不能"抗辩事由的判断规则。法院认定"原告住房位于下水道堵塞之上……不能排除将易拉罐等堵塞物落入下水道的可能"，根据原《侵权责任法》第 26 条关于被侵权人过错的规定，判决原告应自行承担 30%的责任。按照上文的分析，除非原告能够证明堵塞物不是来源于自己保有的建筑物，否则就应该驳回原告的起诉。本案的补偿责任分摊方式也值得关注，根据堵塞物为儿童用品的特点，法院在查明被告之一"有 6 口人，其中大人 4 个，小孩 2 个"之后，判决该户承担 40%的责任。而其他没有小孩的住户，则承担 15%的责任。这种比例划分是否合理，值得斟酌。

2. 在非充足原因公共下水管道堵塞财产损害案件中的误用

有法院一审查明："长沙市共和世家 17 栋主下水管系……七名已装修入住住户共用的公共设施，各方对其均负有维护和注意的义务，现因入住住户在使用房屋中丢弃装修、生活垃圾等杂物将主下水管堵塞导致污水外溢倒流，致使刘某房屋浸泡，造成财产损失，（原告）本人与……（六名被告）……均不能排除存在装修、生活过程中发生导致下水管道堵塞行为的可能性，因各方当事人未能提供合法有效证据证明其本人对于该损失造成没有过错，故……均应承担赔偿责任。"法院据此判决："限……（六名被告）……在本判决生效后 10 日内赔偿……直接经济损失……的七分之

① 贵州省凯里市人民法院民事判决书（2014）凯民初字第 1080 号。

一。”二审法院对损害的总额进行了重新认定，根据原《侵权责任法》第87条判决六名被告承担一定的补偿责任。[①] 笔者认为，这种累积性的下水管道堵塞，在无法查明真正原因的情形下，只能认为是包括原告在内的住户共同造成的结果，法院应该适用原《侵权责任法》第12条规定的“二人以上分别实施侵权行为造成同一损害，能够确定责任大小的，各自承担相应的责任；难以确定责任大小的，平均承担赔偿责任”和第26条规定的“被侵权人对损害的发生也有过错的，可以减轻侵权人的责任”判决承担按份赔偿责任为宜。

3. 致害人不明的建筑物公共下水管道堵塞财产损害与高空抛物坠物致害的主要差别及应对思路

致害人不明的建筑物公共下水管道堵塞财产损害责任与致害人不明高空抛物坠物责任的主要差别是：第一，考虑到隐私保护，前者不能采用普通视频手段进行监控，除非堵塞物有姓名等特征标识，否则几乎无法查明堵塞物来源；第二，致害人不明的建筑物公共下水管道堵塞主要造成财产损害，一般不涉及刑事责任，公安机关一般不宜介入，这样就更难以查明具体侵权人。

因此，如果对致害人不明的建筑物公共下水管道堵塞财产损害案件准用《民法典》第1254条第1款的规定，既难以证成财产损害的道义补偿责任，也几乎无法查明具体侵权人，徒增邻里矛盾和司法成本。《民法典》第1254条第2款规定强调了物业管理责任，对致害人不明的建筑物公共下水管道堵塞财产损害责任有重大启示。

应该转化思路，从“建筑物区分使用”的视角出发，采用“损害预防为主，及时处置为辅”的新应对策略，构建建筑物设置人、物业管理人和业主三方职责分工的损害预防责任体系：第一，建筑物的建设单位和设计单位应该提高建筑物公共下水管道的排污能力，同时适用于旧楼改造，既要畅通排污，也要方便疏通，并设置缺陷责任。第二，物业管理人应当加强文明排污宣传教育，定期疏通建筑物公共下水管道，并采取临时停水、紧急疏通等及时响应措施。第三，业主负有建筑物公共下水管道堵塞财产损害扩大预防义务，并有义务配合物业管理人检修排污管道和采取紧急疏通措施。另外，鼓励业主购买房屋财产损失保险，物业服务企业购买公共

① 湖南省长沙市中级人民法院民事判决书（2012）长中民三终字第0045号。

责任保险。

（二）不能准用于来源不明的构筑物施工责任或者物件脱落责任

主要供人们通行的道路、桥梁、隧道等构筑物，不属于第1254条第1款的适用范围。构筑物一般为单独所有而非区分所有，同时一般也不存在区分使用的情形。从公共安全的角度出发，尤其是在构筑物下方存在其他公共通道的情形，应该根据相关建设标准确定是否需要加装防护网等设施。未按照相关建设标准加装防护网或者防护网不符合相关建设标准，因而导致处于下方的公共通道上的行人由于来源不明的高空抛物坠物致害的，该构筑物的设置人应当比照《民法典》第1252条的规定承担设置缺陷责任。①

在一个案件中，法院认为原告“或被健身步道上掉落的砖块砸伤，或被钢网安装工程工地上掉落的砖块砸伤，且难以确定具体的侵权人，故应当由健身步道的管理人……与钢网安装工程的管理人……施工人……给予补偿。……考虑到健身步道和钢网安装工程……侵权可能性，酌情认定”由两组责任人各自承担50%的补偿责任。该法院特别讨论了“关于健身步道属于构筑物是否应适用《中华人民共和国侵权责任法》第八十七条的问题。该条属于《中华人民共和国侵权责任法》第十一章的物件损害责任，而物件损害责任包括了建筑物、构筑物或者其他设施及其搁置物、悬挂物发生脱落、坠落造成他人的损害。虽然该条中只对建筑物中的抛掷物品或从建筑物上坠落的物品进行了相应规定；但是该条法律的规定，其立法目的在于当真正的实际加害人难以确定时，为保护受害人的利益，而由可能为加害人范围内的使用人予以补偿；故因构筑物上的物件致人损害时，可以适用《中华人民共和国侵权责任法》第八十七条的规定”②。

本案中，对健身步道上掉落的砖块致害应适用《民法典》第1253条规定的“不动产设施维护缺陷责任”，对钢网安装工程工地上掉落的砖块致害应当适用第1258条第1款规定的“不动产设施施工责任”。无法确定具体侵权人的，应该视为同时存在两种危害性类似的危险状态，适用第1170条规定的共同危险行为。

---

① 参见王竹：《〈侵权责任法〉第86条第1款的理解与适用》，《月旦民商法杂志》第31期。

② 重庆市第四中级人民法院民事判决书（2014）渝四中法民终字第00873号。

（三）不能准用于建筑物非因重力滚落的不明来源足球致害

在一个案例中，法院查明原告“骑三轮车经过盐城市亭湖区大星北路35号时，从大星北路35号（被告）院内滚出来一只足球，（原告）不慎将三轮车前轮压到足球上……从三轮车上摔倒在地……找不到是哪个小孩滚出来的。院子里小孩均不承认”。法院判决依据原《侵权责任法》第87条认定“原告被从盐城市亭湖区大星北路35号院内滚出的足球击倒致伤，难以明确具体侵权人。（被告）作为该建筑物户主，应对原告受伤损失给予相应补偿，法院酌定为20%”。二审法院认为“被上诉人……虽非本案中的侵权责任主体，但一审法院根据上诉人……受伤的实际情况，结合其作为大星北路35号户主的事实，酌情判令被上诉人严某兄承担20%的补偿责任并无不当”①。本案中，法院没有要求大星北路35号院内各家小孩及其监护人承担补偿责任是正确的，但被告“作为该建筑物户主”，也没有义务预防小孩玩耍的皮球滚出，判决其承担20%的补偿责任是没有法律依据的。

（四）司法实务中容易错误适用第1254条第1款的案例类型

1. 司法实务中不明抛掷物、坠落物损害责任纠纷案件的案由归入概况

部分不明抛掷物、坠落物损害责任纠纷案件是在2011年2月18日案由修改之前立案，仍然沿用旧的《民事案件案由规定》（法发〔2008〕11号）的规定，有的归入“1、生命权、健康权、身体权纠纷”②，有的归入“十一、特殊类型的侵权纠纷”案由。③ 原《侵权责任法》生效之后，《最高人民法院印发〈关于修改《民事案件案由规定》的决定〉的通知》（法〔2011〕41号）修改了案由体系。

实务中，人民法院对于《民事案件案由规定》（法〔2011〕42号）“355、物件损害责任纠纷”案由下的“（1）物件脱落、坠落损害责任纠纷”和“（3）不明抛掷物、坠落物损害责任纠纷”两项四级案由的使用较为混乱，尤其是对于“坠落”致害的情形，这也体现在适用原《侵权责任法》第85条和第87条的混乱上。例如，有的法院在正确适用了原《侵权责任法》第87条的情形下，仍然选择了“物件脱落、坠落损害责任纠纷”

---

① 江苏省盐城市中级人民法院民事判决书（2013）盐民终字第1202号。

② 重庆市大渡口区人民法院民事判决书（2011）渡法民初字第03482号。

③ 天津市第一中级人民法院民事判决书（2013）一中民一终字第514号。

的案由。[①] 而更多的案件是在应该适用原《侵权责任法》第 85 条的情形下，不当地单独适用原《侵权责任法》第 87 条作为裁判依据，例如查明了责任人的情形。[②]

2. 容易错误适用第 1254 条第 1 款的案件类型

不明抛掷物、坠落物损害责任纠纷容易错误适用第 1254 条第 1 款的案件类型主要包括：

第一类：查明了抛掷物、坠落物来源的单独侵权责任。例如有的案例是查明了来源住户[③]，有的案例查明来源房屋为夫妻共有房屋[④]，此类案件都不应该适用第 1254 条第 1 款的规定。

第二类：共同危险行为。数个未成年人在建筑物中或者楼顶上扔石头的情形[⑤]，不应该适用第 1254 条第 1 款的规定，而应该适用第 1170 条的规定。

第三类：高空作业施工人责任。在高层建筑建设施工过程中，尽管可能的行为人不确定，但无论行为人是谁，责任最终均由同一用人单位承担，在法理意义上侵权责任人实际上是明确的。有的案例仅引用了原《侵权责任法》第 87 条[⑥]，有的案例则同时引用了原《侵权责任法》第 85 条和第 87 条[⑦]，而实际上应该引用原《侵权责任法》第 73 条，即《民法典》第 1240 条关于高空作业的规定。

第四类：物业公司未尽管理职责的损害赔偿案件。法院错误地引用了原《侵权责任法》第 87 条作为裁判依据[⑧]，这也体现出《民法典》第

---

① 广东省珠海市中级人民法院民事判决书（2014）珠中法民一终字第 953 号。

② 浙江省杭州经济技术开发区人民法院民事判决书（2014）杭经开民初字第 121 号；内蒙古自治区化德县人民法院民事判决书（2013）化民初字第 719 号。

③ 内蒙古自治区化德县人民法院民事判决书（2013）化民初字第 719 号。

④ 湖南省道县人民法院民事判决书（2015）道法民初字第 327 号。

⑤ 广西壮族自治区桂林市中级人民法院民事判决书（2013）桂市民一终字第 69 号；重庆市第四中级人民法院民事判决书（2014）渝四中法民终字第 00453 号。

⑥ 四川省广元市利州区人民法院民事判决书（2013）广利州民初字第 2645 号；河北省石家庄市长安区人民法院民事判决书（2015）长民初字第 2 号。

⑦ 河南省商丘市梁园区人民法院民事判决书（2014）商梁民初字第 1064 号。

⑧ 湖北省十堰市中级人民法院民事判决书（2014）鄂十堰中民四终字第 00600 号；河北省邯郸市丛台区人民法院民事判决书（2013）丛民初字第 3971 号/第 3972 号/第 3973 号/第 3974 号。

1254 条第 2 款立法的针对性。

第三节　高空抛物坠物损害责任中“人”的解读

第 1254 条在使条文结构复杂化和责任类型多元化的同时，也增加了受害人和责任人的类型，需要进行体系解释，明确每种“人”的具体所指。

一、第 1 款三处“侵权人”的理解与标点符号使用瑕疵

第 1254 条第 1 款规定了三处“侵权人”、一处“具体侵权人”和两处“可能加害的建筑物使用人”，第 2 款规定了一处“建筑物管理人”，第 3 款规定了一处“责任人”，术语使用上没有出现跨款的现象。而原《侵权责任法》第 87 条只规定了“具体侵权人”、“侵权人”和“可能加害的建筑物使用人”各一处，因此第 1 款规定的三处“侵权人”有两处为新增。这三处的具体所指是否一致，是体系解释的焦点问题。

遗憾的是，作为致害人不明侵权责任的两种子类型，尽管调整共同危险行为的第 1170 条和第 1254 条第 1 款第 2 句均使用了分号来区分能否查明具体侵权人的不同法律效果，立法者却未能统一两个条文的表述风格。根据“经调查难以确定具体侵权人的”表述，第 1254 条第 1 款第 2 句分号之前的“侵权人”，应该是致害人能够确定的情形。该句前段实质上应该等同于第 1170 条前段的规定，即二人以上实施危及他人人身、财产安全的行为，其中一人或者数人的行为造成他人损害，“能够确定具体侵权人的，由侵权人承担责任”。如果作类似行文风格的表述，第 1254 条第 1 款第 2 句前段应该增加“能够确定具体侵权人的，”的内容，表述为“从建筑物中抛掷物品或者从建筑物上坠落的物品造成他人损害的，（能够确定具体侵权人的，）由侵权人依法承担侵权责任”。因此，第 1254 条第 1 款第 2 句分号之前的“侵权人”在致害人能够确定的情况下，实质等同于法律条文没有明确的“能够确定具体侵权人的”中的“具体侵权人”。相应地，第 1170 条后段规定的“不能确定具体侵权人的”，也应该参考第 1254 条第 1 款第 2 句分号之后的表述风格，增加“经调查”的表述，完善为“（经调查）不能确定具体侵权人的”。

第 1254 条第 1 款第 2 句分号之后的“侵权人”，由于是在“具体侵权人”不能确定的情况下，就应该区别于“具体侵权人”。合理的解释是，从“除能够证明自己不是侵权人的外，由可能加害的建筑物使用人给予补偿”的表述来看，在一组潜在的责任人群体中，除证明自己不是“侵权人”的人外，剩下的具有同质性的责任人群体承担责任。那么，证明自己不是“侵权人”的证明目标，就是把自己从潜在的责任人群体，即“可能加害的建筑物使用人”中排除出去。因此，第 1254 条第 1 款第 2 句分号之后的“侵权人”，应该理解为“可能加害的建筑物使用人”①。

结合上述思路，第 1254 条第 1 款第 3 句规定的“侵权人”在“可能加害的建筑物使用人补偿后，有权向侵权人追偿”的句式中，应当排除第 1254 条第 1 款第 2 句后段之后的“侵权人”，即“不可能”加害的建筑物使用人，而应该指向该句后段之前规定的“具体侵权人”。

如果按照上述解读思路，第 1254 条第 1 款第 2 句和第 3 句的标点符号使用可能存在一定的瑕疵。既然第 1254 条第 1 款第 3 句规定的追偿权行使的前提仅仅是第 1254 条第 1 款第 2 句的后段，那么第 1254 条第 1 款第 2 句的分号就应该改为句号，而该句的句号则应该改为分号，即由第 1254 条第 1 款第 2 句的后段和第 3 句作为修改后的第 3 句的前后段。更为合理的第 1254 条第 1 款第 2 句和第 3 句的表述应该是：

从建筑物中抛掷物品或者从建筑物上坠落的物品造成他人损害的，由侵权人依法承担侵权责任。经调查难以确定具体侵权人的，除能够证明自己不是侵权人的外，由可能加害的建筑物使用人给予补偿；可能加害的建筑物使用人补偿后，有权向侵权人追偿。

二、“可能加害的建筑物使用人”的确定

（一）“侵权人”是“建筑物使用人”

在第 1254 条第 1 款规定的“经调查难以确定具体侵权人的，除能够证明自己不是侵权人的外，由可能加害的建筑物使用人给予补偿”三类侵权行为人的表述中，对于“除能够证明自己不是侵权人的外”中的“侵权人”的理解，是确定责任人范围的关键。

① 本部分论证详见王竹：《来源不明抛掷、坠落物品致害建筑物区分使用人道义补偿责任研究》，载梁慧星主编：《民商法论丛》（第 59 卷），法律出版社 2015 年版。

对此，有的法院在逻辑上略显混乱，先指出："作为建筑物的实际使用人，应当在使用期间对建筑物造成的损害负责，是其本应承担的风险，法律对其科以责任，一方面是基于对受害人的特殊保护，另一方面，是督促建筑物使用人在日常生活中提高警惕，针对建筑物存在的风险采取防范措施，履行对建筑物及相关物品的保管、维护和注意义务，预防可能发生的损害。"这相当于采纳了"区分所有单元使用人说"，又认为："这种防范和注意义务应当及于整栋建筑物，而不仅限于商家专有的使用场所。在可抛掷物品致人损害的场所主要位于建筑物公共区域的情形下，仅依据自己经营场所所处位置不可能抛掷物品到陈涛受伤地点的事实，不能排除各商家实施加害行为的可能性，尚不足以证明自己不是侵权人。"[①] 实际上"侵权人"又折回到了抛掷行为人。

如前所述，"除能够证明自己不是侵权人的外"中的"侵权人"是指"可能加害的建筑物使用人"而非"具体侵权人"，即"侵权人"是指不能够证明抛掷或者坠落物品不可能来源于自己使用的建筑物区分所有单元的那些建筑物区分使用人，而不是苛求被告举证何人实施抛掷行为导致损害，或者要求相关建筑物使用人举证其从未实施过抛掷行为。[②]

（二）"建筑物使用人"是指建筑物区分使用人

《建筑物区分所有权纠纷解释》（法释〔2020〕17号）第1条第1款规定："依法登记取得或者依据民法典第二百二十九条至第二百三十一条规定取得建筑物专有部分所有权的人，应当认定为民法典第二编第六章所称的业主。"第2款规定："基于与建设单位之间的商品房买卖民事法律行为，已经合法占有建筑物专有部分，但尚未依法办理所有权登记的人，可以认定为民法典第二编第六章所称的业主。"第16条第1款规定："建筑物区分所有权纠纷涉及专有部分的承租人、借用人等物业使用人的，参照本解释处理。"可见，第1254条第1款规定的"建筑物使用人"应该理解为建筑物区分所有单元的使用人，即建筑物区分使用人，包括如下情形：第一，区分所有的建筑物单元所有人自己使用区分所有单元的情形，此时建筑物区分使用人就是业主。第二，区分所有的建筑物单元所有人将区分

① 四川省成都市锦江区人民法院民事判决书（2013）锦江民初字第190号。

② 孟祥沛：《连坐恶法岂能死灰复燃——论〈侵权责任法〉第87条及民法典编纂中的高空抛物责任》，《上海政法学院学报（法治论丛）》2020年第3期。

所有单元出租、出借给其他人使用，此时的建筑物区分使用人是承租人、借用人。需要指出的是，由于来源不明高空抛物、坠物损害责任纠纷案件处理周期一般较长，原告提起诉讼时建筑物区分使用人可能已经因为房屋交易、出租、出借等情况发生了变化，被告应以案发当时的建筑物区分使用人为限。但房屋因业主死亡而发生继承的，继承人可以作为被告参与诉讼。

在实务中，被告基于增加参与分摊的人数可以达到实质效果上减轻责任的考虑，会主张将其他建筑物区分所有单元的使用人纳入诉讼，主要包括隔壁单元①，或者相邻的住宅楼。② 这类主张一般难以得到法院的支持，其原因在于，连原告都未试图主张这一范围的扩大，法院就更没有动力扩大参与补偿的范围，以免徒增社会矛盾，增大法院面临的社会压力。

（三）建筑物区分使用人的类型化

从原《侵权责任法》的立法过程来看，该法第 87 条的规定源于重庆“烟灰缸案”。因此，该条文的设计原型为相对封闭的住宅楼而非相对开放的写字楼或者商业楼宇。笔者认为，对于发生在相对开放的写字楼或者商业楼宇中的抛掷、坠落物品致害事件，应该作出区别处理。具体来说，对以住宅楼为典型的非营利性、相对封闭的建筑物的区分使用人，不宜苛加过重的“高空抛物坠物来源消极说明义务”，其补偿能力也相对较弱，道义补偿责任应该尽量从轻。

而对以写字楼和商业楼宇为典型的营利性、开放性建筑物的区分使用人，考虑到安装摄像头涉及的隐私权保护争议相对较小，可以苛加相对较重的“高空抛物坠物来源消极说明义务”。其补偿能力更强，可以综合考虑建筑物区分使用人和被侵权人的经济状况、保险情况以及区分使用人的人数确定道义补偿责任。同时应该明确此类建筑物的物业管理人应承担建筑物公共区域的管理职责，除非能够证明抛掷、坠落物品的来源不是公共区域，其应当参与道义补偿责任的分担。③

---

① 贵州省遵义市汇川区人民法院民事判决书（2014）汇民初字第 1748 号。

② 贵州省遵义市汇川区人民法院民事判决书（2014）汇民初字第 1748 号。

③ 在一起案件中，物业公司作为地下楼层的管理人，参与了责任分担，值得斟酌。参见四川省成都市锦江区人民法院民事判决书（2013）锦江民初字第 190 号。

（四）“可能加害”的建筑物区分所有单元范围

按照第1254条第1款“可能加害的建筑物”的表述，不管是抛掷物还是坠落物致害，都是以“可能加害”为准。所谓“可能加害”，是指与损害的发生具有一定的关联性①，所以只能起诉建筑物向着损害事件发生一侧有窗户且在二楼及以上的建筑物区分使用人。一楼、地下、建筑物向着损害事件发生一侧没有窗户的和建筑物非向着损害事件发生一侧的建筑物区分使用人都不是适格当事人。“可能加害”的建筑物区分所有单元范围的确定方式具体如下：

第一，如果能够确定为坠落物致害，则仅仅是建筑物该侧发生损害地点以上垂直区域的建筑物区分使用人承担责任。如果通过鉴定可以确定坠落物来源高度超过或者低于一定楼层才能造成该程度的损害，则该楼层以下或者以上建筑物区分使用人也可以免除责任。

第二，如果不能确定为坠落物，则应该由可能抛掷物品的窗户所在建筑物区分使用人承担责任，这主要是因为抛掷物品来源的范围比坠落物的大。如果有证据证明抛掷物来自一定楼层或者一定方向，即可以确定一定范围内的“可能加害的建筑物使用人”，则应该尽量缩小责任人的范围，可以免除其他建筑物区分使用人的补偿责任。

第三，如果不能确定为坠落物或者抛掷物，则应该由可能抛掷、坠落物品的窗户所在建筑物区分使用人承担责任，这主要是因为抛掷物品来源的范围可能比坠落物的来源范围大。例如，有法院“经现场勘查：该栋楼5楼以上每层楼业主为10户，该栋楼有并排电梯三部，电梯对面有两个楼梯入口。每层楼面对电梯，电梯左侧走廊住户为2、1、10、9、8、7号6户，电梯右侧走廊住户为3、4、5、6号4户。电梯左侧有天井，天井窗口离地高约103厘米，宽约133厘米，窗户单扇宽约46厘米，天井长约290厘米，5楼以上空长约230厘米。天井窗户对面为2、3号住户的公用面积（约1.3平方米），电梯左侧6户上下楼梯、电梯必须通过天井窗户，右侧4户无须通过事发天井窗户。整栋楼5楼（含5楼）以上住户共260户，其中无须通过事发天井的住户4、5、6号户型有26×3＝78户。3号

---

① 王利明主编：《中国民法典评注·侵权责任编》，人民法院出版社2021年版，第414页。

户型虽不通过天井，但室内有一阳台与天井相通”①。

三、“能够证明自己不是侵权人”的情形

来源不明高空抛物坠物致害带来了承担补偿责任的无辜居民范围过广的问题。② 为了进一步缩小责任人的范围，法院对被告提出的抗辩事由进行了认真的分析，并作出了一些有益的尝试，但也出现了一些具体认定上的差异。常见的被告提出的抗辩事由及法院的采纳情况如下。

（一）较容易被法院采纳的免责事由

1. 不是建筑物区分所有单元的使用人

第一种情形是尚未交房的，由开发商作为建筑物区分所有单元的使用人承担责任。例如有法院认为：“在原告受伤时尚未使用和控制相关房屋，故不应承担补偿责任，应由实际控制相关房屋的……作为使用人承担补偿责任。”③ 这种看法明确了建筑物区分所有单元的使用人才是责任人。

第二种情形是已经交房，但有物业公司证明其为“空关户”，无人居住。如有的法院认可了“被告赵某某向本院提供了上海某物业管理有限公司出具的证明，证明其房屋……系空关户，无人居住”的抗辩④，此种情形下开发商因为已经交房，也无须承担补偿责任。

第三种情形是区分所有单元租赁人因为租期届满、公司注销等原因，损害发生时没有实际使用。如“……证据表明其租赁锦阳商厦商铺的期限截至2010年8月……某公司于事发前2010年8月注销”⑤。在这种情形下，租赁人未实际使用建筑物区分所有部分，也可以不承担相关责任。

2. 使用的建筑物区分所有单元客观不能致害

常见的是证明因为客观原因，无法造成损害，即客观不能，主要包括两类：

第一，楼层高度不够。如果通过鉴定损害，可以确定坠落物来源高度

① 重庆市大渡口区人民法院民事判决书（2011）渡法民初字第03482号。

② 姜启波、郭锋、陈龙业：《〈关于依法妥善审理高空抛物、坠物案件的意见〉的理解与适用》，《人民司法·应用》2020年第16期。

③ 河南省义马市人民法院民事判决书（2013）义民初字第1032号。

④ 上海市浦东新区人民法院民事判决书（2011）浦民一（民）初字第20640号。

⑤ 四川省成都市锦江区人民法院民事判决书（2013）锦江民初字第190号。

超过一定楼层，则该楼层以下的建筑物区分使用人也可以免除责任。有法院认为："根据生活常识，若从被告吴某祥的住宅内抛掷或坠落玻璃瓶，将原告的钢化玻璃房房顶击碎的可能性极小，故被告吴某祥对原告的损失无须承担民事责任。"① 如果损害发生在一定楼层的平台上，有法院认为："5 楼与原告受伤地系平层，即使抛出灰渣垃圾桶也不可能将原告砸伤致出院诊断的伤情，所以 5 楼使用人应当予以排除。6 楼使用人，5—6 楼层高近 3 米，原告自身高度约 1.75 米，从 6 楼坠下的灰渣垃圾桶至原告受伤着力点不足 1.3 米，根据原告提供的塑料灰渣垃圾桶情形也不可能使原告达到出院诊断的伤情，所以 6 楼当事人也应当排除（当然 5、6 楼用户故意到高层抛下除外）。"② 这一抗辩事由符合"证明自己不是侵权人的"文义，应该采纳。值得注意的是，对于楼层高度不够这一抗辩事由，法院普遍坚持当事人主义。例如在上述发生在 5 楼平台的案件中，法院进一步指出："具体至少要多少层，多少高度才可能造成原告的伤残后果，或者多少层以后造成的伤情明显超过原告出院诊断的伤情，需要相关专家予以鉴定确认。这应当由被告自行举证免除其应当承担的'补偿责任'。所以 7 楼及以上建筑物使用人，都有可能弃物或抛物砸伤原告。"③ 有意思的是，法院有时过于坚持当事人主义，在接受了住在 4 楼的被告提出的因为高度不够的理由，"家住四楼，与原告家只隔一层楼，原告的阳光花房是钢化玻璃做"，不可能造成损害的主张后，却仍然判决 2 楼和 3 楼的住户参与分担④，存在逻辑错误。值得思考的是，在一个案例中有被告主张"2 斤重的橡胶锤从其房屋掉下不可能造成这么轻的后果"⑤，最终却没有得到法院的采纳。

第二，无抛掷物品、坠落物品的可能。如在损害发生的方向该建筑物区分使用人使用的区分所有单元没有窗户，或者窗户设有空隙狭小的护栏，造成损害的抛掷物或者坠落物无法通过，也是法院通常认可的抗辩事由。即使在损害发生的建筑物一侧有窗户或者阳台没有封闭，有法院仍然

① 贵州省遵义市汇川区人民法院民事判决书（2014）汇民初字第 1748 号。

② 重庆市大渡口区人民法院民事判决书（2011）渡法民初字第 03482 号。

③ 重庆市大渡口区人民法院民事判决书（2011）渡法民初字第 03482 号。

④ 贵州省遵义市汇川区人民法院民事判决书（2014）汇民初字第 1748 号。

⑤ 上海市浦东新区人民法院民事判决书（2011）浦民一（民）初字第 20640 号。

认定“其证据显示，事发当天，正值室内墙壁墙纸装修封闭期间，室内不可能有人抛物砸伤原告”[①]。但有被告主张“居住在楼房南侧、所住房屋无朝向北侧窗户的朱某亮等15户，没有砸伤原告的可能”[②]，这已经符合了客观不能的证明要求，却没有得到法院的支持，是值得商榷的。

就安装的防护栏较密坠落物无法穿过，法院先行确认“涉案塑料灰渣桶直径约一尺，双方认可无异”，然后按照被告的主张排除了11户确定在损害发生时已经安装防护栏且坠落物无法穿过的被告的责任。[③] 这一细致的做法值得赞许。

3. 不存在因果关系

如果有物品从该区分所有单元坠落，但与损害的发生没有因果关系[④]，在理论上也应该是被认可的抗辩事由。例如，坠落物品为该栋区分所有建筑物在多个区分所有单元中配备的特殊标准物件，而且某一区分所有单元的该物件的确发生了坠落，但能够证明坠落的物品并未导致被侵权人的损害，如导致了其他损害，或者在下坠过程中被阻拦，仍然悬挂在半空中等情形。

（二）一般不被法院采纳的免责事由

1. 损害发生时家中无人

被告有证据证明事发当时家中无人居住，这一抗辩事由在实务中争议较大。少数法院认可这一抗辩事由，如“被告杨某玲于本案事发期间在上海为女儿看病，家中无其他人居住，可以排除其作为可能加害人，不应承担补偿责任”[⑤]。或者“案发当日502号住宅、902号住宅、1202号住宅、1702号住宅无人在其住宅内，故其业主被告……对原告的损失无须承担民事责任”[⑥]。或者“上诉人葛某提供天津市公安局居民身份证制作中心开具的证明、值班表及户口本，证明事故发生当日上诉人葛某正在单位值班不在家中以及上诉人葛某父亲2007年已经去世、涉讼房屋只有上诉人

① 重庆市大渡口区人民法院民事判决书（2011）渡法民初字第03482号。

② 河南省义马市人民法院民事判决书（2013）义民初字第1032号。

③ 重庆市大渡口区人民法院民事判决书（2011）渡法民初字第03482号。

④ 此种情形不适用于“抛掷物品”的原因是，抛掷物品的来源并不固定于区分所有单元。

⑤ 河南省义马市人民法院民事判决书（2013）义民初字第1032号。

⑥ 贵州省遵义市汇川区人民法院民事判决书（2014）汇民初字第1748号。

葛某一人使用”[①]。严格地说，即使按照法院的这一思路，家中无人只能免除不明抛掷物类型的责任，不能免除不明坠落物类型的责任。

由于无法明确到底是抛掷物还是坠落物，在大部分情况下，法院都不认可这一抗辩事由，如“当时因房屋未装修没有入住”[②]，“领钥匙了，但没有在那居住”[③]，“房子到现在还没装修”[④]，或者“出事当晚不在家”[⑤]，“晚上是儿子和媳妇住的，其居住在某某路”[⑥]。对此，有法院明确地阐述了“区分所有单元使用人说”：“其他相关被告虽然提出装修时间或事发当天上班情况的辩称，但作为房屋使用人、管理人，在本案损害事故发生时对其房屋仍有控制权，不能排除业主本人或相关人员进出该楼的可能，故相关被告仍应承担可能加害人的损害补偿责任。”[⑦]

2. 角度或者轨迹不可能

角度或者轨迹不可能的抗辩，一般由在损害发生的建筑物一侧有窗户的被告提出，作为一种客观不能的抗辩类型，在大多数情况下都没有得到法院的支持。主张角度不可能的如“原告阳光花房受损处与我家阳台垂直对应的地方安装有空调外机”[⑧]，“假如是从楼上下落的物件，小孩是在地上爬的，下落时不可能落到其前额，除非砖头下落时会转弯，这是不可能的”[⑨]，“其家的角度不对，距离十几米，不可能扔的”[⑩]，“窗户角落还放有烤火炉，所以我不可能在那个位置抛啤酒瓶”[⑪]。主张轨迹不可能的，如“自然垂直掉落不可能砸到原告的车”，“即使下坠，轨迹也不可能落入该车”[⑫]。究其原因，大多是因为此类抗辩无法让法官产生不可能致害的

① 天津市第一中级人民法院民事判决书（2013）一中民一终字第514号。

② 河南省义马市人民法院民事判决书（2013）义民初字第1032号。

③ 河南省义马市人民法院民事判决书（2013）义民初字第1032号。

④ 河南省义马市人民法院民事判决书（2013）义民初字第1032号。

⑤ 河南省义马市人民法院民事判决书（2013）义民初字第1032号。

⑥ 上海市闵行区人民法院民事判决书（2014）闵民一（民）初字第20071号。

⑦ 河南省义马市人民法院民事判决书（2013）义民初字第1032号。

⑧ 贵州省遵义市汇川区人民法院民事判决书（2014）汇民初字第1748号。

⑨ 广东省阳春市人民法院民事判决书（2014）阳春法潭民初字第234号。

⑩ 上海市闵行区人民法院民事判决书（2014）闵民一（民）初字第20071号。

⑪ 贵州省遵义市汇川区人民法院民事判决书（2014）汇民初字第1748号。

⑫ 上海市闵行区人民法院民事判决书（2014）闵民一（民）初字第20071号。

确信。

3. 被告基于生活习惯主张家中没有致害物

被告感觉无辜常常是源于认为家中没有致害物，例如“我对酒精过敏，家中不会有啤酒等物品”①，或者“不养花草，不存在花盆”②。这类抗辩法院一般不予认可，主要原因是生活习惯并不能推导出家里没有常见生活用品。从理论上讲，这一抗辩可能适用于特殊、罕见的物品，还需要合适的案例作进一步观察。

4. 被告主张没有抛掷行为

被告感到无辜的另一种情形是认为自己没有抛掷行为，且有一定的道德层面理由，如“其与原告素不相识，无冤无仇，不存在主观故意的可能性”③，或者“其家平时按规定扔垃圾的，不会乱扔东西”④。还有一种情形是“事故发生时上诉人温某英家里孩子正在睡觉对事故发生全不知情”⑤。

5. 可能有其他具体行为人

由于“经调查难以确定具体侵权人的”是第 1254 条第 1 款适用的前提，所以有的被告试图举例以说服法官有其他具体侵权人，如“不排除第三方行为人抛掷酒瓶的可能”⑥，或者“26 户人家之外的其他人也有可能造成这个结果，其他门牌号的人家也可能造成这个结果，其他人员也可以进入×号楼”⑦。对于这类抗辩，有法院明确指出：“至于部分被告关于楼外其他人可能实施侵权行为的辩称，本院认为，上述辩称不符合《中华人民共和国侵权责任法》第八十七条的情形，不应予以支持。”⑧

6. 装修公司的责任

新建住宅的装修往往在一段时间内集中进行，在这种情形下发生的来源不明高空抛物坠物损害责任中，有被告主张应当由装修公司承担责任，

① 贵州省遵义市汇川区人民法院民事判决书（2014）汇民初字第 1748 号。

② 上海市闵行区人民法院民事判决书（2014）闵民一（民）初字第 20071 号。

③ 上海市闵行区人民法院民事判决书（2014）闵民一（民）初字第 20071 号。

④ 上海市闵行区人民法院民事判决书（2014）闵民一（民）初字第 20071 号。

⑤ 天津市第一中级人民法院民事判决书（2013）一中民一终字第 514 号。

⑥ 河南省义马市人民法院民事判决书（2013）义民初字第 1032 号。

⑦ 上海市闵行区人民法院民事判决书（2014）闵民一（民）初字第 20071 号。

⑧ 河南省义马市人民法院民事判决书（2013）义民初字第 1032 号。

对此法院明确阐明了“区分所有单元使用人说”：“被告均为房屋所有人，如其认为应由装修公司承担责任，可在其承担责任后，根据其与装修公司的内部约定另行主张。”①

（三）对于责任性质的认识是认定免责事由的关键

由于原《侵权责任法》将第 87 条安排在了第十一章“物件损害责任”中，部分被告试图沿着“物件”致害的思路主张免责事由，例如试图证明自己家里没有致害物。也有法院错误地认为“抛掷物致人损害责任不是过错推定而是行为推定，其基础是让没有实施侵权行为而仅仅具有嫌疑的当事人承担责任”②，误导当事人自证“没有嫌疑”，例如没有抛掷行为，或者损害发生时不在场。

笔者认为，“高空抛物、坠物损害责任纠纷”既不是物件致害，也不是行为致害，而是建筑物区分所有单元的使用人责任。因此，应该按照这一思路，要么主张不是建筑物区分所有单元的使用人，要么主张使用的建筑物区分所有单元客观上不能致害，否则不能免除责任。

四、“物业服务企业等”建筑物管理人的类型及其限缩解释

尽管使用了“物业服务企业等”来修饰，第 1254 条第 2 款规定的“建筑物管理人”实质上等同于第 1252 条第 2 款和第 1253 条规定的建筑物维护缺陷责任中的建筑物的“管理人”，包括两种类型，即物业服务人类和非物业服务人类。笔者认为，第 1254 条第 2 款对建筑物管理人苛加安全保障义务，是建立在立法者对社会现实的三重假设之上：第一，建筑物管理人是普遍存在的；第二，建筑物管理人一般是物业服务企业；第三，建筑物管理人有赔偿能力。但实务中并非如此。第一种情形，如果建筑物已经分户登记为区分所有，但没有聘请物业服务人，常见的情形是老旧小区，则只能将全体业主视为建筑物的共同管理人。第二种情形，如果业主以较为低廉的价格聘请了物业服务人，尤其是物业服务人不是物业服务企业的情形，而该物业服务人与业主约定的服务范围不包括采取“必要的安全保障措施”，全体业主仍然被视为共同管理人。第三种情形，即使物业服务企业等建筑物管理人与业主约定的服务范围包

① 上海市浦东新区人民法院民事判决书（2011）浦民一（民）初字第 20640 号。

② 贵州省遵义市汇川区人民法院民事判决书（2014）汇民初字第 1748 号。

括采取“必要的安全保障措施”，但发生损害后该建筑物管理人没有赔偿能力的，全体业主仍然不能因为聘请了建筑物管理人就免除对建筑物的管理职责。

质言之，立法者的出发点是设置“建筑物管理人”的安全保障义务及其违反后的补充责任来缓和原《侵权责任法》第87条在实务中的判决执行困难，但由于建筑物管理人的安全保障义务是源于其与业主签订的物业服务合同，这就不可避免地、间接地向全体业主苛加了安全保障义务。尽管业主群体与第1254条第1款规定的“可能加害的建筑物使用人”不完全重合，但同时作为建筑物使用人的业主，原本只需要承担第1款规定的补偿责任，在该条第2款“名为管理人，实为所有人”的安全保障义务设定之后，反而被新增苛加了补偿责任之外的补充责任，这应该是与立法者设置该条文的初衷相违背的。

值得注意的是，“物业服务企业”作为立法的典型列举，是2019年12月《民法典（草案）》审议时新增的。《民法典》第937条第2款规定：“物业服务人包括物业服务企业和其他管理人。”从立法机关选择“物业服务企业”而非“物业服务人”作为典型列举表述来看，应该是对企业和非企业物业服务人作了不同的安全保障义务要求。笔者建议，将第1254条第2款规定的“等”建筑物管理人，限缩解释为与物业服务企业具有类似管理能力和赔偿能力的建筑物管理人类型，主要是指非物业使用阶段建筑物管理人，而不包括物业服务人中的非物业服务企业的“其他管理人”，也不能在物业服务人缺失、服务范围不包括“必要的安全保障措施”或者没有赔偿能力时递补为全体业主。

笔者所谓“非物业使用阶段建筑物管理人”，是指建筑物在未作为物业使用阶段对建筑物行使管理权的主体，主要包括建筑物处于施工阶段的施工单位[①]、施工完成尚未交付阶段的建设单位[②]以及建筑物被废弃之后尚未被拆除时的实际管理人等。在上述情形中，建筑物的管理人缺位的，建筑物的所有人被视为管理人。[③]

① 河北省廊坊市中级人民法院民事判决书（2014）廊民一终字第956号。

② 辽宁省鞍山市中级人民法院民事判决书（2014）鞍民二终字第681号。

③ 湖南省道县人民法院民事判决书（2015）道法民初字第327号。

五、公安等机关依法及时查清“责任人”的意义与范围

（一）公安“等”机关的具体所指

立法机关在《民法典》审议的最后阶段将第 1254 条第 3 款规定的调查义务主体“有关机关”明确为“公安等机关”，是为了解决公安机关借故推脱侦查的问题①，但这也需要对“等”字涵盖的机关类型予以明确。

高空抛物坠物侵权案件中的公安机关的调查权，是警察权从刑事司法和治安管理延伸至民事侵权领域的表现，其正当性依据是侵权责任法的社会本位价值与警察权的辅助功能扩张，以弥补私法规范调整的不足，维护社会公共安全与民事合法权益。②《人民警察法》第 21 条第 1 款规定：“人民警察遇到公民人身、财产安全受到侵犯或者处于其他危难情形，应当立即救助；对公民提出解决纠纷的要求，应当给予帮助；对公民的报警案件，应当及时查处。”笔者认为，能够达到“依法及时调查，查清责任人”立法目的的“等”其他机关，应该仅限于依法享有与公安机关侦查权类似的职权的法定机关。按照《刑事诉讼法》第 308 条的规定，如果高空抛物坠物致害案件发生在军队所属的地域，应当由军队保卫部门履行查明义务；如果发生在监狱，则由监狱履行查明义务。海上船舶即使发生高空抛物坠物致害的案件，由于船舶不属于“建筑物”，海警局也不负有法定的查明义务。

（二）“及时”调查的意义

第 1254 条规定依法“及时”调查具有重要意义：第一，抛掷物品可能留下指纹等痕迹，坠落物品在原摆放、悬挂、附着位置也可能留有痕迹，“天网工程”或者其他摄像头可能保存有相关视频可以辅助查明致害物来源，但这些证据均具有时效性，需要公安机关及时展开调查。第二，作为刑事案件展开侦查，对具有一定识别特征但本地少见的致害物，可以通过调取电商销售数据查明一定期限和一定范围内该同类致害物的网络购物记录，辅助确定致害物的可能购买者。第三，公安机关介入后，可能面

① 参见杨立新：《民法典（草案）对高空抛掷物损害责任规则的完善》，《当代法学》2020 年第 3 期。

② 叶涛：《论高空抛坠物侵权案件中的公安机关调查权》，《中国人民公安大学学报（社会科学版）》2020 年第 5 期。

临的刑事处罚和犯罪记录，可以对具体侵权人起到更强的震慑作用，对其他知情人也起到警示作用，能够发掘更多的线索。

（三）查清“责任人”的范围

容易产生误解的是第 1254 条第 3 款规定的查清“责任人”的范围。《民法典》上其他条文对“责任人”这一术语的使用，都是与追偿权相关，包括第 178 条规定的连带责任人之间的追偿权[①]，第 1215 条和第 1216 条规定的法定垫付人向交通事故最终责任人的追偿权，第 1252 条和第 1253 条规定的向建筑物缺陷责任和建筑物维护责任最终责任人的追偿权。因此，就第 1254 条第 3 款规定的查清“责任人”而言，公安等机关可能查清了“具体侵权人”，也可能经调查仍然未能查清具体侵权人，但查清了第 1 款规定的“补偿责任人”和第 2 款规定的“补充责任人”的范围。质言之，既包括“发生本条第一款规定的情形的”所指的“第一款”规定的各类责任人，也包括该条第 2 款规定的“未采取必要的安全保障措施的”建筑物管理人。该条第 1 款规定的各类责任人，既包括“公安等机关应当依法及时调查”后查清的“具体侵权人”，也包括“经调查难以确定具体侵权人”情形下的“可能加害的建筑物使用人”。

第四节　来源不明高空抛物坠物致害道义补偿责任

一、来源不明高空抛物坠物致害道义补偿责任的理论背景

（一）法院对原《侵权责任法》第 87 条正当性的追寻

《民法典》通过之前，对原《侵权责任法》第 87 条的质疑主要在于其正当性上。为此，法院在判决书中也尝试依托原《侵权责任法》的立法目的[②]进行辩护，主要观点包括：

第一，保护弱者，分摊风险，体现出“保护民事主体的合法权益”的立法目的。有的法院指出：“此类受害人相对于众多可能成为加害人而言，处于弱势地位，如果非要明确具体加害人，其损失才能获得救济，对受害

---

① 严格地说，该“追偿权”实质上是分摊请求权。

② 原《侵权责任法》第 1 条规定：“为保护民事主体的合法权益，明确侵权责任，预防并制裁侵权行为，促进社会和谐稳定，制定本法。”

人无疑雪上加霜。因此由可能成为加害人范围内的当事人对损害进行合理的分担，是一种特殊情形下相对合理的分摊风险的方法。”① 有的法院进一步认为：“该条规定以保护弱者为基础……使受害人的基本权益得到了必要的保障，从而避免了受害人自行承担损害责任的情况出现，维护了司法实践的正当性与权威性。”② 这种将被设定为“弱者”的受害人获得赔偿建立在不能证明自己不是侵权人的数个甚至数十个责任人承担一定补偿责任视为“维护了司法实践的正当性与权威性”的观点，如果是建立在责任人数量众多，而分摊后的赔偿责任较轻的前提之下，例如由 14 个责任人分摊 2 000 元损害的情形③，再加上不考虑因此浪费的大量纠纷解决成本的话，才是可以接受的。如果尽管参与分摊的责任人达到了 55 个之多，但赔偿的总额将近 20 万元进而每人承担 3 400 元（相当于当时当地年人均收入的 10%）的话，这种对“弱者”补偿的“正当性”就存疑了，进而影响到了法院判决的“权威性”④。

第二，警示建筑物使用人加强安全防范意识，预防损害，体现出“预防并制裁侵权行为”的立法目的。有的法院认为，该规定及其判决能够“警示建筑物管理人加强安全管理，避免因疏忽大意或管理不到位造成危险行为和危险后果发生”⑤，“有利于建筑物实际使用人日常提高警惕，积极履行对建筑物及相关物品的保管义务，共同营造安全的生产、生活环境”⑥。问题在于，通过让十余位乃至数十位住户进行少量补偿，是否真的能够产生安全防范动力。从免除责任的角度看，免责事由是“能够证明自己不是侵权人”而非任何意义上的“加强安全防范意识”。从揣测可能的“有意抛物致害者”的心态来说，如果不被发现，只需要稍许承担一定的补偿责任就可以造成意图的损害；即使被发现，也就是承担本应该承担的侵权责任。这无异于会鼓励，至少不阻吓这种侵权行为。因此，这种正当性的解说缺乏说服力，只有建立在“除能够证明自己不是侵权人的外”

① 贵州省遵义市汇川区人民法院民事判决书（2014）汇民初字第 1748 号。

② 河南省义马市人民法院民事判决书（2013）义民初字第 1032 号。

③ 贵州省遵义市汇川区人民法院民事判决书（2014）汇民初字第 1748 号。

④ 河南省义马市人民法院民事判决书（2013）义民初字第 1032 号。

⑤ 河南省义马市人民法院民事判决书（2013）义民初字第 1032 号。

⑥ 贵州省遵义市汇川区人民法院民事判决书（2014）汇民初字第 1748 号。

的激励机制上才能预防和阻吓此类侵权行为的发生，这也是下文展开的思路之一。

第三，避免不文明行为，促进社会和谐，体现“促进社会和谐稳定”的立法目的。有的法院认为：“不明抛掷物、坠落物所引发的纠纷，起源于小区个别业主在日常生活中的不文明行为，因此，本案的发生提醒小区的每一位业主都应当自觉树立文明生活的意识，在日常生活中切实恪守文明行为准则，避免本案类似的纠纷产生，从而有助于和谐社区的构建。”①笔者认为，从提醒甚至是教育业主的角度，这类案件的判决效应是好的，但这种倡导性的立法目的，如果通过裁判来实现，似乎有违初衷。例如，有的原告诉称其“拿着啤酒瓶挨家挨户地询问是哪家扔的啤酒瓶，但没有一户业主承认，为此原告极度愤怒，平时楼上的业主经常扔一些小的生活垃圾到原告的露天阳台上，原告都忍着没有吭声，但现在越来越过分，不但给原告的财产造成损失，原告的生命安全都存在隐患”，因此，原告为了“4 000 多元”的财产损害，不惜起诉自己同一单元的 14 户邻居。② 按照常理，最后有 10 户邻居每户承担了 200 元补偿责任，也难以通过这一判决和赔偿的执行促进社会的和谐。另有一个案件，法院判决 124 户商家承担补偿责任③，是否也能达到这一立法目的值得进一步调查。

有意思的是，原《侵权责任法》第 1 条规定的四项立法目的中，唯一没有被法官作为正当性进行论述的就是“明确侵权责任”。这是因为，“不明抛掷物、坠落物损害责任”设置本身，就是无法明确侵权责任情形下的特殊规则。究其原因，是法律条文本身正当性存疑且规则模糊，让法官在裁判此类案件时，找不到可以依托的规则，按照法律人的逻辑来“明确”侵权责任。因此，法官的选择，要么对这一让法官自己都感到疑惑的裁判规则和裁判结果“自欺欺人”，要么就绕开“明确侵权责任”的立法目的，试图从其他三项立法目的中寻求正当性，这恰恰导致了案件处理欠缺正当性，也影响了法院的权威性。

（二）高层建筑物社会风险预防义务的分配思路

应该承认，频发的高空抛物坠物案件的确表明，在我国快速的城市化

① 上海市闵行区人民法院民事判决书（2014）闵民一（民）初字第 20071 号。

② 贵州省遵义市汇川区人民法院民事判决书（2014）汇民初字第 1748 号。

③ 四川省成都市锦江区人民法院民事判决书（2013）锦江民初字第 190 号。

进程中，三层以上的高层建筑物已经带来了一定的社会风险。这种社会风险是由高层建筑物上的物品本身具有的势能和不良的抛掷物品、不当搁置或者悬挂坠落物品的习惯叠加而成的。因此，有必要将这种新出现的社会风险预防义务在社会生活参与者之间进行分配。《民法典》第 1254 条第 1 款体现的风险预防义务分配思路包括两个层级：

第一层级：行为人的抛掷物品禁止义务和坠落物品管理义务，反映在条文上是由“具体侵权人”承担过错责任。

第二层级：对“可能加害的建筑物使用人”苛加一定的义务，以达到预防该类事件发生的目的。在第二层级，有两种不同的选择：第一种是苛加建筑物区分使用人“高空抛物坠物致害预防义务”，其制度设计类似《民法典》第 1198 条第 2 款的补充责任；第二种是苛加建筑物区分使用人“高空抛物坠物来源消极说明义务”，其制度设计类似《产品质量法》第 42 条第 2 款规定的“来源不明缺陷产品”销售者责任。

二、来源不明高空抛物坠物致害道义补偿责任的确立

（一）建筑物区分使用人负有作为道德义务的“高空抛物坠物来源消极说明义务”

如前所述，从《民法典》第 1254 条与第 1198 条的区分来看，建筑物区分使用人不负有类似安全保障义务的高空抛物坠物致害预防义务。笔者认为，立法者实质上选择了苛加建筑物区分使用人“高空抛物坠物来源消极说明义务”，且这种义务并非用以判断过错的注意义务，而是一种道德义务。作为一种道德义务，其可能的立法选择包括如下两种情形：

选择之一：建筑物区分使用人知道高空抛物坠物来源的情形下的披露义务。《民法典》第 1254 条第 1 款设置的目的之一是促使知情人“报料”，有利于查明事实。[①] 严格地说，除非涉及刑事犯罪，知情人并无披露义务。对于这种披露义务的违反，也不构成侵权法上的过错。而且，知情人并非仅限于建筑物区分使用人，其他进入建筑物的人也可能是知情人。可见，“高空抛物坠物来源消极说明义务”并不是指建筑物区分使用人作为

① 参见王成、鲁智勇：《高空抛物侵权行为探究》，《法学评论》2007 年第 2 期。

知情人的披露义务。

选择之二：应当知道高空抛物坠物来源因疏忽而未能知道的情形。在一个社会中，如果一个人的行为能被一部分人以相对低的信息成本观察到，而其他人群观察该行为的成本较高，那么，让信息成本较低的人群进行监督就可以大大地节约监督成本。① 笔者认为，立法者实质上选择了苛加建筑物区分使用人"高空抛物坠物来源消极说明义务"，且这种义务并非用以判断过错的注意义务，而是一种法定化的道德义务。建筑物区分使用人不能证明其使用的区分所有单元不是高空抛物坠物来源的情形，仍然可能通过尽到信息提供义务尤其是安装相关监控设备而避免。作为法定化道德义务的"高空抛物坠物来源消极说明义务"，就是在这种情形下，高空抛物坠物致害对于受害人遭受的潜在损害如此巨大，而建筑物区分使用人为履行此种法定化道德义务付出的成本并非巨大，通过"风险—收益"分析而产生的一种促使建筑物区分使用人履行此种义务的道德驱动力，同时也有维护公共安全方面的政策考虑。

需要强调的是，确定具体侵权行为人的义务不应由受害人负担。② 之所以称之为"消极"说明义务，是因为"除能够证明自己不是侵权人的外"中的"侵权人"，即"建筑物使用人"，是通过证明抛掷、坠落物品不可能源于其使用的区分所有单元来尽到作为法定化道德义务的"高空抛物坠物来源消极说明义务"，进而免除补偿责任的。所以，作为法定化道德义务的"高空抛物坠物来源消极说明义务"所需要说明的，并非抛掷、坠落物品的确切来源，即积极的说明义务，而是建筑物区分使用人所使用的区分所有单元并非高空抛物坠物来源的消极说明义务。

（二）明确来源不明高空抛物坠物致害道义补偿责任的公平责任属性

鉴于无法查明具体侵权人的情形是由建筑物区分使用人未能履行作为道德义务的"高空抛物坠物来源消极说明义务"造成的，笔者将这种补偿责任命名为"来源不明高空抛物坠物致害道义补偿责任"。作为一种违反作为信息消极提供义务的高空抛物坠物来源消极说明义务的道义补偿责任，

---

① 张维迎、邓峰：《信息、激励与连带责任——对中国古代连坐、保甲制度的法和经济学解释》，《中国社会科学》2003 年第 3 期。

② 参见王利明：《论高楼抛物致人损害责任的完善》，《法学杂志》2020 年第 1 期。

应该明确其公平责任属性。[①] 受制于第 1186 条规定的“受害人和行为人对损害的发生都没有过错的，依照法律的规定由双方分担损失”，实质上排除了受害人对损害的“发生”有过错的情形。这既包括受害人自行造成剧烈震动等导致的来源不明高空坠物，也包括受害人参与向高层建筑物扔石头等共同危险行为导致的来源不明高空坠物，但不应该包含受害人凌晨高声喧哗[②]、违法停车[③]等与损害的“发生”无因果关系的情形，也不应该包括无证驾驶摩托车未戴安全帽等仅与损害的“扩大”有因果关系的情形。[④] 监护人的过错也不应该纳入受害人的过错考量。[⑤]

作为公平责任条款，第 1254 条还应该增加适用的前提性条件，即“如果受害人无法得到充分救济”。如果受害人能够通过侵权法之外的其他渠道获得充分救济，就没有必要适用该补偿责任。其他救济渠道包括民政帮扶、社会捐助，也包括社会保险。[⑥]

三、来源不明高空抛物坠物致害道义补偿责任的损害认定

（一）损害认定概况

笔者经过梳理案件发现，高空抛物坠物一般造成的财产损失约为 2 000 元，而造成严重人身损害的伤残等级一般为十级到七级，根据不同所在地域赔偿标准相应的赔偿总额为 40 万～50 万元，也有极少数案件造成了被侵权人死亡。也有人身伤害较为严重的案件中原告伤残等级鉴定为二级，按照当时的司法解释规定适用农村赔偿标准，损害赔偿总额约为 43 万元。[⑦] 如果没有造成伤残，赔偿金额在 3 万元左右。由于财产损失的总额较小，若启动评估程序无疑将增加双方当事人的诉讼成本[⑧]，因此一般不予鉴定，凭发票和生活经验即可认定，各方争议也不大。

---

① 参见王利明：《抛掷物致人损害的责任》，《政法论坛》2006 年第 6 期；王利明：《论高楼抛物致人损害责任的完善》，《法学杂志》2020 年第 1 期。

② 重庆市渝北区人民法院民事判决书（2014）渝北法民初字第 12739 号。

③ 贵州省贵阳市观山湖区人民法院民事判决书（2014）筑观法民初字第 2098 号。

④ 广东省珠海市中级人民法院民事判决书（2014）珠中法民一终字第 953 号。

⑤ 贵州省石阡县人民法院民事判决书（2015）石民初字第 48 号。

⑥ 贵州省黔西县人民法院民事判决书（2018）黔 0522 民初 2395 号。

⑦ 上海市松江区人民法院民事判决书（2013）松民一（民）初字第 4854 号。

⑧ 贵州省遵义市汇川区人民法院民事判决书（2014）汇民初字第 1748 号。

（二）对精神损害赔偿有一定的限制

有的案件中法院按照普通人身伤害案件的标准判决精神损害赔偿，如一个天津的案件中，十级伤残酌定精神损害赔偿 5 000 元①；一个广东的案件中，十级伤残的精神损害也是 5 000 元②；一个上海的案件中，原告三处伤害并含一处二级伤残，法院酌定原告的精神损害抚慰金为 42 000 元。③ 部分案件虽然对精神损害赔偿的请求予以了支持，但比例上有的低于类似损害相应的精神损害。例如，一起发生在北京的案件中，被侵权人被鉴定为七级伤残，获赔精神损害抚慰金 10 000 元④，为通常情况下 20 000 元的 50%。一起发生在重庆的案件中，原告被鉴定为十级伤残，酌定精神损害 3 000 元⑤，为通常情况下的 60%。在一起发生在四川的鉴定为十级伤残的案件中，法院认为："抛掷物致人损害案件，由建筑物使用人承担补偿责任，是一种特殊情形下相对合理的分摊风险的手段和方法，补偿的范围应以受害人物质上遭受的实际损失为限。精神损害抚慰金是填补和抚慰受害人精神上遭受的损害，不宜纳入补偿责任的范围。"⑥ 尤其是一起发生在河南的案件中，被侵权人被鉴定为八级伤残，法院认为伙食补助费、营养费、精神损害赔偿等要求，均不宜纳入补偿范围之内。⑦

值得关注的是，在一起主要争议焦点为精神损害赔偿的案件中，"原告在被告居民楼朝南阳台对应位置的小区马路上行走时，被抛掷的粪便砸中，造成原告所穿羽绒服和羊毛衫污损"。"鉴于原告未能提供污损的羽绒服发票以证明羽绒服价值，而羊毛衫污损部位不大，经过清洗可以继续使用，因此，本院根据本案实际情况，考虑衣服折旧，酌情确定原告的损失为 600 元，由被告丁某某、王某某、王某、周某分别承担 150 元。""鉴于法律规定被告对原告仅承担补偿责任，故原告关于赔偿精神损害抚慰金

---

① 天津市第一中级人民法院民事判决书（2013）一中民一终字第 514 号。

② 广东省珠海市中级人民法院民事判决书（2014）珠中法民一终字第 953 号。

③ 上海市松江区人民法院民事判决书（2013）松民一（民）初字第 4854 号。

④ 北京市昌平区人民法院民事判决书（2013）昌民初字第 06725 号。

⑤ 重庆市大渡口区人民法院民事判决书（2011）渡法民初字第 03482 号。

⑥ 四川省成都市锦江区人民法院民事判决书（2013）锦江民初字第 190 号。

⑦ 河南省义马市人民法院民事判决书（2013）义民初字第 1032 号。

9 000 元的诉讼请求，本院难以支持。”[①] 从普通大众的角度看，认为被粪便污损的羊毛衫“经过清洗可以继续使用”，以及对本案中粪便砸中后的精神损害基于“补偿责任”而完全拒绝支持，略显不妥。

这些司法实务表明，部分法院在损害的认定上，对于医药费、交通费、住宿费、护理费、误工费、残疾赔偿金及其相关的鉴定费、残疾辅助器具费等直接的物质性损害较愿意按照通常的人身损害赔偿案件予以处理，但对于伙食补助费、营养费这类相对间接的物质性损害和精神损害，则表现出一定的迟疑。

（三）特别情形下对美容费用的支持

在一个案件中，总赔偿额为 64 854 元，其中“原告到武汉美基元医疗美容门诊进行前额疤痕治疗，花去医疗费 60 000 元”[②]。这种损害主要发生在面容受损的高空抛物、坠物损害责任纠纷案件中，该法院对此作出了有益的尝试。

四、来源不明高空抛物坠物致害道义补偿责任的减轻程度

总体来讲，人民法院对于补偿责任较之于赔偿责任的减轻程度把握得更为严格。具体来说，在人身损害中，最高减轻比例为 25%[③]，也有的案件酌定减轻 20%。[④] 有的法院直接酌定减轻后的比例约为 88.8%，补偿金额 1 230 元[⑤]，难以揣测法官的具体考虑。有法院阐明：“上述法条规定仅为补偿而非赔偿责任，故原告的损失中仍有部分需自行承担，综合全案事实，本院酌情确定原告自行承担 10%的损失。”[⑥] 还有法院采用略微减轻并凑整的方案，先认定“每户应当承担的补偿金额应为 3 561.18 元”，再“考虑到本案的特殊案情和当事人之间的邻里关系，本院将应当承担责任的每名被告的补偿金额酌定为 3 400 元”。实际减轻率不足 5%。[⑦] 对于未

---

① 上海市浦东新区人民法院民事判决书（2012）浦民一（民）初字第 3623 号。

② 湖北省黄石市西塞山区人民法院民事判决书（2014）鄂西塞民初字第 00001 号。

③ 天津市第一中级人民法院民事判决书（2013）一中民一终字第 514 号。

④ 北京市昌平区人民法院民事判决书（2013）昌民初字第 06725 号。

⑤ 四川省成都市锦江区人民法院民事判决书（2013）锦江民初字第 190 号。

⑥ 贵州省遵义市汇川区人民法院民事判决书（2014）汇民初字第 1748 号。

⑦ 河南省义马市人民法院民事判决书（2013）义民初字第 1032 号。

造成伤残的人身损害赔偿也未考虑任何减轻，径直判决每户承担16 650.23元①，略显偏离“补偿”的原意。笔者浅见，哪怕略微减少到15 000元，也显得更符合“补偿”的立法意旨。在财产损失类型中，由于损害的总体数额不大，法院一般不予减轻。②

人民法院对于补偿责任减轻的拒绝或者慎重，体现出对原《侵权责任法》第87条重在让被侵权人获得救济这一立法目的的贯彻。这是否符合社会利益的最大化，本来就受制于该条文立法的正当性，于法院实难取舍。笔者认为，补偿金额确定时要注意考虑经济负担能力较弱的建筑物区分使用人的利益③，这一点在实务中尚未得到案例支持。

五、来源不明高空抛物坠物致害道义补偿责任的分担规则

（一）建筑物区分使用人的分担规则

依据《民法典》第178条第3款的规定，“连带责任，由法律规定或者当事人约定”。因此，建筑物区分使用人的“给予补偿”应当不是“连带责任”，自不待言。④

就多个建筑物区分使用人的补充性道义补偿责任的分担问题而言，尽管第1254条第1款没有明确责任分担的具体规则，但从“可能加害”的措辞进行严格解释，既然“不可能加害”的不赔偿，那么就应该按照“可能加害”的概率进行分配。⑤ 原则上，如果每个建筑物区分使用人使用的区分所有单元大小、窗户数量差别不大，就应该平均分配。在一起数个参与补偿的责任人之间进行追偿的案件中，一审法院认定：“事发时，原、被告双方均有各自工人在该建筑物上施工，原、被告双方均不能证明自己尽到了对该建筑物的施工妥善管理和注意的义务，也未能证明自己对事件的发生无过错，

---

① 广东省阳春市人民法院民事判决书（2014）阳春法潭民初字第234号。

② 江苏省南通市崇川区人民法院民事判决书（2014）崇山民初字第00611号；上海市闵行区人民法院民事判决书（2014）闵民一（民）初字第20071号。

③ 王竹：《来源不明抛掷、坠落物品致害建筑物区分使用人道义补偿责任研究》，载梁慧星主编：《民商法论丛》（第59卷），法律出版社2015年版。

④ 参见梁慧星：《中国侵权责任法解说》，《北方法学》2011年第1期。

⑤ 参见吴雅婷：《论高空抛物致害责任的完善——以〈民法典〉第1254条为对象》，《现代法治研究》2020年第2期。

故本案原告和三被告应当对张某木的死亡共同承担民事侵权责任。即原告和三被告对张某木的死亡各承担一半的民事赔偿责任。”被上诉人主张：“当时在宜州市立裕中央公寓楼工地施工的人员至少有六组人员共 42 人在施工，因此应由全部 42 人承担责任。而上诉人当时只有四个工作人员在该建筑物上，因此只应承担四十二分之四的民事赔偿责任。”最终二审法院认定：“砸中张某木的钢管属于上诉人施工一方的钢管与属于被上诉人施工一方的钢管机会是均等的，故一审判决双方平均分担损失并无不当。”① 由于在场工人数量并不与造成损害的概率成正比，法院参照原《侵权责任法》第 12 条后段规定的“难以确定责任大小的，平均承担赔偿责任”进行裁判，并无不当。

但如果某一建筑物区分使用人使用的建筑物区分所有单元明显大于其他使用人的，例如一层、占到了整个建筑物的三分之一甚至更多，一般来讲，其补偿能力也更强一些。由其按照使用的区分所有单元面积相应地多承担一些，也是可以的。确定补偿数额时要注意考虑经济负担能力较弱的建筑物区分使用人的利益。在一起被告多达 55 人的案件中，法院明确指出：“本案有效证据显示被告……（5 户）……领取房屋钥匙是在 2013 年 1 月 4 日至 2013 年 7 月 1 日之间。在原告受伤时尚未使用和控制相关房屋，故不应承担补偿责任，应由实际控制相关房屋的某煤矿作为使用人承担补偿责任。”在平均计算每户应当分摊的损失后，该法院又指出：“根据房屋使用人情况，本案应当按 55 户（包括原告住户在内……）分担对原告肖某的补偿责任。”② 按照该法院的处理方式，这 5 家住户所涉及的补偿责任份额，恰恰是按照致害的概率，统一归属于某煤矿。可见，法院在补偿责任的分配上，仍然是考虑到了致害的概率问题。另有一种特殊情况，就是建筑物本身为玻璃外墙无致害可能性，但设有开放的楼顶平台，楼顶平台管理人作为责任人参与责任分担。③

（二）参与分担的主体类型

笔者发现，根据高空抛物、坠物损害责任纠纷发生的地点是施工工地

① 广西壮族自治区河池市中级人民法院民事判决书（2013）河市民一终字第 173 号。

② 河南省义马市人民法院民事判决书（2013）义民初字第 1032 号。

③ 四川省成都市锦江区人民法院民事判决书（2013）锦江民初字第 190 号。

还是普通住宅区，参与分担的主体类型体现出明显的不同。

1. 发生在建筑工地的建设施工单位责任人一般是法人

在施工工地发生的高空抛物、坠物损害责任纠纷中，致害物一般与施工相关，受害人主要是建筑工人，具体加害人一般来自自己所在的施工队或者其他施工队。但由于建筑物施工本来的特点，在出现加害人不明的情形时，要么是两个施工队的水平施工位置交界，要么是垂直方向有多个施工人，再根据替代责任的原理，其责任人数量一般为两家，甚至可能的具体侵权人同属一家施工队。

尽管造成的损害较大，但建筑公司或者施工队的赔偿能力也较强。如一个发生在北京的案例，两家建筑公司中，有一家为被侵权人所属的工程队，另一建筑公司被法院酌定补偿总损失 240 025.84 元的 40%。① 在上海发生的一起类似情形的案件中，另一建筑公司被法院酌定承担 439 608.20 元的 45%的责任，原告因被侵权人过错自负 10%的责任。②

2. 发生在普通住宅区的家庭住户责任人一般是自然人

经过对案例的分析会发现，不管参与分配的人数多少，分配的损害数额主要取决于损害的类型。如果是财产损害，即使损害较大，分担数额一般也不超过 1 000 元，如上海的一个案件中，26 位自然人每人平均 72.61 元③，贵州的一个案件中，10 位自然人每人平均 200 元④，江苏的一个案件中，2 位自然人每人平均 700 元。⑤

但如果是人身损害，那么一般需要分摊的损害数额就较大，例如河南的一个案件中，即使有 55 位自然人参与分摊，每人平均分摊的损失也高达 3 561.18 元。⑥ 而发生在广东的一个案件中，尽管没有造成残疾，但 2 位未成年人及其监护人仍然每家平均分摊 16 650.23 元。⑦ 我国人身损害赔偿计算基数的统计指标随着经济发展逐年升高，而且根据《人身损害赔偿司法解释》（法释〔2022〕14 号）的规定，2022 年 5 月 1

---

① 北京市昌平区人民法院民事判决书（2013）昌民初字第 06725 号。

② 上海市松江区人民法院民事判决书（2013）松民一（民）初字第 4854 号。

③ 上海市闵行区人民法院民事判决书（2014）闵民一（民）初字第 20071 号。

④ 贵州省遵义市汇川区人民法院民事判决书（2014）汇民初字第 1748 号。

⑤ 江苏省南通市崇川区人民法院民事判决书（2014）崇山民初字第 00611 号。

⑥ 河南省义马市人民法院民事判决书（2013）义民初字第 1032 号。

⑦ 广东省阳春市人民法院民事判决书（2014）阳春法潭民初字第 234 号。

日起统一适用城镇赔偿标准，可以预见在人身损害领域的分摊数额将进一步提高。

一般来说，楼层越高，高空抛掷物、坠落物可能造成的损害越大，而同时可能参与分摊的人数也越多；反之，楼层越低，高空抛掷物、坠落物可能造成的损害就越小，而同时可能参与分摊的人数也相应减少。因此在普通住宅区发生的高空抛物、坠物损害责任纠纷中，一般不会出现“天价补偿”的情形。如果被损坏的财产极其贵重（例如豪车），或者造成的人身损害异常严重（例如死亡或者严重伤残），那么就涉及法官对不同于赔偿的补偿的减轻程度的把握问题。

第五节　高空抛物坠物建筑物管理人责任及其与道义补偿责任的适用关系

一、建筑物管理人的安全保障义务来源

《民法典》合同编第二十四章“物业服务合同”第 937 条第 1 款规定：“物业服务合同是物业服务人在物业服务区域内，为业主提供建筑物及其附属设施的维修养护、环境卫生和相关秩序的管理维护等物业服务，业主支付物业费的合同。”第 942 条第 1 款规定：“物业服务人应当按照约定和物业的使用性质，妥善维修、养护、清洁、绿化和经营管理物业服务区域内的业主共有部分，维护物业服务区域内的基本秩序，采取合理措施保护业主的人身、财产安全。”这两款规定可以视为物业服务人依据物业服务合同对业主负有安全保障义务，如有违反，应该承担违约责任。第 942 条第 2 款规定：“对物业服务区域内违反有关治安、环保、消防等法律法规的行为，物业服务人应当及时采取合理措施制止、向有关行政主管部门报告并协助处理。”该款规定虽然是在《民法典》合同编中，但实质上是对物业服务人安全保障义务的法定化，也可以作为第 1254 条第 2 款规定的应当采取必要的“安全保障措施”的参考。

二、“必要的安全保障措施”以防止“难以确定具体侵权人的”情形为核心

有学者指出，建筑物管理人未能采取必要的安全保障措施的过错情形

包括三种：第一，未能防范高空抛物行为；第二，损害发生后未能确定具体侵权人；第三，未尽到对受害人及其财物（如机动车）的秩序管理义务导致损害发生。[①] 如前所述，第1254条第2款规定的防止“前款规定情形的发生”中的“情形”是指“难以确定具体侵权人的”情形，而不是防止“从建筑物中抛掷物品或者从建筑物上坠落的物品造成他人损害”。让物业公司承担高空抛物受害人的赔偿责任，意味着物业公司需要预防有人高空抛物，这远超出了物业公司能够承担的范围。[②] 因此，不能苛加建筑物管理人“结果责任”。发生抛掷物致害或者坠落物致害的，可以推定建筑物管理人未尽安全保障义务。但建筑物管理人能够证明已经采取了必要的安全保障措施，防止了“难以确定具体侵权人的”情形的，应该免除其补充责任。笔者认为，“必要的安全保障措施”主要包括三个方面：

第一，安全警示、宣传和教育措施。现代社会高楼林立，只要在高楼之间穿行，人人都可能是高空抛物坠物致害的受害人。建筑物管理人的安全警示、宣传和教育措施主要针对抛掷物致害，也包括避免不必要的搁置物、悬挂物坠落致害。要加强对幼儿园、中小学的学生和家长的相关教育[③]，还要对房屋装饰装修中的禁止行为和注意事项进行宣传。[④] 另外，如果天气预报有大风天气，建筑物管理人应当提醒业主不要在露台、阳台、窗台等处放置花盆等容易坠落的物品，行人从建筑物下经过时要谨慎注意，远离危险地带，预防高空坠物砸伤。

第二，消除危险措施。消除危险措施，主要针对坠落物，也包括特定情形下的抛掷物。类似于第1206条第1款规定的，产品投入流通后发现存在缺陷的，“生产者、销售者应当及时采取停止销售、警示、召回等补救措施；未及时采取补救措施或者补救措施不力造成损害扩大的，对扩大的损害也应当承担侵权责任”。建筑物管理人能够发现有坠落风险的搁置物或者悬挂物，如楼顶废弃的帐篷[⑤]，或者对于正在装修的建筑物区分所

① 参见曹险峰：《侵权法之法理与高空抛物规则》，《法制与社会发展》2020年第1期。

② 王成：《高空抛物侵权责任的配置及其正当性》，《民主与法制时报》2019年8月24日，第4版。

③ 宋伟哲：《高空坠物问题的多元共治之道》，《探索与争鸣》2019年第11期。

④ 新疆维吾尔自治区呼图壁县人民法院民事判决书（2015）呼民初字第1507号。

⑤ 参见湖北省武汉市中级人民法院民事判决书（2017）鄂01民终5660号。

有单元以及外墙维修清洗作业，应当及时消除危险。在这种情形下，物业服务企业应当属于公共场所的管理者的范畴①，类似于“商场香蕉皮致人滑倒”类案件，消除危险是否及时可以作为一种标准来衡量是否采取了必要的消除危险措施。但对于在已经移交给了业主的屋顶上安装的太阳能热水器，如果没有明显的危险，物业服务企业则没有检查维护义务。②

第三，高空抛物坠物来源监控措施，这是一种“信息积极提供义务”。随着摄像头技术的成熟和成本的大幅度降低③，安装全域覆盖的摄像头有利于发现具体侵权人④，也可以起到确定高空抛物坠物来源的辅助作用，还可以在一定程度上震慑高空抛物行为。⑤ 考虑到对个人隐私的保护，未来应该推广非视频类抛物坠物探测设备。《审理高空抛物、坠物案件意见》第 12 点规定：“依法确定物业服务企业的责任。……物业服务企业隐匿、销毁、篡改或者拒不向人民法院提供相应证据，导致案件事实难以认定的，应当承担相应的不利后果。”已经设置的摄像头年久失修或并未开启，物业服务企业也具有一定的过错。⑥ 在发生高空抛物侵权行为时，物业服务企业还应当积极配合公安机关展开调查和取证工作，从而维护全体建筑物使用人的共同利益。⑦

三、确定安全保障措施的考量因素

就安全保障措施的考量因素，应该从建筑物类型、运行状态、管理人类型和管理水平等方面考虑：第一，应该区分商业楼宇、住宅小区、学校和建筑工地等建筑物类型，区别在于不同类型的建筑物开放程度不同；第

① 王利明：《论高楼抛物致人损害责任的完善》，《法学杂志》2020 年第 1 期。

② 参见山东省济南市历城区人民法院民事判决书（2017）鲁 0112 民初 6766 号。

③ 参见“高空抛物安全防范技术与应用”专题，《中国安全防范技术与应用》2021 年第 4 期。

④ 姜启波、郭锋、陈龙业：《〈关于依法妥善审理高空抛物、坠物案件的意见〉的理解与适用》，《人民司法·应用》2020 年第 16 期。

⑤ 李璐：《抛掷物致人损害侵权责任研究》，《郑州大学学报（哲学社会科学版）》2013 年第 3 期。

⑥ 王利明主编：《中国民法典评注·侵权责任编》，人民法院出版社 2021 年版，第 417 页。

⑦ 李妍：《反思高空抛物致害责任》，《社会科学家》2015 年第 11 期。

二，非建筑工地的建筑物要区分是否处于装修或者维护的运行状态，区别在于发生抛掷物致害或者坠落物致害的风险不同；第三，要区分物业服务企业和非物业使用阶段的建筑物管理人，区别在于不同类型管理人的管理能力不同；第四，不同地区、不同层次的建筑物管理人的管理水平不同，应当以同等管理水平的相应管理要求为标准。

四、“安全保障措施”与“安全保障义务”的差别

从第 1254 条第 2 款前段规定的物业服务企业等建筑物管理人应当采取必要的安全保障措施“防止”前款规定情形的发生的措辞来看，该款后段规定的应当“依法”承担未履行安全保障义务的侵权责任，指向的是第 1198 条第 2 款第 1 句规定的补充责任：“因第三人的行为造成他人损害的，由第三人承担侵权责任；经营者、管理者或者组织者未尽到安全保障义务的，承担相应的补充责任。”①

需要指出的是，第 1254 条第 2 款前段和后段第 1 个分句使用的是“安全保障措施”的术语，后段第 2 个分句使用的是“安全保障义务”的术语，而后段“依法”引致的第 1198 条使用的也是“安全保障义务”，二者应当有所区分。笔者认为，第 1254 条第 2 款的“依法”仅限于后段，该款前段规定的“安全保障措施”，既包括“安全保障义务”，还包括“信息积极提供义务”。与安全保障义务不同，即使建筑物管理人尽到了信息积极提供义务，并不会实际阻断损失的发生。而尽到了作为安全保障义务的采取安全警示、宣传和教育措施以及消除危险措施的义务，则可能实际阻断损失的发生。

这一分析的推论是，建筑物管理人未尽到高空抛物坠物来源监控措施而违反信息“积极”提供义务，应当承担与第 1254 条第 1 款规定的建筑物使用人违反信息“消极”提供义务类似的道义补偿责任。② 这样就形成

① 杨立新：《民法典（草案）对高空抛掷物损害责任规则的完善》，《当代法学》2020 年第 3 期。

② 从第 1254 条的条文结构来看，实际上免除了这种违反信息积极提供义务的道义补偿责任，否则就应该规定在第 1254 条的第 1 款第 2 句的后段，再共同适用该款第 3 句的追偿权。但实务中已经有法院作出了承担责任的判决，参见宁夏回族自治区灵武市人民法院民事判决书（2017）宁 0181 民初 2639 号。

了建筑物使用人从内向外的信息消极提供义务与建筑物管理人从外向内的信息积极提供义务，二者共同构成完整的高空抛物坠物来源信息提供义务体系；内外结合，最大限度地避免高空抛物坠物的建筑物区分所有单元来源不明的情形，进而协助受害人确定具体侵权人。

上述解释方案的优势在于，在致害人不明的侵权责任领域明确区分了安全保障义务与信息提供义务，避免由于第1254条第2款不当地将信息积极提供义务作为安全保障义务苛加给安全保障义务人，反向地不当扩张第1198条第2款规定的安全保障义务内容，进而避免第1198条规定的“宾馆、商场、银行、车站、机场、体育场馆、娱乐场所等经营场所、公共场所的经营者、管理者或者群众性活动的组织者”等安全保障义务主体因违反高空抛物坠物来源信息积极提供义务而承担补充责任。

需要明确的是，作为补充责任人，“未采取必要的安全保障措施的”建筑物管理人，既要对经调查难以确定具体侵权人的情形承担补充责任，也要对能够确定具体侵权人，但具体侵权人逃逸或者无法完全承担赔偿责任的情形承担补充责任。

五、补充性道义补偿责任与补充责任的差别

由于这种道义补偿责任以无法查明具体侵权人为前提，其实质是一种在求偿顺序上具有补充性的道义补偿责任。需要指出的是，尽管补充性道义补偿责任与补充责任均为补充性的责任承担，但二者具有如下重大区别：

第一，适用的前提不同。补充性道义补偿责任仅仅适用于具体侵权人无法查明的情形。而补充责任的适用范围，既包括具体侵权人无法查明的情形，也包括具体侵权人可以查明，但其逃逸或者无法完全承担赔偿责任的情形。

第二，涵盖的损害类型不同。补充责任涵盖的损害类型，包括人身损害、财产损害和精神损害。而补充性道义补偿责任涵盖的损害类型，需要考虑《民法典》第1254条第1款所承载的法政策目的，尽可能地减少道义补偿责任对人数较多的责任人的影响，应仅适用于人身损害案件①，并

① 吴雅婷：《论高空抛物致害责任的完善——以〈民法典〉第1254条为对象》，《现代法治研究》2020年第2期。

区别不同情况处理：(1) 如果仅仅是造成较小财产损害或者轻微人身损害，原则上不宜补偿；(2) 如果造成了严重财产损害，可以适当补偿；(3) 如果造成了严重人身损害，补偿应该仅限于人身损害的医疗费用；(4) 如果造成了死亡，补偿范围应该限于抢救过程中的医疗费、丧葬费和一定的死者近亲属精神损害补偿。残疾赔偿金和死亡赔偿金，不应该纳入补偿范围。

第三，补充性责任的范围确定考量要素不同。补充责任的范围以补充责任人过错的“相应”范围为限。而补充性道义补偿责任的考量要素包括建筑物区分使用人的经济状况、人数和商业保险购买的情况，以及被侵权人一方的经济状况、社会保险覆盖和商业保险购买情况，尽量在不影响各方经济状况的情况下，适当进行补偿。在“可能的建筑物使用人”人数较多的情况下，还应该考虑执行的可行性问题，以调解为宜。

六、道义补偿责任和补充责任的适用顺序与金额确定

作为难以查明具体侵权人的后顺位责任人，道义补偿责任实质上也具有相对于具体侵权人责任的补充性。如果不能查明具体侵权人，受害人可以同时请求补充性的道义补偿责任和相应的补充责任。

严格地说，在第 1254 条第 2 款增加了违反安全保障义务的补充责任之后，考虑到物业服务企业等建筑物管理人一般具有赔偿能力，受害人已经能够获得一定的救济，尤其是在损害不太严重，或者仅仅是财产损害的情形下，再同时适用道义补偿责任的必要性已经大大降低。立法上至少应该构建为优先适用第 1254 条第 2 款规定的补充责任，再根据实际情况适用该条第 1 款规定的道义补偿责任。[①] 更为合理的立法规划是设立建筑物抛物、坠物侵权责任强制保险制度，兼顾可能加害的建筑物使用人的行为自由和受害人的权利救济，提升社会风险防控效率，在制度上改变侵权法独木难支的僵局。[②] 如果要根除高空抛掷物损害责任存在的问题，有学者建议探索设立社会安全事故救助基金，以替代由可能造成损害的建筑物使

① 姚辉、金骑锋：《民法典高空抛物致人损害责任的解释论展开》，《法律适用》2021 年第 7 期。

② 郑志涛、王崇敏：《我国建筑物抛物、坠物侵权责任强制保险构建》，《海南大学学报（人文社会科学版）》2020 年第 3 期。

用人垫付补偿责任，改为由救助基金垫付。[①]《审理高空抛物、坠物案件意见》第15点“推动完善社会救助工作”也“支持各级政府有关部门探索建立高空抛物事故社会救助基金或者进行试点工作，对受害人损害进行合理分担”。但这两种建议都需要更宏观的立法规划才能实现，下文暂不展开讨论。

如果受害人执意要起诉可能加害的建筑物使用人，为避免道义补偿责任过重，同时考虑到填补性赔偿责任的限制，应该首先确定“相应的”补充责任，然后在剩余责任限额内确定道义补偿责任，且不应以残疾赔偿金或者死亡赔偿金为计算标准。不能片面地以完全填补受害人的损失作为责任划分的目标。这是因为，这两类补充性责任都必须与其各自违反的信息消极提供义务和安全保障义务相对应，同时这种损失填补方式也可能造成受害人没有意愿去查找具体侵权人。

作为一种公平责任，第1254条规定的“给予补偿”，明确为给予“适当”补偿可能更为合理[②]，而且在确定补偿金额时应当考虑各方的经济状况等实际情况。而《民法典》第282条明确规定：“建设单位、物业服务企业或者其他管理人等利用业主的共有部分产生的收入，在扣除合理成本之后，属于业主共有。”笔者建议，除鼓励物业服务企业购买高空抛物坠物损害责任保险之外，也应该鼓励物业服务企业与业主委员会协商，从共有部分产生的收入中支出业主的补偿责任保险费用。[③]

七、道义补偿责任人追偿权和补充责任人追偿权的优先顺位

（一）道义补偿责任人的追偿权是否会影响受害人的赔偿请求权

按照填平原则，如果补偿责任人和补充责任人已经支付了各自的赔偿金，受害人就只能向具体侵权人请求剩余未获得救济的赔偿金额，而由补偿责任人和补充责任人就各自承担的赔偿金额向该具体侵权人进行追偿。

笔者认为，考虑到道义补偿责任的特殊性质，以及第1254条第1款

① 杨立新：《民法典（草案）对高空抛掷物损害责任规则的完善》，《当代法学》2020年第3期。

② 王利明：《论高楼抛物致人损害责任的完善》，《法学杂志》2020年第1期。

③ 参见秦伟、王莉莉：《高空抛物致害责任再认识》，《东岳论丛》2011年第10期。

第 1 句规定的“禁止从建筑物中抛掷物品”的立法目的，在抛掷物致害的情形，即使补偿责任人可以对具体侵权人进行追偿，但这一追偿权并不减少受害人向具体侵权人继续寻求赔偿的金额。这可能会造成超额赔偿的结果，也就在一定程度上体现出了对高空抛物行为的惩罚。而在坠落物致害情形，已经承担的道义补偿责任金额，则会扣减受害人向具体侵权人请求赔偿的剩余额度。

（二）“补偿责任”优先于“补充责任”追偿但劣后于受害人的赔偿请求权

第 1254 条第 1 款第 3 句规定了道义补偿责任人的追偿权：“可能加害的建筑物使用人补偿后，有权向侵权人追偿。”第 1198 条第 2 款第 2 句规定了补充责任人的追偿权：“经营者、管理者或者组织者承担补充责任后，可以向第三人追偿。”在具体侵权人无法查明的情形下，道义补偿责任人和补充责任人在承担了责任之后，均享有向具体侵权人的追偿权，这就提出了两种追偿权行使的优先顺位问题。

笔者认为，应该确立“补偿责任”追偿权优先于“补充责任”追偿权。理由在于，信息消极提供义务本来就是在衡量了受害人和可能加害的建筑物使用人双方利益的情况下，“两害相权取其轻”，不得已选择由可能加害的建筑物使用人承担道义补偿责任。① 因此，在查明了具体侵权人之后，应该允许其优先向具体侵权人追偿，但这种追偿权劣后于受害人的赔偿请求权，后者的优先性是原债权人请求权优先原则的体现。②

第六节　特殊情形来源不明高空抛物坠物致害责任的承担

《民法典》第 1254 条的适用范围具有限制性。③ 根据前文的分析，

---

① 如果再考虑到建筑物管理人未尽到高空抛物坠物来源监控措施而违反信息积极提供义务的道义补偿责任，则违反信息消极提供义务的道义补偿责任的追偿权应该优先于违反信息积极提供义务的道义补偿责任的追偿权。

② 参见梅仲协：《民法要义》，中国政法大学出版社 1998 年版，第 281 页。

③ 参见韩强：《论抛掷物、坠落物致损责任的限制适用》，《法律科学》2014 年第 2 期。

该条的适用条件有四项：第一，抛掷、坠落物品源于已经正常投入使用的建筑物，因此构筑物、建设工程中的高空作业和违章建筑物中抛掷、坠落物品致害责任都不能直接适用；第二，有多个区分使用人同时使用建筑物，因此建筑物仅有一个使用人和没有使用人的情形，均不能直接适用；第三，建筑物区分所有单元具有开放性，因此建筑物区分使用人封闭使用区分所有单元的情形不能直接适用；第四，没有人故意掩盖抛掷、坠落物品来源，因此存在妨碍查明来源的情形不能直接适用。在不完全满足上述适用条件的特殊情形，来源不明高空抛物坠物致害不能直接适用第 1254 条，但仍然应该参照该条文的立法精神进行处理，以体现该条文的立法目的。

一、建筑物仅有一个使用人的情形

无论建筑物是否为区分所有的状态，只要是该建筑物仅有一个使用人而发生来源不明高空抛物坠物致害的情形，就无法直接适用第 1254 条的规定。此时应该区分可能的具体侵权人与建筑物唯一使用人之间的关系进行处理。

第一，如果建筑物本身管理较为严格，具体侵权人只可能是建筑物区分使用人自己（自然人）、其家人或者其工作人员、与其形成劳务关系的自然人等特殊人员，则无论实际情形如何，均应当由建筑物区分使用人承担赔偿责任。

第二，如果能够确定具体侵权人并非上述与使用人存在特殊关系的自然人，则首先应当认定建筑物区分使用人没有义务预防具体使用人的侵权行为，再参照第 1254 条第 1 款的规定，由建筑物区分使用人承担一定的补充性道义补偿责任。

第三，如果具体侵权人既可能是与建筑物区分使用人有特殊关系的自然人，也可能是这些特殊关系自然人之外的人，则考虑在全额的赔偿责任与本来应该参照第二种情形承担的补充性道义补偿责任之间，参考两种当事人作为具体侵权人的可能性，确定相对合理的赔偿和补偿混合标准。①

① 有学者称之为“因果型比例责任理论”。参见杨垠红：《高空不明抛掷物致害责任之比较研究》，《福建师范大学学报（哲学社会科学版）》2014 年第 6 期。

二、建筑物没有使用人的情形

在建筑物因为特殊原因没有使用人的情形下，要区分没有使用人的原因，具体情形如下：

第一，如果建筑物仍然处于建造过程中，或者已经建造完毕但是还没有售出，此时发生致害人不明的建筑物抛掷物致害，有学者认为，可以由施工单位或者开发商承担责任。① 对此笔者表示赞成，理由在于未经交付的建筑物，应该由施工单位或者开发商承担管理责任，未尽该管理责任的，它们应该承担补充责任。

第二，如果建筑物本来已经使用，但因为特殊原因停止使用，如建筑物需要检修或者整体装修，或者仅仅是建筑物所有人因特殊原因停止使用，这种情形的"不使用"在管理义务上相当于所有人为唯一的使用人，参照上文建筑物仅有一个使用人的情形处理。

三、建筑物区分使用人封闭使用区分所有单元的情形

建筑物为酒店等特殊情形，出于隐私保护、社会习俗或其他原因，建筑物区分使用人一般各自使用区分所有单元，每个区分所有单元都是封闭的。在这种情形下发生来源不明高空抛物坠物致害的，要区分具体行为的确定性程度，分别适用不同的规则。

第一，完全无法确定具体行为人的情形。如在 Larson v. St. Francis Hotel 案②中，由于整个社会完全处于第二次世界大战胜利的狂欢中，根本无法确定具体行为人，也不可能要求酒店管理人在这种情形下在每个房间安排一位服务人员进行监督，因而酒店管理人不承担责任。而每个房间的顾客由于不是负有"高空抛物坠物来源消极说明义务"的"建筑物使用人"，也不需要承担补充性道义补偿责任。

第二，具体行为人大体可确定在一定范围之内的情形。如在 Holly v. Meyers Hotel and Tavern, Inc 案③中，导致原告损害的可乐瓶可以确定是

① 参见王利明：《抛掷物致人损害的责任》，《政法论坛》2006 年第 6 期。

② Larson v. St. Francis Hotel, 83 Cal. App. 2d 210, 188 P. 2d 513.

③ Holly v. Meyers Hotel and Tavern, Inc, 9 N. J. 493, 89 A. 2d 6.

住在被告酒店一个套房中的五个人中的一人所扔出的。在类似案情中，如果酒店管理人没有明显的过失，应该将该范围内的建筑物区分使用人确定为“高空抛物坠物来源消极说明义务”意义上的“可能加害的建筑物使用人”，适用第1254条第1款的规定。在一个案例中，“原告王某从上海市浦东新区×路310弄40号楼道口走出时，被一块从上空坠落的木板砸伤头部”。法院认定：“本案肇事木板已确认为503室厨房内的橱柜木板，而该橱柜也并非安置临近于坠物窗口，故肇事木板不属于建筑物或构筑物的搁置物、悬挂物。因此，本院对原告王某要求503室房屋的所有人、管理人即被告原某、范某、某公司承担赔偿责任的诉讼请求，不予支持；根据法律规定，从建筑物中抛掷物品或者从建筑物上坠落的物品造成他人损害，难以确定具体侵权人的，除能够证明自己不是侵权人的外，由可能加害的建筑物使用人给予补偿。被告李某、覃某、汪某、马某系被告某公司的员工，居住在由被告某公司承租的503室房屋内，系该房屋的实际使用人。肇事木板系从503室坠落，虽该四名被告均表示肇事木板并非自己抛下，但均未提供证据予以证明，故该四名被告应当共同承担相应的赔偿责任。”据此法院判决“被告李某、覃某、汪某、马某于本判决生效之日起十日内共同赔偿原告王某……合计8 984.28元”①。

四、高空作业高度危险责任

（一）高空作业中的来源不明高空抛物坠物致害可以适用高度共同危险责任

在涉及高空作业的建设工程中，可能会出现一种特殊的来源不明高空抛物坠物致害情形。例如，在同一建设工程工地有多个高空作业人，均在同时从事使用相同工具（如扳手）或者建筑材料（如砖块②）的高空作业，而发生了扳手或者砖块坠落的情形。此时应该综合适用《民法典》第1240条第1句前段规定的“从事高空……活动……造成他人损害的，经营者应当承担侵权责任”和第1170条规定的共同危险行为，“二人以上实施危及他人人身、财产安全的行为，其中一人或者数人的行为造成他人损

① 上海市浦东新区人民法院民事判决书（2012）浦民一（民）初字第22293号。

② 美国法上对此有不同看法，参见Wolf v. The American Tract Society，2 Bedell 30，164 N. Y. 30，58 N. E. 31。

害，能够确定具体侵权人的，由侵权人承担责任；不能确定具体侵权人的，行为人承担连带责任”，将同时进行的多个高空作业作为“共同高度危险行为”处理，由数个高空作业人的使用人承担连带责任。如果被侵权人系未经许可进入建设工程场地的人，则适用第 1243 条规定的“未经许可进入高度危险活动区域或者高度危险物存放区域受到损害，管理人能够证明已经采取足够安全措施并尽到充分警示义务的，可以减轻或者不承担责任”，并适用第 1240 条第 1 句后段和第 2 句规定的“但是，能够证明损害是因受害人故意或者不可抗力造成的，不承担责任。被侵权人对损害的发生有重大过失的，可以减轻经营者的责任”。

除高空作业之外，在同一河流的不同支流上修建水电站，也属于《民法典》第 1236 条规定的高度危险作业的范畴，如果不能查明是哪一座水电站违规放水导致下游损害[①]，也应该适用高度共同危险责任的规则。

（二）高度共同危险责任中的分摊请求权

可以作为连带责任佐证的是实务中对分摊请求权的承认，有案件中“原告作为宜州立裕中央公寓楼的施工方是该建筑的施工管理者。原告承接该工程后，将该公寓楼外双排脚手架工程转包给三被告承包施工”。“事发时，原、被告双方均有各自工人在该建筑物上施工，原、被告双方均不能证明自己尽到了对该建筑物的施工妥善管理和注意的义务，也未能证明自己对事件的发生无过错，故本案原告和三被告应当对张某木的死亡共同承担民事侵权责任。即原告和三被告对张某木的死亡各承担一半的民事赔偿责任。”在此基础上，法院判定：“原告已经赔付给张某木家属死亡赔偿金 29.8 万元，依照《中华人民共和国侵权责任法》第八十五条的规定，原告有权向被告追偿其超出责任部分的赔偿金，即三被告应该支付 29.8 万元死亡赔偿金的二分之一即 14.9 万元的死亡赔偿金给原告。”[②]

（三）高度共同危险责任中的被侵权人过错

被侵权人系未经许可进入建设工程工地，如原告“自身因前一次交通事

---

① 新疆维吾尔自治区和田地区中级人民法院民事裁定书（2014）和中民一终字第 173 号。需要说明的是，该案一审的法条适用存在明显错误，笔者在此引用只是说明存在这类情形。

② 广西壮族自治区河池市中级人民法院民事判决书（2013）河市民一终字第 173 号。

故脑部受伤尚未完全康复，且明知案涉工地尚在施工阶段，仍在未采取任何安全措施的情况下进入施工现场进行选房”①，则应适用《民法典》第1243条的规定：“未经许可进入高度危险活动区域或者高度危险物存放区域受到损害，管理人能够证明已经采取足够安全措施并尽到充分警示义务的，可以减轻或者不承担责任。”并适用《民法典》第1240条第1句后段和第2句的规定：“但是，能够证明损害是因受害人故意或者不可抗力造成的，不承担责任。被侵权人对损害的发生有重大过失的，可以减轻经营者的责任。”

有法院认定：“原告在提供劳务的过程中，未在安全方面尽到充分的审慎注意义务，未能采取安全措施及佩戴安全帽以充分保护自己，对于损害的发生也存在一定的过错。”② 该种情形，也应该适用《民法典》第1240条第1句后段和第2句的规定。

五、违章建筑物中高空抛物坠物致害责任

如果作为高空抛物坠物来源的建筑物是违章建筑，则不应被视为“来源不明”，而可以将该违章建筑物视为明确的来源。这主要是为了提高违章建筑的法律风险，因为如果未出现该违章建筑，就可以避免具体侵权人不明的建筑物高空抛物坠物致害的发生。在具体侵权人不明时，应该由违章建筑设置人承担补充责任。违章建筑设置人承担责任后，可以向具体侵权人追偿。此外，违章建筑物的区分使用人，也应该比照《民法典》第1254条第1款承担补充性道义补偿责任。被侵权人向这两类责任人的赔偿请求权，由于性质不同，可以并行不悖。

六、高空抛物坠物来源证明妨碍责任

《民法典》第1222条第2项和第3项是对“证明妨碍责任”的规定：“患者在诊疗活动中受到损害，有下列情形之一的，推定医疗机构有过错：……（二）隐匿或者拒绝提供与纠纷有关的病历资料；（三）遗失、伪造、篡改或者违法销毁病历资料。”笔者认为，这两项规定应该参照

① 江苏省无锡高新技术产业开发区人民法院民事判决书（2013）新硕民初字第0589号。

② 上海市松江区人民法院民事判决书（2013）松民一（民）初字第4854号。

《道路交通安全法实施条例》第 92 条规定的“道路交通事故特殊证据规则”来理解。

《道路交通安全法实施条例》第 92 条第 1 款规定：“发生交通事故后当事人逃逸的，逃逸的当事人承担全部责任。但是，有证据证明对方当事人也有过错的，可以减轻责任。”第 2 款规定：“当事人故意破坏、伪造现场、毁灭证据的，承担全部责任。”对比这两款规定可知，发生交通事故后当事人逃逸的情形，可以适用《民法典》第 1173 条和《道路交通安全法》第 76 条第 1 款的规定，但不能适用《民法典》第 1174 条和《道路交通安全法》第 76 条第 2 款的规定。在当事人故意破坏、伪造现场、毁灭证据的情形下，上述规定均不适用。对比可知，《民法典》第 1222 条第 2 项和第 3 项分别规定的是消极的拒绝提供和积极的修改、销毁作为证据的病历资料，在内在精神上与上文提到的《道路交通安全法实施条例》第 92 条第 1 款规定的当事人逃逸和第 2 款规定的当事人故意破坏、伪造现场、毁灭证据的情形是一致的。因此，笔者认为，过错推定的特殊证据规则，也不可被推翻。相应地，在第 2 项规定的情形下，允许医院举证证明第 1224 条第 1 款第 1 项规定的情形，以减轻医疗机构的赔偿责任，而第 3 项规定的情形则不能减轻。①

与《民法典》第 1222 条第 2 项和第 3 项的结构类似，不仅没有尽到作为道德义务的“高空抛物坠物来源消极说明义务”，还故意妨碍真相查明的，应该区别两种情形，承担高空抛物坠物来源证明妨碍责任：第一，隐匿或者拒绝提供与来源不明高空抛物坠物致害纠纷有关的证据资料的，应当被视为具体侵权人，由其承担侵权责任，但允许其主张被侵权人有过错而减轻其责任。第二，伪造、篡改或者违法销毁与来源不明高空抛物坠物致害纠纷有关的资料的，应当被视为具体侵权人，由其承担侵权责任。即使是被侵权人有过错，也不能减轻其责任。这里所说的被侵权人有过错，主要是指前文分析的被侵权人未经允许进入建设工程场地等已经警示可能发生高空抛物坠物致害区域的情形。

---

① 参见王竹、舒栎宇：《医疗机构过错推定规则的理解与适用》，《医学与法学》2012 年第 2 期。

七、原告可能自己导致损害时的责任

（一）原告可能自己导致损害的情形

有一类特殊的情况，即原告也是“可能加害的建筑物使用人”之一，且不能“证明自己不是侵权人”。例如，有案件的被告主张“水泥块来自原告房屋的正上方，而原告的摄像头装在原告房屋下面，不排除原告自己房屋的石头掉下砸到汽车的情形”。“原告有朝上的摄像头，应该提供朝上摄像头的录像而未能提供。”可惜该案法官未对此细节进行探讨，径行作出了排除原告，另外两户“可能加害的建筑物使用人”各赔偿 50%的判决。[①] 在另一案件中，法院明确认定：“根据房屋使用人情况，本案应当按 55 户（包括原告住户在内……）分担对原告肖某的补偿责任。”[②] 最后在计算补偿金额时也将原告纳入了分配范围。

（二）造成“他人”损害的限定意义

第 1254 条第 1 款第 2 句规定的“造成他人损害的”中的“他人”的表述，与第 1170 条规定的“二人以上实施危及他人人身、财产安全的行为”中的“他人”类似，在实质意义上排除了受害人也可能是“具体侵权人”或者“可能加害的建筑物使用人”的情形。例如，原告的汽车在自家楼下被高空抛物或者坠物砸坏，原告无法证明该抛掷物或者坠落物不是从自家窗户飞出的情形。这种情况下就不符合造成“他人”损害的要求，也不能主张在扣除自己可能致害的份额后要求其他“可能加害的建筑物使用人”承担责任，但可以在查明“具体侵权人”后请求其赔偿，也可以基于第 1254 条第 2 款请求“未采取必要的安全保障措施的”建筑物管理人承担责任。但如果是原告的亲属居住在该建筑物中，则不应该基于“他人”的限定排除本款的适用。[③]

（三）致害人不明侵权责任的“证据悖论”与基本证明要求

致害人不明的侵权责任类型，如共同危险行为责任和高空抛物、坠物损害责任，都存在“证据悖论”问题。如果原告主动提供缩小可能的侵权行为人范围的证据，反而可能因为缩小范围后的侵权行为人没有足够赔偿

---

① 江苏省南通市崇川区人民法院民事判决书（2014）崇山民初字第 00611 号。

② 河南省义马市人民法院民事判决书（2013）义民初字第 1032 号。

③ 湖北省武汉市江夏区人民法院民事判决书（2015）鄂江夏民一初字第 00232 号。

能力而无法得到全额的赔偿或者补偿。原告的最佳策略是不提供相关证据查明事实，以便将更多的潜在责任人纳入诉讼的被告，以避免因被告无赔偿能力而无法获得全额的赔偿或者补偿。

在共同危险行为中，这种利用“证据悖论”的诉讼策略其实是合理的。因为按照笔者的认识，共同危险行为人承担连带责任的原因，是其参与危险行为的可责难性，是否查明具体侵权人并不影响其风险责任的构成，只是应该进一步区分具体侵权人和共同危险参与人的责任顺位。① 但在高空抛物、坠物损害责任纠纷中，不能“证明自己不是侵权人”的“可能加害的建筑物使用人”，违背的是“高空抛物坠物来源消极说明义务”②。这种道义补偿责任应该明确的一个道德性前提是，原告作为受害人是无辜的。至少在极端情况下，不允许原告滥用“证据悖论”，在不能排除自己是仅有的两个不能“证明自己不是侵权人”的“可能加害的建筑物使用人”的情形下，强行将50%的补偿责任苛加给邻居，这已经完全失去了道义补偿责任的道德基础。那么如果不能“证明自己不是侵权人”的“可能加害的建筑物使用人”的数量增加，而原告自己尽管是其中之一，是否就意味着这种道义补偿责任重新获得了其在第1254条第1款上确定的那么一点正当性呢？笔者对此仍然是持怀疑态度的。

相反，在高空抛物、坠物损害责任纠纷中未能利用“证据悖论”的诉讼策略也会造成一定的被动。在一个案例中，原告的“车辆后挡风玻璃正中破损一个大洞，在现场众人目击下，原告在后排车厢找到一块带水泥的石块。经原告向物业了解，车辆所停位置正上方为小区8栋4单元，事发前仅有601室在装修”。因此，原告仅起诉了601室的业主为被告。而法院认为：“本案中，原告陈述要求被告承担侵权责任的法律依据为高空坠物的相关规定，故原告应对其车辆存在损害以及该损害是由从建筑物中抛掷的物品或坠落的物品所造成等事实负举证责任。原告未提供充分的证据证明上述事实，其应承担举证不能的后果。故原告的诉讼请求，无事实和

① 参见王竹：《再论共同危险行为》，《福建师范大学学报（哲学社会科学版）》2010年第4期。

② 参见王竹：《来源不明抛掷、坠落物品致害建筑物区分使用人道义补偿责任研究》，载梁慧星主编：《民商法论丛》（第59卷），法律出版社2015年版。

法律依据，本院不予支持。”①

笔者认为，不但在高空抛物、坠物损害责任纠纷中，原告有义务“证明自己不是侵权人”，而且在现在广受媒体关注的“扶老人被讹”案件中，被扶起的人，即使要主张扶起他的人是撞倒他的人，也是首先要证明，自己不是摔倒的，而是被别人撞倒的，只有这样法官才能进入谁撞倒了该人的“自由心证”裁量过程。②

(四)“比较无辜性”的解决方案

道义补偿责任的前提在于，被侵权人的无辜性较高，以至于“恻隐之心，人皆有之”。如果被侵权人也负有“道德义务”却没有尽到，那么在比较无辜性上，被侵权人与负有道德义务的其他民事主体，就处于相同的地位，其他民事主体也就不负有该道德义务。

这种比较无辜性在没有极大的差别的情况下，不宜作区别化对待。例如在叠拼别墅情形下，一栋楼一共 4 层，1～2 层一户，3～4 层一户，如果 1～2 层业主的机动车在地面上被杯子砸坏后视镜，那么可能的杯子来源是 3～4 层。不能因为 3～4 层的住户拥有两层而认为两者的比较无辜性有差别，而继续认为 3～4 层的住户应该进行补偿。

同理，在一栋高楼中的数十户中，即使每一户的窗户数量、大小不同，作为“可能加害的建筑物使用人”的被侵权人只要无法证明自己不是侵权人，就仍然无法获得补偿。反之，如果被侵权人来自不同的单元，或者其所在的位置可能导致的损害远小于其起诉的被告们可能导致的损害，那么就不能排除其请求补偿的权利。

八、建筑物区分所有保有人主动承认抛掷物来源但又提供不在场证明的情形

按照上文的分析，建筑物区分所有保有人负有作为道德义务的“高空

① 浙江省杭州经济技术开发区人民法院民事判决书（2014）杭经开民初字第 121 号。

② 这并不包括南京“彭宇案”中法官所谓的“但双方在庭审中均未陈述存在原告绊倒或滑倒等事实，被告也未对此提供反证证明，故根据本案现有证据，应着重分析原告被撞倒之外力情形”。这种当事人主义滥用于查明法律真实的情形，参见江苏省南京市鼓楼区人民法院民事判决书（2007）鼓民一初字第 212 号。

抛物坠物来源消极说明义务”，对该义务的违反将承担道义补偿责任。那么，第 1254 条第 1 款遗漏了对一种特殊情形的规范，即某一建筑物区分所有单元的保有人主动提供证据证明“抛掷物”来源于其所保有的区分所有单元，但同时提供其个人包括其家人的不在场证明。之所以这种特殊情形仅限于“抛掷物”而不包括“坠落物”，是因为如果这种来源明确的证据指向的是坠落物的话，就应该适用第 1253 条第 1 句的规定：“建筑物、构筑物或者其他设施及其搁置物、悬挂物发生脱落、坠落造成他人损害，所有人、管理人或者使用人不能证明自己没有过错的，应当承担侵权责任。”即使能够证明是因第三人原因造成的，也仅能适用该条第 2 句进行追偿：“所有人、管理人或者使用人赔偿后，有其他责任人的，有权向其他责任人追偿。”质言之，在坠落物场合，虽然可能具体侵权人不明，但只要来源确定，责任人就已经是明确的，这也体现出抛掷物和坠落物在第 1254 条第 1 款适用上的细微差别。

建筑物区分所有单元的保有人主动提供证据证明“抛掷物”来源于其所保有的区分所有单元且有不在场证明情形的特殊之处在于：第一，具体侵权人仍然没有确定；第二，免除了其他所有建筑物区分所有单元保有人的“高空抛物坠物来源消极说明义务”，他们不需要再参与道义补偿责任的分担；第三，提供证据的建筑物区分所有单元的保有人尽到了“高空抛物坠物来源消极说明义务”；第四，但是法定的“除能够证明自己不是侵权人的外”免责事由从文义上看，仍然没有满足。

上述第三点和第四点实际上出现了严重矛盾：按照第三点，保有人尽到“高空抛物坠物来源消极说明义务”的行为应该予以鼓励，而且因为尽到了该道德义务应该从理论上免除这一道义补偿责任。但是，按照第四点，“除能够证明自己不是侵权人的外，由可能加害的建筑物使用人给予补偿”，其效果不但不是免除道义补偿责任，似乎应该是由该提供证据的保有人个人承担。

笔者认为，这是第 1254 条第 1 款的一个立法瑕疵。如前所述，“除能够证明自己不是侵权人的外”中的“侵权人”所指的建筑物区分所有人所承担的不是侵权责任，而是道义补偿责任。这种条文设计的原型，并不包括此处所说的主动提供来源信息证据和不在场证据的情形。这种特殊情形根本就不应该适用第 1254 条第 1 款的规定。跳出这种来源不明抛掷物的定式思维就会看到，这时的案情已经转化为了无法确定的第三人从某一建筑物区分所有单元中抛掷出的物品导致了受害人的损害。如前所述，《民法典》第 1198 条关于安全保障义务的规定，并不适用于预防第三人抛掷物品的情形。因此案情就转化为了普通的单独致害的致害人不明的案件，确定具体侵权人的举证义务仍然在原告一方。而同时提供抛掷物来源证据和不在场证据的建筑物区分所有单元的保有人则应该被免除道义补偿责任。

再进一步假设，如果建筑物区分所有单元的保有人主动提供了抛掷物来源证据或者第三方提供了这样的证据，而保有人一方面无法提供不在场证据，另一方面又不承认其抛掷行为，则应该适用“优势证据法则”，将没有实施抛掷行为的举证责任，分配给保有人一方。

在此，有必要重新审视一下第 1254 条第 1 款规定的“除能够证明自己不是侵权人的外”这一表述中的“侵权人”术语使用的合理性。建筑物区分所有单元的保有人承担的是不同于侵权责任的道义补偿责任，因此这一“侵权人”的表述似乎并不准确。但是，如果有证据证明“坠落物”来源于某一区分所有单元，按照第 1253 条的规定，就应该由其保有人承担责任。因此，对于坠落物致害来讲，证明了坠落物不是从自己保有的区分所有单元坠落，不但免除了道义责任，还同时免除了侵权责任。而对于抛掷物致害来讲，证明了抛掷物不是从自己保有的区分所有单元抛掷，仅仅免除了道义责任，并不排除保有人自己作为抛掷行为人的侵权责任。在这一细微用语上，能够看出抛掷物致害和坠落物致害的差别。

第七节　来源不明高空抛物坠物致害的保险救济设计

一、通过诉讼程序的纠纷解决成本

纠纷解决成本包括法院之外的社会成本和法院之内的司法成本两部分，高空抛物、坠物损害责任纠纷处理在这两部分成本中各有特点。

（一）社会成本

法院之外的社会成本大体上包括取证、协商、纠纷调解等，但在高空抛物、坠物损害责任纠纷中，正是因为无法或者难以取证确定具体侵权人，才提起该类诉讼。因为被协商的对象认为自己很无辜，所以受害人进行协商时在道德上具有明显的被动性。进而，受害人如果依据第 1254 条第 1 款要求数个甚至是大量自认为无辜的民事主体赔偿，必然引起较大的社会矛盾。这种案件虽然被设计为通过调解解决，但又有谁从情感上能够接受这样的调解呢？有法院在判决中指出："本案中真正实施侵权行为的仅有一人，本院判令其他并未实施抛掷物品的被告共同承担补偿责任，虽是依法裁判，但在上述被告内心可能仍感不平。"①

（二）司法成本

法院之内的司法成本主要体现在法院审理案件和原、被告参与诉讼的司法成本上，笔者重点考察四个方面：

第一，审级上是否为一审，因为二审对于各方的司法成本更高，判决书中二审判决书较少。

第二，是否适用缺席审判②，这主要是考察被告的司法成本。一般来讲，如果潜在赔偿数额较高、被告是公司或者被告人数较少，被告就会到庭；反之，如果潜在的赔偿数额较低、被告是个人或者被告人数众多，部分被告就会不到庭。高空抛物、坠物损害责任纠纷判决书中大多出现了不同程度的缺席审判。

第三，是否适用简易程序。《民事诉讼法》第 40 条第 2 款第 1 句规定："适用简易程序审理的民事案件，由审判员一人独任审理。"审判员人数的减少和程序的简易化带来的是法院司法成本的降低。有超过一半的高空抛物、坠物损害责任纠纷裁判文书适用了简易程序。

第四，在适用简易程序的基础上，是否明确一审终审。如果符合《民事诉讼法》第 160 条第 1 款规定的"基层人民法院和它派出的法庭审理事实清楚、权利义务关系明确、争议不大的简单的民事案件"的条件，人民法院就可以适用第 165 条第 1 款规定的"一审终审"规则："基层人民法院和它派出的法庭审理事实清楚、权利义务关系明确、争议不大的简单金钱给付民事案件，标的额为各省、自治区、直辖市上年度就业人员年平均工资百分之五十以下的，适用小额诉讼的程序审理，实行一审终审。"可以进一步地避免该案件上诉带来的司法成本增加。笔者收集到的案例中，已经有法院作出了有益的尝试。③

① 贵州省遵义市汇川区人民法院民事判决书（2014）汇民初字第 1748 号。

② 《民事诉讼法》第 147 条规定："被告经传票传唤，无正当理由拒不到庭的，或者未经法庭许可中途退庭的，可以缺席判决。"

③ 江苏省南通市崇川区人民法院民事判决书（2014）崇山民初字第 00611 号。

二、经济理性：损失总额与诉讼费用的关系

（一）案件受理费及相关诉讼支出

《诉讼费用交纳办法》（国务院令第 481 号）第 13 条第 1 款第 1 项规定："案件受理费分别按照下列标准交纳：（一）财产案件根据诉讼请求的金额或者价额，按照下列比例分段累计交纳：1. 不超过 1 万元的，每件交纳 50 元；2. 超过 1 万元至 10 万元的部分，按照 2.5%交纳；3. 超过 10 万元至 20 万元的部分，按照 2%交纳；4. 超过 20 万元至 50 万元的部分，按照 1.5%交纳；5. 超过 50 万元至 100 万元的部分，按照 1%交纳；6. 超过 100 万元至 200 万元的部分，按照 0.9%交纳；7. 超过 200 万元至 500 万元的部分，按照 0.8%交纳；……"

在笔者收集到的案例中，案件受理费在 50 元以内的案件均为财产损害案件，即损失不超过 1 万元。人身损害赔偿案件中，没有造成伤残的，案件受理费一般在 2 000 元以下。在一个损失额为 439 608.20 元的案件中，原告系二级伤残并三处伤残，农村户口，案件受理费 8 572 元。① 根据《人身损害赔偿司法解释》（法释〔2022〕14 号）的规定，2022 年 5 月 1 日起统一适用城镇赔偿标准，可以预见未来诉讼费支出将进一步提高。另有部分案件产生了公告费②、鉴定费③等相关诉讼支出。

（二）法律服务费

司法部、国家发展和改革委员会、国家市场监督管理总局印发的《关于进一步规范律师服务收费的意见》（司发通〔2021〕87 号）规定："（六）严格限制风险代理收费金额。律师事务所与当事人约定风险代理收费的，可以按照固定的金额收费，也可以按照当事人最终实现的债权或者减免的债务金额（以下简称'标的额'）的一定比例收费。律师事务所在风险代理各个环节收取的律师服务费合计最高金额应当符合下列规定：标的额不足人民币 100 万元的部分，不得超过标的额的 18%；标的额在人民币 100 万元以上不足 500 万元的部分，不得超过标的额的 15%；标的额在

① 上海市松江区人民法院民事判决书（2013）松民一（民）初字第 4854 号。

② 天津市第一中级人民法院民事判决书（2013）一中民一终字第 514 号；北京市昌平区人民法院民事判决书（2013）昌民初字第 06725 号。

③ 重庆市大渡口区人民法院民事判决书（2011）渡法民初字第 03482 号。

人民币 500 万元以上不足 1 000 万元的部分，不得超过标的额的 12%……”

在笔者收集到的财产损害案例中，总损失为 2 000 元及以下的财产损害赔偿案例，即使获得全额赔偿，也不足以支付聘请律师的费用，因此原告如果是住户，一般不会聘请律师，被告就更不会聘请律师。[①] 但如果被告是商户，可能常年配有法律顾问，则会聘请律师，即使每户的补偿金额仅为 1 230 元。[②]

人身损害赔偿案件至少有一方会聘请律师，随着标的额的增加，原、被告聘请律师的积极性在上升，也可能出现标的相对较小的案件，诉讼费反而相对较高的情形。这种情形主要发生在北京[③]、上海[④]、天津[⑤]和广东[⑥]等经济发达地区，在部分诉讼费用较高的案件中，原、被告双方支付的律师费用在 5 万元以上。[⑦]

（三）小结

从上述分析可以看出，案件受理费及相关诉讼支出和法律服务费用，对于仅造成财产损失案件的诉讼提起意愿基本上不会产生影响，尤其是被告方会采取消极应对的方式，一般还伴随有缺席审判的情形。[⑧] 而对于造成较重伤残等级的人身损害赔偿案件，在案件受理费及相关诉讼支出成为双方共同承担的费用风险的同时，动辄几千上万甚至数万元的法律服务费用，则成了当事人较大的经济负担。

---

① 如：贵州省遵义市汇川区人民法院民事判决书（2014）汇民初字第 1748 号，损失总计 2 000 元；江苏省南通市崇川区人民法院民事判决书（2014）崇山民初字第 00611 号，损失总计 1 400 元；上海市闵行区人民法院民事判决书（2014）闵民一（民）初字第 20071 号，损失总计 1 888 元。

② 四川省成都市锦江区人民法院民事判决书（2013）锦江民初字第 190 号。

③ 北京市昌平区人民法院民事判决书（2013）昌民初字第 06725 号。

④ 上海市浦东新区人民法院民事判决书（2011）浦民一（民）初字第 20640 号。

⑤ 天津市第一中级人民法院民事判决书（2013）一中民一终字第 514 号。

⑥ 广东省珠海市中级人民法院民事判决书（2014）珠中法民一终字第 953 号。

⑦ 上海市松江区人民法院民事判决书（2013）松民一（民）初字第 4854 号。

⑧ 贵州省遵义市汇川区人民法院民事判决书（2014）汇民初字第 1748 号；上海市闵行区人民法院民事判决书（2014）闵民一（民）初字第 20071 号。

三、来源不明高空抛物坠物致害的社会保险救济

(一)《社会保险法》的适用

我国的《社会保险法》于2010年10月28日通过，晚于原《侵权责任法》的颁布，在制度衔接上未能引起足够的重视。《社会保险法》第30条第1款第1、2项规定："下列医疗费用不纳入基本医疗保险基金支付范围：(一）应当从工伤保险基金中支付的；（二）应当由第三人负担的"。第30条第2款规定："医疗费用依法应当由第三人负担，第三人不支付或者无法确定第三人的，由基本医疗保险基金先行支付。基本医疗保险基金先行支付后，有权向第三人追偿。"第42条规定："由于第三人的原因造成工伤，第三人不支付工伤医疗费用或者无法确定第三人的，由工伤保险基金先行支付。工伤保险基金先行支付后，有权向第三人追偿。"可见，如果来源不明高空抛物坠物致害的被侵权人符合工伤保险待遇或者医疗保险待遇，可以向工伤保险基金和医疗保险基金申请先行支付。工伤保险基金和医疗保险基金先行支付后，享有向具体侵权人追偿的权利。鉴于工伤保险基金和医疗保险基金享有追偿权，其先行支付具有垫付性质，因此与来源不明高空抛物坠物致害道义补偿责任并不冲突。如果出现工伤保险基金和医疗保险基金先行支付部分不足以救济被侵权人死亡、严重人身和财产损害的情形，且建筑物区分使用人有足够救济能力，可以适当要求建筑物区分使用人承担一定的道义补偿责任。

(二）工伤理赔可以替代侵权损害赔偿

在一个被告是原告工作单位的案件中，法院认定："属于《工伤保险条例》调整的劳动关系和工伤保险范围的，应当按照《工伤保险条例》的规定处理。事故发生后，被告松法公司为原告申请了工伤理赔，原告已获得工伤理赔款，故原告再次以被告松法公司侵权为由提起主张，属重复主张，本院难以支持。"由于该案中原告因被侵权人过错被认定10%的责任，进而另一被告被判决承担45%的补偿责任①，实际上进行工伤理赔的被告是以工伤理赔替代了45%的侵权责任。

(三）私下与工作单位和解可能获得双重赔偿

如果被告不是原告的工作单位，则可能出现如下的一幕："重庆市九龙

① 上海市松江区人民法院民事判决书（2013）松民一（民）初字第4854号。

坡区人力资源和社会保障局将原告本次受伤认定为工伤。……原告向九龙坡区人民法院起诉用人单位。审理中，原告自愿撤回起诉，并以高空坠物致伤为由”，依据原《侵权责任法》第 87 条起诉 26 位被告承担赔偿责任。[①]

按照《工伤保险条例》的规定，“应当参加工伤保险而未参加工伤保险的用人单位职工发生工伤的，由该用人单位按照本条例规定的工伤保险待遇项目和标准支付费用”[②]。如果损害发生后，原告与所在单位私下达成和解协议之后，如本案中的原告一样，依据第 1254 条第 1 款提起诉讼，就可能获得双重赔偿。

四、建立高空抛物坠物致害责任强制保险制度的构想

（一）来源不明高空抛物坠物致害道义补偿责任的金额确定

既然《民法典》对来源不明高空抛物坠物致害道义补偿责任进行了明文规定，而这种责任本身的正当性又饱受质疑，诉讼争议在所难免。笔者建议另辟蹊径，考虑与其将诉讼代理费用交给律师，不如将这笔费用交给受害人，同时受害人也节约了自己的诉讼费用。两相结合，对于受害人一方相当于获得了一定数额的补偿，而可能的建筑物使用人由于本来就存在诉讼费用的支出，实际上并无太大损失，还省去了参与诉讼的时间和精力成本。由于双方避免了对簿公堂，还能够较好地实现《民法典》第 1254 条促进社会和谐的立法目的。[③]

如前所述，被侵权人请求赔偿额在 50 万元左右的案件，双方实际支出的诉讼费用和法律服务费用在 5 万元左右，大约相当于赔偿数额的 10%。以一栋楼 10 层计算，除去一楼，每层楼在一个方向按照 2 户计算，共计 18 户，平均每户 2 778 元。以每户平均 90 平方米计算，如果按照 1 年进行分

---

① 重庆市大渡口区人民法院民事判决书（2011）渡法民初字第 03482 号。

② 《工伤保险条例》第 62 条第 2 款规定：“依照本条例规定应当参加工伤保险而未参加工伤保险的用人单位职工发生工伤的，由该用人单位按照本条例规定的工伤保险待遇项目和标准支付费用。”

③ 参见王胜明主编：《中华人民共和国侵权责任法解读》，中国法制出版社 2010 年版，第 426-427 页；黄薇主编：《中华人民共和国民法典侵权责任编解读》，中国法制出版社 2020 年版，第 340 页。

摊，大致相当于每平方米每月 2.5 元，这和二线城市每月物业管理费是相当的。

笔者认为，如果上述测算的合理性能够得到权威部门在统计意义上的确定，考虑到我国可能发生高空抛物坠物致害的建筑物主要集中在城市，那么以发生高空抛物坠物致害的当地一年平均物业管理费作为律师费的替代计算方式，能够较好地反映地域差别。《人身损害赔偿司法解释》（法释〔2022〕14 号）第 15 条规定的死亡赔偿金计算基数为“受诉法院所在地上一年度城镇居民人均可支配收入”，该基数与当地的物业管理费具有一定的关联性，大体上可以认为，收入越高的地区，物业管理费越高，收入越低的地区，物业管理费越低。以发生高空抛物坠物致害的当地一年平均物业管理费作为律师费的替代计算方式，能够较好地解决补偿责任的分担问题。

（二）建立高空抛物坠物致害责任强制保险制度的可能性

笔者建议将第 1254 条第 1 款规定的来源不明高空抛物坠物致害道义补偿责任引入强制责任保险制度领域，其主要理由在于，城市房地产迅猛发展造成大量建筑物区分所有权的出现，并导致建筑物责任成为像道路交通安全那样需要共同面对的社会风险，属于公共利益的范畴。建立强制责任保险制度的价值在于：

第一，第 1254 条第 1 款将来源不明高空抛物坠物致害道义补偿责任法定化，实质上是让建筑物使用人承担了社会化的损失，有失公平。为了更好平衡各方利益①，必然需要采取疏导的方式来转移这部分分担。强制责任保险制度可以将个体承担的道义补偿责任通过商业保险公司转移到所有的投保人身上，实际上免除了建筑物使用人为社会承担的道义补偿责任。

第二，强制责任保险必然要求，由保险监管部门对保险金额和保险费作出指导性规定。一方面，强制责任保险的运作需要保险监管部门制定规范，约束保险人的逐利行为，保障制度功能的实现②；另一方面，保险监管部门能够借此把握物业费的地区差异，从而科学制定保险价格，平衡保险人和被保险人间的利益。

---

① 包括受害人获得救济、建筑物使用人个体不用承担社会化的损失、不特定第三人能够获得公共安全等内容。

② 参见郭锋、胡晓珂：《强制责任保险研究》，《法学杂志》2009 年第 5 期。

（三）建立高空抛物坠物致害责任强制保险制度的基本设想

关于高空抛物坠物致害责任强制保险制度，笔者有两点基本设想：

第一，强制责任保险应该由法定责任人购买，其正当性源于责任的法定性。该命题涉及投保人的确定问题。根据《保险法》第 12 条第 1 款的规定，只是在人身保险领域明确了投保人必须对被保险人具有可保利益。笔者认为，为了防止道德风险，财产保险领域也可参照执行。① 换句话说，在责任保险当中，投保人也必须对被保险人的责任承担具有保险利益。而该种保险利益的实质便在于投保人对被保险人的责任承担具有法律上承认的利益。根据第 1254 条第 1 款所确定的建筑物责任承担方式，只有建筑物使用人自己才可能承担最后的道义补偿责任。也就是说，第 1254 条第 1 款规定的道义补偿责任纳入责任保险的范畴之后，投保人要存在对被保险人的保险利益，必然要求投保人就是被保险人本人。所以，根据第 1254 条第 1 款道义补偿责任的法定性判断，强制责任保险应该由法定责任人，即建筑物使用人购买。

第二，可以由物业管理公司代为征收强制责任保险。“醉翁之意不在酒，在乎强制责任保险。”上述道义补偿责任的金额确定和责任分担规则的设计，主要是为高空抛物坠物致害责任强制保险制度的设计作准备。将律师费替换为物业费，使得高空抛物坠物致害责任强制保险可以通过物业公司代为征收，这一征收方式，将最大限度地降低高空抛物坠物致害责任强制保险制度建立的社会成本。在发生高空抛物坠物致害事件之后，也可以通过物业管理公司代为理赔，这就不需要再针对所有可能加害的建筑物使用人提起诉讼，可以进一步实现促进社会和谐的立法目的。②

---

① 《保险法》第 95 条第 1 款第 2 项明确责任保险属于财产保险的范畴。

② 黄薇主编：《中华人民共和国民法典侵权责任编解读》，中国法制出版社 2020 年版，第 340 页。

第五编

受益人身保护公平责任论

第十一章　无偿个人帮工关系人身保护公平责任论

义务帮工体现了乡民之间互助合作的情感逻辑，体现了我国农村社会良好的社会风尚，对于加强人际关系、稳定农村社会的治理状况具有十分重要的意义。[1] 实务中的换工，实际上就是两个人之间的相互帮工。[2] 近年来也有法院将无偿代驾认定为义务帮工[3]，将无偿个人帮工关系引入更为城镇化的场景。但遗憾的是，《民法典》未对义务帮工作出明确的规定。《人身损害赔偿司法解释》（法释〔2003〕20 号）第 14 条第 1 款第 1 句是关于被帮工人对帮工人的人身保护责任的规定："帮工人因帮工活动遭受人身损害的，被帮工人应当承担赔偿责任。"该款第 2 句规定："被帮工人明确拒绝帮工的，不承担赔偿责任；

① 王彬：《乡土社会的民间习惯与纠纷解决——以帮工习惯为中心的考察》，《湖南公安高等专科学校学报》2010 年第 3 期。

② 杨立新：《侵权责任法》（第四版），法律出版社 2021 年版，第 692 页。

③ 王金利、郭娜：《无偿代驾应认定为义务帮工》，《人民司法·案例》2018 年第 29 期。

但可以在受益范围内予以适当补偿。”该句在“明确拒绝帮工”情形下，以免除被帮工人人身保护责任为原则，以在“受益范围内予以适当补偿”为例外。该条司法解释第2款第1句的规定原则上免除了“第三人侵权情形下”被帮工人的人身保护责任：“帮工人因第三人侵权遭受人身损害的，由第三人承担赔偿责任。”该款第2句又规定了例外情形下被帮工人的补充性适当补偿责任①：“第三人不能确定或者没有赔偿能力的，可以由被帮工人予以适当补偿。”可见，《人身损害赔偿司法解释》（法释〔2003〕20号）第14条第1款和第2款表现为在法定的两种情形下免除被帮工人人身保护责任后，又在例外情况下要求其承担适当补偿责任的立法结构，体现出帮工关系人身保护责任是基于公平原则承担责任的司法解释意图。②

就我国侵权法上无偿帮工人受损的法律适用和理论解说，有学者研究后认为，以《人身损害赔偿司法解释》（法释〔2003〕20号）的生效为界，分为明显的两个阶段：在该司法解释生效之前适用公平责任，在该司法解释生效之后适用无过错责任，具有明显的“普法性论述”性质。③ 这一结论以未被“明确拒绝”的帮工为分析对象，关注到了无偿帮工中帮工人受损救济规则的阶段性变化④，值得肯定。笔者认为，被帮工人对帮工人的归责原则变化，是帮工关系体系变迁带来的应然效应；而《人身损害赔偿司法解释》（法释〔2003〕20号）第14条规定的两类公平责任，则是这种体系变迁产生的新的公平责任类型。下文将沿着这一阶段性变化的线索再次出发，讨论无偿个人帮工关系人身保护公平责任的理论基础与法律适用。

---

① 杨立新：《侵权法论》（第五版）（上），人民法院出版社2013年版，第653页。

② 最高人民法院民事审判第一庭编著：《最高人民法院人身损害赔偿司法解释的理解与适用》（第2版），人民法院出版社2015年版，第195页。

③ 孙维飞：《法学论文的“普法性论述”现象之探讨——从“义务帮工人自身受伤应如何处理”的个案出发》，《社会科学》2008年第7期。

④ 对此体系变迁的类似观察，参见王雷：《民法学视野中的情谊行为》，北京大学出版社2014年版，第160－161页。

第一节 我国侵权法上帮工关系的体系变迁

一、原《民通意见》第 157 条上的帮工关系定位

原《民法通则》第 93 条规定的无因管理制度过窄：“没有法定的或者约定的义务，为避免他人利益受损失进行管理或者服务的，有权要求受益人偿付由此而支付的必要费用。”这一规定仅限于“为避免他人利益受损失”而进行的管理或者服务情形，无法涵盖实务中的无偿帮工现象。最高人民法院在原《民通意见》第 157 条规定：“当事人对造成损害均无过错，但一方是在为对方的利益或者共同的利益进行活动的过程中受到损害的，可以责令对方或者受益人给予一定的经济补偿。”从该条司法解释的“当事人对造成损害均无过错”表述和所处的原《民通意见》体系位置来看，其解释对象应该是原《民法通则》第 132 条：“当事人对造成损害都没有过错的，可以根据实际情况，由当事人分担民事责任。”因此，原《民通意见》第 157 条将原《民法通则》第 132 条的适用范围，扩展到了对劳务提供者的人身保护责任领域，以满足司法实务的需要。

从原《民通意见》第 157 条的司法适用情况来看，“为对方的利益……进行活动”主要适用于无偿帮工的情形，“为……共同的利益进行活动”主要适用于个人合伙的情形。仅就无偿帮工而言，原《民通意见》第 157 条存在如下问题：第一，“当事人对造成损害均无过错”的要求使得帮工人在有过错的情形下只能损害自担，这对于帮工人一方不尽合理；第二，没有考虑到被帮工人拒绝帮工的情形；第三，没有涉及第三人导致帮工人受损的情形。

二、《人身损害赔偿司法解释》(法释〔2003〕20 号）上的帮工关系定位

《人身损害赔偿司法解释》（法释〔2003〕20 号）上的帮工关系，按照使用人关系定位构建，避开了“当事人对造成损害均无过错”的前提，并增加了帮工人“明确拒绝帮工”和“第三人”原因导致帮工人损害的情形。在具体规则上，《人身损害赔偿司法解释》（法释〔2003〕20 号）比

照该司法解释第 9 条第 1 款规定的雇主对外替代责任①和第 11 条第 1 款规定的雇主对内人身保护责任②设计了帮工责任。该司法解释第 13 条规定被帮工人对外替代责任："为他人无偿提供劳务的帮工人，在从事帮工活动中致人损害的，被帮工人应当承担赔偿责任。被帮工人明确拒绝帮工的，不承担赔偿责任。帮工人存在故意或者重大过失，赔偿权利人请求帮工人和被帮工人承担连带责任的，人民法院应予支持。"该司法解释第 14 条第 1 款规定被帮工人对内人身保护责任："帮工人因帮工活动遭受人身损害的，被帮工人应当承担赔偿责任。被帮工人明确拒绝帮工的，不承担赔偿责任；但可以在受益范围内予以适当补偿。"该条第 2 款规定了第三人侵权导致帮工人受损的救济模式："帮工人因第三人侵权遭受人身损害的，由第三人承担赔偿责任。第三人不能确定或者没有赔偿能力的，可以由被帮工人予以适当补偿。"

《人身损害赔偿司法解释》（法释〔2003〕20 号）以是否存在"明确拒绝帮工"情形来类型化无偿帮工责任的创造性设计，一方面注意到了未被明确拒绝的无偿帮工关系与个人劳务关系的类似性，另一方面也在一定程度上意识到了被"明确拒绝"的帮工实质上不是基于双方合意提供劳务的行为，而是帮工人的"个人行为"，这就提出了被"明确拒绝"的帮工与被接受的帮工之间，到底是"共性更大"还是"个性更强"的问题。该司法解释中的被帮工人责任显得过重，没有体现出无偿帮工关系与有偿劳务关系以及劳动关系等使用人关系的应有差别，应该认为是将"未明确拒绝帮工"的帮工关系作为典型关系来设计，而将"明确拒绝帮工"的情形作为例外情形来设计，因而规则上更类似于雇主责任。

具体到人身保护责任，《人身损害赔偿司法解释》（法释〔2003〕20 号）第 14 条实际上是按照帮工人受损是否由第三人侵权造成和帮工人是

① 《人身损害赔偿司法解释》（法释〔2003〕20 号）第 9 条第 1 款规定："雇员在从事雇佣活动中致人损害的，雇主应当承担赔偿责任；雇员因故意或者重大过失致人损害的，应当与雇主承担连带赔偿责任。雇主承担连带赔偿责任的，可以向雇员追偿。"

② 《人身损害赔偿司法解释》（法释〔2003〕20 号）第 11 条第 1 款规定："雇员在从事雇佣活动中遭受人身损害，雇主应当承担赔偿责任。雇佣关系以外的第三人造成雇员人身损害的，赔偿权利人可以请求第三人承担赔偿责任，也可以请求雇主承担赔偿责任。雇主承担赔偿责任后，可以向第三人追偿。"

否“明确拒绝帮工”区分为三种情形（见表 11－1）。

表 11－1　《人身损害赔偿司法解释》（法释〔2003〕20 号）第 14 条内部结构表

受损原因	未明确拒绝帮工	明确拒绝帮工
非第三人侵权造成	人身保护责任 （第 14 条第 1 款第 1 句）	受益范围补偿责任 （第 14 条第 1 款第 2 句）
第三人侵权造成	补充性补偿责任 （第 14 条第 2 款）	

在“未明确拒绝帮工”的情形下，非第三人侵权造成的帮工人受损，由被帮工人承担人身保护责任。在“明确拒绝帮工”的情形下，非第三人侵权造成的帮工人受损，《人身损害赔偿司法解释》（法释〔2003〕20 号）第 14 条第 1 款第 2 句采用了受益范围补偿责任的模式。在第三人侵权造成的帮工人受损情形下，该司法解释第 14 条第 2 款采用了补充性补偿责任的方案。在免除被帮工人的人身保护责任的同时，却没有规定“受益范围内”的补偿金额限制，这一规则的设计还需要仔细考虑，尤其是未区分“未明确拒绝帮工”和“明确拒绝帮工”两种情形的法律效果差异。笔者认为，是否存在“明确拒绝帮工”情形而非是否存在“第三人原因致害”情形，是帮工关系中人身保护责任规则设计的关键，因为第三人原因致害产生的侵权责任是独立于人身保护责任的救济来源，不影响人身保护责任的构成。对于“未明确拒绝帮工”的情形，原则上应该适用人身保护责任。对于“明确拒绝帮工”的情形，原则上应该免除被帮工人的人身保护责任，例外地构建个人帮工关系人身保护公平责任。

三、原《侵权责任法》上的帮工关系定位

原《侵权责任法》第 35 条第 1 句规定：“个人之间形成劳务关系，提供劳务一方因劳务造成他人损害的，由接受劳务一方承担侵权责任。”《人身损害赔偿司法解释》（法释〔2003〕20 号）第 9 条第 1 款第 1 句前段规定：“雇员在从事雇佣活动中致人损害的，雇主应当承担赔偿责任”。第 13 条第 1 句规定：“为他人无偿提供劳务的帮工人，在从事帮工活动中致人损害的，被帮工人应当承担赔偿责任。”比较上述条文可以看到，原《侵权责任法》第 35 条第 1 句实现了对有偿和无偿个人劳务关系中使用人

对外替代责任的统一规定，但主要是调整有偿个人劳务关系。①

原《侵权责任法》第 35 条第 2 句规定："提供劳务一方因劳务自己受到损害的，根据双方各自的过错承担相应的责任。"《人身损害赔偿司法解释》（法释〔2003〕20 号）第 11 条第 1 款第 1 句规定："雇员在从事雇佣活动中遭受人身损害，雇主应当承担赔偿责任。"第 14 条第 1 款第 1 句规定："帮工人因帮工活动遭受人身损害的，被帮工人应当承担赔偿责任。"比较上述条文可以看到，原《侵权责任法》第 35 条第 2 句不但改变了个人劳务关系中使用人对内人身保护责任不考虑被使用人过错情形的规定，"根据双方各自的过错承担相应的责任"实际上还将有偿和无偿个人劳务关系中使用人对内人身保护责任的归责原则"统一"改为了过错责任。②这在一定程度上体现出了作为平等型使用人关系的个人劳务关系与作为隶属型使用人关系的劳动关系在使用人责任上的应有差别。

原《侵权责任法》第 35 条将未被明确拒绝的无偿帮工统一纳入个人劳务关系的同时，实质上实现了对无偿提供劳务与帮工人个人行为的隐性区分。质言之，《人身损害赔偿司法解释》（法释〔2003〕20 号）将无偿帮工关系按照是否"明确拒绝帮工"进行区分，而原《侵权责任法》实际上否认了被"明确拒绝帮工"的帮工人的行为属于无偿劳务行为的特殊类型，并将其归为与被帮工人无关的帮工人个人行为。

四、《民法典》上的帮工关系定位

《民法典》第 1191 条第 1 款较之原《侵权责任法》第 34 条第 1 款，增加了第 2 句规定："用人单位承担侵权责任后，可以向有故意或者重大过失的工作人员追偿。"《民法典》第 1192 条第 1 款较之原《侵权责任法》第 35 条，增加了第 2 句规定："接受劳务一方承担侵权责任后，可以向有故意或者重大过失的提供劳务一方追偿。"《民法典》第 1192 条第 1 款第 3 句删除了原《侵权责任法》第 35 条第 2 句中的"自己"字样，其规范内

① 王利明：《侵权责任法研究》（下卷），中国人民大学出版社 2011 年版，第 120 页。

② 只是该条规定未明确是适用"过错责任"还是"过错推定责任"。笔者认为，应该区分有偿和无偿个人劳务关系，对有偿个人劳务关系适用过错推定责任，对无偿个人劳务关系适用过错责任。

容并无实质性改变："提供劳务一方因劳务受到损害的，根据双方各自的过错承担相应的责任。"《民法典》第1192条第2款实质上是对《人身损害赔偿司法解释》（法释〔2003〕20号）第11条第1款的编纂，首先是删除了"雇员在从事雇佣活动中遭受人身损害，雇主应当承担赔偿责任"的规定，剩余内容除将雇佣关系改为相应的劳务关系表述之外，实质性的修改是将接受劳务一方的"赔偿责任"改为了"给予补偿"："提供劳务期间，因第三人的行为造成提供劳务一方损害的，提供劳务一方有权请求第三人承担侵权责任，也有权请求接受劳务一方给予补偿。接受劳务一方补偿后，可以向第三人追偿。"

从《民法典》和原《侵权责任法》以及《人身损害赔偿司法解释》（法释〔2003〕20号）的上述条文对比来看，《民法典》继受了原《侵权责任法》和《人身损害赔偿司法解释》（法释〔2003〕20号）上的帮工关系定位。

五、《人身损害赔偿司法解释》（法释〔2022〕14号）上的帮工关系定位

《人身损害赔偿司法解释》（法释〔2022〕14号）第5条第1款规定："无偿提供劳务的帮工人因帮工活动遭受人身损害的，根据帮工人和被帮工人各自的过错承担相应的责任；被帮工人明确拒绝帮工的，被帮工人不承担赔偿责任，但可以在受益范围内予以适当补偿。"较之原条文的主要修改是将被帮工人的人身保护责任从无过错责任改为了过错责任，同时明确了帮工的"无偿提供劳务"性质。修改后的该条第2款规定："帮工人在帮工活动中因第三人的行为遭受人身损害的，有权请求第三人承担赔偿责任，也有权请求被帮工人予以适当补偿。被帮工人补偿后，可以向第三人追偿。"较之原条文的主要修改包括：第一，增加了"在帮工活动中"的适用范围限制；第二，将第三人侵权导致帮工人人身损害由第三人优先承担责任改为了不真正连带责任，废除了被帮工人补偿责任的补充性；第三，明确了被帮工人承担补偿责任后向第三人的追偿权。从上述修改来看，帮工关系人身保护责任的侵权公平责任属性和条文结构并未发生本质变化。另外，《最高人民法院关于修改〈最高人民法院关于在民事审判工作中适用《中华人民共和国工会法》若干问题的解释〉等二十七件民事类司法解释的决定》（法释〔2020〕17号）删除了《人身损害赔偿司法解

释》（法释〔2003〕20号）第9条和第11条关于“雇主责任”的规定。

第二节　对“帮工关系”的内涵改造与重新定位

一、与个人劳务关系对应的个人帮工关系

需要指出的是，除被“明确拒绝帮工”的帮工人个人行为之外，我国现行民事纠纷中还存在一种特殊的虽未达成雇佣意向但主动提供有偿帮工的情形。例如，在大型批发市场门口等待上货的零工，即使货主未与其达成雇佣的意向，其也主动加入上货的工作，并在工作完成后要求货主支付一定的报酬。[①] 根据各地不同的习惯，这些主动帮工的人尽管未与被帮工人达成合意，且主观上有寻求报酬的意愿，但如果没有出现人身伤害等意外，有的被帮工人也会支付一定的酬劳。但如果在帮工过程中出现意外导致人身伤害，由于不构成“无偿帮工”，甚至也不构成“明确拒绝帮工”的情形，被帮工人是否要承担人身保护责任或者例外的适当补偿责任，则成为争议的焦点。为了与未被明确拒绝的无偿帮工进行区分，笔者将其称为“有偿个人帮工”，这是我国现行法未明确调整的领域。

鉴于《人身损害赔偿司法解释》（法释〔2022〕14号）第5条第1款已经明确了帮工的“无偿提供劳务”性质，笔者进一步建议，将被“明确拒绝帮工”的帮工人个人行为称为“无偿个人帮工”。按照原《侵权责任法》和《民法典》将其与无偿个人劳务进行区分的思路，这种情形实际上与“有偿个人帮工”更为类似。二者的共同点是均未与被帮工人达成提供和接受帮工的合意，实际上并无合同关系，这与个人劳务关系形成了区分。二者的差别在于，无偿个人帮工尽管被“明确拒绝”，但主观上并不追求报酬而是无偿提供劳务；有偿个人帮工尽管没有被“明确接纳”或者依照交易习惯提供劳务，但主观上却追求报酬。这样就形成了一次理论构建机遇，即创设与“个人劳务关系”相对的“个人帮工关系”，再按照有偿与无偿的标准进行内部区分，就可以较好地对应实务中的各种情况了。

---

① 河南省洛阳市中级人民法院民事判决书（2008）洛民终字第1732号。

二、对“帮工关系”的内涵改造和体系位移

综上所述，从原《民通意见》第157条到《人身损害赔偿司法解释》（法释〔2003〕20号）第13条和第14条，再到原《侵权责任法》第35条和《民法典》第1192条以及修改后的《人身损害赔偿司法解释》（法释〔2022〕14号）第4条和第5条，个人帮工关系的体系变迁如表11-2所示。

表11-2 个人劳务关系与个人帮工关系类型体系变迁表

劳务/帮工	原《民通意见》	《人身损害赔偿司法解释》（法释〔2003〕20号）	原《侵权责任法》/《民法典》
有偿个人劳务	个体工商户的帮工	雇主一雇员关系	个人劳务关系
无偿个人劳务	为对方利益进行活动	无偿提供劳务的帮工	
无偿个人帮工	未涉及	被“明确拒绝”的帮工	个人帮工关系
有偿个人帮工	未涉及	未涉及	

需要特别指出的是，在《人身损害赔偿司法解释》（法释〔2003〕20号）通过之前，“帮工”这一称谓并非约定俗成的术语用来指称“为他人无偿提供劳务”的情形，而且在该司法解释起草过程中也曾经使用过“义工”的概念。① 事实上，绝大多数文献中对“帮工”概念的使用，均是在个体工商户的语境下，与“学徒”的概念相对应。② 并且，在1987年《城乡个体工商户管理暂行条例》中使用的术语其实是“帮手”，以区别于当时认为具有资本主义性质的“帮工”③。该条例第4条第2款规定：“个体工商户可以根据经营情况请一、二个帮手；有技术的个体工商户可以带三、五个学徒。”“帮工”这一术语在法院系统的使用最早可以追溯到1993年《全国民事审判工作座谈会纪要》（法发〔1993〕37号），随后在

① 最高人民法院民事审判第一庭编著：《最高人民法院人身损害赔偿司法解释的理解与适用》（第2版），人民法院出版社2015年版，第192-193页。另参见杨波、蔡峰华：《义工行为侵权责任制度研究——以义工行为法律关系为基础》，《法学论坛》2004年第3期。

② 海燕：《略论个体经济组织中帮工与学徒的法律地位》，《山东法学》1987年第4期。

③ 王家昌、徐兴田、秦广生：《帮手与雇工、帮工性质根本不同》，《经济管理》1981年第11期。

1995 年劳动部《关于贯彻执行〈中华人民共和国劳动法〉若干问题的意见》中得到使用，国家税务总局 1997 年《个体工商户建帐管理暂行办法》中也使用了“帮工”的术语。甚至到了 2006 年，《最高人民法院关于审理劳动争议案件适用法律若干问题的解释（二）》（法释〔2006〕6 号）第 7 条第 5 项中仍然能够看到：“下列纠纷不属于劳动争议：（五）个体工匠与帮工、学徒之间的纠纷”。可见这一用法的历史延续性。

笔者提出的“个人帮工关系”理论构建，实质上是对所谓“帮工关系”进行内涵改造和体系位移。质言之，《人身损害赔偿司法解释》（法释〔2003〕20 号）中的帮工关系包含“无偿帮工”和被“明确拒绝”的帮工两种类型，根据原《侵权责任法》和《民法典》的立法模式，将无偿帮工与“雇主一雇员关系”合并，使其回归到本应该所属的个人劳务关系中，而将《人身损害赔偿司法解释》（法释〔2003〕20 号）没有涉及的“有偿个人帮工”类型与帮工关系中剩余的“无偿个人帮工”合并为“个人帮工关系”，与“个人劳务关系”并列。按照这种构建，个人帮工关系包括“有偿个人帮工”和“无偿个人帮工”两种子类型，在我国侵权法上的使用人关系中的定位如表 11-3 所示。

表 11-3　使用人关系结构表①

<table>
<tr><td rowspan="4">使用人关系/有偿无偿</td><td>非合同关系</td><td colspan="4">合同关系</td></tr>
<tr><td rowspan="3">个人帮工关系</td><td colspan="3">雇佣关系</td><td rowspan="3">承揽关系</td></tr>
<tr><td colspan="2">平等关系</td><td>隶属关系</td></tr>
<tr><td>个人劳务关系</td><td>单位劳务关系</td><td>劳动关系</td></tr>
<tr><td>有偿</td><td>有偿个人帮工</td><td>有偿个人劳务</td><td>有偿单位劳务</td><td>劳动关系</td><td>有偿承揽关系</td></tr>
<tr><td>无偿</td><td>无偿个人帮工</td><td>无偿个人劳务</td><td>志愿服务关系</td><td>立法排除②</td><td>无偿承揽关系③</td></tr>
</table>

① 本表实际上是对笔者此前提出的使用人关系谱系化构建的进一步细化，参见王竹、张恒：《论我国侵权法上使用人替代责任的谱系化建构》，《四川师范大学学报（社会科学版）》2013 年第 5 期。

② 《劳动法》第 48 条第 1 款规定：“国家实行最低工资保障制度。最低工资的具体标准由省、自治区、直辖市人民政府规定，报国务院备案。”可见，我国立法明确排除了无偿劳动关系。

③ 我国原《合同法》第 251 条第 1 款规定的作为有名合同的“承揽合同”是有偿合同，但作为承揽关系基础的承揽合同不应该排除无偿承揽的情形。

第三节 个人帮工关系的概念与类型

一、个人帮工关系的概念

在上文回顾的体系变迁之前的“无偿帮工”，也有学者称之为“义务帮工”[①]，一般认为是指为满足被帮工人生产或者生活等方面的需要，没有法定或者约定义务的帮工人不以追求报酬为目的，自愿、无偿、临时地为被帮工人提供劳务，被帮工人接受劳务而发生的社会关系。[②] 由于《人身损害赔偿司法解释》（法释〔2003〕20号）第13条和第14条规则安排方式的缘故，这两个条文中的“无偿帮工关系”包括了是否“明确拒绝帮工”两种子类型。

如前所述，笔者所称“个人帮工关系”，与《人身损害赔偿司法解释》（法释〔2003〕20号）上的“无偿帮工关系”的概念有部分重合，二者关系如表11-4所示。

表11-4 “无偿帮工关系”与“个人帮工关系”内涵对照表

<table>
<tr><td colspan="4">《人身损害赔偿司法解释》（法释〔2003〕20号）上的“无偿帮工关系”</td></tr>
<tr><td colspan="2">个人劳务关系</td><td colspan="2">个人帮工关系</td></tr>
<tr><td>有偿个人劳务</td><td>无偿个人劳务</td><td>无偿个人帮工</td><td>有偿个人帮工</td></tr>
</table>

可见，《人身损害赔偿司法解释》（法释〔2003〕20号）上的“无偿帮工关系”以无偿劳务关系为原型设计，却包含了与之不相关的“明确拒绝帮工”的情形，使得规则复杂化。原《侵权责任法》第35条和《民法典》第1192条第1款将“无偿个人劳务”与“有偿个人劳务”合并为“个人劳务关系”，凸显出了二者基于平等的民事合同建立的提供劳务法律关系，并能够根据是否有偿作出区分。而“无偿个人帮工”与“有偿个人帮工”相应地合并为“个人帮工关系”，结构也更加清晰。

综上所述，笔者所称的与个人劳务关系相对应的“个人帮工关系”，

① 尹飞：《论义务帮工责任的独立地位》，《法学杂志》2009年第3期。

② 王雷：《民法学视野中的情谊行为》，北京大学出版社2014年版，第156页。

就是指帮工人与被帮工人没有达成提供劳务的合意，帮工人在客观上为被帮工人提供了劳务而产生的法律关系。

二、个人帮工关系的类型

个人帮工关系按照帮工人主观上是否追求报酬可以分为无偿个人帮工和有偿个人帮工。

（一）无偿个人帮工

无偿个人帮工，是指帮工人主动无偿为被帮工人提供劳务，但被帮工人“明确拒绝”的情形。无偿个人帮工具有以下特征：

第一，无偿个人帮工的无偿性。无偿个人帮工的无偿性与无偿个人劳务的无偿性是类似的，包括帮工人未要求报酬、主动承诺不需要报酬等情形。如果帮工人未经被帮工人许可先行提供了劳务，被帮工人发现后明确拒绝其提供劳务并愿意就已经提供的劳务支付报酬，但帮工人拒绝报酬的情形，也应该被视为无偿个人帮工。还有一种特殊情形是，在有偿使用人关系之外另行提供其他无偿劳务但被拒绝。例如，A 雇佣 B 用拖拉机运沙石，收工后，B 向 A 主动提出愿意帮忙用拖拉机在公路边拉直钢筋，A 明确予以拒绝，但 B 在 A 离开后自行用拖拉机在公路边拉直钢筋时发生意外，B 的行为也构成无偿个人帮工。

第二，帮工被明确拒绝。帮工多为临时性活动，在帮工人不听指派的情况下，被帮工人可以轻易拒绝其帮工。[①] 一旦被帮工人明确拒绝帮工人的帮工行为，帮工人的行为就不再是一种个人行为，而是干涉被帮工人事务的行为。另外，明确拒绝帮工也包括明确拒绝“换工”的情形。所谓的“换工”，即双方互相为对方提供某种劳务的情况。[②] 例如，A 之前为 B 提供过一定的劳务，B 出于人情，在 A 需要劳务时主动提出为其提供劳务。这种换工的性质是无偿的，如果 A 明确拒绝 B 提供劳务，也构成明确拒绝帮工。如果被帮工人拒绝帮工后，帮工人继续从事帮工活动，被帮工人知道或者应当知道的，有义务加以阻止。如果未作及时、有效的阻止，则

① 尹飞：《论义务帮工责任的独立地位》，《法学杂志》2009 年第 3 期。

② 王利明主编：《人身损害赔偿疑难问题》，中国社会科学出版社 2004 年版，第 446 页。

应该认为是一种对帮工行为的默许。拒绝应于损害发生前作出。①

第三，"明确拒绝"帮工的举证责任应当在被帮工人一方。被帮工人拒绝帮工的这一事实，将原则上免除被帮工人的人身保护责任，这对于在帮工过程中受伤的帮工人而言，将改变损害救济来源的格局。因此"明确拒绝"帮工的举证责任应当在被帮工人一方。② 具体来说，拒绝应对帮工人作出。至于帮工人得知这一拒绝的途径可以是被帮工人的直接口头拒绝、他人的传话、拒绝书等，方式不限。仅仅将拒绝的意思表示于第三人得知而未告知帮工人的，不发生拒绝的效果。③

(二) 有偿个人帮工

有偿个人帮工，是指帮工人主动有偿为被帮工人提供劳务，但未经被帮工人明确接受或者当事人之间无提供劳务交易习惯的情形。有偿个人帮工具有以下特征：

第一，有偿个人帮工的有偿性。通常来说，在涉及有偿个人帮工的情形，例如在大型批发市场门口进行上货等工作，提供劳务者一般都要求报酬。在参与上货工作的零工与货主之间通过合意建立个人有偿劳务关系的过程中，货主可以进行选任；在上货过程中，货主可以进行指示。另外，货主还可以选择风险更小的承揽合同模式，货主不参与指挥，而将完成上货作为一种合同履行的结果来对待，以规避用工风险。

第二，被帮工人未明确接受帮工或者当事人之间无提供劳务的交易惯例。《民法典》第 140 条第 2 款规定："沉默只有在有法律规定、当事人约定或者符合当事人之间的交易习惯时，才可以视为意思表示。"所谓"当事人之间"的交易习惯，应该理解为，除非被帮工人与帮工人之间在过去的交易过程中已经形成了先提供劳务后支付报酬的交易习惯④，否则被帮工人未明确接受的帮工人提供的劳务，都应该被界定为有偿帮工行为。

第三，被帮工人与帮工人之间建立有偿个人劳务关系的举证责任在帮

---

① 曹冬子：《关于帮工责任的若干思考》，《甘肃社会科学》2011 年第 4 期。

② 参见云南省文山壮族苗族自治州中级人民法院民事判决书 (2012) 文中民三终字第 58 号。

③ 曹冬子：《关于帮工责任的若干思考》，《甘肃社会科学》2011 年第 4 期。

④ 参见车志平：《雇佣关系与帮工、承揽等相似关系的界定及识别》，《人民司法》2011 年第 10 期。

工人一方。应当指出，被帮工人未明确接受帮工或者当事人之间无提供劳务交易习惯的帮工行为实际上是在被帮工人认识之外，可能并不符合被帮工人的意图，甚至可能加大被帮工人的风险。因此，就被帮工人与帮工人之间基于合意或者基于交易习惯建立有偿个人劳务关系的举证责任在帮工人，否则应当认定为有偿帮工关系。

（三）区分有偿个人帮工和无偿个人帮工关系的意义

对于无偿个人帮工，帮工人出于助人为乐的目的①，应该得到法律的认可和鼓励。即使被帮工人已经拒绝其帮工请求，帮工人仍然参加帮工活动也不能说就有过错。② 而有偿个人帮工，帮工人出于获取报酬的目的提供劳务，这种“有偿性”是帮工人试图强加给被帮工人的。而且，有的有偿个人帮工行为所从事的工作具有一定的危险性。对于具有危险性的工作，应该由当事人来选任和指示提供劳务的人。未经被帮工人明确接受或者当事人之间无提供劳务交易习惯主动提供劳务，排除了被帮工人的选任，被帮工人也不会或者未意识到可以对其进行指示，实际上增大了发生损害的风险。法律上对于个人有偿帮工关系，应当持否定性评价。因此，如果有偿个人帮工人在提供劳务过程中遭受人身损害，应当损害自担，不应该例外地适用个人帮工关系人身保护公平责任。下文关于个人帮工关系人身保护公平责任的讨论，仅限于无偿个人帮工关系。

第四节　无偿个人帮工关系人身保护公平责任的规则设计

一、无偿个人帮工关系人身保护公平责任的正当性

《民法典》第 118 条第 2 款规定：“债权是因合同、侵权行为、无因管理、不当得利以及法律的其他规定，权利人请求特定义务人为或者不为一定行为的权利。”从《人身损害赔偿司法解释》（法释〔2022〕14 号）第 5

① 最高人民法院民事审判第一庭编著：《最高人民法院人身损害赔偿司法解释的理解与适用》（第 2 版），人民法院出版社 2015 年版，第 191 页。

② 最高人民法院民事审判第一庭编著：《最高人民法院人身损害赔偿司法解释的理解与适用》（第 2 版），人民法院出版社 2015 年版，第 199 页。

条第 1 款后段的规定来看，“被帮工人明确拒绝帮工的”免除其人身保护责任。该款后段第 3 分句规定的“适当补偿”责任，既不是基于侵权责任的人身保护责任，也不是基于合同关系的补偿责任，更不构成无因管理合理费用请求权[①]和不当得利返还请求权。笔者认为，《民法典》第 118 条第 2 款规定的“法律的其他规定”，应该包括无偿个人帮工关系人身保护公平责任。

这种公平责任的正当性在于，帮工人为被帮工人提供的劳务客观上增加了被帮工人的利益，而这些利益被创造出来，首先是属于创造者，即帮工人的。《民法典》第 657 条规定：“赠与合同是赠与人将自己的财产无偿给予受赠人，受赠人表示接受赠与的合同。”原本帮工人拟将这些利益“赠予”被帮工人，既然被帮工人“明确拒绝帮工”，那么被帮工人也就没有与帮工人达成赠与合同。因此，用这一客观存在的利益，即所谓的“受益范围”来补偿帮工人在提供劳务过程中遭受的人身损害，实际上是帮工人在用自己创造的利益来填补自己的损害。这种规则创造性地将受益用于补偿帮工人的人身损害，可谓“益尽其用”，具有最佳的合理性。既兼顾了作为原《民通意见》上司法传统的公平责任定位，又未逾越个人帮工关系与个人劳务关系之间在人身保护责任领域的界限，值得赞许。

二、对适当补偿责任金额的“受益范围”限制及其局限性

沿着上述思路推演，就受益范围而言，理论上应当以被帮工人的实际受益减去被帮工人在不被帮助独自完成工作情况下获得的收益为界限。除非被帮工人自愿，否则不能超过这一范围。[②] 在特殊情形下，如果发生同一被帮工人的两位帮工人之间致害的情形，补偿责任的范围应当以两位帮工人共同创造的受益范围为限。

从实务中的案例看，人民法院在具体裁判中有突破“受益范围”限制的冲动。尽管对于无偿个人帮工的情形，人民法院会适用《人身损害赔偿司法解释》（法释〔2022〕14 号）第 5 条第 1 款关于“在受益范围内予以适当补偿”的规定进行说理；但在确定补偿金额时，却可能明显突破“受

① 最高人民法院民事审判第一庭编著：《最高人民法院人身损害赔偿司法解释的理解与适用》（第 2 版），人民法院出版社 2015 年版，第 194 页。

② 曹冬子：《关于帮工责任的若干思考》，《甘肃社会科学》2011 年第 4 期。

益范围内”这一限制，而是结合被告的受益范围及经济情况，按照原告因身体健康所受损失的一定比例（而非受益范围）酌定远超过受益范围的补偿金额。例如在一起案件中，原告右手三指不同程度粉碎性骨折，伤残程度七级，住院 15 天，人民法院按照人身损害赔偿标准的 15%（8 948.95 元）确定补偿金。而法院认定的事实是“原告主动参与玉米脱粒工作，经被告、证人拒绝后，仍参与工作，不慎将右手绞伤”①。这种司法实务对“受益范围”限制的突破，实际上苛加了被帮工人过重的责任负担，尤其对于“明确拒绝”帮工的情形，不尽合理，但也体现出无偿个人帮工关系人身保护公平责任本身的局限性。

由于被帮工人拒绝帮工后发生帮工人受损的情形，只存在于拒绝帮工后帮工人还在继续提供劳务，而被帮工人不知道也没有理由知道的情形，这种状态不可能持续太长时间。帮工人一般从事的都是日常生活工作或者简单农业、手工业生产性事务，其本身的经济价值不会太大。但无偿个人帮工活动涉诉争议一般都是与帮工活动直接相关的人身损害赔偿，随着医疗费用的上涨和人身损害赔偿标准的逐年提高，被帮工人的受益范围在损害赔偿金中所占比例也越来越小。在造成严重人身伤害或者死亡的案件中，无偿个人帮工关系人身保护公平责任无异于杯水车薪，导致其实用价值欠佳，要彻底化解损害填补风险还需要另寻他路。

三、应该保持无偿个人帮工关系人身保护公平责任的补充性

在使用人责任中，如果被使用人的人身损害是由第三人造成的，那么就存在使用人人身保护责任与第三人侵权责任的竞合问题。《民法典》第 1192 条第 2 款规定：“提供劳务期间，因第三人的行为造成提供劳务一方损害的，提供劳务一方有权请求第三人承担侵权责任，也有权请求接受劳务一方给予补偿。接受劳务一方补偿后，可以向第三人追偿。”而《人身损害赔偿司法解释》（法释〔2003〕20 号）第 14 条第 2 款第 1 句实际上是免除了“帮工人因第三人侵权遭受人身损害的”无偿个人被帮工人的人身保护责任，但该款第 2 句又规定：“第三人不能确定或者没有赔偿能力的，可以由被帮工人予以适当补偿。”这种“适当补偿”责任就无法从使用人

① 内蒙古自治区土默特右旗人民法院民事判决书（2014）土民初字第 233 号。

人身保护责任与第三人侵权责任竞合角度去解释，而是对无偿个人帮工关系人身保护公平责任的补充性适用，即第三人侵权责任是优先于无偿个人帮工关系人身保护公平责任适用的救济方式。但《人身损害赔偿司法解释》(法释〔2022〕14号）第5条第2款废除了被帮工人补偿责任的补充性，实际上削弱了无偿个人帮工关系人身保护公平责任的程序负担补充性优势，合理性存疑。

如前所述，《人身损害赔偿司法解释》（法释〔2003〕20号）第14条第2款未区分“未明确拒绝帮工”的无偿个人劳务关系和“明确拒绝帮工”的无偿个人帮工关系。① 因此，在“帮工人因第三人侵权遭受人身损害的”情形，还应该进一步区分是个人劳务关系还是个人帮工关系。笔者认为，个人劳务关系下的“帮工人因第三人侵权遭受人身损害的……第三人不能确定或者没有赔偿能力的”，无偿个人劳务的受益人应当承担人身保护责任，但这种人身保护责任应当比照原《侵权责任法》第35条和《民法典》第1192条第1款的规定，适用过错责任以区别于有偿劳务关系和劳动关系。

如果帮工人与被帮工人之间是个人帮工关系，那么第三人侵权造成帮工人受损，被帮工人不应当承担人身保护责任，也就不存在与第三人侵权责任的竞合问题。在这种情形下，可以比照个人帮工关系的人身保护公平责任，在第三人不能确定或者没有赔偿能力的情形下，由被帮工人“在受益范围内”予以适当补偿。

四、多顺位补偿机制定位下的条文设计

笔者认为，不应将被帮工人基于受益补偿的人身保护公平责任作为优先顺位的救济手段，而应当考虑到社会保险和商业保险的救济功能，建立起多顺位补偿机制。结合上文的分析，如果因第三人侵权导致无偿个人帮工人在从事帮工过程中受损，首先应当由侵权人承担责任。如果帮工人有基本医疗保险，基本医疗保险基金可以先行支付医疗费用后向第一顺位的

---

① 《人身损害赔偿司法解释》（法释〔2003〕20号）起草过程中似乎没有明确注意到这一区分的价值，只是提出在第三人侵权的情形下“不以‘明确拒绝’为前提”。参见最高人民法院民事审判第一庭编著：《最高人民法院人身损害赔偿司法解释的理解与适用》（第2版），人民法院出版社2015年版，第199页。

侵权人追偿。① 如果该帮工人购买了人寿保险，则可以获得人寿保险的救济。② 如果仍然无法获得充分救济，才应当考虑由被帮工人在受益范围内承担补偿责任。

① 《社会保险法》第30条第1款第2项和第2款规定："下列医疗费用不纳入基本医疗保险基金支付范围：……（二）应当由第三人负担的；……医疗费用依法应当由第三人负担，第三人不支付或者无法确定第三人的，由基本医疗保险基金先行支付。基本医疗保险基金先行支付后，有权向第三人追偿。"

② 《保险法》第46条规定："被保险人因第三者的行为而发生死亡、伤残或者疾病等保险事故的，保险人向被保险人或者受益人给付保险金后，不享有向第三者追偿的权利，但被保险人或者受益人仍有权向第三者请求赔偿。"

第十二章　见义勇为人受损受益人补偿责任论

《民法典》第 183 条规定："因保护他人民事权益使自己受到损害的，由侵权人承担民事责任，受益人可以给予适当补偿。没有侵权人、侵权人逃逸或者无力承担民事责任，受害人请求补偿的，受益人应当给予适当补偿。"该条规定对原《民法通则》第 109 条和原《侵权责任法》第 23 条的规则进行了一定的修正，其中受害人请求侵权人承担民事责任并无争议，但受益人补偿责任的适用难题并未得到有效解决，而该条第 1 句中新增加的"受益人可以给予适当补偿"的规则又增加了司法适用的新疑难，有必要一并作出澄清。

第一节　对见义勇为人受损受益人补偿责任的界定

就原《民法通则》第 109 条、原《侵权责任法》第 23 条和《民法典》第 183 条调整的法律现象应该如何指称，最常见的表达是“见义勇为”，也有学者提出了紧急救助[①]、防止侵害行为[②]、制止侵害行为[③]等表述方式。笔者认为，如果使用“紧急救助”的概念，容易造成《民法典》第183条和第184条[④]指称的混淆。而《民法典》第183条使用的“保护”表述，已经改变了原《民法通则》和原《侵权责任法》上的“防止、制止”的表述方式，不宜再称之为“防止侵害行为”或者“制止侵害行为”。尽管“见义勇为”不是传统法律术语，而且“见义”和“勇为”的道德性意味也较重，但考虑到从《民事案件案由规定》（法发〔2008〕11号）设立“127、见义勇为人受害赔偿、补偿纠纷”案由开始，到修改后的《民事案件案由规定》（法〔2011〕42号）设立了“358、见义勇为人受害责任纠纷”这一案由，并在《民事案件案由规定》（法〔2020〕347号）中继受为“384. 见义勇为人受害责任纠纷”，为方便在中国法语境下讨论这一规则，称之为“见义勇为”也未尝不可，关键还是对其规则本身的正当性和法律适用进行解读。

一、界定见义勇为人受损受益人补偿责任的关键点

要准确地界定见义勇为人受损受益人补偿责任，有如下关键点需要确认。

（一）“受害人”（见义勇为人）与“受益人”之间的关系

从见义勇为人受损受益人补偿责任的历史源流和实务中的适用范围来看，见义勇为人仅限于自然人，而受益人则无此限制。见义勇为行为本身属于事实行为，而非民事法律行为，对行为人的民事行为能力并无要求。立法虽不宜提倡民事行为能力不完全的未成年人等实施见义勇为行为，但一旦发生则仍应给予肯定。[⑤] 立法并未明文排除受益人与被侵权人之间存

① 张海峡、白云飞、黄晓扣：《紧急救助论——见义勇为立法的民法法理依据》，《河北经贸大学学报》2000年第6期。

② 贺光辉：《见义勇为行为民法属性新探》，《广西社会科学》2002年第4期。

③ 杨立新：《侵权责任法》，法律出版社2010年版，第157页。

④ 《民法典》第184条规定：“因自愿实施紧急救助行为造成受助人损害的，救助人不承担民事责任。”

⑤ 王雷：《见义勇为行为中的民法学问题研究》，《法学家》2012年第5期。

在约定或法定义务的情形。[①] 有约定义务的，还可以在约定义务框架下，如在劳动场所的见义勇为行为，增加见义勇为人的额外救济来源。[②]

（二）对“他人”的理解

见义勇为中的“他人”，应该是客观上为他人利益，而非要求主观认识正确，具体来说：第一，误将他人民事权益当作自己的民事权益予以保护，致使自己遭受损害的，构成误信管理，不适用无因管理的规定[③]，却可以适用见义勇为人受损受益人补偿责任。[④] 第二，“他人”民事权益同时可以包含见义勇为人的利益。[⑤] 第三，无见义勇为情节而试图通过主张见义勇为来获得补偿的案件不能适用见义勇为的相关规定，即无须认定其行为是否为他人利益。例如原告在火灾发生时跑到二楼然后跌落摔伤，如果其到二楼的行为无法被证明是救火，就不能被认定为见义勇为。[⑥]

（三）对“民事权益”的理解

实务中对“民事权益”的理解有如下的特点：

第一，减轻“程序负担”也被视为民事权益。例如，一辆公交车因故障停车熄火，被告对此不满与司机发生纠纷，对司机实施殴打后试图逃跑。同车乘客（原告）为阻止被告逃跑，被被告打伤。[⑦] 在这种情形下，尽管他人民事权益已经被侵害，但阻止侵权人逃跑使得侵权人能够更容易被确认，对于被侵权人来说仍然具有减轻程序负担的利益，可以被视为民事权益。

第二，“民事权益”并无重大性要求，例如一未成年人为另一未成年人捞衣服溺水身亡，最终法院判决承担5%的补偿责任。[⑧] 民法上的见义

---

① 王轶：《作为债之独立类型的法定补偿义务》，《法学研究》2014年第2期。

② 对于工伤认定与见义勇为补偿的并用，应该慎重，参见黄雪兰：《工伤认定及其赔偿规则之探讨》，《当代法学》2003年第8期。

③ 林诚二：《民法债编总论——体系化解说》，中国人民大学出版社2003年版，第109页。

④ 王轶：《作为债之独立类型的法定补偿义务》，《法学研究》2014年第2期。

⑤ 江西省宜春市中级人民法院民事判决书（2014）宜中民一终字第142号。

⑥ 湖南省永州市冷水滩区人民法院民事判决书（2012）永冷民初字第292号。

⑦ 辽宁省沈阳市和平区人民法院民事判决书（2014）沈和民一初字第00678号。

⑧ 辽宁省锦州市中级人民法院民事判决书（2014）锦民二终字第00332号。此案是否合理，还需要进一步斟酌。

勇为构成要件较之行政奖励的见义勇为条件，不应包括诸如贡献突出、表现突出、事迹突出等要素。①

第三，即使见义勇为行为没有使得被告受益，仍然可能判决由被告补偿。有法院认为，规劝行为没有阻止他人自杀，被规劝人的父母未从规劝行为中实际获得利益，但仍然依据见义勇为的规定要求受益人予以补偿。②

（四）“保护”与“防止、制止”的差别

见义勇为一般具有一定的对抗性，大多数发生在紧急情况下，如与各种违法犯罪作斗争或者抢险救灾，因而也就具有一定的危险性。原《民法通则》第109条的对抗性要求是“因防止、制止国家的、集体的财产或者他人的财产、人身遭受侵害”，原《侵权责任法》第23条的对抗性要求是“因防止、制止他人民事权益被侵害”，二者无实质性的差别。而《民法典》第183条的“因保护他人民事权益”的表述则缓和了对抗性要求而更强调行为的目的性，从文义上可能排除以“劝架”等方式“防止、制止”他人民事权益遭受侵害但不是“保护”他人民事权益的情形。而在司法实务中，依据原《侵权责任法》和原《民法通则》的表述，上述情形中的补偿请求通常是被支持的。③

二、《民法典》背景下对见义勇为人受损受益人补偿责任的界定

学说上基于原《民法通则》和原《侵权责任法》条文对见义勇为的典型界定是：“自然人没有法定或者约定的义务，为保护国家利益、社会公共利益或者他人人身、财产安全，在紧急情况下实施的防止、制止不法侵

---

① 曾大鹏：《见义勇为立法与学说之反思——以〈民法通则〉第109条为中心》，《法学论坛》2007年第2期。

② 重庆市第一中级人民法院民事判决书（2012）渝一中法民终字第03101号。

③ 广东省东莞市中级人民法院民事判决书（2014）东中法民一终字第1421号；陕西省西安市莲湖区人民法院民事判决书（2011）莲民二初字第88号；河南省西峡县人民法院民事判决书（2014）西西民初字第82号；河南省洛阳市涧西区人民法院民事判决书（2013）涧民一初字第401号。

害或者抢险救灾的危难救助行为。”[①] 或者是：“自然人在履行法定职责或特定义务之外，为保护国家、公共的或他人的利益，而与各种违法犯罪作斗争、抢险救灾的正义之举。”[②] 结合上文对《民法典》条文的分析，笔者建议，将“见义勇为受损者”界定为因保护他人民事权益使自己受到损害的自然人，将“见义勇为受益者”界定为因他人保护自己民事权益不受侵害而使自己受益的人，将“见义勇为人受损受益人补偿责任”界定为见义勇为受益者对见义勇为受损者承担的适当补偿责任。

第二节　我国见义勇为人受损受益人补偿责任的确立过程

一、社会主义法系“因抢救社会主义财产而发生的债”的确立

我国建立独立的见义勇为人受损补偿机制源于苏俄民法[③]，具体来说是源于苏俄民法上的“因抢救社会主义财产而发生的债”，其确立过程如下。

（一）20世纪40年代苏俄司法实践中“因抢救社会主义财产而发生的债”的确立

1922年《苏俄民法典》第二章规定“由合同产生的债”，第十二章规定“因不当得利所发生之债”，第十三章规定“因致他人损害所生之债”，既没有关于无因管理的规定，也没有关于“因抢救社会主义财产而发生的债”的相关规定，这一债的发生实际上是源于20世纪40年代苏联的司法实践。在两起公民因主动参加救火抢救社会主义财产分别丧失劳动能力和死亡的案件中，苏联法院在没有民事赔偿规定的情况下满足了丧失劳动能

① 王雷：《见义勇为行为中的民法学问题研究》，《法学家》2012年第5期。

② 曾大鹏：《见义勇为立法与学说之反思——以〈民法通则〉第109条为中心》，《法学论坛》2007年第2期。

③ 徐同远：《见义勇为受益人与行为之间法律关系的调整》，《法治研究》2012年第12期。

力者本人和死者遗孀的赔偿请求①，其主要依据是 1936 年《苏联宪法》第 131 条的规定："苏联每一个公民都必须保护和巩固社会主义公有制，因为它是苏维埃制度神圣不可侵犯的基础、祖国富强的源泉、全体劳动者富裕文明生活的源泉。""侵犯社会主义公有制的人就是人民的公敌。"

第一个案件是苏联最高法院民事审判庭 1940 年 9 月 6 日作出的第 986 号"马尔齐尤克诉捷尔仁斯基铁路局案"裁定：马尔齐尤克乘坐火车时，主动参与扑灭停在邻近线路上的车辆中发生的火灾。马尔齐尤克提起诉讼请求铁路局赔偿其在扑灭火灾时所蒙受的人身与财产的损害。民事审判庭认为，马尔齐尤克的行为在这种情况下并不是为了个人的利益，而是为了保护社会主义国家的财产利益。依照《苏联宪法》第 131 条的规定，保护和巩固社会主义财产是每个公民的责任，因而法院应该根据《苏俄民事诉讼法典》第 4 条责成铁路局赔偿马尔齐尤克所蒙受的人身和财产损害，因为马尔齐尤克的行为是为了保护铁路的财产。②

第二个案件是苏联最高法院民事审判庭 1949 年 6 月 30 日作出的第 36/743 号"倍齐可夫-冈恰林科诉'迪那摩'体育协会损害赔偿案"裁定：倍齐可夫在"迪那摩"体育场内，因参加扑救火灾、抢救公共财产而在大火中丧生。倍齐可夫的妻子提起诉讼请求判令"迪那摩"体育协会支付倍齐可夫用以抚养妻女的那一部分工资同她们所领的抚恤金的差额。民事审判庭认为，依据《苏联宪法》第 131 条和《乌克兰共和国民事诉讼法典》第 6 条，倍齐可夫按照社会主义的道德原则与苏联宪法关于全力保护和巩固社会主义公共财产的指示，完成了英勇的举动，尽了他的公民义务。这种情况下，倍齐可夫牺牲了自己的生命抢救了"迪那摩"体育协会的财产，该协会对于依靠倍齐可夫生活的家属的境况就不能漠不关心。③

当时的苏俄民法理论认为，抢救社会主义组织的财产使其脱离危险（火灾、盗窃等等）、免受毁灭或损害的可以产生债，此种债的主体是公民

① ［苏］B. П. 格里巴诺夫、C. M. 科尔涅耶夫主编：《苏联民法》（下册），中国社会科学院法学研究所民法经济法研究室译，法律出版社 1986 年版，第 428 页，脚注 1。

② ［苏］A. B. 维涅吉克托尔：《苏联民法对社会主义财产的保护》，谢怀栻、李为译，法律出版社 1957 年版，第 79－80 页。

③ ［苏］A. B. 维涅吉克托尔：《苏联民法对社会主义财产的保护》，谢怀栻、李为译，法律出版社 1957 年版，第 80－81 页。

和社会主义组织。债权人只能是公民，不能是组织，虽然组织也可能采取抢救行动；而有义务赔偿损失的债务人则只能是组织，而不能是公民。这种新的债既不同于侵权之债、合同之债，也不同于无因管理之债。之所以因抢救社会主义财产而发生的债不属于无因管理，是因为对于公民而言，不能把社会主义组织的事务视为他人的事务①，进行抢救的公民是在履行其义务。② 这一理论的进一步发展是，不但公民因抢救社会主义财产而遭受损失要求赔偿是一种特殊类型的债，而且预防他人的生命和健康受到损害的行为，也属于这一债的类型。③

（二）20世纪60年代苏俄民事立法中“因抢救社会主义财产而发生的债”的确立

1961年《苏联民事立法纲要》第4条“民事权利和民事义务发生的根据”排除了“无因管理”作为债的发生依据④，同时在第95条第1款明确了“对抢救社会主义财产时所受损害的赔偿”是债的发生依据：“公民在抢救社会主义财产而使它脱险时所受的损害，应当由为受害人抢救的财产的所属组织赔偿。”⑤

1964年《苏俄民法典》在此基础上特别设立了第四十一章“因抢救社会主义财产而发生的债”，该章唯一的条文第472条“对抢救社会主义财产时所受损害的赔偿”第1款规定：“公民在抢救社会主义财产使其脱离危险时所受的损害，应当由受害人抢救的财产的所属组织赔偿。”第2款规定：“对这种损害的赔偿，相应地适用本法典第444条第1款、455条、457条、459条、460条第2款和第3款、461条、462条和464至471条的规定。”该条第2款引述的条文均为第四十章“因致人损害而发

① ［苏］B. П. 格里巴诺夫、C. M. 科尔涅耶夫主编：《苏联民法》（下册），中国社会科学院法学研究所民法经济法研究室译，法律出版社1986年版，第428页。

② 参见［苏］C. H. 布拉都西主编：《苏维埃民法》（上），中国人民大学民法教研室译，中国人民大学出版社1954年版，第361页。

③ 参见［苏］格拉维、诺维茨基主编：《债权法分论（关于几种债的研究）》，王明毅等译，中国人民大学出版社1957年版，第361－362页。

④ 中国科学院法学研究所译：《苏联民法纲要和民事诉讼纲要》，法律出版社1963年版，第5页。

⑤ 中国科学院法学研究所译：《苏联民法纲要和民事诉讼纲要》，法律出版社1963年版，第41页。

生的债”的规定，即可以理解为准用侵权责任的规定。1964年《苏俄民法典》较之1961年《苏联民事立法纲要》增设了第四十二章“由不当取得财产或不当聚积财产而发生的债”，可见，苏俄民法上不但认为因抢救社会主义财产而发生的债不属于无因管理，而且把无因管理制度也废除了，代之以“因抢救社会主义财产而发生的债”制度，以对应传统民法的侵权行为、无因管理和不当得利三种合同之外的债的发生原因。

（三）前社会主义国家民法典对“因抢救社会主义财产而发生的债”的继受

率先继受“因抢救社会主义财产而发生的债”这一新体例的是1962年《蒙古民法典》。[①] 时至今日，《蒙古民法典》在第五编“非合同责任”中设第四十八章“致人损害的责任”，接着设第四十九章“因抢救他人财产发生的损害赔偿”，与1964年《苏俄民法典》类似，本章只有第395条一个条文：“在抢救他人财产使其脱离危险时受损害的公民，有权要求此等财产的所有人或占有、使用、处分权人（本法典第88条）赔偿此等损害。”[②]

捷克斯洛伐克社会主义共和国的继受则更为明显。1950年《捷克斯洛伐克共和国民法典》并无类似规定[③]，但1964年《捷克斯洛伐克社会主义共和国民法典》就追随了1964年《苏俄民法典》的这种体例，并且首先在第415条明确了损害预防义务：“每个人都有义务防止对健康和财产造成损害或者有损于社会或个人而不当得利。”第416条规定：“1. 关于有发生重大损害危险的情形向有关机关提出警告的义务，是普遍的义务。为防止损害需要采取紧急措施的时候，除这样做有重大妨碍或者因此会使防止损害的人或他的亲近人遭受严重危险的情形外，应当立即采取这种措施。2. 对于重大不当得利的危险，也适用第1项的规定。”第419条则是对损害预防行为人费用和受损的规定：“对于防止致人损害的危险或者妨碍不当得利的人，由于这个人的行为而受益的人，应当赔偿他所合理开支的费用和因此而遭受的损害。赔偿的数额不得超过防止的损害或不当

① ［苏］苏哈诺夫：《社会主义民法典的体系》，载法学教材编辑部《民法原理》资料组：《外国民法资料选编》，法律出版社1983年版，第144页。

② 海棠、吴振平译：《蒙古国民法典》，中国法制出版社2002年版。

③ 郑民译：《捷克斯洛伐克共和国民法典》，法律出版社1956年版。

得利的数额。”①

1975 年《德意志民主共和国民法典》也继受了这一体例，在第五编“保护生命、健康及财产免受损害”第一章“防止损害”第一节“防止损害及预防危险的一般义务”第 323 条规定：“公民和企业均应遵守社会主义道德准则，为保护社会主义社会及其公民和企业免受损失或损害而积极地防止损害和预防危险。以下所规定的权利义务有助于全体公民增强关心生命、健康及财产的观念。”第 324 条是对“避免损害及危险的义务”的规定：“公民和企业均应使其行为不致危害公民的生命健康，亦不致损害社会主义财产或公民的个人财产。”第 325 条是对“防止损害及危险的义务”的规定：“公民和企业均应采取必要的措施，防止威胁公民生命健康和损害社会主义财产及公民个人财产的紧急危险。但是行为人或其他公民的生命健康可能因此受到危害或另有其他重大理由的，可以免除这种义务。”第 326 条进一步规定：“（一）、公民或企业出于对社会的责任感采取行动防止或减轻损害、避免危险的，可以要求补偿在当时的情况下被认为必须支出的费用，也可以要求赔偿为此所受的损失。这种要求应向对危险事态的发生负有责任的人或者为其利益采取行动的人提出。（二）、公民在意外事件或灾难中，提供援救或者采取行动，保卫其他公民的生命健康或公共秩序及安全利益的，可以根据有关法规并按第一款向国家保险机构主张请求权。国家赔偿机构承认赔偿的，上述请求权即转移给国家保险机构。（三）、公民基于公务或职业的理由采取行动的，只有在没有得到政府或社会福利形式的补偿的情况下，才享有请求权。”②

二、见义勇为人受损受益人补偿责任在我国民法上的确立过程

（一）20 世纪 50 年代新中国第一次民法典起草在侵权法中确立保护社会主义财产受到损害的补偿规则

1955 年 10 月 24 日《债篇通则第一次草稿》，规定了“由计划法律法令所生的债”、“由契约所生的债”、“由无因管理所生的债”和“由侵权行

① 陈汉章译：《捷克斯洛伐克社会主义共和国民法典》，法律出版社 1981 年，第 101 页。

② 费宗祎译：《德意志民主共和国民法典》，法律出版社 1982 年版，第 112－113 页。

为所生的债”。在“由侵权行为所生的债”中，第 46 条规定：“因保护社会主义财产而受到损害的时候，受害人和他的家属可以根据本法第四十一条、第四十二条①的规定向国家有关单位请求生活、医药费用或者抚恤金。”随后的 1957 年 1 月 7 日《债权篇通则草稿》和 1957 年 1 月 9 日《债的通则第二次稿（另案）》均是在侵权之债而非无因管理之债中对“保护社会主义财产而受到损害”的补偿进行规定，1957 年 2 月 10 日《损害赔偿［第三次草稿］》也坚持了这种体例。需要指出的是，尽管这些草案条文在起草时间上甚至早于 1964 年《苏俄民法典》，但这也实际上印证了前述 20 世纪 50 年代已经在中国翻译出版的苏维埃民法教科书将“因抢救社会主义财产而发生的债”的理论介绍到了中国，该理论已经作为主流学说得到了继受。②

（二）20 世纪 80 年代新中国第三次民法典起草对损害预防义务及其补偿规则的确立

尽管 20 世纪 60 年代我国第二次民法典起草没有涉及侵权法规则，但当时发生的“草原英雄小姐妹”英雄事迹③，可谓中国版的“因抢救社会主义财产而发生的债”的典型案例。《中华人民共和国民法草案（征求意见稿）》（1980 年 8 月 15 日）受苏俄、东欧民法的影响，第五编“损害责任”在第二章“损害责任的一般规定”之前先设置了第一章“损害的预防”。第 438 条第 1 款规定：“公民和法人都有义务防止和避免对社会主义

① 该草案第 41 条规定：“加害人损害他人身体的健康，应当赔偿被害人的治疗期间的医药费用和失去应得的工资。如果受害人在治疗以后失去部分或者全部劳动力的，加害人应当在一定期间内赔偿受害人应得的工资，或者津贴生活费用。”“加害人造成他人死亡，除负担受害人医药丧葬费用外，并在一定期限内承担受害人生前所抚养的人的生活费用。”第 42 条规定：“加害人损害他人财产，应当负责恢复原状，如果不可能恢复原状，可以用金钱赔偿。”

② 这一时期涉及“因抢救社会主义财产而发生的债”的苏联教科书主要包括：［苏］C. H. 布拉都西主编：《苏维埃民法》（上），中国人民大学民法教研室译，中国人民大学出版社 1954 年版；［苏］A. B. 维涅吉克托尔：《苏联民法对社会主义财产的保护》，谢怀栻、李为译，法律出版社 1957 年版；［苏］格拉维、诺维茨基主编：《债权法分论（关于几种债的研究）》，王明毅等译，中国人民大学出版社 1957 年版。

③ 1964 年 2 月 9 日，蒙古族少女龙梅和玉荣，为生产队放羊时遭遇暴风雪，为不使生产队遭受损失，两人始终追赶羊群，直至晕倒在雪地里。因为严重冻伤，二人都做了不同程度的截肢。她们的英勇事迹，被誉为“草原英雄小姐妹”。

公共财产或者公民的人身、财产造成损害。”第 439 条规定：“公民在社会主义公共财产和他人的人身、财产遭受损害或者有遭受损害危险的时候，不顾个人安危，积极援救或者设法防止的，应当受到表扬或奖励。”需要特别注意的是，第 439 条第 2 款就使用了“他人”的概念来对应第 1 款的“社会主义公共财产和他人的人身、财产”：“公民因防止他人受损害而使自己遭受损害的，有关单位或者受益人应当给予补偿。”① 1981 年 4 月 10 日“三次二稿”第四编“侵权损害的责任”取消了“三次一稿”的“损害的预防”章节名称，并入第一章“一般规定”，但在第 339 条过错责任一般条款之前，仍然用四个条文规定了损害的预防及其补偿规则，内容与“三次一稿”类似。② 这一体例被“三次三稿”③ 和“三次四稿”④ 所继受。

新中国第三次民法典起草中的损害预防义务及其补偿规则，有两大特点：第一，由于确立了损害预防义务，“防止和避免……损害”就不再属于“无因管理”的范畴，而是履行法定义务，这样就既兼顾了中国民法较之当时的苏联民法增加了无因管理作为债的发生原因的立法体例，又延续了这种社会主义法系的立法传统。第二，在适用范围上，已经从第一次民法典起草中仅仅保护“社会主义财产”，扩展到了“社会主义公共财产或者公民的人身、财产”，这与同时期苏联民法理论和东欧社会主义国家民事立法的继受和发展趋势保持了高度一致。

（三）原《民法通则》上见义勇为人受损补偿责任的确立

对比“三次四稿”可以看到，原《民法通则》取消了对损害预防义务的规定，而在第 109 条保留了补偿义务的规定，措辞也有一定的调整，规则也更加明确：“因防止、制止国家的、集体的财产或者他人的财产、人身遭受侵害而使自己受到损害的，由侵害人承担赔偿责任，受益人也可以

① 何勤华、李秀清、陈颐编：《新中国民法典草案总览》（下卷），法律出版社 2003 年版，第 427 页。

② 何勤华、李秀清、陈颐编：《新中国民法典草案总览》（下卷），法律出版社 2003 年版，第 481 页。

③ 何勤华、李秀清、陈颐编：《新中国民法典草案总览》（下卷），法律出版社 2003 年版，第 553 页。

④ 何勤华、李秀清、陈颐编：《新中国民法典草案总览》（下卷），法律出版社 2003 年版，第 615 页。

给予适当的补偿。”

徐国栋教授评论认为，原《民法通则》第 109 条扩张了苏联式的抢救社会主义财产之债的范围，把抢救行为的受益人与加害人并列为赔偿义务的承担者，把抢救的财产设定为不以社会主义财产为限，形成了社会主义中国的好撒马利亚人法。同时也指出，由于没有规定损害预防义务，可认为第 93 条与第 109 条是从不同渊源继受实际上是相同的制度造成的重复立法。[①] 这一“重复立法”所指，就是认为原《民法通则》第 109 条规定的见义勇为人受损受益人补偿责任仍然应该适用无因管理的规定。

反观原《民法通则》第 93 条无因管理制度的确立过程就会发现，这一看法可能存在“以今观古”的嫌疑。如前所述，新中国第一次民法典起草时就将无因管理与侵权责任并列规定，但第三次民法典起草的“三次一稿”和“三次二稿”并没有规定无因管理，这与继受 1964 年《苏俄民法典》不无关系。无因管理的规定第一次出现在“三次三稿”第四编“合同”第十四章“委托、信托、居间”第 322 条：“没有受人委托，也没有法律上的义务，主动代为管理有利于他人的事务的，应当受到表扬。因管理事务所支出的必要费用，受益人应当偿还。”[②] “三次四稿”的相应条文未作改变，后在原《民法通则》起草时被纳入第五章“民事权利”第二节“债权”中。可以看出，原《民法通则》上的无因管理，其设计原型就是主动代为“管理”有利于他人的事务的双方法律关系。从立法史来看，见义勇为在我国立法上并非一种特殊的无因管理，立法者毋宁是将其作为无因管理的例外情况，予以另外规定、特别处理。[③]

（四）原《民法通则》之后司法解释对见义勇为人受损受益人补偿责任的发展

为了解决实务中侵害人赔偿责任与受益人补偿责任关系不明，可能导致出现由侵权人和受益人分担责任[④]的具体适用问题，原《民通意见》第

---

① 徐国栋：《见义勇为立法比较研究》，《河北法学》2006 年第 7 期。

② 何勤华、李秀清、陈颐编：《新中国民法典草案总览》（下卷），法律出版社 2003 年版，第 536 页。

③ 章程：《见义勇为的民事责任——日本法的状况及其对我国法的启示》，《华东政法大学学报》2014 年第 4 期。

④ 河南省沁阳市人民法院民事判决书（2014）沁民西万初字第 00050 号。

142条规定："为维护国家、集体或者他人合法权益而使自己受到损害，在侵害人无力赔偿或者没有侵害人的情况下，如果受害人提出请求的，人民法院可以根据受益人受益的多少及其经济状况，责令受益人给予适当补偿。"为了进一步确定受益补偿的范围，《人身损害赔偿司法解释》（法释〔2003〕20号）第15条规定："为维护国家、集体或者他人的合法权益而使自己受到人身损害，因没有侵权人、不能确定侵权人或者侵权人没有赔偿能力，赔偿权利人请求受益人在受益范围内予以适当补偿的，人民法院应予支持。"正是《人身损害赔偿司法解释》（法释〔2003〕20号）第15条对见义勇为人受损受益人补偿责任的规定，最终将这一规则从民事责任的一般规则推入原《侵权责任法》的怀抱。正是因为这一条文规定在《人身损害赔偿司法解释》（法释〔2003〕20号）中，也就进一步强化了其处理行为人因为见义勇为行为所受的人身损害救济的规则属性。

（五）原《侵权责任法》上见义勇为人受损补偿责任的确立

自2002年年底《中华人民共和国民法（草案）》第八编"侵权责任法"开始，草案起草机关就将见义勇为人受损受益人补偿责任纳入侵权责任规定，这在参与起草的主要学者之间并无太大的理论争议。① 最终在原《侵权责任法》第23条作出了明文规定："因防止、制止他人民事权益被侵害而使自己受到损害的，由侵权人承担责任。侵权人逃逸或者无力承担责任，被侵权人请求补偿的，受益人应当给予适当补偿。"

原《侵权责任法》草案起草机关对见义勇为人受损受益人补偿责任的解读是："按照侵权责任构成的一般原理，受益人不是侵权责任人，对被侵权人而言本身不存在任何过错，与被侵权人的损害没有因果关系，因此不应当负有赔偿的责任，完全应当由侵权人承担责任。但是，如果不是为了受益人的利益，被侵权人也不会遭受损害，当侵权人逃逸或者侵权人根本无力赔偿时，被侵权人由于见义勇为行为而遭受损害得不到任何赔偿和补救也不公平，不利于社会助人为乐良好风气的形成，不符合公平正义的精神，因此，为了较好地解决矛盾、平衡利益、分担损失，让受益人适当

① 杨立新教授和张新宝教授对这一问题的态度较为明确，均认为是从无因管理制度中分离出的特殊补偿制度。王利明教授也认为是基于公平责任的一种特殊补偿。详见后文。

给予被侵权人补偿是可以的。”①

三、我国见义勇为人受损受益人补偿责任的问题意识迁移

按照草案起草机关的说法，《民法典》第 183 条的规定与原《民法通则》第 109 条和原《侵权责任法》第 23 条的规定一脉相承。② 但是，如果仔细比较就会发现，在这种名义上的“一脉相承”下，立法体现的问题意识却有一定的迁移。

原《民法通则》第 109 条规定：“因防止、制止国家的、集体的财产或者他人的财产、人身遭受侵害而使自己受到损害的，由侵害人承担赔偿责任，受益人也可以给予适当的补偿。”在这一规定中，侵权人的赔偿责任与受益人的补偿责任是并行的，且没有明确受益人补偿责任的范围和与侵权人赔偿责任的适用顺序。

原《民通意见》第 142 条明确了受益人补偿责任的适用条件、当事人主义和补偿责任确定的考量因素：“为维护国家、集体或者他人合法权益而使自己受到损害，在侵害人无力赔偿或者没有侵害人的情况下，如果受害人提出请求的，人民法院可以根据受益人受益的多少及其经济状况，责令受益人给予适当补偿。”《人身损害赔偿司法解释》（法释〔2003〕20 号）第 15 条在原《民通意见》的基础上，增加了“不能确定侵权人”的适用情形：“为维护国家、集体或者他人的合法权益而使自己受到人身损害，因没有侵权人、不能确定侵权人或者侵权人没有赔偿能力，赔偿权利人请求受益人在受益范围内予以适当补偿的，人民法院应予支持。”这两条司法解释并未明确，如果侵权人承担了赔偿责任但见义勇为人仍然面临救济不足，是否可以由受益人予以适当的补偿。

原《侵权责任法》第 23 条结合上述两条司法解释的补充，区分侵权人能否承担责任来配置损失填补来源，确立了“侵权人承担责任为原则，受益人适当补偿为补充”的新体例：“因防止、制止他人民事权益被侵害而使自己受到损害的，由侵权人承担责任。侵权人逃逸或者无力承担责

---

① 王胜明主编：《中华人民共和国侵权责任法解读》，中国法制出版社 2010 年版，第 113 页。

② 黄薇主编：《中华人民共和国民法典总则编解读》，中国法制出版社 2020 年版，第 599 页。

任，被侵权人请求补偿的，受益人应当给予适当补偿。”这一规定实质上明确了侵权人承担了赔偿责任但见义勇为人仍然面临救济不足时，不能请求受益人予以适当的补偿，这改变了原《民法通则》第 109 条的规定模式。

按照原《侵权责任法》区分侵权人能否承担责任配置损失填补来源的思路，《民法典》第 183 条第 1 句适用于侵权人完全能够承担赔偿责任的情形：“因保护他人民事权益使自己受到损害的，由侵权人承担民事责任，受益人可以给予适当补偿。”第 2 句适用于无法由侵权人单独承担全部赔偿责任的情形：“没有侵权人、侵权人逃逸或者无力承担民事责任，受害人请求补偿的，受益人应当给予适当补偿。”

需要指出的是，较之原《侵权责任法》第 23 条的规定，《民法典》第 183 条第 1 句在内容上实质等同于原《民法通则》第 109 条，即在侵权人承担了赔偿责任但见义勇为人仍然面临救济不足时，重新增加了受益人补偿责任适用的可能。这是因为，由于《人身损害赔偿司法解释》（法释〔2022〕14 号）规定的人身损害赔偿制度具有较强的定型化计算特点，而我国司法实务中精神损害赔偿金额一般较低，即使侵权人按照该司法解释的规定承担了侵权责任，仍然不免存在见义勇为人无法获得充分救济的情形。尤其是在刑事附带民事诉讼中，由于民事法庭和刑事法庭对精神损害赔偿认识上的差异，死亡赔偿金或者残疾赔偿金难以获得刑事法庭的支持。因此，受益人的补偿，实际上是在不苛加受益人过重负担的情形下，首先是尽量填补损害，并尽可能地对见义勇为人进行“优待”。因此，由侵权人承担民事责任之后，“受益人可以给予适当补偿”应当是受益人主动行为，而不是基于见义勇为人的主动请求。[①] 这种“优待”，与立法机关“弘扬社会主义核心价值观，鼓励和支持舍己为人的高尚行为”[②] 的立法目的是相吻合的。

---

① 杨立新、贾一曦：《〈民法总则〉之因见义勇为受害的特别请求权》，《国家检察官学院学报》2017 年第 3 期。

② 石宏主编：《〈中华人民共和国民法总则〉条文说明、立法理由及相关规定》，北京大学出版社 2017 年版，第 432 页。

第三节　我国见义勇为人受损受益人补偿责任的独立性

一、比较法上对见义勇为人受损的民法救济

英美法上，对类似我国见义勇为人受损的情形适用“好撒马利亚人法”。由于践行“禁止好管闲事原则”，见义勇为对被救助者享有的请求权并不包括补偿请求权。① 大陆法系国家和地区则主要通过适用无因管理来处理见义勇为人受损。

（一）德国法

德国法上，对于见义勇为人的损害适用《德国民法典》第 683 条第 1 句关于无因管理费用的规定：“事务管理的承担符合本人的利益和本人真实或可推知的意思的，管理人可以像受委托人一样，请求偿还其费用。”② 德国法上无因管理中的“费用”的范围通过学说扩张，可以包含管理人在管理事务中所无意遭受的损害。③

（二）日本法

日本法上将见义勇为纳入无因管理，但区分见义勇为人的财产损害和人身损害。如果是财产损害，一般可以无因管理的必要费用向被救者求偿。如果是身体损害，通说认为这并不属于无因管理的必要费用。如果符合《警察职务协力援助者灾害给付法》等法律的规定，可被认定为“协力援助者”，则可获得来自国家的行政补偿；如无法被认定，则再无其他救济方式，仅能回归到一般性的社会救助和社会保障。④

---

① 李昊：《论英美法上的“好撒马利亚人”》，《华东政法大学学报》2014 年第 4 期。

② 陈卫佐译注：《德国民法典》，法律出版社 2010 年版，第 275 页。

③ 参见［德］迪特尔·梅迪库斯：《德国债法分论》，杜景林、卢谌译，法律出版社 2007 年版，第 342 页。

④ 章程：《见义勇为的民事责任——日本法的状况及其对我国法的启示》，《华东政法大学学报》2014 年第 4 期。

（三）我国台湾地区“民法”

我国台湾地区学说上的无因管理构成要件可以包括：第一，客观上管理他人事务；第二，主观上则有为他人管理事务之意思；第三，无任何法律义务。① 我国台湾地区“民法”第176条第1款规定：“管理事务，利于本人，并不违反本人明示或可得推知之意思者，管理人为本人支出必要或有益之费用，或负担债务，或受损害时，得请求本人偿还其费用及自支出时起之利息，或清偿其所负担之债务，或赔偿其损害。”特别是对于无因管理中“他人事务”的理解采用了广义解释，不仅包括了法律行为（如招工修缮房屋），也包含了事实行为（如救助落水者或救助车祸受伤之人），从而将见义勇为行为纳入无因管理的制度范围内。② 这就直接赋予了管理人因管理事务而遭受损害时，可以请求受益人予以赔偿的权利。③

二、我国民法上对见义勇为受损受益人补偿责任性质的不同学说

我国民法上对见义勇为受损受益人补偿责任性质的不同学说根据是否承认其独立性分为否定说和肯定说。

（一）否定说

否定说认为，见义勇为属于无因管理的特殊适用，又分为无因管理说和替代取消说。无因管理说除将见义勇为行为直接归属于民法上的无因管理制度的观点之外④，还有学者认为由于见义勇为通常是在危难情况下做出的，且行为者一般要冒着一定的危险，故见义勇为行为属于一种“更高层次上的无因管理行为”⑤。而替代取消说的学者认为，见义勇为人受损受益人补偿责任追求的公平、正义成了一种叠床架屋而又无法实现的虚幻

---

① 吴从周：《见义勇为与无因管理——从德国法及台湾地区法规定评河南法院判决》，《华东政法大学学报》2014年第4期。

② 参见王泽鉴：《债法原理》，北京大学出版社2009年版，第261页。

③ 参见王泽鉴：《债法原理》，北京大学出版社2009年版，第272页。

④ 徐武生、何秋莲：《见义勇为立法与无因管理制度》，《中国人民大学学报》1999年第4期。

⑤ 周辉：《见义勇为行为的民法思考》，《人民法院报》2000年5月27日，第3版。

目标，建议删除相关规定。① 有学者进一步认为，如果删去这一规则，相关案件在中国现行法下反而可以清晰而合理地处置。综合起来，这种“替代取消说”的具体方案是：第一，在有侵权人的情形下，由侵权人承担责任。如果没有侵权人，或者无法从侵权人方面获得赔偿，区分是否有约定义务或者法定义务。第二，有约定义务的，按照约定处理。有法定义务的，按照法律规定处理。第三，如果既无法定义务，也无约定义务，此时在见义勇为人与受益人之间构成无因管理。②

（二）肯定说

肯定说认为，见义勇为有独立存在的价值。较为主流的是“特殊无因管理说”。张新宝教授认为无论何种见义勇为行为，都可以归类于无因管理行为，前者属于后者的特殊情形。侵权责任法关于受益人补偿义务的规定与民法通则中无因管理之债的规定发生竞合时，应该依据特别法优于一般法的原则，优先适用侵权责任法的规定。③ 杨立新教授也认为，制止侵害行为在性质上属于无因管理，但是无因管理包含的范围更为广泛，而制止侵害行为是其中性质特殊的一种情形。从制止侵害行为的特殊性来看，《民法典》第 183 条专门对其加以特别规范和调整，使之从一般的无因管理制度中剥离出来。④

另外还有“公平责任说”，认为见义勇为行为的受益人之所以应当给予适当补偿，是公平责任原则的要求。见义勇为行为中，救助者是为了受益人的利益进行活动并遭受了损害，受益人和救助者对造成损害均无过错，受益人应当依公平原则予以适当补偿。⑤

---

① 曾大鹏：《见义勇为立法与学说之反思——以〈民法通则〉第 109 条为中心》，《法学论坛》2007 年第 2 期。

② 参见张谷：《作为救济法的侵权法，也是自由保障法》，《暨南学报（哲学社会科学版）》2009 年第 2 期。

③ 参见张新宝：《侵权责任法》（第 2 版），中国人民大学出版社 2010 年版，第 86 页；张新宝、宋志红：《论〈侵权责任法〉中的补偿》，《暨南学报（哲学社会科学版）》2010 年第 3 期。

④ 杨立新：《侵权责任法》，法律出版社 2010 年版，第 163、157 页。

⑤ 参见最高人民法院民事审判第一庭编著：《最高人民法院人身损害赔偿司法解释的理解与适用》，人民法院出版社 2004 年版，第 214－227 页；马俊驹、余延满：《民法原论》，法律出版社 2010 年版，第 1000 页。

第三种是“法定责任说”。王利明教授认为，受益人补偿义务并非公平责任或者无因管理，而是特定条件下的损失分担制度。① 王轶教授进一步发展了这种观点，提出法定补偿义务的概念，作为民法上独立类型之债，与合同之债、侵权之债、不当得利之债、无因管理之债等并身而立；并认为在我国责任保险制度尚不发达、社会保障制度还远未健全的背景下，如果法定补偿义务制度运用得当，无疑可在一定程度上济侵权损害赔偿责任制度之穷。②

三、见义勇为人受损受益人补偿责任的独立性

持否定说的学者试图通过扩张传统大陆法系的无因管理制度来适用于见义勇为制度的情形，本身也就承认了见义勇为案件的特殊性。笔者认为，除历史源流之外，我国见义勇为人受损受益人补偿责任具有其独立性，主要理由如下。

（一）原《民通意见》同时对无因管理和见义勇为分别进行了解释

就“见义勇为”的法律适用，受到来自德国和我国台湾地区民法学说的影响，不少学者主张应该将其纳入无因管理适用原《民法通则》第 93 条的规定：“没有法定的或者约定的义务，为避免他人利益受损失进行管理或者服务的，有权要求受益人偿付由此而支付的必要费用。”由于该条规定的“必要费用”是否包含对见义勇为人遭受损害的补偿并不清晰，持该观点的学者指出原《民通意见》第 132 条规定了“民法通则第九十三条规定的管理人或者服务人可以要求受益人偿付的必要费用，包括在管理或者服务活动中直接支出的费用，以及在该活动中受到的实际损失”，认为这就已经明确了原《民法通则》第 93 条包含了无因管理人受损的情形，因此原《民法通则》第 109 条属于重复立法应该删除。③ 笔者认为以原《民法通则》第 93 条的规定来否定原《民法通则》第 109 条存在价值的观

① 参见王利明：《侵权责任法研究》（上卷），中国人民大学出版社 2010 年版，第 287 - 289 页。

② 参见王轶：《作为债之独立类型的法定补偿义务》，《法学研究》2014 年第 2 期。

③ 参见曾大鹏：《见义勇为立法与学说之反思——以〈民法通则〉第 109 条为中心》，《法学论坛》2007 年第 2 期。

点有所不妥，因为原《民通意见》同时在第142条就原《民法通则》第109条的具体适用予以了明确："为维护国家、集体或者他人合法权益而使自己受到损害，在侵害人无力赔偿或者没有侵害人的情况下，如果受害人提出请求的，人民法院可以根据受益人受益的多少及其经济状况，责令受益人给予适当补偿。"这应该理解为当时最高司法机关对原《民法通则》第93条和第109条并行态势的确认。

（二）传统大陆法系无因管理制度设计的原型是对财产性事务的管理而非见义勇为

传统大陆法系的无因管理之债之所以不足以解释见义勇为中受益人的适当补偿义务，是因为前者主要调整管理人和被管理人之间财产性事务的内部利益冲突，对侵权人和无因管理当事人之间的外部利益冲突这一属于传统侵权损害赔偿之债的问题未本着法律实用主义的目的一并解决。[①] 质言之，见义勇为行为具有对抗侵权人或者对受益人可能造成损害的非人为因素的对抗性，可能造成人身损害，这在无因管理制度的设计原型中是不存在的。而无因管理制度中如果对管理原则过度扩张，旨在相互帮助的原则成为一种新的无过错责任的来源，私法救济在适用于救助生命和身体的情形时似乎是被误用了。[②] 传统无因管理制度在适用范围的类型化上存在不足，没有合理区分紧急无因管理和一般的无因管理。[③] 传统无因管理制度中管理人所遭受不利益的救济范围并不包括所受损害，尤其不包含人身损害；管理人只能请求所支出的必要费用而不包括所遭受的损害，特别是不包括人身损害。在司法实践中开始逐渐承认对管理人所遭受的损害与支出的必要费用给予一样的支持[④]，这与我国原《民通意见》第132条对管理费用的扩张路径如出一辙。质言之，传统大陆法系无因管理制度设计的原型是对财产性事务的管理费用支出，而见义勇为制度设计的原型是行为

① 王雷：《见义勇为行为中受益人补偿义务的体系效应》，《华东政法大学学报》2014年第4期。

② 李昊：《论英美法上的"好撒马利亚人"》，《华东政法大学学报》2014年第4期。

③ See Christian von Bar & Eric Clive, *Principles, Definitions and Model Rules of European Private Law* (Oxford University Press 2010) 3034.

④ See Christian von Bar & Eric Clive, *Principles, Definitions and Model Rules of European Private Law* (Oxford University Press 2010) 3056.

人因为见义勇为行为所受的人身损害救济。

（三）见义勇为受益人补偿责任不存在评价矛盾

在《民法典》施行之前，关于见义勇为受益人补偿责任的无因管理性质之争，核心问题是，如果适用见义勇为人受损受益人补偿责任，不利于对见义勇为救助者利益的全面保护①，会产生评价矛盾。即不符合见义勇为条件的情形，可能适用无因管理制度获得全额赔偿；符合了见义勇为条件这一更值得鼓励的行为，反而可能无法获得足够的赔偿。笔者认为，这种评价矛盾应该理解为结论先行而造成的误解。不可否认，即使将见义勇为制度纳入无因管理适用的法域，对于见义勇为也会作出特别的制度安排。所以是否纳入无因管理制度的大框架探讨见义勇为受益人补偿责任的主要差别在于，是沿着无因管理制度补偿费用的思路将财产费用扩张到人身损害，还是另辟蹊径单独设计见义勇为人的人身损害的补偿机制。那么是否可以认为，以见义勇为制度作为框架，扩张对见义勇为人人身损害的补偿制度，将财产性费用支出也纳入受损补偿中，就可以将无因管理制度取消进而避免这种评价矛盾呢？所以这种逻辑本身就是存疑的。

四、《民法典》上的无因管理和见义勇为的价值评判趋同

《民法典》第 121 条规定："没有法定的或者约定的义务，为避免他人利益受损失而进行管理的人，有权请求受益人偿还由此支出的必要费用。"第 979 条第 1 款后段规定："管理人因管理事务受到损失的，可以请求受益人给予适当补偿。"对比《民法典》第 183 条对见义勇为的规定，抛开两组规则表述习惯的差别，"避免他人利益受损失"和"保护他人民事权益"并无实质性差别，而"由此支出的必要费用"和"使自己受到损害的"只不过是以不同方式在表示费用和损失的存在，并不排除见义勇为过程中也会支出必要的费用，而无因管理人也可能受到损害。尤其是"可以请求受益人给予适当补偿"的表述，更是解决了前文所述的评价矛盾问题。

从文义上看，《民法典》上的见义勇为与无因管理两项制度适用范围的主要差别如下：第一，无因管理要求"无因"，即"没有法定的或者约

① 参见高圣平主编：《中华人民共和国侵权责任法：立法争点、立法例及经典案例》，北京大学出版社 2010 年版，第 299－300 页。

定的义务”，这蕴含了非对抗性的潜台词；而见义勇为虽然没有“无因”的要求，却从立法源流上继受了“见义”的特点，通常具有一定的对抗性。第二，从无因管理的“管理”中推导出“勇为”行为的“非管理”属性；而通常情况下，管理性的行为无损害风险而有费用支出，非管理性的“勇为”行为有损害风险而通常没有费用支出。第三，见义勇为案件中可能存在侵权人，而无因管理中没有侵权人，因此见义勇为人受损的救济来源就增加了侵权人。二者的关系如表 12-1 所示：

表 12-1　无因管理与见义勇为适用情形对比表

规则属性/规则类别	无因管理	见义勇为
“无因”性（非对抗性）	√	×
“管理”性（通常无风险有费用）	√	×
“费用”性	√	○
“见义”性（对抗性）	×	√
“勇为”性（通常有风险无费用）	×	√
“损失”性	○	√
侵权人	×	○

说明：√表示有，×表示没有，○表示可能有。

质言之，按照《民法典》对无因管理和见义勇为两项制度的表述，在为避免他人利益受损失的情形下，法律适用的选择其实主要是考虑行为人到底是“支出费用”还是“遭受损失”。如果主要是费用支出问题，那么一般是作为管理行为处理，先确定是否存在法定或者约定义务。如果存在法定或者约定义务，那么费用补偿按照法律规定或者约定条款处理；如果没有法定或者约定义务，则适用无因管理制度，由受益人偿还支出的必要费用。即使存在少量损失，也可以通过扩张费用的方式予以补偿。

如果主要是损失填补问题，那么一般是作为见义勇为处理，仍然要看是否有法定或者约定义务。如果有法定或者约定义务，那么依照法律规定或者约定条款处理。但非工作职责的法定义务并不否定见义勇为制度的适用。例如我国《消防法》第 5 条规定：“任何单位和个人都有维护消防安全、保护消防设施、预防火灾、报告火警的义务。任何单位和成年人都有参加有组织的灭火工作的义务。”而实务中，并未见到非消防队员参与见义勇为救火而不适用受益人补偿责任的案例，反而有法院将其作为见义勇为的正当性论证理由之一。① 按照《民法典》第 183 条的规定，无论是否有侵权人，或者侵权人逃逸、无力承担民事责任，都可以由受益人给予适当补偿。所以在某种意义上，这种受益人的补偿责任相对于侵权人的责任来说，具有一定的补充性质。在见义勇为案件中，也可能存在费用支出问题，可以通过扩张损失的范围予以补偿。

五、见义勇为人受损受益人补偿责任是无偿受益补偿责任

（一）见义勇为人受损受益人补偿责任的正当性源于受益性和无偿性

见义勇为的受益人因为见义勇为行为而避免了人身损害或者财产损失，这一利益存在的客观性使得如果让受益人承担一定的补偿责任并不会限制其经济自由。因为如果没有见义勇为行为，这一损害可能已经发生。因此，见义勇为受益人的受益性，是见义勇为人获得受益补偿的正当性基础。

如果见义勇为行为仅有道德性的特点，那么法律上的制度配置更应该是政府奖励制度，而非受益人补偿制度。选择受益人补偿的立法考虑是较为纯粹理性的，即无偿的见义勇为行为使得受益人的民事利益得到了保护而避免了损失，那么当见义勇为人需要补偿时，"无偿避免"的"民事利益受损"用于补偿见义勇为人的受损，显然是具有正当性的。

（二）见义勇为人受损受益人补偿责任要考虑受益情况

对于见义勇为人受损受益人补偿责任是否以受益范围为限，《民法典》第 183 条未作限定，《人身损害赔偿司法解释》（法释〔2003〕20 号）第 15 条明确限制为"在受益范围内予以适当补偿"，这种限制比原《民通意见》第 142 条规定的"人民法院可以根据受益人受益的多少及其经济状况"更为严格。

笔者认为，由于受益人可以用于补偿见义勇为人的财产正是见义勇为人的行为使其免于受损的部分，所以只有在该范围内由受益人补偿，对于受益人来说，才不至于构成过重的负担。当然，如果见义勇为人死亡或者遭受严重人身伤害，或者侵权人侵犯的是妇女、未成年人的性自主权，则没有必要去比较可能预防的损害与实际造成见义勇为人伤害的大小。而且

---

① 江西省宜春市中级人民法院民事判决书（2014）宜中民一终字第 142 号。

对于可能避免的财产损害，实际上也无法与实际造成的见义勇为人损害进行精确比较。因此，建议采纳原《民通意见》第142条的规定模式，将受益情况纳入确定补偿责任的考量因素。《民法典总则编解释》（法释〔2022〕6号）第34条规定："因保护他人民事权益使自己受到损害，受害人依据民法典第一百八十三条的规定请求受益人适当补偿的，人民法院可以根据受害人所受损失和已获赔偿的情况、受益人受益的多少及其经济条件等因素确定受益人承担的补偿数额。"这是较为合理的选择。

（三）见义勇为人受损受益人补偿责任的因果关系要件

尽管有学者认为，受益人应当给予适当补偿的法定义务并不取决于被管理人是否实际获益或者管理事务最终是否成功[①]，但见义勇为人受损受益人补偿责任作为一种无偿受益补偿责任，实际上对见义勇为人因见义勇为行为受损和受益人因见义勇为行为受益提出了双重的因果关系要求。

所谓见义勇为人因见义勇为行为受损的因果关系，即"因……而使自己受到损害的"，是指见义勇为行为与损害之间的因果关系，实务中常见的排除情形包括：第一，计划实施见义勇为行为但在实施见义勇为行为之前已经受损的情形。例如，原告考虑到凌晨外出的被告同学可能有安全隐患，为了维护其合法权益，主动提出陪同外出，但在出发时意外受伤。[②]本案中见义勇为的行为尚未施行，损害与见义勇为行为没有因果关系。第二，排除受损方不是见义勇为人的情形。常见的是消防队救火用水导致邻居受损的情形，在一组火灾系列判决书中，原告系3、4、5层住户，被告系6层住户。被告家中起火，因起火原因不明而无法认定火灾责任人。在公安消防部门救火时，消防用水进入楼下3、4、5层原告家中，造成室内财产受损。[③]被告确系救火行为的受益人，但受损方并未实施参与救火的见义勇为行为，其损害也非因其见义勇为造成。

受益人因见义勇为受益的因果关系是一个隐含的适用条件。见义勇为

---

① 王雷：《见义勇为行为中受益人补偿义务的体系效应》，《华东政法大学学报》2014年第4期。

② 河南省平顶山市中级人民法院民事判决书（2014）平民二终字第417号。

③ 安徽省合肥市包河区人民法院民事判决书（2014）包民一初字第01015号/第01016号/第01017号。

行为，一端连接着见义勇为人的受损，一端联系着受益人的受益，即呈现出“损害一见义勇为一受益”的结构。由于这一要件并未为法律条文明文列出，实务中争议较大，具体如下：第一，无民事受益关系的不能适用。例如计划生育联络员按照镇政府和村委会的通知在参加计划生育会议的路上遇到交通事故①，且不说本案根本没有见义勇为行为，就参加计划生育会议而言，作为被告的镇政府和村委会并无任何受益。第二，并非因见义勇为行为受益的不能适用。例如，原告出于减少废铝材产生的目的要求第三人优化生产工艺，两人发生争执，第三人殴打原告受伤。② 本案原告不能因为其与第三人发生争执是为了减少废铝材的生产，而认为被告铝材厂的受益与“见义勇为”行为有关。③ 第三，在他人民事权益被侵害的过程中被误伤的不能适用。例如，被告向第三人泼硫酸，结果误伤原告。④ 原告不能因为自己受伤避免了第三人受伤而主张第三人是受益人，其行为本身也不构成见义勇为。

第四节　对见义勇为人受损受益人补偿责任的优化

一、见义勇为人受损受益人补偿责任的补充性质

《民法典》第 183 条使用了“没有侵权人、侵权人逃逸或者无力承担民事责任”的表述来描绘见义勇为人无法获得充分救济的情形。笔者认为，理应类推适用于侵权人无法查明和侵权人只能部分承担赔偿责任的情形。这样的立法规定体现出见义勇为人受损受益人补偿责任明显的补充性质，这与实务中法院的认识是一致的：

第一，受益人补偿责任具有补充性质。有法院指出，受益人对见义勇为人的补偿义务，是为见义勇为受损者特别设立的损失双重救济制度，事实上是一种赋予见义勇为受损者对受益人的补充性的补偿请求权，而不是

① 浙江省丽水市中级人民法院民事判决书（2015）浙丽民终字第 50 号。

② 广东省佛山市中级人民法院民事判决书（2014）佛中法民一终字第 2983 号。

③ 此案恰巧是原《民法通则》第 109 条规定的“因防止、制止国家的、集体的财产”受损的情形，但似乎与“见义勇为”的内涵有一定的差别。

④ 福建省德化县人民法院民事判决书（2013）德民初字第 2442 号。

选择请求权。①

第二，见义勇为人负有对侵权责任救济缺位的举证责任。如果原告已经初步举证证明侵权人没有赔偿能力，而受益人未能举出反证证明侵权人具有承担责任的能力，就可以认为侵权责任救济缺位，适用受益人补偿责任。②

第三，侵权人依法仅承担部分责任的，受益人应该承担补偿责任。在一起案件中，原告为避免被告（未成年人）被汽车碾压，冲向快速车道用力将被告推到公路的隔离带上使其获救，而导致自己与大货车相撞，当场死亡。事故发生后，交警部门认定此次交通事故大货车一方与原告各承担50%的责任。法院在判决大货车一方承担侵权责任的同时，判决受益人承担补偿责任。③

二、受益人补偿金额的确定

（一）当事人约定优先

从司法实务来看，不少见义勇为人受损后，都能够与受益人达成一定的补偿协议，而后续的纠纷则是补偿协议的履行问题。从法院裁判的实务来看，法院一般尊重这种协议的效力，有约定的，按照约定。④ 约定后未履行的，应当履行。⑤ 更广义的约定补偿还包括在双方不存在劳动关系的情况下，以录用见义勇为人夫妻二人为员工的方式进行补偿，法院也认为应当视为其已经尽到了适当补偿的义务。⑥

（二）总额确定与责任份额

我国现行侵权法对补偿责任并未明文规定准用赔偿责任的规则。原《侵权责任法》第16条规定："侵害他人造成人身损害的，应当赔偿……"尽管

---

① 湖北省宜昌市中级人民法院民事判决书（2014）鄂宜昌中民三终字第00238号。

② 广东省东莞市中级人民法院民事判决书（2014）东中法民一终字第1421号。

③ 四川省南充市中级人民法院民事判决书（2013）南中法民终字第232号。

④ 河北省涞源县人民法院民事判决书（2014）涞民初字第10号；河北省保定市中级人民法院民事判决书（2014）保民一终字第413号。

⑤ 湖南省郴州市中级人民法院民事判决书（2014）郴民一终字第119号。

⑥ 江苏省昆山市人民法院民事判决书（2014）昆张民初字第0191号；江苏省苏州市中级人民法院民事判决书（2014）苏中民终字第02846号。

有法院指出："本案不是侵权案件，原告要求按侵权标准计算损失的请求法院不予支持。"而实际处理方式是在没有明文计算人身损害赔偿的前提下直接酌定了补偿额。[①] 这与大多数案件按照侵权人身损害赔偿标准计算后酌定一个补偿比例在结果上是异曲同工的。

在未成年人抢救未成年人落水见义勇为案件中，法院一般认为未成年人见义勇为受损，其监护人应该承担一定的责任份额。在此前提下，受益人的责任份额一般是10%[②]或者20%[③]。除此之外，大多数案件的补偿责任比例在5%～10%[④]、10%～15%[⑤]和15%～20%[⑥]三个区间。笔者认为，从司法实务的多数意见来看，补偿责任以20%为限是比较合理的。

（三）法院裁判的考量因素

在《民法典总则编解释》（法释〔2022〕6号）出台之前，司法实务中，法院明文表述的考虑因素包括：

第一，受益人的经济状况。受益人较为困难的，可以减轻或者免除补偿责任。例如，因受益人之一目前生活较为困难，没有支付能力，如果判令其承担补偿责任，有悖于公平，也会造成新一轮的不公平，故判决其不承担补偿责任。[⑦]

第二，本地生活标准。[⑧] 如果说受益人经济状况是考虑受益人一方，那么本地生活标准则应该是考虑到见义勇为人一方，尤其是在见义勇为人

---

① 云南省曲靖市中级人民法院民事判决书（2014）曲少民终字第8号。

② 辽宁省抚顺市中级人民法院民事判决书（2014）抚中民一终字第00310号。

③ 湖北省宜昌市中级人民法院民事判决书（2014）鄂宜昌中民三终字第00238号。

④ 辽宁省锦州市中级人民法院民事判决书（2014）锦民二终字第00332号；河南省西峡县人民法院民事判决书（2014）西西民初字第82号；重庆市第一中级人民法院民事判决书（2012）渝一中法民终字第03101号；浙江省温州市中级人民法院民事判决书（2009）浙温民终字第1081号。

⑤ 辽宁省抚顺市中级人民法院民事判决书（2014）抚中民一终字第00310号；湖北省十堰市茅箭区人民法院民事判决书（2014）鄂茅箭民一初第01765号；云南省曲靖市中级人民法院民事判决书（2014）曲少民终字第8号。

⑥ 辽宁省葫芦岛市中级人民法院民事判决书（2015）葫民终字第00140号；浙江省宁波市镇海区人民法院民事判决书（2013）甬镇民初字第210号；河南省叶县人民法院民事判决书（2013）叶民二初字第467号。

⑦ 海南省第二中级人民法院民事判决书（2015）海南二中民一终字第51号。

⑧ 云南省曲靖市中级人民法院民事判决书（2014）曲少民终字第8号。

死亡的情形。

第三，提倡、鼓励见义勇为。例如，考虑到见义勇为的行为应得到提倡和鼓励，对补偿责任予以适当增加，对原告上诉认为原判认定的经济补偿费过低的理由本院予以部分支持。[①]

（四）精神损害抚慰金补偿

《民法典》第1183条第1款规定："侵害自然人人身权益造成严重精神损害的，被侵权人有权请求精神损害赔偿。"根据这一规定，在见义勇为案件中，侵权人承担精神损害赔偿责任并无疑义。[②] 但在补偿责任的酌定上，有的法院就明确指出给付精神抚慰金不符合法律规定因而不予支持[③]，也有法院认为因见义勇为人的死亡给原告（遗属）造成了重大的精神损害，故原告理应得到相应的精神损害抚慰金补偿。[④] 笔者认为，原《侵权责任法》第22条从文义上的确仅适用于侵权损害赔偿责任，但在见义勇为人因见义勇为行为受损尤其是遭受严重人身损害或者死亡的情形，法院明确拒绝见义勇为人或者其遗属请求受益人支付一定的精神损害抚慰金不合情理，也不符合《民法典》第1条规定的"弘扬社会主义核心价值观"的立法目的。笔者建议法院在斟酌补偿比例时考虑见义勇为一方的实际情况，尤其是在见义勇为人死亡的情形，更应当在补偿金中予以体现，或者至少不明文拒绝。

三、应该建立多顺位的见义勇为综合救济机制

应该认识到，如果受益人没有经济能力支付相关费用和赔偿损失，见义勇为人的损失就无法得到补偿。[⑤] 所以将希望寄予受益人这一私法主体，并非解决问题的根本之道，而应该考虑建立多顺位的见义勇为综合救济机制，具体来说包括以下内容。

---

① 云南省曲靖市中级人民法院民事判决书（2014）曲少民终字第8号。

② 重庆市第四中级人民法院民事判决书（2013）渝四中法民终字第00995号；河南省沁阳市人民法院民事判决书（2014）沁民西万初字第00050号。

③ 海南省第二中级人民法院民事判决书（2015）海南二中民一终字第51号。

④ 浙江省嵊州市人民法院民事判决书（2014）绍嵊三民初字第4号。

⑤ 蒋万庚：《见义勇为立法的思考》，《广西大学学报（哲学社会科学版）》2002年第6期。

（一）侵权责任

严格地说，《民法典》第183条第1句前段规定的“因保护他人民事权益使自己受到损害的，由侵权人承担民事责任”并非一般侵权责任，而是一种特殊侵权责任。这是因为，侵权人主观上试图侵害的对象最初并非见义勇为人，见义勇为人受到损害也可能是在其实施见义勇为过程中自行摔伤等原因造成的，这些都不影响见义勇为案件中侵权责任的构成。因此，《民法典》第183条第1句既包括了侵权人侵害见义勇为人的情形，也包括了虽然侵权人没有侵害见义勇为人，但见义勇为人的受损与侵权人的行为有法律上因果关系的情形。立法明确由侵权人承担责任具有统一司法适用的价值。

有学者提出，要区分存在侵害人的侵害制止型见义勇为和一般不存在侵害人的抢险救灾型见义勇为。[①] 笔者认为，这种区分名义上是以“侵害制止”和“抢险救灾”来区分，实质上是以有无“侵权人”来区分。质言之，“天灾”与“人祸”的区分设计无法绕开有侵权人但无赔偿能力的情形，也无法应对无法查明是否有侵权人的情形。例如，有一恶犬正在追咬一未成年人，见义勇为人上前与恶犬搏斗，击退恶犬的同时自己受伤。该恶犬是饲养动物还是流浪动物，是与对受益人补偿责任进行构建无关的事实。

（二）社会保险

由于《社会保险法》是在原《侵权责任法》施行之后通过的，所以不少侵权法学者忽略了《社会保险法》对受损害者的救济体系，尤其是对类似见义勇为人受损受益人补偿责任体系的影响。与见义勇为人受损密切相关的是基本医疗保险和工伤保险。《社会保险法》第42条规定：“由于第三人的原因造成工伤，第三人不支付工伤医疗费用或者无法确定第三人的，由工伤保险基金先行支付。工伤保险基金先行支付后，有权向第三人追偿。”《社会保险法》第30条第1款第1、2项和第2款规定：“下列医疗费用不纳入基本医疗保险基金支付范围：（一）应当从工伤保险基金中支付的；（二）应当由第三人负担的；……医疗费用依法应当由第三人负担，第三人不支付或者无法确定第三人的，由基本医疗保险基金先行支付。基本医疗保险基金先行支付后，有权向第三人追偿。”根据上述规定，

① 王雷：《见义勇为行为中的民法学问题研究》，《法学家》2012年第5期。

工伤保险基金和基本医疗保险基金先行支付医疗费用后，可以向第一顺位的侵权人追偿。在部分案件中，法院在确定补偿责任时，就考虑了公费医疗报销①和农村医保报销②的情节。

尤其值得关注的是，最高人民法院指导案例 94 号“重庆市涪陵志大物业管理有限公司诉重庆市涪陵区人力资源和社会保障局劳动和社会保障行政确认案”的“裁判要点”明确指出：“职工见义勇为，为制止违法犯罪行为而受到伤害的，属于《工伤保险条例》第十五条第一款第二项规定的为维护公共利益受到伤害的情形，应当视同工伤。”在这种情形下，可以由工伤保险基金给予相应的工伤待遇。

（三）人寿保险

我国《保险法》第 46 条规定：“被保险人因第三者的行为而发生死亡、伤残或者疾病等保险事故的，保险人向被保险人或者受益人给付保险金后，不享有向第三者追偿的权利，但被保险人或者受益人仍有权向第三者请求赔偿。”实务中，法院在确定受益人补偿金额时，会考虑人寿保险的理赔情况。③

（四）政府或者见义勇为基金补偿

从行政法的角度，公民没有法定或约定义务而实施的及时制止违法犯罪和维护国家或公共财产的行为，是对国家机关职责行为的代行。④ 最高人民法院指导案例 98 号“张庆福、张殿凯诉朱振彪生命权纠纷案”的“裁判要点”明确指出：“行为人非因法定职责、法定义务或约定义务，为保护国家、社会公共利益或者他人的人身、财产安全，实施阻止不法侵害者逃逸的行为，人民法院可以认定为见义勇为。”见义勇为行为不但维护了国家、集体和他人的合法权益，而且维护了公共秩序和安全，是一种行政协助行为。因而见义勇为人在其见义勇为行为中所遭受的损失，如受伤后的医疗费等，应视为其为维护公共利益所承受的负担，并且相对于一般公民来说是一种额外负担。根据公共负担平等理论，国家应从财政中拿出

① 湖北省十堰市茅箭区人民法院民事判决书（2014）鄂茅箭民一初第 01765 号。

② 浙江省丽水市中级人民法院民事判决书（2015）浙丽民终字第 50 号。

③ 陕西省西安市莲湖区人民法院民事判决书（2011）莲民二初字第 88 号。

④ 杨海坤、曹达全：《试析行政法意义上的见义勇为行为——兼评我国见义勇为法律制度之不足》，《法学论坛》2008 年第 1 期。

一部分来对见义勇为人的额外负担加以填补①，使见义勇为人对公共义务的负担达到其实施见义勇为行为前同等的状态，从而实现公民公共负担的平等。② 由于现行法尚未明确政府的补助义务，政府的补助一般是根据实际情况发放的，对于学生的见义勇为行为，教育部门往往还会单独予以补助。③

另外，我国各地都相继建立了见义勇为基金会，根据具体情形发放各类见义勇为的奖金和抚慰金。④ 政府应该参与见义勇为基金的资金筹集和运作，见义勇为基金垫付后，其管理机构有权向侵权人追偿。⑤

（五）社会捐助

见义勇为行为通过媒体宣传后，有时会获得各类社会捐助，捐助额甚至超过人身损害赔偿标准。在这样的情形下法院仍然判决受益人予以补偿⑥，其实是没有必要的。

（六）受益人补偿责任

在上述侵权责任、社会保险、人寿保险、政府或见义勇为基金补偿和社会捐助救济不足的情形下，才有受益人补偿责任的适用空间。这是因为，损失填平原则是受益人适当补偿的先决条件。⑦

四、统一规定补充性无偿受益补偿责任的立法建议

综上所述，面对“因保护他人民事权益使自己受到损害的”情形，《民法典》延续了原《侵权责任法》的路径依赖，只考虑到了侵权人赔偿和受益人补偿两项损害填补来源。我们完全可以跳出路径依赖，将补偿来

① 参见赵迅、蒋安：《当代道德法律化趋势的若干误区与检讨》，《当代法学》2001 年第 8 期。

② 傅昌强、甘琴友：《见义勇为行为的行政法思考》，《行政法学研究》2002 年第 2 期。

③ 浙江省温州市中级人民法院民事判决书（2009）浙温民终字第 1081 号。

④ 参见丰霏、王霞：《论见义勇为的奖金激励条款》，《当代法学》2010 年第 3 期。

⑤ 王雷：《见义勇为行为中受益人补偿义务的体系效应》，《华东政法大学学报》2014 年第 4 期。

⑥ 河南省柘城县人民法院民事判决书（2013）柘民初字第 1295 号/第 1296 号。

⑦ 上海市徐汇区人民法院民事判决书（2015）徐民一（民）初字第 424 号。

源扩展到社会保险、人寿保险、政府或者见义勇为基金的补偿以及社会捐助上。有侵权人的，由侵权人承担民事责任；上述民法之外的救济来源都无法充分救济受害人的，才补充性地由受益人承担补偿责任。《民法典》中其他涉及实际损害是由第三人造成的情形均规定了有追偿权的立法模式，建议未来最高人民法院通过司法解释能够明确受益人承担了补偿责任后对侵权人的追偿权，但该追偿权劣后于见义勇为人对侵权人的侵权损害赔偿请求权。

附录　《民法典》“侵权公平责任”相关条文司法解释建议

《民法典》总则编

第八章　民事责任

第一百八十三条【见义勇为人受损受益人补偿责任】

因保护他人民事权益使自己受到损害的，由侵权人承担民事责任，受益人可以给予适当补偿。没有侵权人、侵权人逃逸或者无力承担民事责任，受害人请求补偿的，受益人应当给予适当补偿。

司法解释建议：因保护他人民事权益使自己受到损害，有侵权人的，由侵权人承担民事责任。没有侵权人、侵权人逃逸或者无力承担全部赔偿责任的，受害人无法获得充分救济的，根据受害人的受损情形和受益人的受益情况、经济状况以及当地生活水平，由受益人承担适当的补偿责任。

受益人补偿后，有权向侵权人追偿，但不得影响受害人请求侵权人承担侵权责任。

《民法典》侵权责任编

第一章　一般规定

第一千一百六十七条【民事权益保全请求权】

侵权行为危及他人人身、财产安全的，被侵权人有权请求侵权人承担停止侵害、排除妨碍、消除危险等侵权责任。

司法解释建议：搁置物、悬挂物可能危及他人人身、财产安全的，利害关系人和建筑物管理人可以请求搁置物、悬挂物的管理人消除危险。

第二章　损害赔偿

第一千一百八十六条【公平补偿责任的一般规定】

受害人和行为人对损害的发生都没有过错的，依照法律的规定由双方分担损失。

司法解释建议[①]**：**二人以上共同实施的行为意外造成其中一人或者数人人身损害，行为人对损害的发生都没有过错，法律规定由双方分担损失的，如果受害人无法得到充分救济，可以根据各方的经济状况等实际情况对受害人给予适当补偿。

第三章　责任主体的特殊规定

第一千一百八十八条【监护人责任；无民事行为能力人、限制民事行为能力人致害的侵权责任】

无民事行为能力人、限制民事行为能力人造成他人损害的，由监护人承担侵权责任。监护人尽到监护职责的，可以减轻其侵权责任。

有财产的无民事行为能力人、限制民事行为能力人造成他人损害的，

---

① 参见王竹主编：《〈民法典·侵权责任编〉（编纂建议稿）附立法理由书》，清华大学出版社2019年版，第144－147页。

从本人财产中支付赔偿费用；不足部分，由监护人赔偿。

司法解释建议[①]：无民事行为能力人造成他人损害的，由监护人承担侵权责任。限制民事行为能力人造成他人损害，监护人不能证明其尽到监护职责的，应当承担侵权责任。监护人尽到监护职责的，可以减轻其侵权责任。

前款情形中被侵权人无法获得充分救济的，可以根据被侵权人一方和被监护人一方的经济状况等实际情况分担损失，但不得对被监护人的生活和教育产生严重不利影响。

第一千一百九十条【完全民事行为能力人无意识致害的侵权责任和公平补偿责任；醉酒、滥用麻醉药品或者精神药品的无过错责任】

完全民事行为能力人对自己的行为暂时没有意识或者失去控制造成他人损害有过错的，应当承担侵权责任；没有过错的，根据行为人的经济状况对受害人适当补偿。

完全民事行为能力人因醉酒、滥用麻醉药品或者精神药品对自己的行为暂时没有意识或者失去控制造成他人损害的，应当承担侵权责任。

司法解释建议[②]：完全民事行为能力人对自己的行为暂时失去控制时造成他人损害，不能证明自己没有过错的，应当承担侵权责任；行为人没有过错的，如果受害人无法得到充分救济，可以根据双方的经济状况等实际情况对受害人给予适当补偿。

完全民事行为能力人因醉酒、滥用国家管制的精神药品或者麻醉药品对自己的行为暂时失去控制时造成他人损害的，应当承担侵权责任。

第一千一百九十二条【提供劳务者致害和受害责任；第三人造成提供劳务者损害责任分担】

个人之间形成劳务关系，提供劳务一方因劳务造成他人损害的，由接受劳务一方承担侵权责任。接受劳务一方承担侵权责任后，可以向有故意或者重大过失的提供劳务一方追偿。提供劳务一方因劳务受到损害的，根据双方各自的过错承担相应的责任。

---

① 参见王竹主编：《〈民法典·侵权责任编〉（编纂建议稿）附立法理由书》，清华大学出版社2019年版，第150－152页。

② 参见王竹主编：《〈民法典·侵权责任编〉（编纂建议稿）附立法理由书》，清华大学出版社2019年版，第152－154页。

提供劳务期间，因第三人的行为造成提供劳务一方损害的，提供劳务一方有权请求第三人承担侵权责任，也有权请求接受劳务一方给予补偿。接受劳务一方补偿后，可以向第三人追偿。

司法解释建议[①]**：**为他人无偿提供劳务的帮工人，在从事帮工活动中致人损害，被帮工人有过错的，应当承担赔偿责任。被帮工人明确拒绝帮工的，不承担赔偿责任。帮工人存在故意或者重大过失，被侵权人可以请求帮工人和被帮工人承担连带责任。

帮工人因帮工活动遭受人身损害，被帮工人有过错的，应当承担赔偿责任。被帮工人明确拒绝帮工的，不承担赔偿责任；如果帮工人是因第三人侵权遭受人身损害的，由第三人承担赔偿责任。如果帮工人无法得到充分救济，受益人可以在受益范围内予以适当补偿。

第五章　机动车交通事故责任

第一千二百零八条【机动车交通事故责任的法律适用】

机动车发生交通事故造成损害的，依照道路交通安全法律和本法的有关规定承担赔偿责任。

司法解释建议[②]**：**机动车发生交通事故造成人身伤亡、财产损失的，由保险公司在机动车第三者责任强制保险责任限额范围内予以赔偿；不足的部分，按照下列规定承担赔偿责任：

（一）机动车之间发生交通事故的，由有过错的一方承担赔偿责任；双方都有过错的，按照各自过错的比例分担责任。

（二）机动车与非机动车驾驶人、行人之间发生交通事故，机动车一方不能证明自己没有过错，非机动车驾驶人、行人没有过错的，由机动车一方承担赔偿责任；有证据证明非机动车驾驶人、行人有过失的，根据过错程度适当减轻机动车一方的赔偿责任。机动车一方没有过错，非机动车驾驶人、行人没有过失的，由机动车一方就人身损害承担百分之十的赔偿责任；有证据证明非机动车驾驶人、行人有过失的，根据过错程度就人身

---

① 参见王竹主编：《〈民法典·侵权责任编〉（编纂建议稿）附立法理由书》，清华大学出版社2019年版，第161-163页。

② 参见王竹主编：《〈民法典·侵权责任编〉（编纂建议稿）附立法理由书》，清华大学出版社2019年版，第214-216页。

损害在百分之十的赔偿责任范围内适当减轻机动车一方的责任。

交通事故的损失是由非机动车驾驶人、行人故意造成的，机动车一方不承担赔偿责任。

第十章　建筑物和物件损害责任

第一千二百五十四条【高空抛物坠物损害责任】

禁止从建筑物中抛掷物品。从建筑物中抛掷物品或者从建筑物上坠落的物品造成他人损害的，由侵权人依法承担侵权责任；经调查难以确定具体侵权人的，除能够证明自己不是侵权人的外，由可能加害的建筑物使用人给予补偿。可能加害的建筑物使用人补偿后，有权向侵权人追偿。

物业服务企业等建筑物管理人应当采取必要的安全保障措施防止前款规定情形的发生；未采取必要的安全保障措施的，应当依法承担未履行安全保障义务的侵权责任。

发生本条第一款规定的情形的，公安等机关应当依法及时调查，查清责任人。

司法解释建议①：从建筑物中抛掷物品或者从建筑物上坠落的物品造成他人严重损害，经调查难以确定具体侵权人，受害人同时起诉可能加害的建筑物使用人和建筑物管理人的，建筑物管理人承担相应的补充责任后，如果受害人无法得到充分救济，除能够证明物品并非来源于自己使用的建筑物区分所有单元的，由可能加害的建筑物区分所有单元使用人，根据各方的经济状况等实际情况对受害人给予适当补偿。

从建筑物中抛掷物品造成他人损害，可能加害的建筑物使用人对受害人补偿后，可以向具体侵权人追偿；可能加害的建筑物使用人已经承担补偿责任的，不减轻具体侵权人的赔偿责任。

建筑物管理人能够证明已经采取了必要的安全保障措施，不承担补充责任。从建筑物中抛掷物品或者从建筑物上坠落的物品造成他人损害的，能够确定具体侵权人，但该具体侵权人逃逸或者无力承担全部赔偿责任的，未采取必要安全保障措施的建筑物管理人，应当依法承担相应的补充责任。建筑物管理人承担补充责任后，可以向具体侵权人追偿。

① 该条司法解释建议的第一点，参见王竹主编：《〈民法典·侵权责任编〉（编纂建议稿）附立法理由书》，清华大学出版社2019年版，第331-334页。

《民法典》第一千二百五十四条上的“建筑物管理人”不包括物业服务人中的非物业服务企业的其他管理人，也不能在物业服务人缺失、服务范围不包括必要的安全保障措施或者没有赔偿能力时递补为全体业主。必要的安全保障措施主要包括安全警示、宣传和教育措施，消除危险措施，高空抛物坠物来源监控措施三个方面，但高空抛物坠物来源监控措施不属于安全保障义务范围。

建筑物使用人承担补偿责任和建筑物管理人承担补充责任后查明具体侵权人的，建筑物使用人可以优先于建筑物管理人行使追偿权，但不得影响受害人请求具体侵权人承担侵权责任。

参考文献

一、中文参考资料

(一) 中文著作

1. 程啸：《侵权责任法》，法律出版社 2011 年版。

2. 程啸：《侵权责任法》(第二版)，法律出版社 2015 年版。

3. 程啸：《侵权责任法》(第三版)，法律出版社 2021 年版。

4. 程啸：《侵权行为法总论》，中国人民大学出版社 2007 年版。

5. 陈忠五主编：《新学林分科六法——民法》，新学林出版股份有限公司 2011 年版。

6. 《法学研究》编辑部编著：《新中国民法学研究综述》，中国社会科学出版社 1990 年版。

7. 高圣平主编：《中华人民共和国侵权责任法：立法争点、立法例及经典案例》，北京大学出版社 2010 年版。

8. 胡泽卿主编：《法医精神病学》(第四

版），人民卫生出版社 2016 年版。

9. 郭明瑞、房绍坤、於向平：《民事责任论》，中国社会科学出版社 1991 年版。

10. 黄薇主编：《中华人民共和国民法典侵权责任编解读》，中国法制出版社 2020 年版。

11. 蓝承烈：《民法专题研究与应用》，群众出版社 2002 年版。

12. 林诚二：《民法债编总论——体系化解说》，中国人民大学出版社 2003 年版。

13. 廖申白：《伦理学概论》，北京师范大学出版社 2009 年版。

14. 刘春茂主编：《民法学》，中国人民公安大学出版社 1992 年版。

15. 刘得宽：《民法诸问题与新展望》，中国政法大学出版社 2002 年版。

16. 刘士国：《现代侵权损害赔偿研究》，法律出版社 1998 年版。

17. 卢元镇：《体育社会学》，高等教育出版社 2001 年版。

18. 马俊驹、余延满：《民法原论》，法律出版社 2010 年版。

19. 马原主编：《中国民法教程》，人民法院出版社 1989 年版。

20. 史尚宽：《债法总论》，中国政法大学出版社 2000 年版。

21. 孙森焱：《民法债编总论》（上册），法律出版社 2006 年版。

22. 石宏主编：《〈中华人民共和国民法总则〉条文说明、立法理由及相关规定》，北京大学出版社 2017 年版。

23. 王伯琦：《民法债编总论》，正中书局 1993 年版。

24. 王利明：《侵权行为法归责原则研究》，中国政法大学出版社 2003 年版。

25. 王利明：《侵权行为法研究》（上卷），中国人民大学出版社 2004 年版。

26. 王利明：《侵权责任法研究》（上卷），中国人民大学出版社 2010 年版。

27. 王利明：《侵权责任法研究》（下卷），中国人民大学出版社 2011 年版。

28. 王利明、郭明瑞、方流芳：《民法新论》（上），中国政法大学出版社 1987 年版。

29. 王利明主编：《民法・侵权行为法》，中国人民大学出版社 1993 年版。

30. 王利明、周友军、高圣平：《中国侵权责任法教程》，人民法院出版社 2010 年版。

31. 王利明主编：《人身损害赔偿疑难问题》，中国社会科学出版社 2004 年版。

32. 王利明主编：《中国民法典评注·侵权责任编》，人民法院出版社 2021 年版。

33. 王胜明主编：《中华人民共和国侵权责任法解读》，中国法制出版社 2010 年版。

34. 王胜明主编：《中华人民共和国侵权责任法释义》，法律出版社 2010 年版。

35. 王泽鉴：《民法学说与判例研究》（修订版）（第六册），中国政法大学出版社 2005 年版。

36. 王泽鉴：《侵权行为》，北京大学出版社 2009 年版。

37. 王泽鉴：《债法原理》，北京大学出版社 2009 年版。

38. 王竹：《侵权责任分担论》，中国人民大学出版社 2009 年版。

39. 王竹：《侵权责任法疑难问题专题研究》（第二版），中国人民大学出版社 2018 年版。

40. 王雷：《民法学视野中的情谊行为》，北京大学出版社 2014 年版。

41. 王卫国：《过错责任原则：第三次勃兴》，中国法制出版社 2000 年版。

42. 杨立新：《侵权责任法》，法律出版社 2010 年版。

43. 杨立新：《类型侵权行为法研究》，人民法院出版社 2006 年版。

44. 杨立新：《侵权法论》（第三版），人民法院出版社 2005 年版。

45. 杨立新：《侵权法论》（第五版）（上），人民法院出版社 2013 年版。

46. 杨立新：《侵权责任法》（第四版），法律出版社 2021 年版。

47. 最高人民法院民事审判第一庭编著：《最高人民法院人身损害赔偿司法解释的理解与适用》，人民法院出版社 2004 年版。

48. 最高人民法院民事审判第一庭编著：《最高人民法院人身损害赔偿司法解释的理解与适用》（第 2 版），人民法院出版社 2015 年版。

49. 张默：《中国侵权法导论（Introduction to Chinese Torts Law）》，清华大学出版社 2014 年版。

50. 张新宝：《中国侵权行为法》（第 2 版），中国社会科学出版社 1998 年版。

51. 张新宝：《侵权责任法》（第 2 版），中国人民大学出版社 2010 年版。

52. 张新宝：《侵权责任法原理》，中国人民大学出版社 2005 年版。

53. 张新宝：《侵权责任法立法研究》，中国人民大学出版社 2009 年版。

54. 张新宝：《中国民法典释评・侵权责任编》，中国人民大学出版社 2020 年版。

55. 张广兴：《债法总论》，法律出版社 1997 年版。

56. 周友军：《侵权法学》，中国人民大学出版社 2011 年版。

57. 郑玉波：《民法债编总论》（修订二版），陈荣隆修订，中国政法大学出版社 2004 年版。

58. 郑玉波：《民法债编总论》，三民书局 1980 年版。

59. 邹海林、朱广新主编：《民法典评注・侵权责任编》，中国法制出版社 2020 年版。

（二）中文译作

1. ［古希腊］亚里士多德：《尼各马可伦理学》，廖申白译注，商务印书馆 2005 年版。

2. ［英］彼得・斯坦、约翰・香德：《西方社会的法律价值》，王献平译，郑成思校，中国法制出版社 2004 年版。

3. ［英］F. W. 梅特兰：《国家、信托与法人》，樊安译，北京大学出版社 2008 年版。

4. ［德］迪特尔・梅迪库斯：《德国债法总论》，杜景林、卢谌译，法律出版社 2003 年版。

5. ［德］迪特尔・梅迪库斯：《德国债法分论》，杜景林、卢谌译，法律出版社 2007 年版。

6. ［德］克雷斯蒂安・冯・巴尔：《欧洲比较侵权行为法》（上卷），张新宝译，法律出版社 2001 年版。

7. ［德］马克西米利安・福克斯：《侵权行为法》，齐晓琨译，法律出版社 2006 年版。

8. ［苏］坚金・布拉图斯主编：《苏维埃民法》（第三册），中国人民大学法律系民法教研室译，法律出版社 1957 年版。

9. ［苏］A. B. 维涅吉克托尔：《苏联民法对社会主义财产的保护》，谢怀栻、李为译，法律出版社 1957 年版。

10. ［苏］B. П. 格里巴诺夫、C. M. 科尔涅耶夫主编：《苏联民法》（下册），中国社会科学院法学研究所民法经济法研究室译，法律出版社 1986 年版。

11. ［苏］C. H. 布拉都西主编：《苏维埃民法》（上），中国人民大学民法教研室译，中国人民大学出版社 1954 年版。

12. ［苏］格拉维、诺维茨基主编：《债权法分论（关于几种债的研究）》，王明毅等译，中国人民大学出版社 1957 年版。

13. 中国科学院法学研究所译：《苏联民法纲要和民事诉讼纲要》，法律出版社 1963 年版。

（三）中文论文

1. 蔡颖雯：《论我国未成年人监护人责任制度的完善——兼议侵权责任法的立法选择》，《法学家》2008 年第 2 期。

2. 车辉：《我国未成年人监护人责任的立法检讨》，《宁夏社会科学》2014 年第 1 期。

3. 陈龙江：《对我国民法上的“公平责任”的质疑》，《海南大学学报（人文社会科学版）》2005 年第 4 期。

4. 陈宏：《对体育运动中公平责任与自甘冒险的比较分析》，《贵州工业大学学报（社会科学版）》2007 年第 1 期。

5. 陈帮锋：《民事责任能力：本原与异化》，《中外法学》2012 年第 2 期。

6. 陈帮锋：《论监护人责任》，《中外法学》2011 年第 1 期。

7. 陈本寒、陈英：《公平责任归责原则的再探讨》，《法学评论》2012 年第 2 期。

8. 陈科：《公平责任一般条款的司法适用——以 100 份侵权案件判决书为分析样本》，《法律适用》2015 年第 1 期。

9. 陈钊：《论公平责任在〈侵权责任法〉中的适用》，《广西大学学报（哲学社会科学版）》2017 年第 6 期。

10. 车志平：《雇佣关系与帮工、承揽等相似关系的界定及识别》，《人民司法》2011 年第 10 期。

11. 崔建远：《关于“公平责任原则”的考察与评论》，《当代法学》

1990 年第 3 期。

12. 曹冬子：《关于帮工责任的若干思考》，《甘肃社会科学》2011 年第 4 期。

13. 曹险峰：《论公平责任的适用——以对〈侵权责任法〉第 24 条的解释论研读为中心》，《法律科学》2012 年第 2 期。

14. 曹险峰：《侵权法之法理与高空抛物规则》，《法制与社会发展》2020 年第 1 期。

15. 重庆市第三中级人民法院课题组：《权衡与博弈：高空抛物致害责任的路径选择——兼评〈侵权责任法〉第 87 条》，《法律适用》2012 年第 12 期。

16. 邓海鹰：《这起邮票纠纷案该如何处理》，《法律适用》1994 年第 12 期。

17. 冯德淦：《体育比赛中公平责任适用之检讨》，《法律适用》2019 年第 10 期。

18. 房绍坤、武利中：《公平责任原则质疑》，《法律科学》1988 年第 1 期。

19. 傅昌强、甘琴友：《见义勇为行为的行政法思考》，《行政法学研究》2002 年第 2 期。

20. 丰霏、王霞：《论见义勇为的奖金激励条款》，《当代法学》2010 年第 3 期。

21. 冯恺：《民法典高空抛物致害责任规则的体系性解读：局限与克服》，《比较法研究》2021 年第 1 期。

22. 高留志：《〈侵权责任法〉第 24 条的理论操纵及其还原》，《河南财经政法大学学报》2013 年第 5 期。

23. 郭明瑞：《关于公平责任的性质及适用》，《甘肃社会科学》2012 年第 5 期。

24. 郭明瑞：《补充责任、相应的补充责任与责任人的追偿权》，《烟台大学学报》2011 年第 1 期。

25. 郭锋、胡晓珂：《强制责任保险研究》，《法学杂志》2009 年第 5 期。

26. 韩强：《论抛掷物、坠落物致损责任的限制适用》，《法律科学》2014 年第 2 期。

27. 海燕：《略论个体经济组织中帮工与学徒的法律地位》，《山东法学》1987 年第 4 期。

28. 贺光辉：《见义勇为行为民法属性新探》，《广西社会科学》2002 年第 4 期。

29. 何国强：《“风险侵权法”的理念及制度逻辑——从对高空抛物致害责任制度正当性的论证展开》，《湖北大学学报（哲学社会科学版）》2017 年第 3 期。

30. 黄雪兰：《工伤认定及其赔偿规则之探讨》，《当代法学》2003 年第 8 期。

31. 胡伟强：《〈侵权责任法〉中公平责任的适用——一个法经济学的解释》，《清华法学》2010 年第 5 期。

32. 黄阳寿：《大陆民法通则第一三二条关于“公平责任原则”规定之研究》，《东吴法律学报》第十卷第二期（1997 年 2 月）。

33. 姜启波、郭锋、陈龙业：《〈关于依法妥善审理高空抛物、坠物案件的意见〉的理解与适用》，《人民司法·应用》2020 年第 16 期。

34. 冀天福、朱正宏、姚振勇、薛永松：《适用公平原则时对加害行为与侵害结果的判定》，《人民司法·案例》2019 年第 2 期。

35. 季卫东：《彭宇案的公平悖论》，《经济管理文摘》2007 年第 19 期。

36. 蒋颂平：《“公平责任”原则应是独立的归责原则》，《人民司法》1989 年第 7 期。

37. 蒋万庚：《见义勇为立法的思考》，《广西大学学报（哲学社会科学版）》2002 年第 6 期。

38. 焦益华、阎玉珍：《学生伤害事故中的无过错责任和公平责任》，《改革与开放》2016 年第 21 期。

39. 金可可、胡坚明：《不完全行为能力人侵权责任构成之检讨》，《法学研究》2012 年第 5 期。

40. 柯友乐：《〈民法典〉视野下体育运动致害的损失分担——基于公平责任司法适用的实证研究》，《武汉体育学院学报》2021 年第 9 期。

41. 柯伟才：《公平责任之反思——以羽毛球运动员之间的意外伤害案件为例》，《武汉体育学院学报》2017 年第 6 期。

42. 孔祥俊：《论侵权行为的归责原则》，《中国法学》1992 年第 6 期。

43. 李鼎：《体育侵权：自甘风险还是过失相抵》，《武汉体育学院学报》2020年第5期。

44. 李昊：《论英美法上的“好撒马利亚人”》，《华东政法大学学报》2014年第4期。

45. 李昊、张博文：《受害人特殊体质与公平责任——反思“劝烟案”中的因果关系》，《法治现代化研究》2018第6期。

46. 李璐：《抛掷物致人损害侵权责任研究》，《郑州大学学报（哲学社会科学版）》2013年第3期。

47. 李霞：《高空抛物致人损害的法律救济——以〈侵权责任法〉第87条为中心》，《山东大学学报（哲学社会科学版）》2011年第1期。

48. 李妍：《反思高空抛物致害责任》，《社会科学家》2015年第11期。

49. 李永军：《论监护人对被监护人侵权行为的“替代责任”》，《当代法学》2013年第3期。

50. 梁慧星：《中国侵权责任法解说》，《北方法学》2011年第1期。

51. 梁慧星：《制定民法典的设想》，《现代法学》2001年第2期。

52. 刘保玉：《监护人责任若干争议问题探讨》，《法学论坛》2012年第3期。

53. 刘保玉、秦伟：《论自然人的民事责任能力》，《法学研究》2001年第2期。

54. 刘邦琰、郭斌：《如何确定该枚邮票的赔偿价额》，《人民司法》1993年第1期。

55. 刘海涛、孙铭成：《公平责任原则在群众性体育人身损害案中的适用》，《广西教育学院学报》2021年第6期。

56. 刘敏：《未成年人监护的责任减轻规则——以〈侵权责任法〉第32条第1款后段为中心的讨论》，《财经法学》2016年第6期。

57. 刘士国：《论侵权损害的公平责任原则》，《法律科学》1989年第2期。

58. 刘士国：《楼上落下物致人损害加害人不明的法律救济》，《烟台大学学报（哲学社会科学版）》2006年第3期。

59. 刘廷华：《高楼抛掷物致害的法律规制——以〈侵权责任法〉第87条的经济分析为中心》，《北方法学》2012年第1期。

60. 蓝承烈：《论公平责任原则》，《学习与探索》1987年第3期。

61. 孟强：《公平责任归责原则的终结——〈民法典〉第 1186 条的解释论》，《广东社会科学》2021 年第 1 期。

62. 孟祥沛：《连坐恶法岂能死灰复燃——论〈侵权责任法〉第 87 条及民法典编纂中的高空抛物责任》，《上海政法学院学报（法治论丛）》2020 年第 3 期。

63. 米健：《关于“公平”归责原则的思考》，《中外法学》1997 年第 1 期。

64. 米健：《再论现代侵权行为法的归责原则——兼答张佩霖先生》，《政法论坛》1991 年第 2 期。

65. 毛东恒：《“公平责任原则”构造问题的比较法研究》，《湖南社会科学》2016 年第 4 期。

66. 秦伟、王莉莉：《高空抛物致害责任再认识》，《东岳论丛》2011 年第 10 期。

67. 齐云：《论罗马法上的抛掷或倒泼之诉——以对 D. 9，3 和 I. 4，5 的分析为中心》，载何勤华主编：《外国法制史研究》（第 16 卷），法律出版社 2014 年版。

68. 齐云：《高空坠物的法律规制研究——从罗马法、近现代民法到我国〈侵权责任法〉》，《西部法学评论》2017 年第 2 期。

69. 钱叶卫：《非婚同居性行为损害赔偿问题研究》，《中华女子学院学报》2009 年第 3 期。

70. 石柱华：《试论公平责任原则》，《中南政法学院学报》1987 年第 3 期。

71. 石冠彬、谢春玲：《前民法典时代公平责任的适用：裁判误区与应然路径》，《河南社会科学》2019 年第 9 期。

72. 宋伟哲：《高空坠物问题的多元共治之道》，《探索与争鸣》2019 年第 11 期。

73. 孙维飞：《法学论文的“普法性论述”现象之探讨——从“义务帮工人自身受伤应如何处理”的个案出发》，《社会科学》2008 年第 7 期。

74. 唐德华：《高度重视对民事权益的保护——在国家法官学院中级法院院长培训班上的讲话》，载唐德华主编：《民事审判指导与参考》（2001 年第 2 卷），法律出版社 2001 年版。

75. 王彬：《乡土社会的民间习惯与纠纷解决——以帮工习惯为中心

的考察》，《湖南公安高等专科学校学报》2010 年第 3 期。

76. 王成、鲁智勇：《高空抛物侵权行为探究》，《法学评论》2007 年第 2 期。

77. 王成：《高空抛物侵权责任的配置及其正当性》，《民主与法制时报》2019 年 8 月 24 日，第 4 版。

78. 王利明：《抛掷物致人损害的责任》，《政法论坛》2006 年第 6 期。

79. 王利明：《自然人民事责任能力制度探讨》，《法学家》2011 年第 2 期。

80. 王利明：《建立和完善多元化的受害人救济机制》，《中国法学》2009 年第 4 期。

81. 王利明：《论高楼抛物致人损害责任的完善》，《法学杂志》2020 年第 1 期。

82. 王洪亮：《交往安全义务基础上的物件致损责任》，《政治与法律》2010 年第 5 期。

83. 王金利、郭娜：《无偿代驾应认定为义务帮工》，《人民司法·案例》2018 年第 29 期。

84. 王文胜：《侵权责任法中公平责任规则的构造、表达及其反思——从“郑州电梯劝烟案”说起》，《法治现代化研究》2018 年第 5 期。

85. 王竹：《见义勇为人受损受益人补偿责任论》，《法学论坛》2018 年第 1 期。

86. 王竹：《来源不明抛掷、坠落物品致害建筑物区分使用人道义补偿责任研究》，载梁慧星主编：《民商法论丛》（第 59 卷），法律出版社 2015 年版。

87. 王竹：《〈侵权责任法〉第 86 条第 1 款的理解与适用》，《月旦民商法杂志》第 31 期。

88. 王竹：《论实质意义上侵权法的确定与立法展望》，《四川大学学报（哲学社会科学版）》2011 年第 3 期。

89. 王竹：《再论共同危险行为》，《福建师范大学学报（哲学社会科学版）》2010 年第 4 期。

90. 王竹：《建筑物抛掷物致害的“不赔”与“赔”》，《燕山大学学报（哲学社会科学版）》2008 年第 3 期。

91. 王竹：《〈侵权责任法〉侵权责任分担立法体例与规则评析》，《法学杂志》2010 年第 3 期。

92. 王竹：《我国侵权法上“公平责任”源流考》，《甘肃政法学院学报》2008 年第 2 期。

93. 王竹：《论〈民法典·侵权责任编〉的监护人责任设计》，《四川大学学报（哲学社会科学版）》2018 年第 5 期。

94. 王竹：《〈民法典·侵权责任编〉编纂背景与结构调整》，《国家检察官学院学报》2017 年第 4 期。

95. 王竹、郑小敏：《我国侵权法上公平责任的类型化研究》，载《民事审判指导与参考》（2007 年第 4 集），法律出版社 2008 年版。

96. 王竹、舒栎宇：《医疗机构过错推定规则的理解与适用》，《医学与法学》2012 年第 2 期。

97. 王竹、张恒：《论我国侵权法上使用人替代责任的谱系化建构》，《四川师范大学学报（社会科学版）》2013 年第 5 期。

98. 王轶：《论民法诸项基本原则及其关系》，《杭州师范大学学报（社会科学版）》2013 年第 3 期。

99. 王轶：《作为债之独立类型的法定补偿义务》，《法学研究》2014 年第 2 期。

100. 王雷：《见义勇为行为中的民法学问题研究》，《法学家》2012 年第 5 期。

101. 王雷：《见义勇为行为中受益人补偿义务的体系效应》，《华东政法大学学报》2014 年第 4 期。

102. 王宗涛：《侵权法上公平责任的适用立法与司法的比较研究——对〈侵权责任法〉第 24 条之理解》，《海峡法学》2011 年第 2 期。

103. 王全弟、李挺：《对侵权责任法公平责任的新解读》，《三峡大学学报（人文社会科学版）》2013 年第 6 期。

104. 王家昌、徐兴田、秦广生：《帮手与雇工、帮工性质根本不同》，《经济管理》1981 年第 11 期。

105. 王毓莹、向国慧：《论公平责任原则的限制适用——公平责任原则的公平危机及其防范》，《法律适用》2004 年第 9 期。

106. 吴从周：《见义勇为与无因管理——从德国法及台湾地区法规定评河南法院判决》，《华东政法大学学报》2014 年第 4 期。

107. 吴国喆：《论高空抛物致害的比例责任承担》，《西北师大学报

（社会科学版）》2016 年第 6 期。

108. 吴雅婷：《论高空抛物致害责任的完善——以〈民法典〉第 1254 条为对象》，《现代法治研究》2020 年第 2 期。

109. 徐爱国：《重新解释侵权行为法中的公平责任原则》，《政治与法律》2003 年 6 期。

110. 徐国栋：《见义勇为立法比较研究》，《河北法学》2006 年第 7 期。

111. 徐同远：《见义勇为受益人与行为之间法律关系的调整》，《法治研究》2012 年第 12 期。

112. 徐武生、何秋莲：《见义勇为立法与无因管理制度》，《中国人民大学学报》1999 年第 4 期。

113. 徐翔：《社会体育伤害事故中公平责任原则与自甘风险原则的较量——基于羽毛球运动致伤案例的探析》，《体育科研》2020 年第 3 期。

114. 谢哲胜：《高层建筑坠落物致人损害的责任》，《月旦民商法杂志》第 9 期。

115. 谢鸿飞：《民法典与人的美德》，《中国法律评论》2015 年第 4 期。

116. 薛军：《走出监护人“补充责任”的误区》，《华东政法大学学报》2010 年第 3 期。

117. 薛军：《〈侵权责任法〉对监护人责任制度的发展》，《苏州大学学报》2011 年第 6 期。

118. 杨立新：《民法典（草案）对高空抛掷物损害责任规则的完善》，《当代法学》2020 年第 3 期。

119. 杨立新：《修正的〈道路交通安全法〉第 76 条的进展及审判对策》，《法律适用》2008 年第 3 期。

120. 杨立新：《新类型侵权行为的责任形态及其规则——对最高人民法院有关人身损害赔偿的司法解释的解读》，《政法学刊》2005 年第 3 期。

121. 杨立新：《火灾事故责任的性质及其民事责任》，《法律适用》2002 年第 8 期。

122. 杨立新、王竹：《论侵权法上的受害人过错制度》，载陈小君主编：《私法研究》（第 7 卷），法律出版社 2009 年版。

123. 杨立新、贾一曦：《〈民法总则〉之因见义勇为受害的特别请求权》,《国家检察官学院学报》2017 年第 3 期。

124. 杨波、蔡峰华:《义工行为侵权责任制度研究——以义工行为法律关系为基础》,《法学论坛》2004 年第 3 期。

125. 杨海坤、曹达全:《试析行政法意义上的见义勇为行为——兼评我国见义勇为法律制度之不足》,《法学论坛》2008 年第 1 期。

126. 杨代雄:《一般侵权行为的无过错损失分担责任》,《华东政法大学学报》2010 年第 3 期。

127. 杨垠红:《高空不明抛掷物致害责任之比较研究》,《福建师范大学学报(哲学社会科学版)》2014 年第 6 期。

128. 姚宝华、王竹:《道路交通安全法第七十六条第一款第(二)项的解读与适用》,《人民司法》2008 年第 15 期。

129. 姚大志:《导读:从"正义论"到"正义新论"》,载罗尔斯:《作为公平的正义——正义新论》,姚大志译,上海三联书店 2002 年版。

130. 姚辉、金骑锋:《民法典高空抛物致人损害责任的解释论展开》,《法律适用》2021 年第 7 期。

131. 易军:《民法公平原则新诠》,《法学家》2012 年第 4 期。

132. 易军:《个人主义方法论与私法》,《法学研究》2006 年第 1 期。

133. 尹飞:《论义务帮工责任的独立地位》,《法学杂志》2009 年第 3 期。

134. 尹鲁先、褚兢:《国家名片索赔记:全国首例珍稀邮票赔偿案审判纪实》,《人民司法》1993 年第 4 期。

135. 尹志强:《〈民法典〉公平责任的理解与适用》,《社会科学研究》2020 年第 5 期。

136. 叶金强:《〈侵权责任法〉第 24 条的解释论》,《清华法学》2011 年第 5 期。

137. 叶涛:《论高空抛坠物侵权案件中的公安机关调查权》,《中国人民公安大学学报(社会科学版)》2020 年第 5 期。

138. 余小伟:《"公平责任"是否"公平"——以二十世纪新侵权法理论为视角》,《政治与法律》2017 年第 12 期。

139. 翟羽艳、吕秀军:《公平责任三论》,《求是学刊》2000 年第 2 期。

140. 张保红:《公平责任新论》,《现代法学》2009 年第 4 期。

141. 张罡：《论公平责任原则在群众性体育运动中的适用——以一起健康权纠纷案为例》，《河北体育学院学报》2018 第 1 期。

142. 张谷：《作为救济法的侵权法，也是自由保障法》，《暨南学报（哲学社会科学版）》2009 年第 2 期。

143. 张谷：《论侵权责任法上的非真正侵权责任》，《暨南学报（哲学社会科学版）》2012 年第 3 期。

144. 张海峡、白云飞、黄晓扣：《紧急救助论——见义勇为立法的民法法理依据》，《河北经贸大学学报》2000 年第 6 期。

145. 张民安、林泰松：《我国〈侵权责任法〉对他人民事权益的保护》，《暨南学报（哲学社会科学版）》2010 年第 3 期。

146. 张金海：《公平责任考辨》，《中外法学》2011 年第 4 期。

147. 张善斌：《公平责任原则适用存在的问题及对策》，《河北法学》2016 年第 12 期。

148. 张新宝：《“公平责任”的再定位》，《法商研究》2021 年第 5 期。

149. 张新宝、宋志红：《论〈侵权责任法〉中的补偿》，《暨南学报（哲学社会科学版）》2010 年第 3 期。

150. 张新宝、张馨天：《从〈侵权责任法〉第 87 条到〈民法典〉第 1254 条：“高空抛（坠）物”致人损害责任规则的进步》，《比较法研究》2020 年第 6 期。

151. 张学军：《儿童所负公平责任之比较研究》，《北京航空航天大学学报（社会科学版）》2013 年第 6 期。

152. 张学军：《“监护人”“公平分担损失”制度研究》，《当代法学》2013 年第 5 期。

153. 张学军：《监护人承担的“侵权责任”辨析——兼论对未成年人“尽到监护责任”的解释》，《政治与法律》2013 年第 6 期。

154. 张维迎、邓峰：《信息、激励与连带责任——对中国古代连坐、保甲制度的法和经济学解释》，《中国社会科学》2003 年第 3 期。

155. 朱广新：《被监护人致人损害的侵权责任配置》，《苏州大学学报》2011 年第 6 期。

156. 郑晓剑：《不应被淡化的侵权责任能力——对侵权责任能力制度若干功能的考察与审思》，《法律科学》2011 年第 6 期。

157. 郑晓剑：《侵权归责与“公平分担损失”》，载陈小君主编：《私法研究》(第 18 卷),法律出版社 2015 年版。

158. 郑晓剑:《公平责任、损失分担与民法典的科学性——〈民法典〉第 1186 条之“来龙”与“去脉”》,《法学评论》2022 年第 1 期。

159. 郑志涛、王崇敏:《我国建筑物抛物、坠物侵权责任强制保险构建》,《海南大学学报(人文社会科学版)》2020 年第 3 期。

160. 赵毅:《从公平责任到损失分担之嬗变——近年我国法院裁判体育伤害案件的最新立场》,《体育学刊》2014 年第 1 期。

161. 曾大鹏:《见义勇为立法与学说之反思——以〈民法通则〉第 109 条为中心》,《法学论坛》2007 年第 2 期。

162. 章程:《见义勇为的民事责任——日本法的状况及其对我国法的启示》,《华东政法大学学报》2014 年第 4 期。

163. 赵迅、蒋安:《当代道德法律化趋势的若干误区与检讨》,《当代法学》2001 年第 8 期。

164. 周辉:《见义勇为行为的民法思考》,《人民法院报》2000 年 5 月 27 日,第 3 版。

165. 周翠:《〈侵权责任法〉体系下的证明责任倒置与减轻规范——与德国法的比较》,载《中外法学》2010 年第 5 期。

(四)中文译文

1. [南] 佛·克鲁尔杰:《南斯拉夫新债法的概念及其基本制度》,王名扬译,盛愉校,《法学译丛》1980 年第 2 期。

2. [日] 小口彦太:《不法行为法二题》,丁相顺译,载张新宝主编:《侵权法评论》(2004 年第 1 辑),人民法院出版社 2004 年版。

3. [日] 小口彦太:《日中侵权行为法的比较》,《法制与社会发展》1999 年第 3 期。

4. [苏] 苏哈诺夫:《社会主义民法典的体系》,载法学教材编辑部《民法原理》资料组:《外国民法资料选编》,法律出版社 1983 年版。

5. 严治译:《损害赔偿的减轻和公平责任》,载中国人民大学法律系民法教研室编:《外国民法论文选》(校内用书),1984 年版。

(五)外国法律条文中文译本

1. 陈汉章译:《捷克斯洛伐克社会主义共和国民法典》,法律出版社 1981 年版。

2. 陈卫佐译注:《德国民法典》,法律出版社 2010 年版。

3. 费宗祎译：《德意志民主共和国民法典》，法律出版社 1982 年版。

4. 海棠、吴振平译：《蒙古国民法典》，中国法制出版社 2002 年版。

5. 罗结珍译：《法国民法典》，法律出版社 2005 年版。

6. 马骧聪、吴云琪译，王家福、程远行校：《苏俄民法典》，中国社会科学出版社 1980 年版。

7. 潘灯、马琴译：《西班牙民法典》，中国政法大学出版社 2013 年版。

8. 齐云译：《巴西新民法典》，中国法制出版社 2009 年版。

9. 唐晓晴等译：《葡萄牙民法典》，北京大学出版社 2009 年版。

10. 王增润译，王之相校：《苏俄民法典》，新华书店 1950 年版。

11. 吴兆祥、石佳友、孙淑妍译：《瑞士债务法》，法律出版社 2002 年版。

12. 徐涤宇译：《智利共和国民法典》，金桥文化出版（香港）有限公司 2002 年版。

13. 徐涤宇译：《最新阿根廷共和国民法典》，法律出版社 2007 年版。

14. 薛军译：《埃塞俄比亚民法典》，中国法制出版社 2002 年版。

15. 郑民译：《捷克斯洛伐克共和国民法典》，法律出版社 1956 年版。

16. 周友军、杨垠红译，周友军校：《奥地利普通民法典》，清华大学出版社 2013 年版。

（六）立法资料与学者建议稿

1. 何勤华、李秀清、陈颐编：《新中国民法典草案总览》（上卷），法律出版社 2003 年版。

2. 何勤华、李秀清、陈颐编：《新中国民法典草案总览》（下卷），法律出版社 2003 年版。

3. 梁慧星主编：《中国民法典草案建议稿》，法律出版社 2003 年版。

4. 梁慧星主编：《中国民法典草案建议稿附理由·侵权行为编/继承编》，法律出版社 2004 年版。

5. 王利明主编：《中国民法典学者建议稿及立法理由·侵权行为编》，法律出版社 2005 年版。

6. 王竹主编：《〈民法典·侵权责任编〉（编纂建议稿）附立法理由书》，清华大学出版社 2019 年版。

7. 杨立新主编：《中华人民共和国侵权责任法草案建议稿及说明》，

法律出版社 2007 年版。

8. 杨立新主持：《中华人民共和国侵权责任法司法解释草案建议稿》，《河北法学》2010 年第 11 期。

9. 张新宝：《〈中国民法典·侵权行为法编草案建议稿〉理由概说》，载张新宝：《法路心语》，法律出版社 2003 年版。

（七）权威案例

1. 最高人民法院指导案例 94 号：重庆市涪陵志大物业管理有限公司诉重庆市涪陵区人力资源和社会保障局劳动和社会保障行政确认案。

2. 最高人民法院指导案例 98 号：张庆福、张殿凯诉朱振彪生命权纠纷案。

3. 《周开凤等诉宜昌县建设局人身损害赔偿案》，《最高人民法院公报》2001 年第 4 期。

4. 《蒋海燕、曾英诉覃维邱、苏燕弟生命权纠纷案》，《最高人民法院公报》2016 年第 11 期。

5. 《李萍、龚念诉五月花公司人身伤害赔偿纠纷案》，《最高人民法院公报》2002 年第 2 期。

6. 《李彬诉陆仙芹、陆选凤、朱海泉人身损害赔偿纠纷案》，《最高人民法院公报》2002 年第 4 期。

7. 最高人民法院 2014 年 11 月 24 日发布未成年人审判工作典型案例 98 例之案例第 95 号：周熠与肖凡、肖作木、永安市第九中学健康权纠纷案。

（八）裁判文书

1. 安徽省合肥市包河区人民法院民事判决书（2014）包民一初字第 01015 号/第 01016 号/第 01017 号。

2. 安徽省太和县人民法院民事判决书（2014）太民一初字第 00178 号。

3. 安徽省铜陵市狮子山区人民法院民事判决书（2014）狮民一初字第 00286 号。

4. 北京市昌平区人民法院民事判决书（2013）昌民初字第 06725 号。

5. 北京市昌平区人民法院民事判决书（2014）昌民初字第 7492 号。

6. 北京市朝阳区人民法院民事判决书（2013）朝民初字第 40714 号。

7. 北京市朝阳区人民法院民事判决书（2014）朝民初字第 38827 号。

8. 北京市朝阳区人民法院民事判决书（2020）京 0105 民初 67259 号。

9. 北京市第三中级人民法院民事判决书（2021）京 03 民终 5483 号。

10. 重庆市大渡口区人民法院民事判决书（2011）渡法民初字第03482号。

11. 重庆市第四中级人民法院民事判决书（2013）渝四中法民终字第00995号。

12. 重庆市第四中级人民法院民事判决书（2014）渝四中法民终字第00453号。

13. 重庆市第四中级人民法院民事判决书（2014）渝四中法民终字第00873号。

14. 重庆市第一中级人民法院民事判决书（2012）渝一中法民终字第03101号。

15. 重庆市沙坪坝区人民法院民事判决书（2014）沙法民初字第04734号。

16. 重庆市渝北区人民法院民事判决书（2014）渝北法民初字第12739号。

17. 重庆市云阳县人民法院民事判决书（2014）云法民初字第03529号。

18. 福建省德化县人民法院民事判决书（2013）德民初字第2442号。

19. 福建省福州市马尾区人民法院刑事附带民事判决书（2014）马刑初字第102号。

20. 福建省闽清县人民法院民事判决书（2013）梅民初字第6号。

21. 甘肃省静宁县人民法院民事判决书（2014）静雷民初字第9号。

22. 甘肃省临洮县人民法院民事判决书（2014）临衙民初字第168号。

23. 甘肃省秦安县人民法院民事判决书（2013）秦民初字第1173号。

24. 甘肃省天水市秦州区人民法院民事判决书（2015）天秦墩民初字第84号。

25. 甘肃省武威市凉州区人民法院民事判决书（2014）凉民初字第575号。

26. 甘肃省武威市中级人民法院民事判决书（2014）武中民终字第61号。

27. 广东省东莞市中级人民法院民事判决书（2014）东中法民一终字第1421号。

28. 广东省佛山市中级人民法院民事判决书（2014）佛中法民一终字第2983号。

29. 广东省广州市番禺区人民法院民事判决书（2014）穗番法民一初

字第 584 号。

30. 广东省茂名市中级人民法院民事判决书（2014）茂中法民三终字第 75 号。

31. 广东省梅州市中级人民法院民事判决书（2014）梅中法民一终字第 200 号。

32. 广东省平远县人民法院民事判决书（2014）梅平法民二初字第 53 号。

33. 广东省深圳市中级人民法院民事判决书（2011）深中法民一终字第 139 号。

34. 广东省阳春市人民法院民事判决书（2014）阳春法潭民初字第 234 号。

35. 广东省珠海市中级人民法院民事判决书（2014）珠中法民一终字第 953 号。

36. 广西壮族自治区桂林市中级人民法院民事判决书（2013）桂市民一终字第 69 号。

37. 广西壮族自治区河池市中级人民法院民事判决书（2013）河市民一终字第 173 号。

38. 广西壮族自治区河池市中级人民法院民事判决书（2015）河市民一终字第 70 号。

39. 广西壮族自治区柳州市柳南区人民法院民事判决书（2012）南民初（二）字第 382 号。

40. 广西壮族自治区平南县人民法院民事判决书（2013）平民初字第 1204 号。

41. 广西壮族自治区浦北县人民法院民事判决书（2013）浦民初字第 1532 号。

42. 贵州省贵阳市观山湖区人民法院民事判决书（2014）筑观法民初字第 2098 号。

43. 贵州省凯里市人民法院民事判决书（2014）凯民初字第 1080 号。

44. 贵州省盘县人民法院民事判决书（2014）黔盘民初字第 3701 号。

45. 贵州省普定县人民法院民事判决书（2014）普民初字第 761 号。

46. 贵州省黔南布依族苗族自治州中级人民法院民事判决书（2015）黔南民终字第 154 号。

47. 贵州省黔西县人民法院民事判决书（2018）黔 0522 民初 2395 号。

48. 贵州省石阡县人民法院民事判决书（2015）石民初字第 48 号。

49. 贵州省遵义市汇川区人民法院民事判决书（2014）汇民初字第 1748 号。

50. 贵州省遵义市中级人民法院民事判决书（2014）遵市法民一终字第 1351 号。

51. 海南省澄迈县人民法院民事判决书（2014）澄民初字第 710 号。

52. 海南省第二中级人民法院民事判决书（2015）海南二中民一终字第 51 号。

53. 河北省保定市中级人民法院民事判决书（2014）保民一终字第 413 号。

54. 河北省承德市中级人民法院民事判决书（2014）承民终字第 00364 号。

55. 河北省定州市人民法院民事判决书（2014）定民初字第 944 号。

56. 河北省高级人民法院刑事附带民事判决书（2013）冀刑三终字第 61 号。

57. 河北省邯郸市丛台区人民法院民事判决书（2013）丛民初字第 3971 号/第 3972 号/第 3973 号/第 3974 号。

58. 河北省邯郸市丛台区人民法院民事判决书（2012）丛民初字第 1197 号。

59. 河北省涞源县人民法院民事判决书（2014）涞民初字第 10 号。

60. 河北省廊坊市中级人民法院民事判决书（2014）廊民一终字第 956 号。

61. 河北省滦南县人民法院刑事附带民事判决书（2013）倴刑重字第 4 号。

62. 河北省石家庄市长安区人民法院民事判决书（2015）长民初字第 2 号。

63. 河北省唐山市中级人民法院刑事附带民事判决书（2015）唐刑终字第 217 号。

64. 河南省鹤壁市淇滨区人民法院民事判决书（2013）淇滨民初字第 992 号。

65. 河南省济源市人民法院民事判决书（2014）济民一初字第 3145 号。

66. 河南省洛阳市涧西区人民法院民事判决书（2013）涧民一初字第

401 号。

67. 河南省洛阳市中级人民法院民事判决书（2008）洛民终字第 1732 号。

68. 河南省漯河市源汇区人民法院民事判决书（2014）源民一初字第 150 号。

69. 河南省平顶山市新华区人民法院民事判决书（2013）新民初字第 139 号。

70. 河南省平顶山市中级人民法院民事判决书（2014）平民二终字第 417 号。

71. 河南省沁阳市人民法院民事判决书（2014）沁民西万初字第 00050 号。

72. 河南省确山县人民法院民事判决书（2014）确民初字第 00756 号。

73. 河南省商丘市梁园区人民法院民事判决书（2014）商梁民初字第 1064 号。

74. 河南省西峡县人民法院民事判决书（2014）西西民初字第 82 号。

75. 河南省叶县人民法院民事判决书（2013）叶民二初字第 467 号。

76. 河南省义马市人民法院民事判决书（2013）义民初字第 1032 号。

77. 河南省柘城县人民法院民事判决书（2013）柘民初字第 1295 号/第 1296 号。

78. 河南省正阳县人民法院民事判决书（2013）正民初字第 752 号。

79. 河南省郑州市金水区人民法院民事判决书（2017）豫 0105 民初 14525 号。

80. 河南省郑州市中级人民法院民事判决书（2017）豫 01 民终 14848 号。

81. 湖北省广水市人民法院民事判决书（2015）鄂广水民初字第 00412 号。

82. 湖北省黄石市西塞山区人民法院民事判决书（2014）鄂西塞民初字第 00001 号。

83. 湖北省南漳县人民法院民事判决书（2014）鄂南漳民一初字第 00054 号。

84. 湖北省潜江市人民法院民事判决书（2014）鄂潜江民初字第 00033 号。

85. 湖北省十堰市茅箭区人民法院民事判决书（2014）鄂茅箭民一初第 01765 号。

86. 湖北省十堰市中级人民法院民事判决书（2014）鄂十堰中民四终字第 00600 号。

87. 湖北省武汉市江汉区人民法院民事判决书（2013）鄂江汉民一初字第 00644 号。

88. 湖北省武汉市江夏区人民法院民事判决书（2015）鄂江夏民一初字第 00232 号。

89. 湖北省武汉市青山区人民法院民事判决书（2014）鄂青山民一初字第 00328 号。

90. 湖北省武汉市中级人民法院民事判决书（2017）鄂 01 民终 5660 号。

91. 湖北省宜昌市中级人民法院民事判决书（2014）鄂宜昌中民三终字第 00238 号。

92. 湖南省长沙市中级人民法院民事判决书（2012）长中民三终字第 0045 号。

93. 湖南省郴州市中级人民法院民事判决书（2014）郴民一终字第 119 号。

94. 湖南省道县人民法院民事判决书（2015）道法民初字第 327 号。

95. 湖南省涟源市人民法院民事判决书（2014）涟民一初字第 59 号。

96. 湖南省湘潭市中级人民法院民事判决书（2014）潭中民一终字第 101 号。

97. 湖南省湘乡市人民法院民事判决书（2014）湘法民一初字第 11 号。

98. 湖南省永州市冷水滩区人民法院民事判决书（2012）永冷民初字第 292 号。

99. 江苏省常州市新北区人民法院民事判决书（2014）新民初字第 2009 号。

100. 江苏省昆山市人民法院民事判决书（2014）昆张民初字第 0191 号。

101. 江苏省南京市鼓楼区人民法院民事判决书（2007）鼓民一初字第 212 号。

102. 江苏省南通市崇川区人民法院民事判决书（2014）崇山民初字第 00611 号。

103. 江苏省苏州市中级人民法院民事判决书（2014）苏中民终字第 02846 号。

104. 江苏省无锡高新技术产业开发区人民法院民事判决书（2013）

新硕民初字第 0589 号。

105. 江苏省无锡市南长区人民法院民事判决书（2014）南民初字第 1930 号。

106. 江苏省盐城市中级人民法院民事判决书（2013）盐民终字第 1202 号。

107. 江西省宜春市中级人民法院民事判决书（2014）宜中民一终字第 142 号。

108. 辽宁省鞍山市中级人民法院民事判决书（2014）鞍民二终字第 681 号。

109. 辽宁省北票市人民法院民事判决书（2014）北民三宝初字第 00140 号。

110. 辽宁省本溪满族自治县人民法院民事判决书（2013）本县民初字第 00745 号。

111. 辽宁省丹东市元宝区人民法院民事判决书（2018）辽 0602 民初 86 号。

112. 辽宁省抚顺市中级人民法院民事判决书（2014）抚中民一终字第 00310 号。

113. 辽宁省葫芦岛市中级人民法院民事判决书（2015）葫民终字第 00140 号。

114. 辽宁省锦州市中级人民法院民事判决书（2014）锦民二终字第 00332 号。

115. 辽宁省辽阳县人民法院民事判决书（2015）辽县民初字第 00097 号。

116. 辽宁省沈阳市和平区人民法院民事判决书（2014）沈和民一初字第 00678 号。

117. 内蒙古自治区化德县人民法院民事判决书（2014）化民初字第 00312 号。

118. 内蒙古自治区化德县人民法院民事判决书（2013）化民初字第 719 号。

119. 内蒙古自治区土默特右旗人民法院民事判决书（2014）土民初字第 1474 号。

120. 内蒙古自治区土默特右旗人民法院民事判决书（2014）土民初字第 233 号。

121. 宁夏回族自治区灵武市人民法院民事判决书（2017）宁 0181 民初 2639 号。

122. 宁夏回族自治区银川市兴庆区人民法院民事判决书（2014）兴民初字第 5706 号。

123. 青海省海东市乐都区人民法院民事判决书（2014）乐民初字第 909 号。

124. 山东省济南市历城区人民法院民事判决书（2017）鲁 0112 民初 6766 号。

125. 山东省招远市人民法院民事判决书（2013）招民初字第 2395 号。

126. 山西省和顺县人民法院民事判决书（2014）和民初字第 465 号。

127. 山西省泽州县人民法院民事判决书（2015）泽民初字第 5 号。

128. 陕西省安康市汉滨区人民法院民事判决书（2013）安汉民初字第 00215 号。

129. 陕西省西安市长安区人民法院民事判决书（2014）长安民初字第 03711 号。

130. 陕西省西安市莲湖区人民法院民事判决书（2011）莲民二初字第 88 号。

131. 陕西省西安市莲湖区人民法院民事判决书（2012）莲民二初字第 00100 号。

132. 陕西省西安市雁塔区人民法院民事判决书（2013）雁民初字第 04026 号。

133. 陕西省西安市中级人民法院民事判决书（2009）西民二终字第 00327 号。

134. 陕西省洋县人民法院民事判决书（2014）洋民初字第 00320 号。

135. 陕西省洋县人民法院民事判决书（2014）洋民初字第 00551 号。

136. 上海市黄浦区人民法院民事判决书（2014）黄浦少民初字第 22 号。

137. 上海市闵行区人民法院民事判决书（2014）闵民一（民）初字第 20071 号。

138. 上海市浦东新区人民法院民事判决书（2011）浦民一（民）初字第 20640 号。

139. 上海市浦东新区人民法院民事判决书（2012）浦民一（民）初字第 22293 号。

140. 上海市浦东新区人民法院民事判决书（2012）浦民一（民）初字第 3623 号。

141. 上海市松江区人民法院民事判决书（2013）松民一（民）初字第 4854 号。

142. 上海市徐汇区人民法院民事判决书（2015）徐民一（民）初字第 424 号。

143. 四川省成都市锦江区人民法院民事判决书（2013）锦江民初字第 190 号。

144. 四川省广元市利州区人民法院民事判决书（2013）广利州民初字第 2645 号。

145. 四川省南充市中级人民法院民事判决书（2013）南中法民终字第 232 号。

146. 四川省郫县人民法院民事判决书（2000）成郫民初字第 99 号。

147. 天津市第一中级人民法院民事判决书（2013）一中民一终字第 514 号。

148. 天津市蓟县人民法院民事判决书（2014）蓟民初字第 4093 号。

149. 新疆维吾尔自治区和田地区中级人民法院民事裁定书（2014）和中民一终字第 173 号。

150. 新疆维吾尔自治区呼图壁县人民法院民事判决书（2015）呼民初字第 1507 号。

151. 新疆维吾尔自治区石河子市人民法院民事判决书（2013）石民初字第 3127 号。

152. 云南省禄丰县人民法院民事判决书（2014）禄民初字第 456 号。

153. 云南省曲靖市中级人民法院民事判决书（2014）曲少民终字第 8 号。

154. 云南省曲靖市中级人民法院民事判决书（2014）曲中民终字第 252 号。

155. 云南省文山壮族苗族自治州中级人民法院民事判决书（2012）文中民三终字第 58 号。

156. 云南省沾益县人民法院民事判决书（2015）沾民初字第 504 号。

157. 浙江省杭州经济技术开发区人民法院民事判决书（2014）杭经开民初字第 121 号。

158. 浙江省金华市中级人民法院民事判决书（2011）浙金民终字第

66 号。

159. 浙江省丽水市中级人民法院民事判决书（2015）浙丽民终字第 50 号。

160. 浙江省临安市人民法院民事判决书（2013）杭临於民初字第 7 号。

161. 浙江省宁波市镇海区人民法院民事判决书（2013）甬镇民初字第 210 号。

162. 浙江省宁波市中级人民法院民事判决书（2014）浙甬民一终字第 665 号。

163. 浙江省嵊州市人民法院民事判决书（2014）绍嵊三民初字第 4 号。

164. 浙江省温州市中级人民法院民事判决书（2009）浙温民终字第 1081 号。

二、英文参考资料

（一）英文著作

1. A. W. B. Simpson, *A History of The Land Law* (2nd edn, OUP 1986).

2. Charles Mitchell (ed), *Hayton and Mitchell: Commentary and Cases on the Law of Trusts and Equitable Remedies* (13th edn, Sweet & Maxwell 2010).

3. Christian von Bar and Eric Clive, *Principles, Definitions and Model Rules of European Private Law* (Oxford University Press 2010).

4. Dan B Dobbs, *Dobbs Law of Remedies: Damages-Equity-Restitution* (West Publishing Co 1993).

5. G. W. Keeton, *An Introduction to Equity* (6th ed, Sir Isaac Pitman & Sons 1965).

6. H. Stoll, "Consequences of Liability: Remedies" in Tony Weir (ed), *Complex Liabilities: Int. Enc. Comp. L. XI Torts* (1983).

7. Jamie Glister and James Lee, *Hanbury and Martin: Modern Equity* (20th edn, Sweet & Maxwel 2015).

8. J D Heydon, M J Leeming, P G Turner (eds), *Meagher, Gummow and Lehane's Equity Doctrines and Remedies* (5th edn, LexisNexis Butterworths 2015).

9. J H Baker, *An Introduction to English Legal History* (3d edn, OUP 1990).

10. Joseph Story, *Commentaries on Equity Jurisprudence* (3rd Eng edn, Sweet & Maxwell 1920).

11. Joshua Getzler, "Patterns of Fusion" in Peter Birks (ed), *The Classification of Obligations* (Clarendon Press 1997).

12. John McGhee (ed), *Snell's Equity* (31st ed. , Sweet & Maxwell 2005).

13. John McGhee (ed), *Snell's Equity* (32nd ed. , Sweet & Maxwell 2010).

14. Pollock (ed), *Table-talk of John Selden* (London Quaritch 1927).

15. Robert Megarry and H W R Wade, *Megarry & Wade: The Law of Real Property* (6th edn, Sweet & Maxwell 2000).

16. S Robert Thompson and others, *Remedies: Damages, Equity, and Restitution* (4th edn, LexisNexis 2008).

17. Ulrich Magnus and M Martín-Casals (eds.), *Unification of Tort Law: Contributory Negligence* (Kluwer Law International 2004).

(二) 英文判例

1. Anon. (n. d.) Cary 11.

2. Armstrong v Sheppard &Short Ltd (1959) 2 QB 384; (1959) 2 All ER 651.

3. Church of Scientology of California v Kaufman (1973) R. P. C. 635.

4. Cory v Gertcken (1816) 2 Madd. 49.

5. Overton v Banister (1844) 3 Hare 503 at 506.

6. Coatsworth v Johnson (1886) 54 L. T. 520.

7. Gardner, Huey v Cunnington, Re (1920) 2 Ch. 523.

8. Dering v Earl of Winchelsea (1787) 1 Cox Eq. 318 at 319, 320 per Eyre C. B.

9. Duchess of Argyll v Duke of Argyll (1967) Ch. 302 at 332.

10. Evroy v Nicholas (1733) 2 Eq. Ca. Abr. 488 at 489 per Lord King L. C.

11. Everet v Williams (1725) 9 L. Q. R. 197.

12. Gill v Lewis (1956) 2 Q. B. 1.

13. Greater Sydney Development Assn Ltd v Rivett (1929) 29 SR (NSW) 356 at 360－1.

14. Grobbelaar v News Group Newspapers Ltd. (2002) 1 WLR 3024.

15. Graf v Hope Building Corp 254 N. Y. 1 at 9 (1930) per Cardozo C. J.

16. Hopkins v Hopkins (1739) 1 Atk. 581 at 591.

17. Hubbard v Vosper (1972) 2 Q. B. 4.

18. Holly v. Meyers Hotel and Tavern, Inc, 9 N. J. 493, 89 A. 2d 6.

19. Jones v Lenthal (1669) 1 Ch. Cas. 154.

20. Kettles & Gas Appliances Ltd v Anthony Hordern & Sons Ltd (1934) 35 SR (NSW) 108.

21. Lipkin Gorman v Karpnale Ltd (1991) 2 A. C. 548.

22. Loughran v Loughran 292 U. S. 216 at 229 (1934) per Brandeis J.

23. Litvinoff v Kent (1918) 34 TLR 298.

24. Larson v. St. Francis Hotel, 83 Cal. App. 2d 210, 188 P. 2d 513.

25. Moody v Cox [1917] 2 Ch. 71 at 87.

26. Mason v Clarke (1954) 1 Q. B. 460; reversed (1955) A. C. 778.

27. Meredith v Davis (1933) 33 SR (NSW) 334 at 338.

28. Mexfield Housing Co-operative Ltd v Berrisford (2011) Ch. 244 at 268.

29. Official Trustee in Bankruptcy v Tooheys Ltd (1993) 29 NSWLR 641.

30. Ocular Sciences Ltd v Aspect Vision Care Ltd (1997) RPC 289.

31. Quadrant Visual Communications v Hutchison Telephone (1993) B. C. L. C. 442.

32. Re National Fund Assurance Co (1878) 10 Ch. D. 118 at 128.

33. Re Diplock, 1948, Ch. 465 at 481, 482.

34. Roanway Properties Ltd v Gold (1973) 228 E. G. 2269.

35. Rhone v Stephens (1994) 2 A. C. 310.

36. Stack v Dowden (2007) 2 A. C. 432.

37. Stickland v Aldridge (1804) 9 Ves. 516 at 519.

38. Sang Lee Investment Co Ltd v Wing Kwai Investment Co Ltd., [1983] HKLR 197.

39. The Earl of Oxford's Case, (1615) 21 ER 485.

40. Tulk v Moxhay (1848) 2 Ph. 774.

41. Wolf v. The American Tract Society, 2 Bedell 30, 164 N. Y. 30, 58 N. E. 31.

42. Williams v Staite (1979) Ch. 291.

Sabbatical，上班停课

——代后记

回顾 2020 年，总的感觉是过得特别快；不少同仁在春节前提前发送新春祝福，问起原因也是希望鼠年赶快过去。疫情突发，尤其是 2020 年上半年的生活，特别像我在国外访学的日子，清而不闲。《民法典》5 月底才姗姗来迟，倒也避免了暑假无所事事。2020 年年底最高人民法院发布的《民法典》相关司法解释，让 2021 年的寒假更加充实。

疫情对我最大的影响，就是出差少了，陪家人的时间多了，线上会议也逐渐变多了。不过文章还是得写的，书还是要出的，项目也是得继续做的，这和休息年（Sabbatical）在海外访学的状态是类似的。本书的核心内容是我于 2015—2016 年在牛津大学访学期间完成的，这让我想起 2016 年 10 月访学回来后，按照学校公派留学人员管理办法的要求，给同学们开了一场讲座，就叫作“Sabbatical，上班停课：牛津访学与法学教育”。结合这次新冠病毒疫情的一些观察和思考，辑录如下，权作后记。

一、Sabbatical Leave，尊重学术周期律

（一）通行的学术休假

据说Sabbatical这个词源于一则希伯来神话：有一条古老的河流，连续六天时间流淌之后，到第七天就停止流动。Sabbatical作为一种制度安排，则源于安息年（Sabbatical Year），是指摩西律法下古代以色列人的一种习俗，每轮到第七年，会有一年的时间不从事劳作，让自己和家人以及土地，都有休养生息的机会，以备将来更好的长远发展。

Sabbatical Leave这个词，又译为"学术休假"，特指供大学教师进行学术研究的公休假。该制度可以溯源到1880年哈佛学院的校长艾利奥特批准工作七年以上的教师可以休假，休假期间享有半薪。设置这一制度的背景是19世纪末美国研究型大学崛起后对教师国际化的需求，后被证实在提升教师研究水平、促进科研创新能力、提高教师队伍士气和缓解教师职业倦怠等方面均有明显功效。

就我认识的欧美大学教授而言，最短的如牛津大学部分学院每3年就可以申请一个学期的学术休假，但牛津每年是三个学期，所以其实"休假/间隔"比也不算低；有的学校工作6年后可以申请1～2年的学术休假，这样的大学看起来是比较慷慨的，但这种优厚的待遇并非普惠制，只有评估为业绩优秀和有发展潜质的教师才有资格享受。但有一点是普遍印象，就是欧美大学的教授的学术休假大多是到其他国家的名校授课和研究，一般会被授予类似Visiting Professor的职位并支付相应的薪水。

（二）变味的学术休假

我是申请到2008—2009年度富布莱特奖学金去美国的，所以2015—2016年才第一次正式享受国家公派留学。之所以选择这一年出去，也是主动按照国际学术惯例作Sabbatical Leave。对比我两次在海外访学的机会，虽然第一次是学生身份，第二次是教授身份，但观察到的大多数国内去的访问学者的状态其实差别不大。聊起天来，申请出国的目的，以学校晋升职称要求和子女陪读学英语居多，相应地，讲师和副教授职称且相对年轻的居多。当然，或许是我自己圈子的问题。也极少遇到以访问教授身份访学的中国学者，看起来双向交流的少，单向学习的多。记得我在牛津的时候，来自国内的访问学者和学生据说有数百人之多，但有

资格邀请朋友去所在学院坐在 High Table 上吃晚宴的，包括我在内似乎只有 2～3 人。

反观国内学术界，大家似乎习惯于连轴转，好像并无定期休息的需求，也唯恐出去一年错过什么，更不能少了露脸，出了圈子，断了人脉。这几年法学界的学术会议，早上开始得越来越早，下午结束得越来越晚，参加的人越来越多，发言的时间越来越短，主持人的数量也逐渐增加，点评人更是被要求压缩时间，似乎参加一次学术会议的目的就是证明我还在圈子里且大家都还记得我。我特别不能理解学术会议为什么总是要在周末召开，极端情况下一个周末两天甚至有 4 个以上的会议要参与，周末出差如果只去一个城市就已经算是轻松的了。这直接导致重要学者每个会议只能参加半天甚至开幕式，这还不包括受会议承办单位邀请开设讲座以满足广大同学的热情期待。连我自己负责组织的“民法典青年沙龙”也渐渐不能免俗，希望《民法典》通过之后能够恢复到“沙龙”的定位。

我记得有一次去悉尼大学开会，或许也是为了方便大家熟悉当地的风土人情，周五开一天，然后周一再开一天，周末主办方该休息还得休息，也没人接待。给我造成的麻烦是回国后外事部门多次确认了这一会议安排，我也表示无奈，只能写情况说明并自己承担了周末的住宿费。

（三）学术周期七年计

学术人生，成熟得晚，衰老得早。如果考虑选择走学术道路，本科三年级（大约 21 岁）就应该开始七年规划，并征求研究方向的导师意见，看自己是否有必要和有潜质选择学术道路。学术道路艰险，且无明确预期，“三无者”（无心、无力、无资）慎入。工作成家生子立业尽孝，心系天下，也未尝不可。

如果一定要走学术道路，本科第 4 年加上硕士 2～3 年，博士 3～4 年，拿到博士学位大概 28 岁，算是第一个七年。我个人建议最好是能够直接在海外读硕士和博士。如果不是到海外深造，那么博士期间至少要有一年在国外交流的经历。博士毕业，戴上博士帽，从“博士僧”① 变成“博士”，才算是“学术弱冠”，也就是学术成年。不少学校嫌博士就算有了“冠”，还“犹未壮”，所以再要求读一个“博士后”，一般 2～3 年出

① 参见王竹：《谨以至诚谢意向我的“博士僧”时代道别》，载王竹：《侵权责任分担论》，中国人民大学出版社 2009 年版。

站，能留下来就转为副教授，或者再给一个3年的合同，第六年"非升即走"。晋升为副教授，才算得上"学术而立"。

我一直建议，自己也身体力行，在博士毕业的第七年，也就是35岁左右，应该有一年以上去海外交流的机会，作为学术生命新一轮的起点。再经过5～7年的努力，晋升为教授，可谓"学术不惑"。在这之后，如果还能再暂时放下光环，远离喧嚣，在40岁出头，再申请一次学术休假，对自己的方法论予以总结提升，才能确保学术再上一个台阶。可以展望，50岁左右，还能够坚持学术休假的，才是珍惜自己的学术生命，而不是耗尽自己的学术积累。奔60岁的时候，也不知道国家留学基金委或者所在高校，是否还愿意支持这颗奔腾的学术不老之心。

二、"上班停课"再出发，换个状态做教授

（一）上班不上课：工作状态的保持

学术休假期间，上班不上课，实际上需要一种工作状态的保持。客观地说，在牛津大学访问的一年，是我工作后实际收入最低、支出最多的一年。国家留学基金委每个月的生活补贴只有1 000英镑，勉强能够维持一个人的生活开支，但对于国内习惯了教授体面生活的我来讲，稍微寒碜了点儿。四川大学只发基本工资，代扣代缴不能少，回国后再补发70%的教授津贴。由于我的学术休假跨越了两个自然年，作为一个喜欢上课的老师，一个学期的课时就能够满足全年的教学要求，加上一直超额完成的科研指标，我一直不明白为什么我的教授津贴会被扣掉30%，似乎这偏离了学术休假的设置目的。或许这也是为什么大多数教授都不愿意申请学术休假的原因之一吧。你以为是"带薪"，其实是"减薪"。唯一没有中断的是研究生的招生，而且导师的培养责任不变。所以出国一年，前后影响了三届学生，在长达一年的时间里都未能当面指导，只能千里传音，总有些遗憾。

（二）停课多听课：工作方式的转变

由于中国访问学者常态的学术休假都不是以Visiting Professor的方式来实现的，所以自己在国内停课的同时，到访问学校就是多听课，也包括多听讲座。如果能够自己开1～2次讲座交流，介绍中国学术界的研究进展和个人的研究成果就更好。我在牛津大学开了一次讲座，介绍中国侵权法的最新发展，也包括我研究的公平责任。后来又到布里斯托大学法学院

开了一次讲座，介绍中国民法典编纂的立法程序。不同学校的图书馆各有特色，牛津大学除了学校的图书馆和法学部的图书馆之外，各个学院都有自己的综合图书馆。不过有意思的是，如果一个学院有第二个图书馆，一定是法学图书馆，估计是法学在英国地位较高，杰出校友也乐于捐助的原因。牛津大学的图书馆有个规定我不太习惯，就是不让把书借出去，只能在图书馆看，这对于习惯在家里一边工作一边喝茶的我来说，有些为难。学术休假期间难得的整块时间，对于完成专著的撰写来说很是珍贵。

（三）一年六阶段：工作节奏的把握

我有过两次半域外访学，其中的半次是在我国台湾地区东吴大学访学的大半学期。总结下来，如果有一年的学术休假，建议分为 6 个阶段，每个阶段大概两个月时间，可以根据个人情况调整。

阶段一：熟悉环境。可能是个人适应环境的速度比较慢，我喜欢到了一个地方，每天午饭、晚饭后和在国内生活习惯一样，照例到处先走走，当然要注意安全，尤其遵守当地的交通规则。逛逛附近的大小商店，结交一些新朋友，然后就是查课表，选自己感兴趣的课程，和教授联系旁听事宜。自己有英文著作的，可以备几本赠送，一般也能够得到回赠。不是每门看起来有意思的课程听起来都合意，也不是每次联系都能够得到教授的旁听许可。我在牛津就遇到一次，关于欧盟法的 Seminar，主持课程的教授回信说，很抱歉，这门课程一共 5 位学生，我们 4 位教授，1 位访问教授，如果您再来听，就是 5 位学生，6 位教授了，不太合适。但教授非常客气地请我去吃了一顿饭，相互简单交流了一下，也是基本的礼节。

阶段二：进入状态。接下来就是旁听一些学术会议和课程，会认识新的教授和其他访问学者。我发现美国和英国的教授都很客气，只要约见，一般都会约时间喝一杯咖啡。聊完之后，他对你感兴趣的，会后面接着和你联系；不感兴趣的，也就此作罢。所以约着喝咖啡，就是喝咖啡，也别想多了。每个学校图书馆的查询和借阅方式不同，也需要逐渐熟悉。如果能够申请到办公室，哪怕合用都好；如果资源紧张，最好申请一个图书馆的固定座位，不过要注意财产安全。我印象中康奈尔大学法学院的图书馆安排得很好，给了我一个密码柜可以临时放东西，这样就很方便。

阶段三：深入感受。逐渐熟悉当地环境和学校资源后，就可以开始申请参加一些学术会议，自己也可以尝试通过合作教授主动开设讲座，做一些深入的学术交流活动。不少学术会议都要收注册费，但如果通过合作教授介绍，一般都能够免除，当然现在国内科研经费充裕也可以报销。这个阶段已经不仅仅是单向、被动地接收信息，而是可以开始观察所在大学的科研和教学模式，并主动进行一些探讨。对当地的探索也不局限于城内，可以尝试约上几位同期访问的学友去远足，领略一下周边景致，交换一下访学心得，或许能够有惊喜的收获。我是自己做饭，所以一般会到半年的时候，才有吃火锅的冲动。在那之前，当地的饮食我会更感兴趣一些。

阶段四：集中写作。如果能够坚持两个月的集中写作，融合前半年听课开会的所得、收集的资料和半年来的心得，那么将有助于整合此前已经分条块完成的论文，并得以形成一本专著。我自己有两次这样的经历，第一次是在康奈尔大学用一个学期完成了博士论文的资料收集和部分章节的初步写作，然后到耶鲁大学最终完成了《侵权责任分担论》的写作。第二次就是在牛津大学，已经两次延期的《侵权公平责任论》，一直缺乏衡平法方面的一手资料。经过到牛津大学之后与法学部的多位教授沟通交流，通过查阅一些早期文献，我终于澄清了自己此前的谬误。我的经验是，能够集中精力两个月高强度集中写作，是出精品书的基本保障。

阶段五：旅游休闲。在完成了学术休假的主要任务之后，我觉得有两个月旅游休闲无可厚非。在国内教书也有寒暑假，家人自费来短期探望，适可而止，不要把学术休假变成家人陪游就好。我不太赞成学术休假期间再到第三国旅游，似乎稍微偏离了国家资助的本意，当然在新加坡这样的城市型国家另当别论。我一直觉得学术休假的目的之一，是成为半个本地人，为后来者能够提供一些经验和建议。访问学校之外，大有可去之处。国人外出旅游时的网红打卡目的地，一般与所在国居民心仪之地大有差别。另外就是著名大学校园本身也是学人游历的绝佳之处，我有个小小的收藏爱好，就是每到一所著名大学都买一个带学校 Logo 的 Mug，尽管一般都价格不菲。每次海外访学或者开会回来，多余的各国货币也可以放在该国杯子里，下次去同一国家访问时再取出，也总会有些零钞备用。

阶段六：收心总结。所谓收心，就是把自己那颗“停课”访学的心收住，得开始为下学期备课，避免回国后影响教学效果。所谓总结，除了公派留学必要的文件需要填写之外，回顾过去近一年学术休假的收获，是否对得起纳税人的钱，也是必要的评估。经过一年四季的洗礼，已经习惯了清新的空气和稀疏的人流，即将回到嘈杂与忙碌，总得需要一个提前预习的过程。与在访问学校认识的教授一一道别，回顾过去一年的欢笑；到

Outlet 买一些国内价格高得莫名其妙的生活品，以消极方式找补一年来收入的损失；给亲朋好友准备一些有当地特色的纪念品，顺道逛逛已经熟悉的大街小巷。准备好各种回国需要的文件，订好机票，微信交流中也多了回乡的期待。获赠和购买的学术著作需要提前托运，行李箱也是一再精简。可以赠送友人的生活用品也在临别聚会中逐渐找到新的主人，下一个七年周期将随着时差开始重新计时。

三、疫情无常恐持续，“上网听课”常态化

临近春节，手机智能推送了新冠本土确诊病例“零报告”的好消息，这和此前逐渐减少的病例数以及人民群众的普遍期望是相符的，或许也预示着新年的新气象。但严防死守并未打消疫情随时可能零星暴发的担忧，连续 7 天“零报告”之后又有新增本土确诊病例。疫苗接种速度似乎一直在和病毒变异速度赛跑，全球确诊病例数早已过亿。世界卫生组织宣布多种动物可能是新冠病毒宿主，预示着我们将进入一个与新冠病毒长期共存的时代，生活、工作方式也将从此被改变。

新年伊始，多所高校已经宣布延期开学和线上教学计划，这意味着 2020 年应急性的“上班停课”将逐步过渡到常态化的“上网听课”。就今年硕士生预答辩的情况来看，疫情已经普遍地对硕士毕业论文的质量产生了明显的影响，也显示出简单的“上网听课”可能无法实质性替代课堂教学和师生互动的问题。

2020 年暑期，我主持的“马工程”《民法学》教材配套系列慕课依照《民法典》完成了全部课程的更新和制作，并在学习强国、中国大学 MOOC、智慧树和学堂在线四大平台上线。但 2020 年年底最高人民法院制定、修改和废止了数以百计的司法解释，对线上课程录像的稳定性预期提出了较大挑战。随着中国特色社会主义法律体系的逐步完善和我国权威案例发布制度的逐步建立，法源体系的快速变化也将成为常态，民法教学内容的动态化对教师群体也提出了更高的要求。

在过去一年中，为应对疫情逐步摸索出的“线上线下结合”授课方式，可能是较为理想的传统课堂教学的替代方式。从个人经验出发，建议优化方向如下：第一，应该动态化更新完整的授课视频，让学生在疫情期间随时有课可上；第二，培养学生课前预习、课后思考的学习习惯，不能等着视频来“填鸭”；第三，教师在电脑面前坐着再对着屏幕讲课，无法

替代在教室里站在黑板前授课的情景感，让教师回到教室中授课再加上呈现学生听课状态的视频投影模式，才能满足“上网听课”的教学质量要求；第四，对研究生的深入指导可以通过腾讯会议等软件来部分实现，但疫情防控允许下的当面交流更是必不可少的。

王　竹　法学博士

四川大学市场经济法治研究所所长、法学院教授

中国人民大学民商事法律科学研究中心侵权法研究所副所长

辛丑年·春节，西昌邛海湖畔

图书在版编目（CIP）数据

侵权公平责任论：我国侵权法上公平责任的立法与司法研究/王竹著. --2 版. --北京：中国人民大学出版社，2023.3

（法律科学文库）

ISBN 978-7-300-31525-6

Ⅰ.①侵… Ⅱ.①王… Ⅲ.①侵权法-研究-中国 Ⅳ.①D923.74

中国国家版本馆 CIP 数据核字（2023）第 044653 号

"十三五"国家重点出版物出版规划项目

法律科学文库

总主编　曾宪义

侵权公平责任论（第二版）

——我国侵权法上公平责任的立法与司法研究

王　竹　著

Qinquan Gongping Zeren Lun

出版发行	中国人民大学出版社		
社　　址	北京中关村大街 31 号	**邮政编码**	100080
电　　话	010－62511242（总编室）		010－62511770（质管部）
	010－82501766（邮购部）		010－62514148（门市部）
	010－62515195（发行公司）		010－62515275（盗版举报）
网　　址	http://www.crup.com.cn		
经　　销	新华书店		
印　　刷	唐山玺诚印务有限公司	**版　　次**	2021 年 3 月第 1 版
规　　格	170 mm×228 mm　16 开本		2023 年 3 月第 2 版
印　　张	24.75 插页 2	**印　　次**	2023 年 3 月第 1 次印刷
字　　数	391 000	**定　　价**	118.00 元